"Trial Centered" and
Criminal Defense

"以审判为中心"与刑事辩护研究

顾永忠　肖沛权　著

法律出版社
LAW PRESS · CHINA

前　　言

本书系我主持的教育部人文社会科学重点研究基地重大项目"'以审判为中心的诉讼制度改革'与刑事辩护研究"(立项号:15JJD820016)项目的研究成果。全书由十章组成,前五章是对"以审判为中心的诉讼制度改革"与刑事辩护的一般性问题进行的研究,相当于"总论"部分;后五章则是从"推进以审判为中心的诉讼制度改革"对刑事辩护五个方面的要求展开的研究,相当于"分论"部分。

第一章是"以审判为中心的诉讼制度的含义与提出"。其中第一部分着重对什么是"以审判为中心的诉讼制度"进行研究解读,提出并论证其基本含义是:"以审判为中心的诉讼制度"是专指在刑事诉讼制度中,侦查、起诉等诉讼活动应当服务、服从于审判活动,即应当以审判为中心。之所以如此,是因为审判活动具有侦查、起诉等其他诉讼活动不具有的彰显程序公正、保障实体公正的基因和品质。第二部分梳理了"以审判为中心的诉讼制度"在我国产生、提出的历史过程和党的十八届四中全会提出"推进以审判为中心的诉讼制度改革"的背景。

第二章是"以审判为中心"相关几个重要问题。主要对四中全会以来,理论界围绕"以审判为中心的诉讼制度"的讨论中涉及的三个重大问题进行分析并提出独立见解：一是“以审判为中心的诉讼制度”与“分工、配合、制约”原则的关系，二是“以审判为中心的诉讼制度”与“认罪认罚从宽制度”的关系，三是“以审判为中心的诉讼制度”与“在诉讼全过程以司法审判为标准”的关系。

第三章为“以审判为中心的改革与庭审实质化”。着重就如何推进以审判为中心的改革进行专题研究，明确指出并论证庭审实质化是以审判为中心诉讼制度改革的核心内容。从五个方面论证了庭审实质化的诉讼原理和内在要求，并对推进庭审实质化涉及的三个重要问题，即庭审实质化适用的案件范围、庭前会议与庭审实质化的关系、建立符合中国实际的交叉询问规则等进行了论述。

第四章是“刑事侦查、检察与以审判为中心的改革”。一方面依据中央改革文件的要求，对刑事侦查和刑事检察与以审判为中心诉讼制度改革的有关问题，进行了宏观梳理，另一方面对于刑事侦查和检察如何与以审判为中心的改革相适应所涉及的侦查人员出庭和检察长列席审判委员会会议制度两个问题进行了深入研究。

第五章为“刑事辩护在以审判为中心的改革中的地位、作用”，首先从诉讼原理上通过三个方面的分析、论证，明确提出“以审判为中心的诉讼制度是充分保障辩护权的诉讼制度”的观点，确定了刑事辩护在以审判为中心的诉讼制度中的特殊地位和作用。其次，对于中央改革文件关于推进以审判为中心的诉讼制度改革中如何保障辩护权的有关要求从三个层面进行了扼要的梳理，为后五章奠定基础。

第六章是“以审判为中心的改革与律师辩护全覆盖”。着重对“以审判为中心的诉讼制度”和“认罪认罚从宽制度”的改革中，推动刑事案件律师辩护全覆盖的背景、措施以及实现路径，进行了比较全面的分析论述。

第七章是“庭审实质化的程序要求与辩方质证权的保障”。论述了庭审实质化的程序要求是庭审程序的实质化，核心是有效保障辩方对证人、鉴定人、侦查人员的质证权。在此基础上分析了司法实践中存在的问题和原因，并从八个方面对如何有效保障辩方的质证权提出对策。

第八章是“庭审实质化的证据要求与非法证据排除”。先指出证据在定罪量刑中的地位和作用,并论证了庭审实质化对证据的要求,指出“排除非法证据是庭审实质化对证据最低限度的要求”。后立足司法实践,对辩方申请排除非法证据面临的问题进行了扼要梳理,针对性地提出完善建议。

第九章是“庭审实质化的定罪要求与证明标准的坚守”。从庭审实质化与定罪的关系上,指出庭审实质化不仅表现在庭审程序和庭审证据的实质化上,还必须在对被告人定罪量刑上,严守法定证明标准,坚持疑罪从无原则。

第十章是“认罪认罚从宽制度与刑事辩护”。从论述认罪认罚从宽制度的概念入手,接着探讨如何完善认罪认罚从宽制度以及其对刑事辩护的影响,并结合刑事辩护的实践从多方面对律师如何在认罪认罚从宽制度中发挥作用进行论述。

本书力求突出以下特点:

(1)前瞻性。本书是对党的十八届四中全会决定提出的“推进以审判为中心的诉讼制度改革”和“完善认罪认罚从宽制度”两项重大改革任务以及它们与刑事辩护制度的关系进行的系统研究,也是对四中全会以来司法改革与刑事诉讼制度所涉及的重大理论与实践课题的研究,具有鲜明的时代性和前瞻性。

(2)创新性。主要体现在以下八个方面:

其一,本书对何谓“以审判为中心的诉讼制度”的解读是目前理论界对这一课题最系统、全面、深入的研究成果,其以公正审判权为立论基础,提出并论证刑事诉讼制度之所以应当以审判为中心不仅因为它是定罪量刑的决定环节,更因为以公正审判权为核心内容的审判活动具有侦查、起诉等其他诉讼活动不具有的公正基因和品质,该观点在理论界可谓独树一帜。

其二,本书关于“以审判为中心的诉讼制度”里的“审判”是指“审判活动”而不是“审判阶段”“审判机关”“审判职能”“审判程序”的观点,无论研究视角还是研究结论在理论界关于这一问题的研究中具有独创性。

其三,本书在关于“以审判为中心的诉讼制度”与“公、检、法分工负责、互相配合、互相制约”关系的论述中，指出以往存在的问题，表面上是“配合有余、制约不足”，实质上则是“分工负责”失守。应当坚守“分工负责”，在此基础上互相配合、制约。该观点在理论界尚属首次提出。

其四，本书关于什么是“认罪认罚从宽制度”含义的解读以及从程序上对其“完善”的论述是理论界对此问题并不多见的独到见解。

其五，本书以被追诉人享有公正审判权为依据，认为“以审判为中心的诉讼制度”与“认罪认罚从宽制度”的关系，对犯罪嫌疑人、被告人而言是“应然要求”和“实然需要”的关系的观点，在理论界是独一无二的。

其六，本书关于庭审实质化是以审判为中心的诉讼制度的核心内容，具体包括庭审程序的实质化、庭审证据的实质化以及庭审定罪的实质化的观点，并从这三个方面对与刑事辩护直接相关的辩方质证权、非法证据排除、定罪证明标准三个问题进行研究的视角和成果，在现有同类成果中并不多见。

其七，本书关于认罪认罚从宽制度对刑事辩护的影响以及律师如何在认罪认罚从宽制度中发挥辩护作用的论述，不仅具有新颖性还具有指导性。

其八，本书在“以审判为中心的诉讼制度改革”和“完善认罪认罚从宽制度”的背景下，对刑事案件律师辩护全覆盖问题的研究，资料丰富，数据充实，理性务实，具有开拓性和启发性。

据目前掌握，本书是理论界关于“以审判为中心的诉讼制度”及“认罪认罚从宽制度”与刑事辩护研究的首部专著性学术研究成果。如前所述其中不少内容具有创新性，对于今后同类学术研究具有不可多得的参考价值和启示意义。同时本书也是对十八届四中全会以来新一轮司法改革中“推进以审判为中心的诉讼制度改革”和“完善认罪认罚从宽制度”以及与刑事辩护制度相融合的全面、系统的研究成果，其中包括对以上改革进程的梳理和研究，对于今后推进改革向纵深发展具有一定的参考价值。

本书第七、八、九章由肖沛权副教授撰写，其他各章均由顾永忠撰写。由于作者的理论水平所限，书中难免存在不当之处，敬请读者批评指正。

最后，本书的出版得到法律出版社的支持，在此表示衷心感谢！

顾永忠

2020年5月20日

目　录

第一章 “以审判为中心的诉讼制度”的含义与提出

2014年10月20~23日，中国共产党第十八届中央委员会召开第四次全体会议，这是中国共产党历史上首次专题讨论依法治国问题，举世瞩目。此次会议通过了《中共中央关于全面推进依法治国若干重大问题的决定》（以下简称十八届四中全会决定），从科学立法、严格执法、公正司法、全民守法等方面对全面推进依法治国做出部署，其中在第四部分“保证公正司法，提高司法公信力”中明确提出“推进以审判为中心的诉讼制度改革，确保侦查、审查起诉的案件事实证据经得起法律的检验。全面贯彻证据裁判原则，严格依法收集、固定、保存、审查、运用证据，完善证人、鉴定人出庭制度，保证庭审在查明事实、认定证据、保护诉权、公正裁判中发挥决定性作用”。至此，产生了一个重大的理论命题，对理论界提出了一系列研究课题，诸如什么是“以审判为中心的诉讼制度”？为什么四中全会决定提出“推进以审判为中心的诉讼制度改革”？这将是本书的立论之本，首先需要展开讨论，进行研究。

第一节 “以审判为中心的诉讼制度”的含义

一、什么诉讼制度应当“以审判为中心”

党的十八届四中全会决定提出“推进以审判为中心的诉讼制度改革”的重大命题后，理论界首先面对的一个问题是“以审判为中心的诉讼制度”是指什么诉讼制度？有人认为，无论什么诉讼制度都要“以审判为中心”，但不少人对此提出质疑和不同观点。要解决这个问题需从“诉讼”和“审判”的关系说起。

“诉讼”是一种解决争议、纠纷的方式，俗称“打官司”。凡称“诉讼”势必由三方构成，中国古代有“两造具备、师听五辞”[①]之说。“两造”指原被告双方。“两造具备”是指打官司时原告、被告都应到庭，各自陈述案情，提出诉讼主张。“师听五辞”，[②]是指居于两造之上的判官要从五个方面（五辞）察言观色，考察判断原告、被告谁的陈述为真、谁的诉讼主张有理，进而在此基础上做出裁断。自有诉讼以来相当长的时期内并不像现代具有民事、刑事、行政诉讼之分类，可统称为混合诉讼。近现代以来，诉讼逐渐分化。时至今日，不论中外，诉讼大体分为刑事诉讼、民事诉讼、行政诉讼三大类型。我国也如此，新中国成立之后，只有民事诉讼和刑事诉讼，没有行政诉讼。20世纪80年代行政诉讼开始萌芽，但还不能成为独立的诉讼种类，被放在民事诉讼之中。90年代后才得以从民事诉讼中分离出来，成为独立的一类诉讼。至此，我国形成了刑事诉讼、民事诉讼、行政诉讼三大诉讼的格局，并分别由刑事诉讼法、民事诉讼法、行政诉讼法规范调整，各自为家，自成体系，成为相互独立的刑事诉讼制度、民事诉讼制度和行政诉讼制度。

既为“诉讼”，不论刑事、民事还是行政应当具有共性。所以三

---

① 参见《尚书·吕刑》。

② “五辞”亦称“五听”，即辞听、色听、气听、耳听、目听。出自《周礼·秋官·小司寇》。

大诉讼法和三大诉讼制度有诸多共通之处，如都实行公开审判制度，都是二审终审制，都采用辩论原则，如此等等。当然也有不尽相同之处。如果从诉讼启动的时间来看，刑事诉讼与民事诉讼、行政诉讼有一个明显的区别。刑事诉讼是针对犯罪事实的发生而启动的，因此，刑事诉讼主要包括刑事立案、侦查、审查起诉与起诉以及审判等诉讼活动。在案件进入法院审判之前，首先要经历侦查、审查起诉两个诉讼阶段，在理论上被称为“审前阶段”或“审前程序”。而民事诉讼和行政诉讼都不存在审前阶段或审前程序，从一启动就是从审判开始的。具体来讲，原告到法院提起民事诉讼或者行政诉讼，只要符合法院受理条件，法院就应该受理原告的起诉，民事诉讼、行政诉讼活动正式启动。其后在法院主持下，原、被告依法行使诉讼权利，通过庭审活动进行举证、质证、辩论，最终由法院作出裁判并在法院主导下执行裁判，诉讼即告终结。

可见，通俗地讲，民事诉讼、行政诉讼启动于法院，审判于法院、执行于法院，不存在审前程序、审前活动。但刑事诉讼则不同，除了极少数不需要侦查，可由当事人自主决定直接向法院起诉的刑事自诉案件外，绝大多数刑事案件都属于公诉案件，必须由公安机关或其他侦查机关立案侦查，再由检察机关审查案件并决定起诉，然后才能到法院进入审判阶段或审判活动。

刑事诉讼与民事诉讼、行政诉讼的上述不同，在理论上和实践上，以及在立法上和司法上，就产生了一个不容回避、不可忽视的尖锐问题，即在刑事诉讼三个阶段的诉讼活动中，包括侦查活动、审查起诉和起诉活动以及审判活动，何者应当成为诉讼的中心或重心的问题？而在民事诉讼和行政诉讼中则不存在这一问题，因为不论民事诉讼还是行政诉讼，自始至终都是由法院主导、由原被告双方参与的审判活动，不存在其他诉讼活动与其争当“中心”或“重心”的问题。

但是，理论界最初对“以审判为中心的诉讼制度”还是存在模糊的认识。有人主张在民事诉讼中提出“以庭审为中心”的原则，是对党的十八届四中全会决定提出“推进以审判为中心的诉讼制度改革”的有力回应。[①] 还有学者直接表示“以审判为中心的诉讼制度改革并非刑事诉讼的专利，民事诉讼也要‘以审判为中心’进行改革”。[②] 其实论者强调庭审在民事诉讼中的中心地位是完全可以理解的，问题是“以庭审为中心”与“以审判为中心”虽有密切关系但又不能混为一谈。“审判”与“庭审”当然关系紧密，但既有联系又有区别。“审判”当然包含了“庭审”，但“庭审”不等于“审判”。就我国现行诉讼制度而言，不论刑事诉讼、民事诉讼还是行政诉讼，“审判”的含义除了庭审活动，还有庭审外的活动，如审判委员会讨论、决定案件的活动。“以审判为中心”的主张或命题，强调的是审判与审判活动以外的其他诉讼活动的关系，那就势必牵扯到刑事诉讼中审判与侦查、起诉的关系。因此，只有在刑事诉讼中才有讨论何者为中心以及“以审判为中心”的基础和空间。而民事诉讼、行政诉讼本身就表现为审判活动，自然不必再主张或强调“以审判为中心”的问题。当然，在民事诉讼或行政诉讼的审判活动中，包括了庭前审查活动、庭审活动、调解活动、审委会讨论决定案件等不同活动。在这些活动中以何者为中心？“以庭审为中心”回答了这一问题。因此，在民事诉讼和行政诉讼中，应当主张和强调的是“以庭审为中心”而不是“以审判为中心”。

对于以上问题的讨论和分歧，最终在有关法律文件上得出了明确的回答和结论。2016 年 10 月，经中央全面深化改革领导小组(以下简称中央深改组)第二十五次会议审议通过，最高人民法院、最高人民检察院、公安部、国家安全部、司法部(以下简称“两高三部”)为落实四中全会决定提出的“推进以审判为中心的诉讼制度改革”的任务，联合印发《关于推进以审判为中心的刑事诉讼制度改革的意见》。文件的标题把“以审判为中心的诉讼制度”直接表述为“以审判为中心的刑事诉讼制度”，明确了“以审判为中心的诉

---

① 参见许云莉：《“以庭审为中心”是公平高效审判的坚实路径》，载中国法院网 2015 年 11 月 12 日，https://www.chinacourt.org/article/detail/2015/11/id/1747512.shtml。

② 李允华：《论我国民事诉讼制度改革也要“以审判为中心”》，载《绥化学院学报》2017 年第 12 期。

讼制度”实质上就是指“以审判为中心的刑事诉讼制度”[①]。

二、“以审判为中心的诉讼制度”的含义

（一）理论界的解读

自十八届四中全会决定提出“推进以审判为中心的诉讼制度改革”的重大命题后，理论界积极展开探讨，纷纷解读“以审判为中心的诉讼制度”的含义。其中具有代表性的观点主要有：

其一，“《决定》提出的‘以审判为中心’，我认为其内涵主要有两个方面：首先，是指审判在公诉案件刑事诉讼程序中，居于中心地位。……侦查、起诉毕竟都是为审判做准备的诉讼活动。而执行则是对法院审判结果——判决的兑现。可见侦查、起诉和执行都是围绕着审判中心而展开的。……其次，是指在审判中，庭审（开庭审理）成为决定性环节。……庭审要真正成为审判的决定性环节，必须使庭审实质化而不能流于形式。……在庭审中，一定要做到控辩双方平等对抗，法庭居中公正独立地审理裁判。双方举证在法庭，质证在法庭，非法证据排除在法庭（必要时程序可相对独立），辩论说理在法庭，进而使案件的公正裁判形成于法庭”。“当然，以审判为中心重在第一审的法庭审理。”[②]

其二，关于以审判为中心的内涵，“可以从以下层面加以解读：首先，在职能意义上，只有审判职能才能最终决定被告人是否有罪以及处以何种刑罚，侦查、起诉、执行等其他职能不具有此项功能。其次，只有审判职能藉以运作的审判程序才能够在个案中实现国家刑罚权，侦查、起诉只是审判的准备程序。再次，就权力主体而言，审判职能只能由法院行使。最后，在权力运作层面，审判权的运作、审判职能的发挥必须以审判的方式进行，即被告人是否有罪，是否处以刑罚以及处以何种刑罚不能用行政化的方式决定。这也决定

---

① 本书以下论述中一般仍沿用“以审判为中心的诉讼制度”的表述，但其含义应当是指“以审判为中心的刑事诉讼制度”。

② 陈光中：《推进“以审判为中心”改革的几个问题》，载《人民法院报》2015 年 1 月 21 日，第 5 版。

了要强调一审程序和庭审在发挥审判职能方面的核心作用”。①

其三,“以审判为中心的内涵有三:一是审前程序的侦、诉两种职能,即公安和检察机关要形成合力,执行控诉职能;二是要充分发挥刑事辩护职能的功能和作用,坚持有效辩护、实质辩护,充分行使诉讼权利;三是审判法官要坚持审判中心原则。做到兼听则明,认真听取控辩双方的意见,严格依法断案,作出公正裁判”。②

其四,一位时任最高人民法院领导职务的同志在其文章里虽然没有直接解读“以审判为中心的诉讼制度”的含义,但对“以审判为中心的诉讼制度改革”的内涵,作了如下阐述:“(一)推进以审判为中心的诉讼制度改革,其实质是在诉讼全过程实行以司法审判标准为中心。……也就是说,从刑事诉讼的源头开始,就应当统一按照能经得起控辩双方质证辩论、经得起审判特别是庭审标准的检验,依法开展调查取证、公诉指控等诉讼活动,从而‘确保侦查、审查起诉的案件事实证据经得起法律的检验’。(二)推进以审判为中心的诉讼制度改革,无须也不会改变公检法三机关‘分工负责、互相配合、互相制约’的诉讼原则。(三)不能把以审判为中心简单地理解为以法院为中心。‘以审判为中心’,是就侦查、审查起诉和审判这三个诉讼程序之间的相互关系而言的,而不是就公安、检察、法院三机关之间的相互关系而言的”。③

其五,来自时任检察机关领导的一位同志在《略论“以审判为中心”》一文中,对于“如何理解‘以审判为中心’”的问题指出:“第一,‘以审判为中心’是指以审判特别是庭审作为诉讼的中心,同时也指法官是庭审的中心,但并不意味着在诉讼和庭审之外他们也是中心。简言之,在诉讼中,审判是中心;在审判中,庭审是中心;在庭审中,法官是中心。”“第二,以审判为中心与公、检、法在诉讼中互相配合互相制约、检察机关对审判活动实行法律监督等原则是并行

---

① 陈卫东:《以审判为中心:当代中国刑事司法改革的基点》,载《法学家》2016年第4期。

② 樊崇义:《“以审判为中心”的概念、目标和实现路径》,载《人民法院报》2015年1月14日,第5版。

③ 沈德咏:《论以审判为中心的诉讼制度改革》,载《中国法学》2015年第3期。

不悖的。”“第三，以审判为中心表明庭审在查明事实、认定证据中的决定性作用，但并不意味着庭上证据与审前证据不一致时就以庭上证据为准。”“第四，以审判为中心是对诉讼制度的重要改革完善，但并不意味着刑事诉讼法要‘大改写’。”“第五，‘以审判为中心’是对‘以侦查为中心’的否定，检察机关审查批捕、审查起诉也要谨防‘以侦查为中心’。”①

综上可见，对于“以审判为中心的诉讼制度”的内涵或者对于什么是以审判为中心的诉讼制度的问题，理论界的认识和表述是不尽相同的。但透过这些不同，还是可以发现在两个基本点上是具有共识或共性的：其一，“以审判为中心的诉讼制度”，是指在刑事公诉案件的诉讼程序中，审判是中心，侦查、起诉、执行等诉讼程序是围绕审判展开的，侦查、起诉是为审判做准备的，执行是服从并落实审判结果的。其二，作为诉讼中心的审判是指庭审实质化的审判，而不是走过场、流于形式的审判。

（二）如何理解“以审判为中心”里的“审判”

在笔者看来，究竟应当如何理解或界定“以审判为中心的诉讼制度”的含义，需要解决好两个基本问题：其一，什么是刑事诉讼，它的目的何在？然后，根据刑事诉讼的目的确定刑事诉讼制度的中心是什么。其二，“以审判为中心”里的“审判”指什么？指审判机关、审判阶段、审判职能还是审判活动？这两个问题一旦搞清楚、弄明白了，“以审判为中心的诉讼制度”的含义就不难理解或界定。

什么是刑事诉讼？权威教科书指出：刑事诉讼“是指国家专门机关在当事人及其他诉讼参与人的参加下，依照法律规定的程序，追诉犯罪，解决被追诉人刑事责任的活动”。② 在这个定义里，刑事诉讼的目的就是“依照法定程序，追诉犯罪、解决被追诉人刑事责任”，而其中的“解决被追诉人刑事责任”实质就是解决被追诉人是否有罪以及对有罪者如何处罚的问题。其中的“国家专门机关”包

---

① 朱孝清：《略论“以审判为中心”》，载《人民检察》2015年第1期。

② 陈光中主编：《刑事诉讼法》（第5版），北京大学出版社、高等教育出版社2012年版，第1页。

括公安机关(还有其他侦查机关)、人民检察院和人民法院,它们在刑事诉讼中负有不同职责。总体上讲,公安机关负责刑事案件的立案侦查,人民检察院负责刑事案件的审查与起诉,人民法院负责刑事案件的审判。可见,刑事诉讼主要表现为侦查、起诉和审判活动。虽然这些诉讼活动都是围绕“解决被追诉人的刑事责任”展开的,但是,其中与刑事诉讼的目的——“解决被追诉人刑事责任”即解决被追诉人是否有罪、对有罪者如何处罚关系最为密切的则是审判活动。因为侦查活动只是解决犯罪事实是否发生、犯罪嫌疑人是谁并收集证据加以证明的活动,虽然也涉及确定被追诉人是否有罪的问题,但它认为“有罪”的侦查结论并不具有终局性的法律效力,至于如何处罚被追诉人,侦查活动几乎不直接涉及。而检察机关对刑事案件的审查与起诉活动,虽然既涉及被追诉人是否有罪的问题又涉及对有罪者如何处罚的问题,比如提出量刑建议,但也不具有终局性的法律效力。只有经过审判活动才能对被追诉人是否有罪以及如何处罚作出终局性的具有法律效力并以法院裁判作为表现形式的决定。可见,在侦查、起诉和审判活动中,与解决被追诉人的刑事责任,也就是定罪量刑具有最直接、最紧密关系的是审判。因此,不言而喻,审判应当是刑事诉讼的中心或重心。

而“以审判为中心”里的“审判”指什么,理论界虽没有专门对此讨论过,但从前面所述的各种观点可以看出,大致有“审判机关”“审判阶段”“审判程序”“审判职能”“审判活动”等诸多表述,那么到底应当指什么,不妨一一分析,以求正解。

“审判机关”指专事审判权的机关,当然是指人民法院。尽管审判机关非常重要,在刑事诉讼中掌握生杀予夺之权,但如果说“以审判为中心”里的“审判”是指“审判机关”或者“法院”,那么,“以审判为中心”就成了“以审判机关为中心”或“以法院为中心”了,这不仅在法律上讲不通,在理论上也难以成立。在我国,从法律地位上看,人民法院和人民检察院均是宪法确定的国家机关,“人民法院是国家的审判机关”,“人民检察院是国家的法律监督机关”。同时各级人民法院和各级人民检察院都产生于同级人民代表大会,并对产生它们的各级人民代表大会负责。在此政治制度下,如果说“以审判为中心”就是“以审判机关为中心”或“以法院为中心”，在法律上是讲不通的。在理论上当然也不成立，因为人民法院行使的“审判权”是受到人民检察院行使的“法律监督权”监督制约的，何以人民法院是“中心”，人民检察院却成为“非中心”？也正因如此，当网络上有人发表文章表示“审判中心并非司改终点，最终应实现法院地位高于公、检两家”的观点后，①立即引起质疑和反对，有人直接撰文《批郝铁川关于审判为中心的论调》。②

其实，“以审判为中心”是不是以审判机关或以法院为中心的问题自从“以审判为中心的诉讼制度”一提出就成为一个广受关注并且非常敏感的问题。如前所述，时任最高人民检察院的一位领导早在十八届四中全会决定公布三个月后即发表文章指出“以审判为中心仅就各诉讼环节及职能主体在诉讼和庭审中的关系而言，而不能把它扩大到诉讼和庭审之外的场域，以为以审判为中心就是以法院为中心、以法官为中心”。③ 另一位时任最高人民法院的法官也撰文指出：“以审判为中心，是就侦查、审查起诉和审判三个诉讼程序之间的相互关系而言的，而不是就公安、检察、法院三机关之间的相互关系而言的”，“把以审判为中心简单地理解为以法院为中心，是对相关改革措施的一种误读”。④

那么，“审判阶段”可否成为“以审判为中心”里的“审判”，将其表述为“以审判阶段为中心的诉讼制度”？确有学者认为，“审判中

---

① “审判中心并非司改终点，最终应实现法院的地位高于公、检两家”，作者称“在讨论如何落实审判为中心思路的过程中，一些学者特意强调以审判为中心并不意味着公、检、法三个机关地位的变化，说白一点，以审判为中心并不意味着法院法官权力和地位高于公、检两家。我认为，现阶段的审判为中心的刑事诉讼制度改革，确实没有涉及公、检、法三家地位的变化，这体现了我国改革开放以来循序渐进、从易到难的改革策略。但从长远看，我们不能停留在审判为中心的诉讼制度模式而裹足不前，必须适时转向法院法官为中心的司法体制改革。”郝铁川：《适时推动审判为中心的诉讼制度改革　向法院法官为中心的司法体制改革》，载搜狐网 2017 年 8 月 29 日，http://www.sohu.com/a/168018546_671251。

② 李勇：《批郝铁川关于审判中心的论调》，载搜狐网 2017 年 8 月 29 日，http://www.sohu.com/a/168171194_650721。

③ 朱孝清：《略论“以审判为中心”》，载《人民检察》2015 年第 1 期。

④ 沈德咏：《论以审判为中心的诉讼制度改革》，载《中国法学》2015 年第 3 期。

心主义强调审判阶段的核心地位，即审判阶段是整个刑事诉讼的中心环节，审前阶段应当服从于并服务于审判阶段”。[①] 仅从字面意义来看，“阶段”是一个表示时间长度的概念，是指事物发展过程的一段时间。在刑事诉讼中，所谓“侦查阶段”“起诉阶段”“审判阶段”也都是从“时间”意义上表示某一时间阶段进行什么诉讼活动。那么，作为表示诉讼活动时间进度概念的“审判阶段”能否成为“以审判为中心”里的“审判”，即可以表述为“以审判阶段为中心的诉讼制度”这是值得研究的。“审判阶段”里的“阶段”与“侦查阶段”“起诉阶段”里的“阶段”都属时间概念。在此情形下，提出何者为中心、何者为非中心不够准确、严谨。因此，不宜以“审判阶段”解读“以审判为中心”里的“审判”。

至于“审判程序”可以从两个方面来理解：一是从静态意义上看，“审判程序”实为“审判的程序”，它与侦查的程序或起诉的程序无异，都是指进行侦查、起诉、审判所依据的程序，虽然各个程序的内容有所不同，但“程序”本身也很难分出谁是“中心”、谁是“非中心”。二是从动态意义上讲，是指在刑事诉讼过程中，继侦查程序、起诉程序之后进行的审判程序。在此背景下的“审判程序”与“审判阶段”的含义大体相同，只是表示刑事诉讼进入了审判程序的阶段。那么，既然如前所述，“审判阶段”不宜解读为“以审判为中心”里的“审判”，那么“审判程序”也是如此。

经以上分析，剩下只有“审判职能”和“审判活动”何者为“以审判为中心”里的“审判”的问题了。理论界对“以审判为中心”进行的解读，既有以审判职能为中心的，也有以审判活动为中心的。前者如有的学者指出，“只有审判职能才能最终决定被告人是否有罪以及处以何种刑罚，侦查、起诉、执行等其他职能都不具有此项功能”，“只有审判职能藉以运作的审判程序才能够在个案中实现国家刑罚权”，“审判职能只能由法院行使”，“审判权的运作、审判职能的发挥必须以审判的方式进行”。[②] 后者则有人明确表示“‘以审

---

① 叶青：《以审判为中心的诉讼制度改革之若干思考》，载《法学》2015 年第 7 期。

② 陈卫东：《以审判为中心：当代中国刑事司法改革的基点》，载《法学家》2016 年第 4 期。

判为中心’应以审判活动为中心，而不是以审判权、法官或审判阶段为中心”。[①] 还有的学者虽然没有专门解读“以审判为中心”里的“审判”指什么，但从其对“以审判为中心”的整体解读里，可以看出其所解读的“以审判为中心”也是指“审判活动”。例如，有学者指出“法庭审判应该是刑事诉讼的中心环节”，[②]在这里“法庭审判”指的应该就是“审判活动”。

笔者赞同以“审判活动”解读“以审判为中心”里的“审判”的含义。早在党的十八届四中全会召开前，笔者撰文解读最高人民法院在2013年10月第六次全国刑事审判工作会议上提出的“以庭审为中心”的含义时，就把庭审中心主义与审判中心主义联系起来分析二者的概念和关系。拙文认为“庭审中心主义”实为对“以庭审为中心”的理论表述，“审判中心主义，在理论上是指审判活动在刑事诉讼全过程应处于中心地位和关键作用”，“审判中心主义主要是解决审判活动与侦查、起诉、刑罚执行活动的外部关系，即审判居于中心地位，而庭审中心主义则是解决审判机关内部如何进行审判活动的”。[③] 在这里，“审判中心主义”是一种理论表述，转换为司法改革文件的表述就是四中全会决定提出的“以审判为中心”。

为什么笔者赞成以“审判活动”而不是以“审判职能”解读“以审判为中心”里的“审判”，是因为在理论上审判职能与控诉职能、辩护职能是从诉讼构造的角度，对现代刑事诉讼的基本诉讼职能进行的理论划分，三者之间是并列关系，也是制约关系，并以等腰三角形的格局构成了现代刑事诉讼的基本结构。按照这种划分，控诉职能是由侦查和起诉共同组成的，并且由检控机关来行使。辩护职能则由被追诉人及其辩护人行使，他们针对检控机关的指控依法行使辩护权。而审判职能则由处于中立地位的法官或法院来行使，表现为依照法定程序充分保障控辩双方的诉讼权利，查明案件事实，对

---

① 闵春雷：《以审判为中心：内涵解读及实现路径》，载《法律科学》2015年第3期。

② 何家弘：《从“庭审虚化”走向“审判中心”》，载《法制日报》2014年11月5日，第10版。

③ 顾永忠：《“庭审中心主义”之我见》，载《人民法院报》2014年5月16日，第5版。

被告人是否有罪、是否应处以刑罚以及如何处以刑罚作出公正的裁判。在此理论观点下，如果认为“以审判为中心”里的“审判”是指“审判职能”，那么“以审判为中心”势必变成“以审判机关为中心”或“以法院为中心”了！同时，如果以“审判职能”界定“以审判为中心”里的“审判”，审判与侦查的关系实际上就被掩盖了，因为“侦查”不是独立的诉讼职能，而是“控诉职能”的组成部分，由此将使“以审判为中心”的提出旨在解决审判与侦查、起诉的关系大大弱化。

而如果以“审判活动”解读“以审判为中心”里的“审判”，则不仅可以克服以上种种不当的理解或解读，还最能准确反映或体现“以审判为中心”的精神实质。一方面，审判活动不是法院单方的活动，而是控、辩、审三方依法共同参与的活动。而审判机关、审判阶段、审判程序、审判职能都不具有此属性或特征。另一方面，审判活动的目的是直接并最终解决被告人是否有罪、是否应处以刑罚以及如何处以刑罚的诉讼活动，涉及定罪量刑两个方面，与刑事诉讼的目的关系最为密切，而侦查活动、起诉活动、执行活动等都无法与审判活动相比拟，审判活动自然应当成为刑事诉讼的中心。

（三）“以审判为中心的诉讼制度”的应然含义

基于前述分析和论述，“以审判为中心的诉讼制度”的含义应当是：

1.“以审判为中心的诉讼制度”是专就刑事诉讼制度而言的，因而其可以直接表述为“以审判为中心的刑事诉讼制度”。其理由、依据已如前述，不再论及。需要指出的是，在本书中基于文中具体语境的不同和需要，有时表述为“以审判为中心的诉讼制度”，有时表述为“以审判为中心的刑事诉讼制度”，但含义是相同的，除非文中明确说明另有所指或使用其他表述。

2.“以审判为中心的诉讼制度”实质上是“以审判活动为中心的诉讼制度”，是指在包括侦查活动、起诉活动、审判活动、辩护活动、裁判执行活动在内的诸项诉讼活动中，审判活动是控、辩、审三方依照法定程序共同参与，对案件事实进行调查审理，并由法官或合议庭对被告人的定罪量刑问题作出裁判的活动。它与刑事诉讼旨在解决被追诉人的刑事责任的目的之间的关系最为直接和密切，因而成为以上诸项诉讼活动的中心，而侦查活动、起诉活动、辩护活动、裁判执行活动等则是服务于并服从于审判活动。具体而言，侦查活动是为起诉活动做准备的；起诉活动一方面是对侦查活动的检验，另一方面又要接受审判活动的检验。与此同时，针对侦查活动、起诉活动存在辩护活动，它对侦查活动、起诉活动形成制约，构成挑战，同时既参与审判活动，又接受审判活动的检验。在以上基础上进行的审判活动既包括对案件事实的审理活动，也包括对被告人定罪量刑的裁判活动。而一旦形成裁判结果并发生法律效力，不仅侦查活动、起诉活动、辩护活动要服从，而且裁判结果也应当获得执行。刑事诉讼应当以审判为中心的思想或精神集中体现在《刑事诉讼法》第 12 条中的“未经人民法院依法判决，对任何人都不得确定有罪”。其后续逻辑结论自然是“对任何人也不得科以刑罚”。

3.“以审判为中心的诉讼制度”又是以庭审实质化的庭审活动为中心的，也可以说是以庭审为中心的，正如有的学者所言“诉讼以审判为中心，审判以庭审为中心”。[①] 其之所以如此，是因为审判活动相对于侦查、起诉、辩护、执行等诉讼活动的中心地位是通过实质化的庭审活动得以确立和实现的。没有以实质化的庭审为中心的审判活动，审判活动在刑事诉讼中的中心地位不可能确立，审判活动得以要求其他诉讼活动服务于、服从于它的正当性和权威性也无以产生和存在。[②]

其实，“以审判为中心的诉讼制度”是以庭审实质化的庭审活动为中心的观点，是对为什么刑事诉讼要以审判为中心这一问题的核心和实质答案。审判活动之所以应当成为刑事诉讼的中心，不仅因为审判活动是定罪量刑的终局性、决定性的活动，而侦查、起诉、辩护、执行等诉讼活动不具有这一属性，更重要的是审判活动具有其他诉讼活动不可与其比拟的程序公正性和由此对结果公正所具有的最大限度的保障性。后者恰恰是审判活动之所以能够成为、也

---

① 朱孝清：《略论“以审判为中心”》，载《人民检察》2015 年第 1 期。

② 顾永忠：《“庭审中心主义”之我见》，载《人民法院报》2014 年 5 月 16 日，第 5 版。

应该成为其他诉讼活动的中心，以致其他诉讼活动应当服务于、服从于它的根本原因。这里的“审判活动”“要求与定罪量刑相关的各类证据，无论是言词证据还是实物证据，都要在庭审的聚光灯下充分展现，保证诉讼双方在法庭上充分举证、质证、互相辩驳、发表意见，进而使法官辩明证据真伪，独立地形成心证，作出事实认定准确，法律适用正确的公正裁判。”①按照这种方式进行的审判，不是形式化、走过场的，而是实质化的庭审。它的诉讼价值体现在两个方面：其一，在诉讼程序的公正程度上，与其他诉讼活动相比它是最高的。一是它是公开透明的，除了法定的特殊情况外，审判一定要公开进行；二是诉讼各方特别是控辩双方是充分参与其中的，双方在同一时空下，按照公平的程序进行举证、质证、辩论，其中包括凡有必要时有权要求证人、鉴定人出庭作证，接受质证，用各自主张的事实，提供的证据，发表的意见力图说服、影响裁判者；三是作为裁判者的法官或合议庭基于法庭调查呈现的案件事实和证据，根据法律的有关规定，对案件作出裁判。这一切充分体现了程序的公正性和正当性，是侦查、起诉等其他诉讼活动做不到的。其二，在诉讼结果的公正性上，由于以上所述诉讼程序的公正性和正当性，可以最大限度地防止冤假错案的发生，保障诉讼结果的公正性。

事实上，十八届四中全会决定关于“推进以审判为中心的诉讼制度改革”的论述已经包含了对“以审判为中心的诉讼制度”含义的解读，其中要求的“全面贯彻证据裁判原则，严格依法收集、固定、保存、审查、运用证据，完善证人、鉴定人出庭制度，保证庭审在查明事实、认定证据、保护诉权、公正裁判中发挥决定性作用”，讲的主要是庭审活动。

综上所述，“以审判为中心的诉讼制度”是针对刑事诉讼而言的，其中的“审判”是指审判活动，其核心是实质化的庭审活动，从而充分体现出诉讼程序的公正性和正当性，也最大限度地保障了诉讼结果的公正性。正是这样的“审判”，也只有这样的“审判”才能

---

① 陈光中、步洋洋：《审判中心与相关诉讼制度改革初探》，载《政法论坛》2015年第2期。

取得刑事诉讼的“中心”地位，也才有理由得以使侦查、起诉、辩护、执行等诉讼活动服务于并服从于它。

第二节 “以审判为中心的诉讼制度”的提出

一、理论界的研究

十八届四中全会决定提出“推进以审判为中心的诉讼制度改革”虽然是在2014年10月，但理论界对于“以审判为中心”或“审判中心主义”的研究已经多年。特别是在1996年《刑事诉讼法》修改前后，围绕刑事诉讼法修改的方向、趋势，不少学者提出了我国应当以审判中心主义为理论基础，修改完善刑事诉讼法。所谓“审判中心主义”其实就是对“以审判为中心”的理论表述，两者的实质含义是一致的。

在一些教科书上，已经体现出审判中心主义或以审判为中心的思想，有的认为“审判是决定被告人有罪与否及其刑事责任轻重的最后和关键的阶段”；[①]有的指出“法庭审判在刑事诉讼中居于中心地位”，只有审判才能“对案件从实体上作出最终的处理”。[②] 当然，也有人提出不同意见：“由于司法领域分工越来越细、分权学说的影响、人权思想的发达以及适应同犯罪作斗争的需要，诉讼职能在不断地分化、发展并不断地整合，传统的审判中心论已为诉讼阶段论所取代。”[③]还有人直截了当地指出：“从实体模式看，中国的法院既不能扮演如西方三权分立制度中同议会和政府相制衡的政治角色，在具体的司法体制中也不能如普通法系法官那样以法院的司法审判为中心”，“法院（法官）中心论不适合中国的现实司法状态”。[④]

---

① 徐静村主编：《刑事诉讼法学（上）》，法律出版社1997年版，第247页。

② 陈瑞华：《刑事审判原理论》，北京大学出版社1997年版，第15页。

③ 樊崇义主编：《刑事诉讼法学》，中国政法大学出版社1996年版，第39页。

④ 尹伊君：《检法冲突与司法制度改革》，载陈兴良主编：《刑事法评论》（第1卷），中国政法大学出版社1997年版，第424页。

在理论界对审判中心主义的研究中，比较有代表性的成果是孙长永教授发表的《审判中心主义及其对刑事程序的影响》。作者认为：“审判中心主义是指审判（尤其是第一审法庭审判）是决定国家对于特定的个人有无刑罚权以及刑罚权范围的最重要阶段，未经审判，任何人不得被认为是罪犯，更不得被迫承受罪犯的待遇。具体来说，审判中心主义有两层含义：一是在整个刑事程序中，审判程序是中心，只有在审判阶段才能最终决定特定被告人的刑事责任问题，侦查、起诉、预审等程序中主管机关对于犯罪嫌疑人罪责的认定仅具有程序内的意义，对外不产生有罪的法律效果。……二是在全部审判程序当中，第一审法庭审判是中心，其它审判程序都是以第一审程序为基础和前提的，既不能代替第一审程序，也不能完全重复第一审程序的工作。”他还指出，“审判中心主义是近现代国家刑事诉讼中普遍认同的一项基本原则”，虽然“由于各国的政治民主化程度、司法体制、法制传统、社会条件不同，它在不同的国家以致于同一国家不同历史阶段的刑事司法中都有不同的表现。但是，从总体上说，这一原则对于两大法系的侦查、起诉、法庭审理和上诉程序以及刑事证据法则都产生了广泛而深入的影响”。在此基础上，作者表示“考察我国的司法现实不难发现，在我国刑事诉讼中，审判确实没有‘中心地位’。这不仅表现在我国法院在组织结构中没有审判中心主义所必要的宪法权威和诉讼地位，还表现在立法者在整个刑事程序的设计上也没有把审判作为中心对待，更没有承认审判对于侦查、起诉、证据规则和上诉程序的广泛影响”。“但在当前提议的司法改革中，决策机关应当配合新的审判方式的落实，以及国际人权公约的贯彻而采取一些新的、有助于促进刑事程序向法治化方向发展的有力措施，使审判逐步成为全部刑事程序的真正中心，使法庭审理程序更加公正，审理后所作的裁判更加权威。”①

可以看出，当时理论界提出审判中心主义主要是强调审判在侦查、起诉等诉讼活动应当处于中心地位，核心含义是明确指出被告

① 孙长永：《审判中心主义及其对刑事程序的影响》，载《现代法学》1999 年第 4 期。

人有罪与否、刑事责任轻或者重，应当由审判决定，而不能由侦查、起诉决定，但对于审判如何决定定罪量刑，当时关注还不够。

理论界围绕审判中心主义的讨论始终与刑事诉讼法修改相伴随。2006年之后，刑事诉讼法又开始启动新一轮修改工作，并且原计划于2008年完成修改，但由于多种原因这一计划未能实现，一直持续到2012年3月才完成修改。在此过程中，关于审判中心主义的讨论也一直不绝于耳。其中龙宗智教授发表的《论建立以一审庭审为中心的事实认定机制》一文影响较大。文章明确提出：“刑事诉讼的事实认定，应以一审庭审为中心，即以审判为中心、庭审为中心、一审为中心，而不应当以庭前程序为中心、庭下活动为中心、上级审为中心。然而，上述反诉讼规律的做法，在某种程度上正是中国刑事案件事实认定机制的现实。”作者进一步指出，“一审庭审为中心包含三个方面的主要论点：其一，在侦查、起诉、审判的事实认定行为链中，应当以审判为事实认定的决定性环节；其二，在审理、裁判的多种行为中，应当以庭审即法庭审判为中心和决定性环节；其三，在一审与二审、复核审和再审的审级体制中，应当以一审为重心和事实判定最为重要的审级。而这三点具有不可分割的内在联系”。①

不难看出，与理论界最初提出审判中心主义，关注点主要放在审判与侦查、起诉的关系上，强调审判才是定罪量刑的决定性环节相比，龙宗智教授对审判中心主义的研究又深入了一大步，他从案件事实认定机制的角度切入，把关注点从审判与侦查、起诉的外部关系上，转移到了审判本身的结构和层级上，把审判中心深化为庭审中心，明确提出以审判为中心应当落实到以一审庭审为中心，“而不应当以庭前程序为中心、庭下活动为中心、上级审为中心”。应该说他的观点是深刻、富有远见的。

毋庸置疑，理论界关于审判中心主义的研究对于后来确定“以审判为中心的诉讼制度”起到了重要的先导、引领作用。

---

① 龙宗智：《论建立以一审庭审为中心的事实认定机制》，载《中国法学》2010年第2期。

二、司法现状的催生

“实践是检验真理的唯一标准。”检验刑事立法的最高标准就是刑事诉讼制度的司法实践。这个问题在十八大以后更加突出和显现。特别是河南赵某海案、浙江张氏叔侄案、浙江萧山五青年案、河南李某亮案等系列重大冤假错案被发现和纠正,引起中央的高度重视。2013 年 8 月中央政法委做出《关于切实防止冤假错案的规定》(以下简称《规定》),被媒体称为“中央政法委出台首个防冤假错案指导意见”。《规定》除了重申侦查机关必须严格依法进行侦查活动,包括讯问犯罪嫌疑人,在法定场所进行并依法录音、录像,收集证据应当客观、全面,检察机关应当依法加强对侦查活动进行监督,包括依法排除非法证据外,对于人民法院如何审判、如何定罪量刑也提出了明确,具体的要求。《规定》第 6 条规定:“坚持证据裁判原则。依法应当出庭的证人没有正当理由拒绝出庭或者出庭后拒绝作证,法庭对其证言真实性无法确认的,该证人证言不得作为定案的根据。证据未经当庭出示、辨认、质证等法庭调查程序查证属实的,不得作为定案的根据。”《规定》第 7 条强调“严格执行法定的证明标准。只有被告人供述,没有其他证据的,不能认定被告人有罪和处以刑罚。对于定罪证据不足的案件,应当坚持疑罪从无的原则,依法宣告被告人无罪,不能降格作出‘留有余地’的判决。对于定罪证据确实、充分,但影响量刑的证据存在疑点的案件,应当在量刑时作出有利于被告人的处理。”此外,还首次提出办案人员对所办案件终身负责,《规定》第 12 条规定:“建立健全合议庭、独任法官、检察官、人民警察权责一致的办案责任制,法官、检察官、人民警察在职责范围内对办案质量终身负责。对法官、检察官、人民警察的违法办案行为,依照有关法律和规定追究责任。”

冤假错案的发生,不仅严重伤害当事人及其亲属和家庭,还严重冲击司法公信力,习近平总书记指出,“当前,司法领域存在的主要问题是,司法不公、司法公信力不高问题十分突出”,“如果司法这道防线缺乏公信力,社会公正就会受到普遍质疑,社会和谐稳定就难以保障”。因此,发现和纠正已经发生的冤假错案固然非常重要，但通过总结以往的教训，改革完善现行诉讼制度，建立一套有效防范冤假错案，充分彰显司法公信力的诉讼制度更为重要。十八届三中全会做出全面深化改革的重大决定后，就开始筹备十八届四中全会，准备出台全面推进依法治国的重大决定，如何“保证公正司法，提高司法公信力”成为会议的重要议题之一。

三、最高人民法院“以庭审为中心”吹响“以审判为中心”的前奏

2013年8月，中央政法委出台《规定》后，中央各政法机关先后出台相关文件，其中最高人民法院于2013年10月推出两项重大举措尤其引人注目。一项是根据中央政法委的《规定》，最高人民法院制定发布了《关于建立健全防范刑事冤假错案工作机制的意见》（以下简称《意见》），另一项是召开了第六次全国刑事审判工作会议。《意见》从审判工作的角度对于如何建立健全防范刑事冤假错案工作机制从五个方面提出了指导意见和具体要求，包括“坚持刑事诉讼基本原则，树立科学司法理念”，“严格执行法定证明标准，强化证据审查机制”，“切实遵守法定诉讼程序，强化案件审理机制”，“认真履行案件把关职责，完善审核监督机制”，“充分发挥各方职能作用，建立健全制约机制”。值得注意的是，《意见》的发布与第六次全国刑事审判工作会议的召开几乎是同步进行的，在《意见》中及第六次全国刑事审判工作会议上明确提出“审判案件以庭审为中心，事实证据调查在法庭，定罪量刑辩论在法庭，裁判结果形成于法庭，全面落实直接言词原则，严格执行非法证据排除制度”。上述举措在理论界引起广泛关注和深入思考：以往理论界提出的主要是审判中心主义或以审判为中心的主张，为什么最高人民法院现在提出的却是以庭审为中心而不是“审判中心主义”或“以审判为中心”？什么是以庭审为中心？它与“审判中心主义或以审判为中心”区别何在、是何关系？针对这些问题，笔者应人民法院报的邀请，做了探讨性的解读。①

① 参见顾永忠：《“庭审中心主义”之我见》，载《人民法院报》2014年5月16日，第5版。

在笔者看来,审判中心主义和庭审中心主义是理论界对以审判为中心和以庭审为中心的理论表述,两者既有联系又有区别。审判中心主义或以审判为中心主要是解决审判活动与侦查、起诉、刑罚执行活动的外部关系,旨在强调并确立审判在刑事诉讼中的中心地位,而庭审中心主义则是解决审判机关内部如何进行审判活动进而对被告人定罪量刑的任务。但两者的关系非常密切。审判相对于侦查、起诉、刑罚执行活动的中心地位是通过庭审中心主义加以实现的,也可以说庭审中心主义是审判中心主义实现的主要途径。没有以庭审中心主义为基础的审判活动,审判中心主义的诉讼地位不可能确立,审判的正当性和权威性也无以产生和存在。

对于最高人民法院为何在 2013 年 10 月提出庭审中心主义而不是审判中心主义的问题,笔者在文章中也尝试做了分析:其一,由于审判中心主义是解决刑事诉讼全过程中审判与侦查、起诉以及刑罚执行等诉讼活动的相互关系及所处中心地位的问题,我国现行司法体制下公、检、法三机关是分工负责、互相配合、互相制约的关系,并且人民检察院还行使“依法对刑事诉讼实行法律监督”的职权,其中也包括对刑事审判实行法律监督的职权。在此情形下,宏观上还不具备提出并实行审判中心主义的客观基础和法律依据。同时,也不应由作为审判机关的人民法院自己提出在别人看来似乎是抬高人民法院诉讼地位的审判中心主义。其二,党的十八大以来,中央关于推进法治中国建设的战略部署和习近平总书记关于“让人民群众在每一个司法案件中都感受到公平正义”的司法工作目标,为人民法院在自己的本职工作——审判工作范围内提出庭审中心主义提供了政策依据。其三,2013 年以来,在中央政法委的指导下,一系列重大冤假错案的发现和纠正,成为促使人民法院从审判工作的角度总结教训,提出“以庭审为中心”的直接动因。其四,2012 年 3 月经全国人民代表大会修改的《刑事诉讼法》自 2013 年 1 月 1 日起生效施行,此次修改中关于刑事审判方式也作了一些重要修改和完善,已经体现出庭审中心主义的精神。这为人民法院提出在刑事审判工作中应当以庭审为中心提供了法律依据。

值得注意的是,第六次全国刑事审判工作会议不仅明确提出刑事审判应当以庭审为中心，而且还要求“全国各级人民法院要切实转变和更新刑事司法理念，突出庭审的中心地位，有效发挥审判对侦查、起诉的制约和引导作用”，其中“有效发挥审判对侦查、起诉的制约和引导作用”实质上讲的就是审判与侦查、起诉的关系，彰显审判中心主义的精神。据此笔者认为，仅就我国现行刑事诉讼法的有关具体规定来看，实际上已经存在走向审判中心主义的法律依据。其一，刑事诉讼法明确规定“人民法院依照法律规定独立行使审判权”，“未经人民法院依法判决，对任何人都不能确定有罪”。其二，侦查机关对刑事案件虽有立案侦查权，并且有权依法对犯罪嫌疑人采取有关强制措施，但并不具有产生法律效力的定罪权，侦查终结的案件必须移送检察机关进行审查，并且审查后是否提起公诉完全由检察机关自己决定。其三，即使检察机关有权提起公诉并提出量刑建议，但对法院并无当然的法律约束力，检察机关对于自己提起公诉的案件，不仅必须依法履行证明被告人有罪的举证责任，还必须达到“案件事实清楚，证据确实、充分”的证明标准，最终被告人是否有罪、是否以及如何处以刑罚，则完全由人民法院独立作出裁判；对此检察机关虽然有权提出二审抗诉或再审抗诉，但最终还是要由人民法院作出裁判。因此，仅从立法上看，我国已具备了从庭审中心主义走向审判中心主义的法律基础。为此，笔者大胆地预测：“相信随着司法改革的不断深入和法治国家建设的不断推进，未来一定会走向审判中心主义。”

四、十八届四中全会正式提出“推进以审判为中心的诉讼制度改革”

虽然笔者在 2014 年 5 月解读最高人民法院提出的庭审中心主义时，从发展趋势上大胆预测庭审中心主义未来一定会走向审判中心主义，但没有想到这一天会很快到来。其后半年时间不到，2014 年 10 月十八届四中全会作出《关于全面推进依法治国若干重大问题的决定》，在第四部分“保证公正司法，提高司法公信力”中明确提出：“推进以审判为中心的诉讼制度改革，确保侦查、审查起诉的案件事实证据经得起法律的检验。全面贯彻证据裁判原则，严格依法收集、固定、保存、审查、运用证据,完善证人、鉴定人出庭作证制度,保证庭审在查明事实、认定证据、保护诉权、公正裁判中发挥决定性作用。”习近平总书记在《关于〈中共中央关于全面依法治国若干重大问题的决定〉的说明》(以下简称《关于四中全会决定的说明》)中,还将此作为“关于需要说明的几个问题”的第十个问题予以专门说明,可见其在整个司法改革中地位的特殊和重要。

2016年10月,经中央深改组审议通过,“两高三部”印发《关于全面推进以审判为中心的刑事诉讼制度改革的意见》,作为司法实践中推进以审判为中心的诉讼制度改革的总依据。其后,以审判为中心的诉讼制度改革在全国范围展开。

第二章 “以审判为中心”与相关几个重要问题

“以审判为中心的诉讼制度”的确立及“推进以审判为中心的诉讼制度改革”，不仅涉及我国以往刑事诉讼制度的一些基本问题，还有在改革中会遇到的新问题。对这些问题认识不清，处理不好，势必对“推进以审判为中心的诉讼制度改革”产生不利影响。本章将以前述“以审判为中心的诉讼制度”的含义为基础，就与其相关的几个重要问题展开分析论述。

第一节 “以审判为中心”与“分工、配合、制约”原则的关系

一、问题的产生

根据《刑事诉讼法》规定，参与刑事诉讼的办案机关主要有公安机关、检察机关和人民法院。在刑事诉讼中公、检、法三机关应当是怎样的关系，《宪法》和《刑事诉讼法》确立了一项重要的原则：“人民法院、人民检察院和公安机关进行刑事诉讼，应当分工负责，互相配合，互相制约，以保证准确有效地

执行法律”，理论上将其简称为“公、检、法三机关分工负责、互相配合、互相制约原则”。参与刑事诉讼法制定、修改的有关立法工作人员对该原则的解释是：“公、检、法三机关的分工负责，是指职责分工和案件管辖分工”；“互相配合是指公、检、法三机关在查明案件真实情况，正确适用法律追究犯罪，实现公平正义方面有着共同的目标，要按照法律规定，在正确履行各自职责的基础上，互相支持，共同完成惩罚犯罪和保护人民的任务”；“互相制约是指公、检、法三机关在刑事诉讼中，为防止和及时纠正可能发生的错误，通过程序上的制约，以保证案件质量，正确应用法律惩罚犯罪”。“分工负责、互相配合、互相制约密切相关，缺一不可的。分工负责是前提，没有分工负责，就谈不上配合和制约。配合和制约是公、检、法三机关依法行使职权，顺利进行刑事诉讼，正确处理案件，防止和减少错案发生的保证，分工负责、互相配合、互相制约，最终目的都是实现公平正义。”①这项原则是由 1979 年《刑事诉讼法》确立，并为 1982 年《宪法》确认，在我国刑事诉讼中长期坚持和奉行的基本原则。

但是，当 2014 年 10 月十八届四中全会决定提出“推进以审判为中心的诉讼制度改革”的重大举措后，有人对该原则“产生了动摇和质疑。有人认为这是一个控制犯罪、强化专政的原则，必须按照依法治国的要求予以废除。甚至说，不废除这一原则，‘以审判为中心’的诉讼制度改革只能有限地进行”。② 于是，“以审判为中心的诉讼制度”与“公、检、法三机关分工负责、互相配合、互相制约”原则是什么关系？中央提出“推进以审判为中心的诉讼制度改革”是否要改变、甚至否定该原则？这些问题一时间成为理论界关注、研究的热点。在一些权威人士发表的有关《推进以审判为中心诉讼制度改革》的文章中，几乎都将此作为一个重要问题加以论述，并且强调“推进以审判为中心的诉讼制度改革，无须也不会改变公、检、法三机关‘分工负责、互相配合、互相制约’的诉讼原则”，“以审判

① 郎胜主编：《中华人民共和国刑事诉讼法修改与适用》，新华出版社 2012 年版，第 50～51 页。

② 樊崇义：《“以审判为中心”需正确理解“分工配合制约”原则》，载《检察日报》2015 年 9 月 16 日，第 3 版。

为中心与公、检、法在诉讼中互相配合、互相制约、检察机关对审判活动实行法律监督等原则是并行不悖的”。[①] 也有学者明确指出：“审判中心正是基于公、检、法三机关关系在立法和司法运行上的不足而提出的，是对三机关关系的完善和发展。”[②]可见，“以审判为中心的诉讼制度”与“公、检、法三机关分工负责、互相配合、互相制约原则”的关系确实是一个不容回避、需要深入研究的重要问题。

二、应当完整、准确地理解“分工负责、互相配合、互相制约”原则

《刑事诉讼法》规定的刑事诉讼的基本原则，首先是立法原则，其次才是司法原则。作为立法原则，该原则首先是指在制定刑事诉讼法时，应当对公、检、法三机关进行分工，进而要求它们各司其职，各负其责。正是根据“分工负责”的原则，《刑事诉讼法》规定：“对刑事案件的侦查、拘留、执行逮捕、预审，由公安机关负责。检察、批准逮捕、检察机关直接受理案件的侦查、提起公诉，由人民检察院负责。审判由人民法院负责。”在司法活动中，公、检、法三机关必须严格遵守该原则，既不能越权，也不能推诿。

事实上，“分工负责”是司法规律的客观反映和必然要求。以我国为例，古代法律制度包括诉讼制度虽然比较发达，但在刑事诉讼中，并无侦查、起诉、审判的分工，而是集三权于一身，统一由地方行政长官行使。这种体制随着辛亥革命的成功而被废除，以侦查、起诉、审判分属三个部门执掌的现代司法体制代之。新中国成立后，依然实行这一反映诉讼客观规律的体制，在刑事诉讼中由公、检、法三机关分工负责、各司其职。“文化大革命”期间，公、检、法工作停摆，代之以革命委员会于一身行使三项权能，制造了大量冤假错案。正是基于这一历史教训，改革开放后，1979 年第一部《刑事诉讼法》又恢复了公、检、法三机关分工负责的刑事诉讼体制，直到今天也是如此。外国的刑事诉讼制度其实也是如此。例如，在世

---

① 参见沈德咏：《论以审判为中心的诉讼制度改革》，载《中国法学》2015 年第 3 期；朱孝清：《略论“以审判为中心”》，载《人民检察》2015 年第 1 期。

② 陈光中、步洋洋：《审判中心与相关诉讼制度改革初探》，载《政法论坛》2015 年第 2 期。

界范围内检察官的出现,主要也是分工负责的产物。它最早出现于法国,是法国大革命的产物,法国因此成为现代检察官制度的滥觞地。① 英国原来并无专司检控的检察官,侦查与起诉均由负责侦查的机关统一行使。到 20 世纪 80 年代才正式建立皇家检察官制度,专司刑事起诉职能。②

当今世界各国,在刑事诉讼中无不实行侦查、起诉、审判分工负责的体制。哪怕是实行侦、检一体化的欧洲各国,仍然分设侦查机关和检察机关,名义上检察可以指挥侦查,实际上几乎是侦查机关独立侦查,检察机关并不能取代侦查机关。

可见,在刑事诉讼中,实行由不同机关“分工负责”不同诉讼权力和诉讼活动,是人类刑事诉讼活动客观规律的反映,是具有不同法律传统的世界各国的共同选择。因此,即使强调“以审判为中心”改革刑事诉讼制度,也不能否定或废除“分工负责”的原则。相反,“以审判为中心”正是以“分工负责”为前提条件的,没有侦查、起诉、审判等不同诉讼机关、诉讼权力、诉讼活动的分工,就不存在强调“以审判为中心”的问题。正如前一章所指出的那样,在民事、行政诉讼中,由于不存在审前程序以及分工负责侦查、起诉的专门机关和诉讼活动,而只有审判机关和审判活动,所以不存在所谓“以审判为中心”的问题。因此,在刑事诉讼中,强调“以审判为中心”并不排斥或反对“公、检、法三机关分工负责”的原则。

既然“公、检、法三机关分工负责”是刑事诉讼客观规律的反映,也是“以审判为中心的诉讼制度”存在的前提,那么,公、检、法三机关如何处理相互间的关系,就成为应运而生的一个基本问题。刑事诉讼法所规定的“互相配合、互相制约”的关系就是在回答这一问题。但是,“互相配合、互相制约”不是无原则、无条件的。而是以“分工负责”为基础的,并且是“以保证准确、有效地执行法律”为原则和条件的。具体来讲,“互相配合”并不是三种诉讼权力、三种诉讼活动合为一体,而是在分工负责的基础上,在法律规定的范

---

① 万毅:《法国检察官的身份之谜》,载《检察日报》2015 年 8 月 4 日,第 3 版。

② 参见[英]迈克·麦康维尔、岳礼玲选编:《英国刑事诉讼法(选编)》,中国政法大学刑事法律研究中心组织编译,中国政法大学出版社 2001 年版,第 506 页。

围内依法进行配合。例如,公安机关负责侦查的案件,侦查终结后移送检察机关审查,检察机关审查后认为事实不清、证据不足,退回公安机关补充侦查。公安机关应当尊重、配合检察机关,进行补充侦查,而不能抵制、拒绝补充侦查。又如,检察机关向法院提起公诉后,在庭审中需要侦查人员出庭作证,公安机关就应当服从、配合检察机关,安排有关侦查人员出庭作证支持公诉,而不能拒绝、抵制安排侦查人员出庭作证。再如,二审法院决定开庭审判的上诉案件,通知同级检察机关派员出庭的,同级检察机关应当积极配合,及时安排检察人员阅卷审查并出庭履职,而不能抵制派员出庭。

同样,“互相制约”也是以“分工负责”为基础,并在法律规定的范围内依法进行。例如,对于检察机关退回公安机关补充侦查的案件,虽经两次补充侦查,仍然事实不清、证据不足,达不到起诉条件的,检察机关应当依法作出不起诉决定。公安机关认为不起诉决定是错误的,有权要求复议。如果意见不被接受,有权向上一级人民检察院提请复核。又如,人民检察院认为人民法院作出的一审、二审判决在认定事实或适用法律上存在错误,依法有权提出抗诉,人民法院就应当依法开庭审理,进行审判。

综上,公、检、法三机关“互相配合、互相制约”,是以“分工负责”为条件、为基础的,同时是“以保证准确有效地执行法律”为目的的。也就是说,“互相配合”也好,“互相制约”也好,绝不能打破“分工负责”,绝不能违反法律规定。这样的“互相配合、互相制约”与“以审判为中心的诉讼制度”并不冲突。事实上,根据现行刑事诉讼法的规定,在公、检、法三机关分工负责、互相配合、互相制约的格局下,审判活动至少在立法上已经处于刑事诉讼的中心。根据《刑事诉讼法》第 12 条的规定,未经人民法院依法判决,对任何人都不得确定有罪。据此,公安机关侦查终结认为有罪的案件以及经检察机关审查仍然认为有罪的案件,都要经人民法院依法审理,只有人民法院认为被告人有罪的,才可以作出有罪判决。而人民法院认为无罪的案件,包括证据不足、不能认定被告人有罪的案件则依法有权作出无罪判决。即使对于人民法院作出的终审判决,人民检察院依法提出抗诉的,人民法院进行再审后仍然可以作出维持原判,驳回抗诉的裁判。因此，从立法上看，我国现行刑事诉讼制度已经体现出了“以审判为中心”的精神。

可见，从刑事立法上看，“以审判为中心的诉讼制度”与“公、检、法三机关分工负责、互相配合、互相制约”并不是相互排斥、相互冲突的关系。也因此，“推进以审判为中心的诉讼制度的改革”并不是要废除或否定该原则。对此，习近平总书记在《关于四中全会决定的说明》中明确指出“我国刑事诉讼法规定公检法三机关在刑事诉讼活动中各司其职、互相配合、互相制约。这是符合中国国情，具有中国特色的诉讼制度，必须坚持”。

三、“分工负责、互相配合、互相制约”在司法实践中发生了偏差

虽然从理论上和法律上看，“公、检、法三机关分工负责、互相配合、互相制约”与“以审判为中心的诉讼制度”并不排斥、冲突，但是不能否认该原则在司法实践中发生了偏差，出现了问题。正因如此，习近平总书记在《关于四中全会决定的说明》中一方面强调“这是符合中国国情，具有中国特色的诉讼制度，必须坚持”，另一方面也明确指出“同时，在司法实践中，存在办案人员对法庭审判重视不够，常常出现一些关键证据没有收集或者没有依法收集，进入庭审的案件没有达到‘案件事实清楚，证据确实充分’的法定要求，使审判无法顺利进行”的问题。这个问题的背后，实际上就是“公、检、法三机关分工负责、互相配合、互相制约”在司法实践中发生了偏差，出现了问题。概括起来讲，主要是两点：

其一，“分工”失守，“配合”有余，“制约”不足。

如前所述，在“分工负责、互相配合、互相制约”的三者关系中，“分工负责”是基础，如果没有“分工负责”，公、检、法三机关成为一体，既谈不上“配合”，更谈不上“制约”。有了“分工负责”才产生了“互相配合”的需求，但“互相配合”是有限度的，不能打破“分工负责”搞“互相配合”，那样势必破坏“分工负责”。因此，仅以“分工负责”与“互相配合”的关系来看，“分工负责”是矛盾的主要方面，“互相配合”是矛盾的次要方面，不能放弃“分工负责”搞“互相配合”。但是，在以往司法实践中，强调“配合”多，强调“分工”少，以致出现

了各种不正常的办案组织形式。例如,检、法人员提前介入侦查,公、检、法“三长”联合办公,检察长列席审判委员会制度等。

而在“分工负责”与“互相制约”的关系上,“分工负责”同样是基础,“互相制约”是实质、是根本。因为如果不是为了“互相制约”就没有必要实行“分工负责”。公、检、法合为一家,既搞侦查,又进行起诉,还负责审判,就像“文化大革命”期间革命委员会独揽侦查、起诉、审判大权,何来“互相制约”?因此,完全可以说“分工负责”就是为了“互相制约”,甚至可以说“分工负责”本身就体现了“互相制约”,或者说“分工负责”的基因就是“互相制约”。因此,要想真正发挥“互相制约”的作用,就必须坚持“分工负责”。“分工负责”一旦失守,“互相制约”就成为一句空话。上述种种不正常的办案组织形式,既破坏了“分工负责”,也破坏了“互相制约”。

至于“互相配合”与“互相制约”的关系,如前所述,它们都是以“分工负责”为基础的。如果能够严格坚持“分工负责”,在此基础上,“互相配合”与“互相制约”的关系就是显而易见的,“互相配合”是附属、服从于“分工负责”的,而“互相制约”是“分工负责”的精神实质和必然要求。因此,“互相配合”应当服从、服务于“互相制约”。也就是说,无论怎么“互相配合”也不能高于“互相制约”,突破“互相制约”。然而,司法实践的现实却是,在以上种种不正常的办案组织形式下,在不正常的政法管理体制下,“互相配合”被高度强调,“互相制约”被严重削弱,以致刑事诉讼中冤错案件时有发生,“司法不公,司法公信力不高十分突出”。对于造成这种现象的原因,主流观点认为是“配合有余,制约不足”,但在笔者看来,“分工负责”失守才是主要原因。

其二,违背刑事诉讼法的严格规定是分工失守,配合有余,制约不足的根本原因。

前已指出,在“分工负责、互相配合、互相制约”三者关系中,“分工负责”是基础,是“互相配合、互相制约”得以存在并发挥作用的前提条件。如果能够严格坚持“分工负责”,“互相配合、互相制约”就能在正确的轨道上运行,即无论怎么“互相配合”,也只能在“分工负责”的基础上和范围内进行,至于“互相制约”势必以“分工负责”为前提,并反过来强化“分工负责”。但是,立法者的科学设计在司法实践中却变了味,表现为“分工负责”失守,以致“配合有余,制约不足”。

问题的根本是违背刑事诉讼法的严格规定,打破“分工负责”的界限进行“互相配合”。例如,《刑事诉讼法》明确规定,对于公安机关移送的事实不清、证据不足的案件,检察机关有权退回公安机关补充侦查。经过两次补充侦查,仍然事实不清、证据不足的,检察机关应当作出不起诉的决定。司法实践中则是大量检察机关认为事实不清、证据不足的案件退回公安机关补充侦查后,公安机关并没有把检察机关在补充侦查提纲中指出的事实不清、证据不足的问题查清、补足,甚至没有补充任何证据,检察机关却为了“互相配合”,违反刑事诉讼法关于起诉案件应当达到事实清楚,证据确实充分的要求,把“带病”的案件起诉到法院。同样,《刑事诉讼法》明确规定,人民法院对于经法庭审理确认事实不清、证据不足的案件,应当依据疑罪从无的原则作出无罪判决。但是,司法实践中相当一部分刑事案件经过人民法院法庭审理后,已清楚地发现案件事实不清、证据不足,但为了与检察机关“互相配合”,而放弃“互相制约”,违背刑事诉讼法关于疑罪从无的规定,而作出疑罪从有、疑罪从轻的判决,或者采取疑罪从挂的做法,对本应判决无罪的案件迟迟不作判决,以致铸成了不少冤错案件。正如时任最高人民法院常务副院长沈德咏坦言:“现在的情况是,受诉法院面临一些事实不清、证据不足、存在合理怀疑、内心不确信的案件,特别是对存在非法证据的案件,法院在放与不放、判与不判、轻判与重判的问题上往往面临巨大的压力。应当说,现在我们看到的一些案件,包括河南赵某海杀人案、浙江张氏叔侄强奸案,审判法院……面临来自各方面的干预和压力,对这类案件能够坚持作出留有余地的判决,已属不易。”但是,“毕竟这种留有余地的判决,不仅严重违背罪刑法定、程序公正原则,而且经不起事实与法律的检验”。“从现在已发现的冤假错案看,多少都存在突破制度规定,或者公然违背程序的地方”。[①]

综上,我们能够清醒地看到“公、检、法三机关分工负责、互相配合、互相制约”在司法实践中确实发生了偏差,出现了问题,究其原因并非这项原则本身的问题,而是由于没有严格遵守这一原则,在违背“保证准确有效地执行法律”和“分工负责”的法律规定下,进行无原则的“互相配合”并放弃“互相制约”产生的结果。因此,一方面我们应当坚持“公、检、法三机关分工负责、互相配合、互相制约”的原则,另一方面也要针对存在的问题,不断完善和发展这一原则。而存在的突出问题正如习近平总书记指出的那样是“办案人员对法庭审判重视不够”。这里的“办案人员”既包括侦查人员、检察人员,也包括审判人员。十八届四中全会决定提出“推进以审判为中心的诉讼制度改革”就是为了解决这一问题,说到底就是强化审判机关在严守“分工负责”的前提下对侦查、起诉以及其他诉讼活动进行配合和制约。

第二节 “以审判为中心的诉讼制度”与“认罪认罚从宽制度”

一、看似相互矛盾的改革

十八届四中全会决定不仅提出“推进以审判为中心的诉讼制度改革”,而且还提出“完善刑事诉讼中认罪认罚从宽制度”,为此先后于2014年和2016年由全国人大常委会授权最高人民法院和最高人民检察院在十八个地区分别进行了为期两年的刑事速裁程序试点和认罪认罚从宽制度试点。从静止的观点和外在表现上看,“以审判为中心的诉讼制度”要求庭审实质化,强调庭审对定罪量刑的决定作用,而“认罪认罚从宽制度”则重视当事人认罪认罚的

---

① 沈德咏:《我们应当如何防范冤假错案》,载《人民法院报》2013年5月6日,第2版。

态度，从程序上予以简化，从实体上予以从宽，表面上看两者似乎是一种对立的关系，自相矛盾的改革。因此，从一开始理论界就对“以审判为中心的诉讼制度”与“认罪认罚从宽制度”的关系给予高度关注，并展开热烈讨论。有学者曾尖锐地指出：“‘以审判为中心’，几乎可以等同于‘庭审实质化’，‘防止审判流于形式’，当前最高人民法院正在推动速决程序，期望使案件在审判中分流，实质化审判其中部分案件，对于另一部分案件则简化其庭审过程。这是一种相当自我矛盾的现象。”①更多的人则认为“认罪认罚从宽制度”是“以审判为中心诉讼制度”的配套改革措施。②

确实如此，就外在形式而言，不容否认的是，以庭审实质化为核心内容的以审判为中心的诉讼制度与主张在认罪认罚从宽制度下进行程序分流、简化审判程序和审判方式之间确实存在不相协调甚至相互冲突、矛盾的问题。如何看待二者的关系，又如何解决二者之间存在的看似相互矛盾的问题，无论对于“推进以审判为中心的诉讼制度改革”，还是对于完善“认罪认罚从宽制度”都有着非常重要的意义。

二、“应然要求”与“实然需要”

笔者认为，“以审判为中心的诉讼制度”与“认罪认罚从宽制度”之间实质上是现代刑事诉讼制度对于办案机关及办案人员办理案件的应然要求和实然需要的关系。③ 所谓对办案机关及办案人员办理案件的应然要求，是指在现代刑事诉讼制度下，任何被追诉人在刑事诉讼中都有获得公正审判的权利，而根据联合国《公民权利和政治权利国际公约》第 14 条规定，公正审判的要义就是庭审实质化的要求，也就是任何被追诉人都有权要求以庭审实质化的方式对其进行公正审判，其中包括法庭组成人员应当是合格的、中立的，被

① 张建伟：《审判中心主义的实质内涵与实现途径》，载《中外法学》2015 年第 4 期。

② 沈德咏：《论以审判为中心的诉讼制度改革》，载《中国法学》2015 年第 3 期。

③ 顾永忠：《以审判为中心背景下的刑事辩护突出问题研究》，载《中国法学》2015 年第 4 期。

追诉人有权了解指控的事实和根据,有权针对指控进行辩护的准备,包括获得律师辩护或政府为其提供法律援助的权利,有对控方证人进行当面质证的权利,有提出有利自己的证人在与控方证人相同的条件下出庭为自己作证的权利,有不被强迫自证其罪的权利,有对法院的定罪科刑提出上诉救济的权利,等等。可见,获得公正审判是被追诉人的一项诉讼权利。既然是诉讼权利而不是诉讼义务,那么被追诉人根据自己的案情和自己对指控的态度,就可以自愿放弃上述体现出庭审实质化的公正审判的权利,而选择采用简化的诉讼程序和方式对其进行审判,并在法律允许的范围内获得“从宽”。而被追诉人的这种“放弃”和“选择”就是对办案机关及办案人员办理案件的实然需要。当今世界各国的刑事诉讼制度基本上都是按照这种“应然要求”和“实然需要”设计的。例如,以当事人主义为特征的对抗制诉讼模式的代表——美国刑事诉讼制度,既有集中体现庭审实质化审判方式的陪审团审判制度,以充分满足那些不认罪案件的被告人对公正审判的要求,也有不经正式审判即可确认有罪,并对被告人从宽量刑甚至减少指控罪名、减少指控罪数的认罪答辩程序以及辩诉交易程序,以充分满足那些自愿放弃陪审团审判,而选择简易、快速审判方式以获得从宽处罚的认罪案件被告人的需求。同样,在以职权主义为特征的审问式诉讼模式的代表——法国刑事诉讼制度中,既有针对罪行轻重不同而审判程序有所不同的重罪、轻罪和违警罪的审判程序,也有基于被告人的认罪态度而设置的作为公诉替代程序的刑事调解程序和庭前认罪答辩程序。至于混合制诉讼模式的国家也是如此,如日本既有正式的公审程序,包括由九人组成的裁判员审判程序,也有基于被告人自愿认罪并同意适用的简易审判程序。

值得注意的是,为了确保被告人对诉讼程序切实享有的选择权,特别是对于体现公正审判应然要求的正式审判的选择权,各国刑事诉讼制度不仅赋予被追诉人初始的选择权,而且还确保他们在诉讼过程中的重新选择权和简易程序的否决权。在美国,被告人即使与控方达成辩诉交易,放弃陪审团审判而选择认罪答辩程序,但在法官审查确认辩诉交易的过程中他仍然可以改变初衷,放弃已达成的认罪协议而选择陪审团审判。日本在非重大刑事案件中,当被告人对指控的犯罪事实表示认罪时,经征求检察官、被告人及其辩护人同意,法院可以决定不采取普通审判程序,而采取比普通程序简化的简易公审程序进行审理,以致不适用传闻规则,调查方式也相应简略。但是,如果在审理过程中,被告人撤回认罪供述,法院则应当撤销简易公审程序而恢复正式公审程序。德国对符合条件的轻微刑事案件不经被告人同意可以径直采用书面审理的处罚令程序。但是,被告人收到法官作出的处罚令后两星期内有权提出异议,从而使处罚令程序中止,并进入正式审判程序。①

综上,“以审判为中心的诉讼制度”与“认罪认罚从宽制度”并不是天然对立、相互排斥的,而是相辅相成,互相依存的。在“以审判为中心的诉讼制度”中,实质上包含了“认罪认罚从宽制度”。前者是对所有案件的被告人获得公正审判的应然要求,任何被告人都有获得公正审判的权利,据此要求对其案件进行庭审实质化的审判,以保障其依法享有各项诉讼权利,包括获得律师为其辩护的权利,对控方证人、鉴定人进行当面质证的权利、要求对本人有利的证人出庭作证的权利、反对强迫自证其罪并要求排除非法证据的权利,等等。后者是对自愿认罪认罚并放弃上述公正审判权利的被告人的实然需要。在此情形下,只要确保被告人的选择、放弃确系自愿,对案件就可以不必进行庭审实质化的审判,而采用简化、简易的程序进行审判,并且由于被告人自愿放弃庭审实质化的审判,为国家节约司法资源,同时又由于能够自愿认罪认罚,对社会有积极意义,应当对其从宽处罚。

最后,有必要强调指出,正确认识“以审判为中心的诉讼制度”与“认罪认罚从宽制度”的关系,不仅具有理论意义,更有实践价值。在司法实践中就应当以“应然要求”与“实然需要”的原则处理两者的关系。凡属刑事案件应当赋予并充分保障被告人享有程序选择权,只要被告人没有选择或同意适用速裁程序和简易程序,就

---

① 参见顾永忠:《关于“完善认罪认罚从宽制度”的几个理论问题》,载《当代法学》2016 年第 6 期。

应当对其案件适用普通程序进行审判。对于其中被告人不认罪的案件以及重大、疑难、复杂的案件,应当保障被告人不被强迫自证其罪的权利,与控方证人、鉴定人以及有必要出庭的侦查人员当面质证的权利,要求依法排除非法证据的权利,要求有利自己的证人出庭作证的权利,等等。只有这些诉讼权利得到切实保障,才是庭审实质化的审判,也才是“推进以审判为中心的诉讼制度改革”的目的所在。同时,对于认罪认罚案件不仅要确保犯罪嫌疑人、被告人的认罪具有事实依据和法律依据,确实构成犯罪,而且还要确保他们的认罪认罚是自愿的,并且应当允许这种选择发生变化。对于自始不选择认罪认罚或选择之后又反悔、撤销的犯罪嫌疑人、被告人,应当确保其获得以庭审实质化为核心内容的公正审判,而不能以其不认罪为由或认罪后又反悔为由对其“抗拒从严”。

第三节 “以审判为中心”与“以司法审判标准为中心”

一、问题的提出

理论界在讨论如何“推进以审判为中心的诉讼制度改革”的问题时,认识上并不完全一致。有一种观点认为,“推进以审判为中心的诉讼制度改革,其实质是在诉讼全过程实行以司法审判标准为中心”,“也就是说,从刑事诉讼的源头开始,就应当统一按照能经得起控辩双方质证辩论、经得起审判特别是庭审标准的检验,依法开展调查取证、公诉指控等诉讼活动,从而确保侦查、审查起诉的案件事实证据经得起法律的检验”。①

对于上述主张有学者明确提出质疑,称此为“对以审判为中心的误读”,并指出“有人认为为了贯彻以审判为中心,应当以审判标准作为侦查、起诉的标准,即在刑事诉讼全过程实行以司法审判标

① 沈德咏:《论以审判为中心的诉讼制度改革》,载《中国法学》2015 年第 3 期。

准为中心，即从刑事诉讼的源头开始，就应当统一按照审判标准进行活动，达到‘案件事实清楚、证据确实充分’的程度，杜绝案件‘带病’进入审判阶段，为此要改变那种审判、起诉、逮捕、立案证明标准降低的做法。这种认识是错误的，也会带来一些负面效果”。为此，论者从五个方面论证了自己的观点及其理由。[①] 值得注意的是，此种观点并非孤立，也有学者认为“以审判为中心必须提高侦查或公诉质量”的主张是当前对“以审判为中心”的认识误区之一，但其所持理由与前者有所不同，“殊不知，越是提高审前案件的精度，就愈加强化了庭审活动的空洞化”，“这几乎没有为法庭调查预留多少空间，辩护方几无可辨，被告人唯有俯首认罪而已，庭审走过场的可能性就大了，而且使无罪推定原则也因此变得空洞化”。[②]

二、刑事诉讼应当如何看待“带病”的案件

在笔者看来，主张推进以审判为中心的诉讼制度改革，应当在诉讼全过程，也就是从刑事诉讼的源头开始就统一以司法审判的标准收集证据，提起公诉，接受审判的检验，是可以理解的，甚至是可以认同的，但对于认为“推进以审判为中心的诉讼制度改革，其实质是在诉讼全过程实行以司法审判标准为中心”并力图以此防止“带病”的案件进入审判的观点则不能苟同。

第一，根据《刑事诉讼法》规定，刑事诉讼各阶段的证明标准本来就是统一的。再主张推进以审判为中心的诉讼制度改革，实质上就是在诉讼全过程统一司法审判标准，是缺乏针对性的。我国《刑事诉讼法》自 1979 年制定通过，迄今已先后修改过三次，很多内容已发生变化甚至是颠覆性的变化，但定罪证明标准始终如一，没有变化。无论是公安机关侦查终结移送审查起诉的证明标准，还是检察机关审查案件后决定提起公诉的证明标准，乃至人民法院经过庭审对被告人作出有罪判决的证明标准都是“案件事实清楚，证据确

① 陈卫东：《以审判为中心：当代中国刑事司法改革的基点》，载《法学家》2016 年第 4 期。

② 张建伟：《以审判为中心的认识误区与实践难点》，载《国家检察官学院学报》2016 年第 1 期。

实、充分”。在此情形下,提出在以审判为中心的诉讼制度改革中,应当在刑事诉讼全过程统一司法审判标准,必要性何在?

当然,近年来理论界不少人认为我国刑事诉讼全过程采用统一的证明标准,不符合司法规律和认识规律,因而主张应当降低审前程序包括侦查终结和提起公诉的证明标准,但这只是一种学术观点,并没有影响或改变刑事诉讼法上规定的统一的证明标准。因此,显然没有必要针对此种学术观点提出在刑事诉讼全过程统一司法审判标准的“改革”主张。

从司法实践中出现的冤错案件来看,确实大都存在审前程序没有达到定罪证明标准的问题,但是,究其原因并不是审前程序没有法定证明标准或者法定证明标准低于审判标准,而是办案机关没有严守法定证明标准。针对这一问题,应当强调侦查机关、检察机关在侦查、起诉中应当严格遵守法定证明标准,不能把没有达到证明标准的“带病”案件移送、起诉到法院,而不是“实行以司法审判标准为中心”的改革。

第二,司法实践中冤假错案的发生不仅与审前程序没有达到法定证明标准有关,更与审判机关已经发现没有达到法定证明标准却降低标准予以定罪有关。对此,最高人民法院的一位前任领导坦诚地表示:“现实的情况是,受诉法院面临一些事实不清、证据不足、存在合理怀疑、内心不确信的案件,特别是对存在非法证据的案件,法院在放与不放、判与不判、轻判与重判的问题上往往面临巨大的压力”,“面临来自各方面的干预和压力,法院对这类案件能够坚持作出留有余地的判决,已属不易。同时我们也应当清醒地认识到,法院虽在防止错杀上是有功的,但客观而言,在错判上又是有过的,毕竟这种留有余地的判决,不仅严重违背罪刑法定原则、程序公正原则,而且经不起事实与法律的检验,最终将会使法院陷入十分被动的地位”。① 笔者充分理解法院的难处,但这不是靠“统一证明标准”所能解决的。而且如果确能如此,法院存在的意义又何在?

---

① 沈德咏:《我们应当如何防范冤假错案》,载《人民法院报》2013年5月6日,第2版。

第三,主张在审前程序中“统一司法审判标准”,实质上是把“以审判为中心”变成“以审前为中心”了。在提出者看来,“刑事诉讼全过程统一司法审判标准”就是“从刑事诉讼的源头开始”统一按照司法审判的标准,“依法开展调查取证、公诉指控等诉讼活动。从而确保侦查、审查起诉的案件事实证据经得起法律的检验”。按此逻辑,对刑事诉讼改革的重点就是审前程序特别是侦查程序而不是审判程序,那么“以审判为中心”岂不变成了“以审前为中心”?

质言之,“以审判为中心”并不排斥或反对在刑事诉讼全过程统一司法审判标准。但这并不是“以审判为中心”的真正含义。因为我国刑事诉讼法历来都是这样要求的。即使现在重申、强调这一要求,也不属于“推进以审判为中心的诉讼制度改革”的内容。而对于“推进以审判为中心的诉讼制度改革”的目的,习近平总书记在《四中全会决定的说明》里讲得非常清楚:“全会决定提出推进以审判为中心的诉讼制度改革,目的是促使办案人员树立办案必须经得起法律检验的理念,确保侦查、审查起诉的案件事实证据经得起法律检验,保证庭审在查明事实、认定证据、保护诉权、公正裁判中发挥决定性作用。”在这里“保证庭审……发挥决定性作用”,才是“以审判为中心”的实质含义所在,也是“推进以审判为中心的诉讼制度改革”的核心内容所在。

第四,从应然的角度讲,在刑事诉讼法上要求侦查机关、检察机关按照审判机关定罪的标准收集证据、起诉案件是完全正确的。但是,从实然的角度看,要求侦查机关、检察机关在办理每一个具体个案中都能做到却是有困难的。也许在大多数普通案件中能够做到,但在少数重大、复杂、疑难的刑事案件中难以做到。从刑事司法规律和人的认识规律来看,处在侦查阶段、审查起诉阶段的侦查人员和检察人员与处在审判阶段的审判人员,在认识条件和认识立场上是有所不同的,反过来会影响他们对于案件事实、证据的认识结论和办案决定。从认识条件上看,处在侦查阶段的侦查人员对案件的认识条件是最差的,甚至是一无所有。他们要从未知的条件下开始侦查,并且主要是封闭性、单向性的工作,难免在认识上受到限制,发生误差甚至错误。检察机关的审查起诉虽然是在侦查终结的基础上开展工作,认识条件较侦查阶段好得多,但是其工作方式也主要是书面审查,容易受到侦查结论的影响。同时,无论侦查阶段还是审查起诉阶段,犯罪嫌疑人及其辩护律师即使掌握了对犯罪嫌疑人有利的事实和证据,由于缺乏对办案机关及办案人员的信任,或出于辩护策略的考虑,往往不愿在侦查和审查起诉中拿出来,而是有意放到审判阶段再拿出来。而一旦案件进入审判阶段,从审判人员的角度看,认识条件会比审前两个阶段好得多。控方要毫无保留地把所有指控证据提交到法庭上,接受被告人及其辩护人“鸡蛋里挑刺式”的质证。同时,如果被告人及其辩护人掌握了有利本方的证据,也会毫无保留地提交到法庭上。此外,根据审判的需要,证人、鉴定人、侦查人员都要出庭作证。这一切都会大大增强审判人员对案件事实的认识,会产生与侦查、起诉认定的案件事实有所不同甚至差距很大的认识结论。

再从认识立场上看,侦查人员是以侦查破案为天职的,特别是在重案必破、命案必破的压力下,他们更会不遗余力甚至不择手段地追求破案。这种立场势必会影响他们客观、理性地认识案件、侦破案件,甚至身在错中不知错。检察人员虽然在法律上强调他们是法律监督者,负有客观义务,但说到底追诉犯罪是他们的天职。在此立场下,他们对案件的认识不可能不受影响,特别是在逮捕率、起诉率、定罪率的考核指标下,他们更愿意追求使更多的犯罪嫌疑人被起诉、被定罪的结果。而审判人员从诉讼立场和诉讼理念上讲,应当客观中立,居中裁判;从诉讼环节和诉讼责任上讲,已经是最终决定环节,没有退路或“台阶”。这些势必促使他们深感责任重大,对所办案件慎之又慎,三思而行。

综上所述,以为强调“刑事诉讼全过程统一司法审判标准”就可以从源头上把“带病”案件消灭掉,其实是不现实的。真正需要解决的问题是,“保证庭审在查明事实、认定证据、保护诉权、公正裁判中发挥决定性作用”,不但能够发现“带病”的案件,而且勇于对“带病”的案件作出符合案件事实和法律规定的公正裁判。这才是“推进以审判为中心的诉讼制度改革”的目的所在。

第三章　以审判为中心的改革与庭审实质化

通过前一章我们了解到，以审判为中心的诉讼制度是刑事诉讼客观规律的必然要求，也是现代刑事诉讼制度的基本特征。但是，我国以往的刑事诉讼制度存在不符合以审判为中心的诉讼制度基本要求的种种问题，以致冤假错案不时发生，司法公信力受到严重挑战。正是基于此，十八届四中全会决定提出“推进以审判为中心的诉讼制度改革”，成为党的十八大以来新一轮司法改革的重大任务之一。那么，如何推进以审判为中心的诉讼制度改革，其核心是什么，本章将展开讨论。

第一节　庭审实质化是以审判为中心改革的核心内容

一、庭审实质化的含义及在我国的艰难历程

庭审实质化是近年来针对司法实践中庭审活动形式化或走过场而产生的一个理论概念。从词组的构成上看，“庭审实质化”是由“庭审”和“实质化”两部分组成。“庭审”在这里不只是指法庭审理

还应该包括裁判活动。在以罪刑法定、无罪推定原则为基石的现代刑事诉讼制度下，一个人是否有罪，应否处以刑罚，处以何种刑罚，不应当由审判前的侦查、起诉活动所决定，而应当决定于审判活动，而审判活动又集中表现为法庭审理和裁判活动，也就是庭审活动。之所以如此，如前所述，不只是因为庭审活动是决定一个人是否有罪、应否处罚、如何处罚的诉讼活动，还因为庭审活动本身具有侦查、起诉等其他诉讼活动所不具有的公正基因和公正品质。首先，庭审是由合格的、处于中立地位的法官或其他司法裁判者比如陪审团主持的，而侦查、起诉的主体或主持者，不论侦查人员还是检察人员并不是处于中立地位的办案人员。从某种意义上讲，他们也是案件的"当事人"，因为是他们认为犯罪嫌疑人涉嫌、实施了犯罪而对其进行侦查、提起指控，由此决定了他们与案件已经形成特殊的"利益关系"。如果犯罪嫌疑人、被告人确实有罪，就说明他们的侦查、起诉工作是成功的；反之，他们的侦查、起诉则是失败的或不成功的。其次，庭审是在诉讼各方包括控方、辩方以及证人、鉴定人等诉讼参与人在同一时空下——法庭上共同参与并以充分举证、质证、辩论的方式展开的诉讼活动，其本身就极大地体现出程序的正当性和公正性；而侦查、起诉活动根本不可能采用上述各方都能充分参与并表达意见的方式。最后，庭审活动除了出于保护当事人的隐私和保守国家秘密等特殊考虑而使极少数案件依法不予公开外，其他大多数案件都是公开进行的，也就是向社会公开的，社会公众可以通过旁听庭审活动或者通过媒体公开报道，关注案件审理活动和裁判结果。这在客观上形成了对庭审活动的制约和监督，对于庭审过程和庭审结果的公正性将起到重要的促进作用。而侦查、起诉特别是起诉前的审查活动，一般都是单向度、背对背进行的，并且主要表现为书面方式、内部讨论研究方式，既不能充分听取各方意见，也不会受到社会公众的直接关注和制约。正是以上三个方面决定了庭审过程较侦查、起诉活动在程序上公正得多，从而也最大限度地保证了庭审结果的公正性。由此决定了刑事诉讼应当以审判为中心，审判又应当以庭审为中心。

"以庭审为中心"意味着庭审不是一个走过场的活动，而是应当落实在庭审过程中和庭审结果上，也就是说庭审活动应当是实质化的。所谓“庭审实质化”应该表现在三个方面：其一，庭审程序实质化，也就是庭审过程实质化。只要案件审理需要，应当保证诉讼各方充分参与庭审活动，包括应当出庭的证人、鉴定人、侦查人员等都应当出庭作证，特别是应当充分保障被告人及其辩护人的各项诉讼权利，包括对控方证人、鉴定人、侦查人员当面质证的权利以及要求有利于被告人的证人、鉴定人等出庭作证的权利，等等；其二，庭审证据审查实质化，也就是对案内证据进行实质化的审查，对于不具有证据资格、证明力的证据，特别是非法证据应当依法予以排除，不得作为定案依据；其三，庭审定罪实质化，也就是法庭对案件事实的认定和对被告人刑事责任的裁判，应当基于庭审活动调查的案件事实和确认的证据，并应当尽可能当庭作出裁判。只有对一个刑事案件的审理和裁判能够做到以上三点，才能称得上“庭审实质化”，这样的审判才有理由成为刑事诉讼的中心。

但是，庭审实质化在我国经历了一个漫长、艰难、迄今还未实现的历程。仅从刑事诉讼立法上看，大致可分为三个阶段：

第一阶段：庭审完全虚化的阶段。1979 年 7 月我国颁布了第一部《刑事诉讼法》。在这部《刑事诉讼法》中，在审前程序中作为公安机关和检察机关办案对象的不是“犯罪嫌疑人”而是“人犯”。这就意味着，一个人一旦被公安机关作为立案侦查的对象，就几乎已经成为“罪犯”。虽然也要经过法院审判才能最终定罪，但审判其实是走过场。根据 1979 年《刑事诉讼法》第 108 条的规定，当一个刑事案件被检察机关向法院提起公诉后，法院一旦决定开庭审判，意味着已经确定被告人是有罪的。该条规定：“人民法院对提起公诉的案件进行审查后，对于犯罪事实清楚、证据充分的，应当决定开庭审判；对于主要事实不清、证据不足的，可以退回人民检察院补充侦查；对于不需要判刑的，可以要求人民检察院撤回起诉。”案件还未开庭审理，就对案件事实和证据材料进行了实质性审查，而且审查后只有认为被告人有罪的才决定开庭审判，那“开庭审判”的意义何在？对这种制度安排，理论界称为“先定后审”。在此情形下，庭审自然是走过场，不可能实质化。

需要指出的是,以上是从当时刑事诉讼法的规定作出的分析和得出的结论。但这并不等于在那个时代的司法实践中,凡是法院开庭审判的案件,由于庭审前已经确定被告人是有罪的,开庭后便无一例外地都被定罪判刑。实践中,还是有少数案件经过审判而被判决无罪的。但从总体上和法律上看,还是“先定后审”,庭审完全虚化。

第二阶段:庭审实质化开始引起关注,但庭审虚化仍然比较严重的阶段。1996 年 3 月我国《刑事诉讼法》进行了第一次大修改。这次修改在刑事诉讼法治化、人权司法保障等方面具有重大进步。其中一个重大举措就是在第 12 条确立了“未经人民法院依法判决,对任何人都不得确定有罪”的基本原则,从立法上初步确立了审判中心的地位。与此相适应,废除了 1979 年《刑事诉讼法》规定的检察机关行使的免予起诉制度。因为免予起诉实际上是一种对刑事案件的定罪处理方式。此类案件在检察机关看来当事人已经构成犯罪,只是“依照刑法规定,不需要判处刑罚或者免除刑罚的,人民检察院可以免予起诉。”根据 1996 年《刑事诉讼法》第 12 条的规定,检察机关显然不能行使定罪权,遂废除了免予起诉制度。此外,针对 1979 年《刑事诉讼法》第 108 条“先定后审”以致审判走过场的规定,1996 年《刑事诉讼法》也作了重要修改。为了防止法院开庭前对案件进行实质性审查,取消了 1979 年《刑事诉讼法》第 108 条规定,修改为“人民法院对提起公诉的案件进行审查后,对于起诉书中有明确的指控犯罪事实并且附有证据目录、证人名单和主要证据复印件或者照片的,应当决定开庭审判”。如此修改是为了防止法官在开庭前通过全面阅卷和实质审查而对被告人是否有罪形成预断,造成庭审走过场。

在 1979 年《刑事诉讼法》中,不但法庭认为被告人有罪才决定开庭,而且在开庭时指控犯罪的职能主要不是由公诉人行使,而是几乎转移给了审判法官。具体表现在:开庭后,“公诉人在审判庭上宣读起诉书后,审判人员开始审问被告人”(第 114 条);在法庭调查时,不是由公诉人履行举证责任,而是“审判人员应当向被告人出示物证,让他辨认;对未到庭的证人的证言笔录、鉴定人的鉴定结论、勘验笔录和其他作为证据的文书,应当当庭宣读”(第116条)。在这种审判方式下,控审职能实际上合二为一,共同对付被告人及其辩护人。仅就诉讼程序而言,这样的庭审明显不公正,诉讼结果可想而知。

针对这些问题,1996年《刑事诉讼法》修改对庭审方式作了重大改革,不仅在庭审前不允许法官全面审查案件事实和证据材料,废除“先定后审”的制度,要求具备程序条件就应当决定开庭,而且在开庭过程中,要求法官处于居中裁判的地位,指控犯罪、履行举证责任的职能完全由公诉人承担。具体表现为:“公诉人在法庭上宣读起诉书后,被告人、被害人可以就起诉书指控的犯罪进行陈述,公诉人可以讯问被告人”(第155条);“公诉人、当事人和辩护人、诉讼代理经审判长许可,可以对证人、鉴定人发问”(第156条);“公诉人、辩护人应当向法庭出示物证,让当事人辨认,对未到庭的证人的证言笔录、鉴定人的鉴定结论、勘验笔录和其他作为证据的文书,应当当庭宣读”(第157条);在法庭辩论时,“经审判长许可,公诉人、当事人和辩护人、诉讼代理人可以对证据和案件情况发表意见并且可以互相辩论”(第160条)。以上种种,不仅公诉人处处“冲在前面”履行控诉职能,而且被告人及其辩护人与其处于对等、平等地位,同样享有举证、质证、辩论的权利,而审判长及合议庭则处于主持庭审活动、居中作出裁判的诉讼地位,较1979年《刑事诉讼法》中规定的庭审方式发生重大变化。当时对庭审方式进行的改革被理论界称为1996年《刑事诉讼法》修改的“四大亮点”之一。①

以上修改表明,当时立法机关已经开始关注庭审实质化的问题。也可以说,仅从立法上看,庭审实质化的意味开始显露。

但是,即使如此,无论在立法上还是司法实践中,距离真正的庭审实质化还存在不少突出问题。其一,如前所述,为了切断法官在开庭前对案件“先定后审”形成预断,1996年《刑事诉讼法》修改后检察机关向法院起诉案件时,只移送所谓“主要证据”而不是全部

---

① 理论界对于1996年《刑事诉讼法》的修改概括为“四大亮点”,包括“确立了法院定罪原则,允许律师提前介入诉讼,废除了公安机关的收容审查制度和检察机关的免予起诉制度,改革了庭审方式”。

案卷材料。而何谓“主要证据”实际上又取决于公诉人的认识和移送范围,这就造成刑事案件在法院开庭审判时,被告人及其辩护人并不了解检察机关的指控证据有哪些、是什么,更无法掌握公诉人出庭支持公诉时手里有什么对被告人不利的“秘密武器”。也就是说在案件事实和证据信息的掌握上,控辩双方很不平衡、很不平等。在此情形下,控辩双方又何以进行“实质化”的交锋?

其二,虽然在1996年《刑事诉讼法》中规定了证人、鉴定人出庭的问题,但司法实践中几乎没有证人、鉴定人出庭。有关学者发表的实证研究报告显示,“在实施(1996年)刑事诉讼法的过程中,困扰全国法院系统最大的难题就是证人出庭作证的问题。在课题组已考察的所有法院中,都无一例外地坦言所审理的绝大多数刑事案件中是没有证人出庭作证的”。[①] 鉴定人出庭也几乎如此。法庭审理活动中证人、鉴定人几乎不出庭,控辩双方的所谓举证、质证活动都是围绕侦查机关收集的各种书面证据材料展开,控辩双方不能当面对证人、鉴定人进行发问、质证,这样的法庭审理活动,自然不可能“实质化”。于是,侦查中心主义、卷宗中心主义就成为理论界对于我国刑事诉讼活动、庭审活动的理论描述。它的基本含义是,在我国刑事诉讼过程中,侦查活动是中心,侦查机关收集的证据材料对后面的起诉、审判具有举足轻重的影响。侦查机关认为有罪的案件,几乎都被检察机关向法院提起公诉,而检察机关提起公诉的案件,又几乎都被法院定罪量刑。而法院的庭审活动又是围绕卷宗材料的出示、宣读、发表意见展开的,故称为卷宗中心主义。

其三,如前所述,庭审实质化不仅要求庭审过程实质化,而且要求经庭审程序实质审查的证据,对于裁判结果应当产生实质影响。但是,由于前述庭审过程的实质化几乎不存在,其对庭审结果也不可能产生实质性影响。特别是1996年《刑事诉讼法》修改后,庭审前及庭审时检察机关并不向法院移送全部卷宗材料,又不能做到使应当出庭的证人、鉴定人出庭作证,并接受质证,以致庭审实际上是

---

① 陈卫东主编:《刑事诉讼法实施问题调研报告》,中国方正出版社2001年版,第125页。

在走过场。因此,法院的审判都不是当庭作出,而是在庭审结束后,检察机关向法院移送全部证据材料,审判法官才开始全面阅卷,审查证据材料,最后根据阅卷情况对案件做出判决。这样的制度安排更加加剧了庭审走过场。

第三阶段:庭审实质化渐受重视,并通过修改刑事诉讼法促进发展的阶段。针对1996年《刑事诉讼法》实施中存在的问题,2012年《刑事诉讼法》再次修改,在促进庭审活动向实质化方向发展方面采取了多项立法举措。其一,首次在刑事诉讼法上明确规定刑事诉讼中被告人有罪的举证责任由控方承担。具体而言,公诉案件由人民检察院承担,自诉案件由自诉人承担。被告人及其辩护人不承担证明被告人有罪或无罪的举证责任。这就强化了检察机关的举证意识和举证责任。其二,首次在刑事诉讼法上明确提出“不得强迫任何人证实自己有罪”的原则,①使控方清醒地树立“零口供”意识,将指控犯罪的举证责任建立在被告人口供以外的其他证据的基础之上。其三,首次在刑事诉讼法上对非法证据排除的相关规则作出规定,强化了控辩双方在案件事实和证据调查中一项实质化的对抗内容。其四,针对困扰庭审活动最突出的证人、鉴定人出庭作证问题,明确提出了证人、鉴定人、侦查人员出庭作证的不同条件和程序要求,并对应当出庭而不出庭或出庭后拒不作证的法律后果作出明确规定,力图解决证人、鉴定人出庭难的顽疾。为此,还专门就证人出庭的保护问题、补助问题作出规定。其五,鉴于鉴定意见证据的特殊性,增加了专家辅助人协助控辩双方进行质证的制度,即在庭审中,控辩双方都可以申请有专门知识的人出庭对鉴定意见提出意见。其六,为了确保庭审活动不走过场,做好庭前准备,提高诉讼效率,专门建立了庭前会议制度,即在庭审前召开预备会议,在控、辩、审三方共同参与下,对庭审中可能遇到的相关事项包括管辖、回避、证人出庭等事项事先作出处理、安排。其七,为了加强辩方与控方的对抗能力,扩大了刑事法律援助的范围。原来只对没有委托辩

---

① 该规定虽然没有纳入《刑事诉讼法》的“基本原则”部分,但参与立法修改的工作人员称“这是具有刑事诉讼法的原则性质的规定”。参见郎胜主编:《中华人民共和国刑事诉讼法释义》,法律出版社2012年版,第107页。

护人的三种人,即未成年人、盲、聋、哑人以及可能判处死刑的人提供法律援助,修改后在此基础上增加了限制性刑事责任能力人和可能判处无期徒刑的人。

此外,为了将有限的司法资源用在"刀刃上",加大了审判程序中的繁简分流,对于基层人民法院管辖的案件,事实清楚,证据充分,被告人本人认罪且同意适用简易程序的案件,都可以适用简易程序进行审判,以便把更多的司法资源投入应当采用庭审实质化审判的案件中。

应该说,2012 年《刑事诉讼法》修改确实想在庭审实质化问题上有所作为,也确实对在司法实践中促进庭审向实质化方向发展提供了法律依据。2013 年 1 月 1 日修改后的《刑事诉讼法》开始生效施行,同年十八届三中全会召开,提出全面深化改革的战略任务。正是在此背景下,2014 年四中全会决定提出了"推进以审判为中心诉讼制度改革"的重大任务,其核心内容就是庭审实质化。近年来,这项改革不断推进,取得了明显成效。

二、庭审实质化的诉讼原理及内在要求

如前所述,我国的庭审实质化走过了漫长艰难的道路,迄今仍然"在路上"。庭审为什么要实质化而不能弄虚作假、走过场、形式化?它对于诉讼的意义何在?这是我们力图通过庭审实质化,推进以审判为中心的诉讼制度改革的首要课题。

(一)现代刑事诉讼构造必然要求庭审实质化,以彰显程序公正

刑事诉讼从公安机关立案侦查开始,经过检察机关审查起诉,再到法院审判,看起来是三个阶段三个办案机关,实质则完全不同。侦查、审查起诉活动实质是两方结构,侦查活动中公安机关是侦查主体,犯罪嫌疑人是侦查对象,即使犯罪嫌疑人能够获得律师辩护,双方结构并未改变,并且双方力量仍然悬殊。在此阶段,公安机关对犯罪嫌疑人的人身可以采取强制措施,对其财物可以采取查封、扣押、冻结等强制措施,而且侦查活动基本上是秘密、不公开进行的,犯罪嫌疑人及其辩护律师为其辩护的机会、能力和空间极其有限。在审查起诉活动中,检察机关是办案主体,理论上讲应当严守

客观义务，但其作为追诉机关的本质属性决定了其与公安机关其实同为追诉主体，如果发现案件事实不清、证据不足，也要退回公安机关补充侦查或直接由自己补充调查，由此决定了其与犯罪嫌疑人仍然是对立关系，存在“利益关系”。加上审查起诉主要是书面审查作业模式，即使可以听取犯罪嫌疑人及辩护律师的意见，也因诉讼利害关系和发表意见空间、机会有限，难以充分听取。因此，严格意义上讲，侦查、审查起诉并不属于真正的诉讼。二者虽然活动方式有所不同，但本质上是一致的，都属于“为审判作准备”的活动。而审判活动则不同，它必须按照现代刑事诉讼构造，即控审分离、控辩平等、审判中立的三角结构和相互关系展开。这种结构本身不仅体现出诉讼的特征，而且也体现出诉讼程序的公正性。在这种诉讼结构下，控辩双方处于平等的诉讼地位，在法定程序下展开理性对抗；审判机关则是中立的，与控辩双方不偏不倚，通过切实保障并充分听取控辩双方的举证、质证、辩论活动，查明案件事实，并依法作出裁判。据此完全可以说，现代刑事诉讼构造是庭审实质化的基础，它本身就彰显出诉讼程序的公正性。同时，也为审判结果的公正性奠定了坚实的基础。

（二）庭审实质化必然要求以直接言词方式审理案件，以查明事实真相，防止冤假错案

中国古代审理案件提倡并重视五听，亦称五辞，包括辞听、色听、气听、耳听、目听。据古文献解释，辞听是“观其出言，不直则烦”；色听是“察其颜色，不直则赧”；气听是“观其气息，不直则喘”；耳听是“观其聆听，不直则惑”；目听是“观其其眸子视，不直则眊然”。到了唐代，《唐六典》规定：“凡察狱之官，先备五听。”用今天的话来讲，司法官审理案件，不能只看文书材料，而是让当事人、证人当庭陈述案情或所见所闻，司法官则当面察言观色，通过五听分析判断其陈述是否客观真实，进而对案件事实作出认定、对案件是非曲直作出裁判。应该说，这是中华民族贡献于人类的优秀法律文化遗产。它与现代刑事诉讼制度的直接言词原则是完全相通的。

现代刑事诉讼制度的直接言词原则包括直接和言词两个方面，

其含义是指法官审判案件不能高高在上，不能听汇报看材料，而是要直接参与案件审理活动；而案件审理活动必须采用言词方式，无论是案件的当事人还是证人、鉴定人以及与案件相关的其他人发表与案件有关的意见，必须出席法庭并且必须以口头言词方式直接表达在法庭上。这样做，一方面，使裁判者可以当面察言观色，分辨真假；另一方面，使控辩双方包括检察官、被告人及辩护律师可以对证人、鉴定人以及其他人当面进行质证，提出对其质疑之处，揭露其内容虚假之处，澄清其表达含糊之处，以使裁判者不被假象所蒙弊，不被谎言所欺骗，不被模糊所障眼，对案件事实作出理性判断并形成内心确信，在此基础上作出裁判。

直接言词原则是大陆法系国家的司法审判原则。英美法系国家也有同样的司法制度，被称为传闻证据规则，指法庭审理案件事实和相关证据，原则上不得听取传闻证据。而所谓传闻证据，不仅指非证人道听途说的传言，而且还包括证人在法庭以外向侦查人员提供的书面证言材料。凡是证人包括专家证人都必须出庭，以言词方式对案件事实作证，同样以言词方式接受质证。可见，英美国家的传闻证据规则与大陆法系国家的直接言词原则，其实是异曲同工，实质精神是一致的。这一实质精神已经被国际刑事司法准则所接受，体现在联合国《公民权利和政治权利国际公约》第 14 条关于公正审判的基本规定之中。

为什么直接言词原则受到如此普遍认同，并在司法审判中加以遵循？首先，遵循该原则审理案件有助于查明案件事实真相。我国古语云："偏听则暗，兼听则明"。法庭审理案件的目的是查明事实真相，事实真相是什么主要靠相关证据来证明。但是，相关证据的产生、形成会因各种主客观原因而失真甚至误导，通过直接言词方式审查证据有助于查明案件事实真相。比如，案件发生时因光线太暗证人并没有看清楚犯罪嫌疑人的面部特征，但其在庭前作证指认说张某某就是其当时在案发现场看到的犯罪嫌疑人。被告人张某某及其辩护律师对该证人证言有异议，在庭上与其当面对质，通过交叉询问了解其当时如何看到犯罪嫌疑人的环境条件，并指出模拟当时的条件是不可能看到犯罪嫌疑人的试验结论,还拿出被告人张某某当时不在案发现场的相关证据。如此面对面的言词交锋,对于法官查明并确认被告人是否为证人当时在案发现场看到的犯罪嫌疑人,显然具有重要作用。又如,书面鉴定意见称被害人死于案发当天夜里凌晨1时许,但被告人称次日早晨9时许被害人还与其通过电话。到底被害人死于何时?鉴定意见是否科学、可靠?在如此针锋相对、不可能同时为真的证据事实面前,就需要鉴定人出庭对其鉴定意见的结论是如何形成的、事实依据和法医学依据何在、鉴定方法是否科学等一系列问题作出说明并接受被告人及其辩护律师的当面质证,最终由法官对被害人究竟死于何时作出判断和认定。

其次,遵循直接言词原则审理案件有助于防止冤假错案。以湖北佘某林冤案为例,佘某林被指控杀害了他的妻子张某玉,为证明案内的死者是张某玉,控方提供了法医的验尸报告和张某玉亲属的肉眼辨认笔录,称他们看到的尸体是张某玉。但是,佘某林坚信自己没有杀害妻子张某玉,不相信案内尸体是他的妻子,要求当面察看、辨认尸体却遭到办案机关拒绝。佘某林的亲属听说案发后,邻村村民曾看到一位貌似张某玉的女性,便找到这些村民了解情况,村民不仅证实此事,还出具了书面证明材料。于是,他们将材料交到办案机关要求调查以确认案内尸体是否为张某玉,以及张某玉是否确实已死亡的事实,但是也遭到办案机关的拒绝。不仅如此,还以涉嫌伪证罪为由拘留审查佘某林的亲属和出具证言材料的邻村的村民。不料,佘某林服刑期间张某玉“死而复生”,又出现在本村,证明案件中那个“死者”根本不是张某玉而是其他人。试想,如果在佘某林案件审理中,法庭能够安排出具验尸报告的法医、辨认尸体的张某玉的亲属,以及认为张某玉没有死的佘某林的亲属、邻村的村民出庭作证,再由公诉人与佘某林及其辩护律师对上述证人通过交叉询问进行质证,完全有可能促使法官非常慎重地对待并认定案内尸体是否为张某玉,以及张某玉是否已经死亡的事实,进而很有可能避免这起冤案的发生。

(三)庭审实质化必然要求依法排除非法证据,确保诉讼的合法性和正当性

公安司法机关惩罚打击犯罪是以维护法律秩序,维护社会公平正义的名义进行的。这就要求刑事诉讼活动必须在正当的法律程序下进行,不允许打着正义的旗号违反法律、滥用职权进行刑事诉讼活动。因此,任何法治国家的刑事诉讼制度都非常强调严格依法进行诉讼,并建立了一项严格的依法排除非法证据的制度或规则。我国刑事诉讼法历来强调"严禁刑讯逼供和以威胁、引诱、欺骗以及其他非法方法收集证据"。但是,司法实践中,刑讯逼供以及其他非法方法仍然屡禁不止,并且铸成了一系列冤假错案。有学者对已经发现、纠正的 20 起冤假错案进行了研究分析,指出"在 20 起冤案中,有多达 19 起案件,即 95%的案件存在刑讯逼供","可以说刑讯逼供是导致许多案件被错判的最重要的原因"。[①] 正是在这些冤假错案的"拷打"下,2010 年 7 月"两高三部"共同制定发布了《关于办理刑事案件排除非法证据若干问题的规定》,在我国初步建立了非法证据排除制度。经过几年实践探索,在 2012 年《刑事诉讼法》修改时正式建立了非法证据排除制度。

非法证据的存在,首先,严重侵犯了犯罪嫌疑人、被告人以及其他相关人员的合法权利。其次,由于非法证据往往是由公安司法人员在"合法""正义"的名义下形成的,其对司法公信力、对公安司法机关的威信以及司法程序的正当性也造成严重损害。最后,非法证据中相当多的是虚假证据,以此作为定案依据势必造成冤假错案。这给当事人及其家庭、给公安司法机关及其公信力都将造成不可挽回的损害。因此,对非法证据应当绝不留情,坚决依法排除。

但是,非法证据是否确实存在,直接涉及公安司法机关及其办案人员的声誉,涉及所涉案件能否成立并对被告人定罪量刑,属于案件实质问题,利害关系重大,必须严肃慎重对待。为此,就需要在庭审中实质化地进行调查,要求涉案人员包括侦查人员出庭作证,

---

① 陈永生:《刑事冤案研究》,北京大学出版社 2018 年版,第 15 页。

播放讯问犯罪嫌疑人的录音录像，通知相关人员出庭作证等，由控辩双方进行质证、辩论，以使法官对于是否存在非法证据、是否排除非法证据，依法作出裁断。

在以往发生的一些冤假错案中，庭审中被告人及其辩护律师向法庭提出排除非法证据，有的甚至向法庭出示、提供了相关证据，但法庭未调查，更未排除，仍然将非法证据作为定案依据，以致酿成了冤假错案。推进以审判为中心的诉讼制度改革，就要通过庭审实质化，敢于调查是否存在非法证据，勇于依法排除非法证据。

（四）庭审实质化必然要求保障辩方诉讼权利，以强化人权司法保障

如前所述，庭审实质化须以现代刑事诉讼构造为基础，其中一项重要要求是控辩平等。只有控辩双方在法律上和在事实上能够平等，才有可能进行实质化的理性对抗和交锋。但是，被告人又是天然与控方不平等的。他们是孤立的个人，无法与以国家力量为后盾的控方相匹配；同时，被告人没有诉讼经历和经验，一般也不懂法律，无法与专事控诉职能的公诉检察官相“匹敌”。为此，需要法律赋予并保障他们享有能够与控方进行实质化平等对抗的诉讼权利，其中包括获得律师为其辩护的权利。同时，刑事诉讼涉及对犯罪嫌疑人、被告人人身权利、财产权利的限制和剥夺。特别是经过法庭审判，如果法院判决被告人有罪并判处刑罚，甚至会处以死刑，一旦发生错误，将发生不可挽回的后果。为了防止错判以及不可挽回的后果的发生，也需要赋予和保障被告人享有充分的诉讼权利，包括获得律师为其辩护的权利，以强化人权司法保障。

为落实这一要求，首要的问题是解决被告人都有律师为其辩护的问题。据有关学者采用大数据技术进行的实证研究，我国刑事审判阶段，被告人获得律师辩护的比例只有22%左右。[①] 这意味着尚有80%左右的被告人还没有律师为其辩护。在没有律师为被告人辩护的情况下，如果被告人认罪并且也确实有罪时，对律师辩护的

---

① 王禄生：《论刑事诉讼的象征性立法及其后果——基于303万判决书大数据的自然语义挖掘》，载《清华法学》2018年第6期。

迫切性还不是那么强。但是,如果被告人不认罪,就需要对案件进行实质化的庭审,包括要求证人、鉴定人以及侦查人员出庭作证并对他们进行质证。试想不懂法律、没有诉讼经历和诉讼经验的被告人何以进行举证、质证?

其次需要解决的问题是,即使被告人有辩护律师,也要依法保证他们的诉讼权利,通过行使法律赋予的诉讼权利,才有能力参与实质化的审判,对控方证人、鉴定人以及侦查人员进行交叉询问,发现问题、提出问题、提出质疑,影响法官对控方证据的采信,对案件作出正确认定。

(五)庭审实质化必然要求坚持证据裁判原则,坚守定罪证明标准和疑罪从无原则

前已指出,庭审活动是由审理和裁判两个方面构成的。庭审实质化当然也包括审理过程的实质化和裁判结果的实质化。目前理论界和实务界一讲到庭审实质化,大多将其仅理解为审理过程的实质化,包括确保证人、鉴定人、侦查人员能够出庭作证并接受控辩双方的质证。但是,如果只有审理过程的实质化,而没有裁判结果的实质化,审理过程的实质化又有何意义?其结果便是即使能够“审理过程实质化”,庭审仍然是走过场、形式化!

裁判结果的实质化是指对案件如何裁判应当产生于、形成于实质化的审理过程和经过实质化审查的证据,该判有罪的就判有罪,该判无罪的就应当判无罪。而在“该判无罪”的案件中又有两种情形,第一种情形是,通过实质化的庭审,表明被告人确实无罪,对于此种情形法院判决无罪一般比较容易。第二种情形是,通过实质化的庭审,案件的审理情况表明,既不能认定被告人有罪,也不能排除被告人有罪,呈现为案件事实不清、证据不足的情形,即疑罪案件,法院对此类案件判决无罪还是有相当难度的。以往的司法实践中,对此类案件往往是疑罪从有、疑罪从轻,作出了有罪判决。这样做实质上没有把庭审实质化坚持到底,也是一种特殊的庭审虚化。

第二节 庭审实质化改革的推进、实施

庭审实质化的改革是在十八届四中全会决定提出“推进以审判为中心的诉讼制度改革”的大趋势、大背景下逐步展开的。就全国范围而言,大体上经历了小范围试点、总结交流经验、制定相关改革文件、大范围推开实施的过程。

一、试点先行

由于以审判为中心的诉讼制度改革集中体现在庭审活动中,因此试点工作主要在人民法院审判工作中展开,并且是在当地党委政法委的领导下,有法院、检察院、公安机关、司法行政机关共同参与其中。指导这项试点的则是最高人民法院。2015 年开始,最高人民法院经综合考虑,在四川省成都市法院系统和浙江省温州市法院系统先行开展试点,并且两个地区的试点都定名为“刑事庭审实质化改革”。从试点的成效来看,既有共性,也各有特点,为全国范围开展庭审实质化改革起到了带头示范作用,也为中央有关部门制定相关改革文件提供了实证依据。

成都市法院的改革试点是在成都市中级人民法院和下属基层人民法院展开的。它们确定的改革的总体思路是:(1)繁简分流和轻案快处是庭审实质化的前提;(2)必要充分的庭审准备是庭审实质化的基础;(3)证据认定在法庭是庭审实质化的重点;(4)专业化审判、静默化管控、信息化服务是庭审实质化的支撑。在试点方法举措上,它们着重做好以下工作:(1)做实必要的庭前准备;(2)细化证据排除程序;(3)强化关键人证出庭作证;(4)力推当庭认证和当庭宣判;(5)打造控辩审三角诉讼结构;(6)规范裁判文书制作;(7)完善改革配套机制;(8)强化技术支撑。在试点中共召开示范庭 210 件,取得以下明显成效:一是充分激活庭前准备。通过庭前会议处理相关程序性事项,包括处理申请管辖异议、申请回避、申请排除非法证据、整理证据和事实争点、确定出庭人证名单及证据出

示提纲等,为庭审实质化顺利进行做好充分准备。二是有效增强人证出庭力度。在210件示范庭审中,有150件人证出庭。三是改革出示证据方式方法,使控辩双方充分发表质证意见;进而提高当庭认证率,达到61.43%。四是加强非法证据排除,切实保障人权。对23件申请排除非法证据的案件审查后,对其中18件启动了非法证据调查程序,其中6件最终排除了非法证据。此外,210件示范案件中,律师参与率100%,所涉405名被告人中,获得律师辩护的被告人比例是94.23%。①

温州的试点也是在市中级人民法院和下辖基层人民法院开展的。试点的重点是着力推进证人、鉴定人、侦查人员出庭作证,切实强化控辩平等,重视发挥庭前会议功能,积极探索繁简分流,优化配置司法资源。改革取得了以下成效:一是证人出庭作证率显著提高。2015年到2016年6月,中级人民法院和两个基层人民法院在218起刑事案件中共通知429人出庭,占全部非简易程序开庭案件的11.92%;实际有97起案件145人出庭作证,实际到庭率为33.8%。出庭作证的人员包括普通证人、鉴定人、侦查人员、专家证人和被害人。二是为被告人获得律师辩护提供保障。2015年温州市两级法院通知法律援助机构为2955名被告人扩大指定辩护,可能判处3年以上有期徒刑的被告人律师辩护率为97.2%,中级人民法院一审刑事案件的律师辩护率达100%。三是案件审判质量明显提升。通过证人、鉴定人、侦查人员出庭作证和控辩双方质证,一方面使有的案件的指控证据更加扎实,对查明案件事实起到重要作用;另一方面使非法证据的调查公开透明,确认后得以排除,有效防范冤假错案。四是倒逼公安司法人员以及律师提升其办案能力和素质。五是实现了社会效果和法律效果的统一。通过证人、鉴定人出庭作证,强化控辩平衡,让被告人对法庭的定罪量刑心服口服,减少上诉率和申诉率。②

---

① 参见郭彦主编:《理性实践规则:刑事庭审实质化改革的成都样本》,人民法院出版社2016年版,第11~17页。

② 参见徐建新、吴程远:《以审判为中心的诉讼制度改革的温州实践》,载《人民司法(应用)》2016年第25期。

二、制定相关改革文件

在理论界展开热烈讨论深入研究，司法界积极探索开展试点过程中，中央有关部门根据四中全会决定，着手制定相关改革文件，全面推进以审判为中心的诉讼制度改革。

首先，如前所述，经中央深改组审议通过，2016 年 10 月，“两高三部”制定发布了《关于推进以审判为中心的刑事诉讼制度改革的意见》，共 21 条，从侦查、起诉、审判、辩护各个方面对刑事诉讼中如何推进以审判为中心的改革做出了部署，提出了要求。其中，除了重申刑事诉讼法的有关规定外，针对庭审活动强调提出以下要求：规范法庭调查程序，确保诉讼证据出示在法庭，案件事实查明在法庭；证明被告人有罪或者无罪、罪轻或者罪重的证据，都应当在法庭上出示，依法保障控辩双方的质证权利；完善对证人、鉴定人的法庭质证规则，落实证人、鉴定人、侦查人员出庭作证制度，提高出庭作证率；同时，要完善法庭辩论规则，确保控辩意见发表在法庭。法庭应当充分听取控辩双方意见，依法保障被告人及其辩护人的辩论辩护权。此外，还要完善当庭宣判制度，确保裁判结果在法庭形成。依据法律规定认定被告人无罪的，应当作出无罪判决。证据不足，不能认定被告人有罪的，应当按照疑罪从无原则，依法作出无罪判决。

其次，经中央深改组审议通过，2017 年 6 月，“两高三部”制定发布了《关于办理刑事案件严格排除非法证据若干问题的规定》（以下简称《非法证据排除规定》）。《非法证据排除规定》是在推进以审判为中心的诉讼制度改革的背景下出台的关于排除非法证据的法律文件。它在依法排除非法证据问题上，较 2012 年《刑事诉讼法》的规定更加丰富，更加细化，也更加明确，主要是以下几点：第一，对依法应当排除的非法证据用五个条文作了界定，其中最令人关注的是把使用变相肉刑，致使犯罪嫌疑人、被告人遭受难以忍受的痛苦而违背意愿作出的供述；采用以暴力或严重损害本人及其近亲属合法权益等进行威胁的方法，致使犯罪嫌疑人、被告人遭受难以忍受的痛苦而违背意愿作出的供述；采用非法限制人身自由的方法收集的犯罪嫌疑人、被告人的供述；以及除法定情形外所作的与之前非法口供一致的重复性供述。这些供述都被规定为依法应当排除的非法证据,为明确非法证据排除的范围提供了比较明确的依据。第二,为了防止刑讯逼供或采用其他非法讯问方式获取口供,针对性地采取了多种防范措施。包括看守所收押犯罪嫌疑人应当进行身体检查,应当对提讯进行登记;犯罪嫌疑人及其辩护人在侦查期间可以向人民检察院申请排除非法证据;对重大案件,人民检察院驻看守所检察人员应当在侦查终结前讯问犯罪嫌疑人,核查是否存在刑讯逼供、非法取证情形并同步录音录像。第三,完善法庭针对非法证据排除申请启动的证据收集合法性的调查程序,原则上应当先行调查。公诉人应当承担相关证明责任以证明所涉证据收集的合法性,证明的方式包括出示讯问笔录、提讯登记、体检记录、采取强制措施或侦查措施的法律文书,有针对性地播放讯问录音录像、提请法庭通知侦查人员或者其他人员出庭说明情况。在对证据作出是否排除的决定前,不得在法庭上宣读、质证。这些规定丰富和发展了现行刑事诉讼法关于排除非法证据的有关规定,对于推进庭审实质化的改革具有重要意义。

最后,最高人民法院制定“三项规程”,进一步细化、落实庭审实质化。

虽然,“以审判为中心”并不是“以法庭为中心”,但是法院作为国家审判机关在推进以审判为中心的诉讼制度改革中处于非常重要的地位,特别是当人们认识到以审判为中心的诉讼制度的改革核心是庭审实质化的改革后,法院在推进此项改革中的地位和责任就是不言而喻的。事实上,在“两高三部”《关于推进以审判为中心的刑事诉讼制度改革的意见》中,已经将庭审实质化改革的任务赋予人民法院。为此,最高人民法院经深入调查研究,特别是总结四川成都、浙江温州等地开展庭审实质化改革的经验,并结合审判实际,于 2017 年 6 月下发《在全国部分法院开展“三项规程”试点的通知》(以下简称《“三项规程”试点通知》)。所谓“三项规程”,是指最高人民法院为认真贯彻中央三中、四中全会改革要求,严格落实中央深改组审议通过的《关于推进以审判为中心的刑事诉讼制度改革的意见》《非法证据排除规定》等改革文件,而制定的深化庭审实质化改革的三个具体文件,即《人民法院办理刑事案件庭前会议规程(试行)》(以下简称《庭前会议规程》)、《人民法院办理刑事案件排除非法证据规程(试行)》(以下简称《非法证据排除规程》)和《人民法院办理刑事案件第一审普通程序法庭调查规程(试行)》(以下简称《法庭调查规程》)。《“三项规程”试点通知》确定全国17个中级人民法院及其所辖的部分基层人民法院为试点法院,开展为期半年的“三项规程”试点工作。《“三项规程”试点通知》还指出最高人民法院将适时开展试点情况督察,加强对改革试点的跟踪评估,认真总结可复制可推广的试点经验,优化完善“三项规程”,将来在全国法院全面推行。随后,最高人民法院在总结试点经验,完善“三项规程”的基础上,于2017年12月27日正式发布“三项规程”,并决定自2018年1月1日起在全国法院试行。

“三项规程”坚持以审判为中心改革的目标导向,力图构建更加精密化、规范化、实质化的审判程序,以实现司法证明实质化、控辩对抗实质化、依法裁判实质化,以真正发挥庭审在查明事实、认定证据、保护诉权、公正裁判中的决定性作用。其中,《庭前会议规程》优化庭前会议程序,依法处理可能导致庭审中断的程序性事项,组织控辩双方展示证据,归纳争议焦点,开展附带民事调解,以确保法庭集中持续审理。《非法证据排除规程》细化、完善非法证据排除的实体性规则和程序性规则,规范庭前程序和庭审环节对证据合法性争议的处理程序,对准确惩罚犯罪、切实保障人权、有效防范冤错案件具有重要作用。《法庭调查规程》是推进庭审实质化改革的重中之重,通过确立法庭调查的基本原则,规范开庭讯问、发问程序,落实证人、鉴定人出庭作证制度,完善举证、质证、认证规则,确保诉讼证据出示在法庭,案件事实调查在法庭,诉辩意见发表在法庭,裁判结果形成于法庭。“三项规程”是人民法院推进以审判为中心的诉讼制度改革,落实庭审实质化改革的重要和重大举措,是今后我国刑事审判制度的主要遵循。①

---

① 参见刘静坤:《最高人民法院部署开展“三项规程”试点工作》,载《人民法院报》2017年6月11日,第1版。

三、推进改革应当重点解决的几个问题

根据以上法律文件特别是最高人民法院“三项规程”的要求，庭审实质化的改革已经在全国刑事审判中得以推进。但是无论从理论上还是实践上看，还有一些问题需要进一步探讨，笔者认为以下几个问题应当重点予以解决。

（一）适用“庭审实质化”审判的案件范围及其选择标准

我国刑事审判程序仅就一审程序而言包括公诉案件普通程序、自诉案件程序、简易程序和速裁程序，不同的审判程序意味着国家投入的司法资源不同，对被告人诉讼权利提供和保障的程度也不同。“庭审实质化”的审判当然是国家应当投入司法资源最多、对被告人诉讼权利提供和保障程度最高的审判。那么，它应当适用于哪些案件，这是一个非常值得研究的问题。

从理论上和法律上讲，自诉案件程序、简易程序、速裁程序都有明确的适用范围和适用条件，主要适用于较轻的犯罪和被告人认罪并同意适用这些程序的案件。这些案件显然不需要庭审实质化的审判。但是，这并不意味着凡适用普通程序审判的案件都应当采用庭审实质化的审判。即使最高人民法院的《庭审调查规程》的全称是《人民法院办理刑事案件第一审普通程序法庭调查规程》，也不能简单地理解为所有普通程序案件都要采用庭审实质化的审判。

据有关学者采用大数据技术进行研究得出的结果，从 2013 年至 2017 年，全国范围内刑事一审案件普通程序的适用比例呈现稳定的上升态势，由 36.97%上升至 41.32%，增幅达 11.77%。如果以 2017 年全国刑事一审案件 129.7 万件来计算，41.32%的案件适用普通程序审理，那就是 53.59 万案件。① 如果将这些案件都适用庭审实质化的审判，国家能够提供足够的司法资源吗？同时，被告人本人也需要采用如此程序复杂、耗时久长的审判吗？应该说对以上两个问题的理性回答都应当是“不”！首先，国家的司法资源是有

① 参见王禄生：《论刑事诉讼的象征性立法及其后果——基于 303 万判决书大数据的自然语义挖掘》，载《清华法学》2018 年第 6 期。

限的,不可能为每年超过50万件的刑事案件按照庭审实质化审判的需求提供和保障司法资源。同样也不是超过50万件案件的被告人都需要、都希望对他们的案件进行庭审实质化的审判。不仅中国如此,国外也是如此。以美国为例,陪审团审判是当事人主义对抗制诉讼模式的代表,并且是由被告人选择适用的审判模式,可以称为“庭审实质化”的审判,但在刑事司法实践中适用的比例是很低的。2015年12月,笔者随同中央司法改革代表团访问美国,广泛接触了联邦司法系统和州司法系统的各级法院的法官、检察官和律师,他们一致表示虽然美国没有全国统一、权威的统计,但在全部刑事案件中,采用陪审团审判的案件不到5%,其他约95%的刑事案件都是采用认罪答辩包括辩诉交易等非正式审判的方式审理结案。[①]可见,不论从国家投入司法资源的能力看,还是从被告人的需求看,研究庭审实质化审判适用的案件范围是非常必要和重要的。

其次,对适用普通程序审理的案件进一步分析后可以划分为以下几类案件:其一,因被告人不认罪而不能适用简易程序、速裁程序的案件。其二,被告人虽然认罪但其不同意适用简易程序、速裁程序的案件。其三,不论被告人是否认罪,法律明确规定不能适用简易程序和速裁程序的案件。包括《刑事诉讼法》第215条规定的不适用简易程序的下列案件:(1)被告人是盲、聋、哑人,或者是尚未完全丧失辨认或者控制自己行为能力的精神病人;(2)有重大社会影响的;(3)共同犯罪案件中部分被告人不认罪或者对适用简易程序有异议的;(4)其他不宜适用简易程序审理的。此外,还有《刑事诉讼法》第223条的规定的案件,即除以上(1)至(3)所述案件也不适用速裁程序外,被告人是未成年人的案件、被告人与被害人或者其法定代理人没有就附带民事诉讼赔偿等事项达成调解或者和解协议的案件,以及其他不宜适用速裁程序审理的案件。其四,依法由中级人民法院审理的危害国家安全、恐怖活动以及可能判处无期徒刑、死刑的第一审案件。其五,法律上规定的、实践中很少发生的

① 在美国刑事法律和诉讼理论上,所谓“正式审判”一般是指陪审团审判。其他方式则被视为“非正式审判”,认罪答辩即是如此。

由高级人民法院和最高人民法院管辖的第一审刑事案件。

在以上五类案件中，第一类被告人不认罪的案件、第四类和第五类由中级人民法院以上法院审理的第一审案件，无论从被告人的需求看，还是从案件的性质、可能判处刑罚的轻重程度上以及社会影响力上看，都应当采用庭审实质化的审判。此外，在第二类和第三类案件中，被告人不认罪的案件或者被告人要求庭审实质化审理的案件，也应当采用庭审实质化的审判。除上述以外的其他案件则可以虽然适用普通程序但不必采用庭审实质化的审判。这实际上意味着刑事诉讼法规定的适用普通程序审理的案件可以分为两大类：一类是在普通程序中应当严格按照庭审实质化要求进行审判的案件，对于此类案件的审判虽然还是适用普通程序，但投入的司法资源、对被告人诉讼权利保障的程度以及所体现出的程序公正的程度，应当是我国审判程序中层级最高的，也就是理论上常说的难案、繁案、重案，对这些案件应当“精办”，必须采用庭审实质化的审判。另一类则是不必按照庭审实质化的要求，而是在普通程序框架内可以选择简化审理的案件。比如，被告人不要求、案件事实表明也不必通知证人、鉴定人、侦查人员出庭作证的案件。

明确庭审实质化审判适用的案件范围，其意义是，对于那些确实需要庭审实质化审判的案件，要确保能够获得真正的、名副其实的实质化的审判，而对那些案情不必要或被告人不要求庭审实质化审判的案件，则在普通程序框架下简化审理。但是，如何确定分类或划分标准呢？笔者认为，根据前面的论述，可以确定以下两个相互并列的标准：一是以被告人是否认罪以及是否提出证人、鉴定人、侦查人员出庭作证或是否提出排除非法证据的申请为标准，凡被告人不认罪并提出上述要求的案件，应当采用庭审实质化的审判。以此为标准，即使被告人不认罪，但对指控事实、证据本身无争议，只是在定性上对适用法律有争议，并不需要证人等出庭作证的案件，也不需要庭审实质化的审判。按照这个标准，司法实践中需要庭审实质化审判的案件数量是有限的，一般认为不超过全部刑事案件的20%。[①]

---

① 据有关实证研究统计，司法实践中审判阶段被告人认罪的案件一般为80%。参见顾永忠：《关于以审判为中心诉讼制度改革的建议》，载《法制日报》2016年1月20日，第12版。

二是由法院或检察机关确定的标准，一般可以是重大、疑难、复杂或社会影响大的案件。从司法实践来看，这些案件中有相当一部分是被告人不认罪的，实际也属于第一类案件。剩下的案件实际上就不多了，与第一类案件加起来，总数估计还是在20%左右。

总之，庭审实质化审判的案件范围应当有一个认定标准或依据，并且应当限制在确有必要的范围内，这样庭审实质化审判才有可行性，进而才能将十八届四中全会决定提出的推进以审判为中心的诉讼制度的改革落到实处。

（二）庭前会议与庭审实质化的关系

庭前会议是2012年《刑事诉讼法》修改时新增的一项制度，内容是“在开庭以前，审判人员可以召集公诉人、当事人和辩护人、诉讼代理人，对回避、出庭证人名单、非法证据排除等与审判有关的问题，了解情况、听取意见”。参与《刑事诉讼法》修改的有关立法工作人员对此解释道：“这一程序设计允许法官于开庭前，在控辩双方同时参与下，对案件的程序性争议问题集中听取意见。这样规定有利于确定庭审重点，便于法官把握庭审重点，有助于提高庭审效率，保证庭审质量。”①但是，这项制度在司法实践中适用率非常低，据有关实证研究成果显示，只有2%。为什么适用率如此之低？一般认为有以下原因：一是法官、检察官、律师的积极性都不高；二是庭前会议决定的事项没有法律效力；三是什么样的案件需要召开庭前会议，《刑事诉讼法》规定并不明确，弹性很大。② 以上所述确系事实，其背后深层的原因是，在我国现行审判制度下包括在一审普通程序，并没有显示出召开庭前会议有多少必要性。因为最需要庭前会议处理的事项是听取控辩双方意见并确定应当出庭作证的证人、鉴定、侦查人员的名单，但这个问题在司法实践中几乎不可能解决。庭审活动基本上是卷宗中心主义，并没有证人、鉴定人、侦查人员出庭作证，还是围绕庭前检察机关移送的各种书面证据材料进行所谓

---

① 郎胜主编：《中华人民共和国刑事诉讼法修改与适用》，新华出版社2012年版，第327页。

② 参见卞建林、杨冠宇主编：《刑事诉讼庭前会议制度研究》，中国政法大学出版社2017年版，第20~23页。

的庭审调查。既然如此,有什么必要召开庭前会议?此外,在不少人看来,召开庭前会议就要对案件的一些事项作出具有法律效力的处理。如排除非法证据的问题,有不少人主张非法证据排除问题应当在庭前会议上解决,没有必要、也不应该放在庭审中提出和解决。但是这种主张不符合《刑事诉讼法》关于庭前会议的功能主要是围绕程序事项“了解情况,听取意见”的规定,并不能被采纳。至于《刑事诉讼法》没有对什么样的案件需要召开庭前会议做出规定,确系事实,但这不是主要的原因。试想:如果庭审活动真正能够按照庭审实质化的方式进行,证人、鉴定人、侦查人员都要出庭作证、接受控辩双方的质证,相信法官、检察官、辩护律师都会重视并积极参加庭前会议,因为谁也不愿意“打无准备之仗”,谁也不愿意在庭审中处于被动、不利的局面!

推进以审判为中心的诉讼制度改革以来,庭审实质化、直接言词原则已成为大家对以审判为中心的核心注解。因此,庭前会议受到重视。在四川成都和浙江温州的改革试点中,都把召开庭前会议作为庭审实质化改革的一项重要配套制度。正是在此背景下,最高人民法院推行庭审实质化改革的“三项规程”之一就是《庭前会议规程》,明确指出该规程旨在“完善庭前会议程序,确保法庭集中审理”,进而对召开庭前会议的案件范围、庭前会议召集的方式、庭前会议的功能、庭前会议召开的程序,以及庭前会议的结果等事项做了系统的规定,成为司法实践中法院召开庭前会议的最全面、细致的法律依据。尽管如此,笔者认为还有一个基本问题在这个法律文件中并没有得到明确的解决,这就是庭前会议与庭审活动包括庭审实质化是什么关系。这个问题不能得到圆满的解决,庭审能否真正实质化势必会受到很大影响。

要解决庭前会议与庭审包括庭审实质化的关系,首先要明确庭前会议的性质和功能。所谓“庭前会议”其名称本身就表明它不是庭审,也不应该是庭审,而是庭审前召开的一个会议,是为庭审作准备的一项制度。众所周知,刑事案件形形色色,审判程序又多种多样,即使同一种审判程序如普通程序,也会因案情不同在庭审方式、程序上有所不同。仅就证人出庭问题来看,有的案件需要证人、鉴定人、侦查人员出庭作证,有的案件则不需要。正因如此,在开庭前有的案件需要召开庭前会议,把案件的情况、控辩双方的诉求了解清楚,然后根据他们的诉求对采用什么样的庭审方式作出安排、作好准备。特别是如果需要采用庭审实质化的审判,势必需要在庭前做好诸多安排和准备。

其次,既然庭前会议是为庭审做准备的程序制度,那就应当明确庭前会议不能代替庭审,不能把应当在庭审中解决的问题放在庭前会议上解决。如排除非法证据的问题,如果被告人及其辩护律师确有排除非法证据的申请,应当在庭前会议上提出。控方应当针对该申请表明态度,作出说明,双方还可以进行必要的沟通。如果通过说明、沟通,双方能达成一致,或者控方撤回了所涉相关证据,或者辩方撤回了排除非法证据申请,这个问题自然就解决了,不需要在庭审中再调查、处理。但是,如果双方不能达成一致,控方坚持把所涉证据作为合法证据提交法庭调查,辩方坚持认为这是非法证据,要求依法予以排除。此时,应当把该问题安排到庭审中解决,控辩双方应当为此作好相关准备。但是,一段时间以来,一些人主张应当在庭前会议上解决非法证据排除问题。这样做势必会用以庭前会议代替庭审,这是完全错误的。庭审活动有两项重要功能:一是解决双方争议;二是接受社会对法庭解决争议的活动进行监督,满足公众的知情权。而庭前会议是不公开的,不应当具有这两项功能,只能为庭审功能的实现做好相关准备。

其实这个问题与庭前会议应不应该有法律效力的问题也有密切关系。一些人主张庭前会议应当具有法律效力,否则召开庭前会议就没有意义。这种观点的认识根源还是把庭前会议看作具有庭审性质,并希望通过庭前会议分担、解决一些庭审的任务。因此,主张庭前会议应当具有法律效力,庭前会议上发表的意见、对程序事项表达的态度不应当事后改变。但是,如果对庭前会议的性质、功能能够认识清楚、正确,它就是为庭审做准备的,那么,就不会过分强调庭前会议应当具有法律效力。因为既然庭前会议是为庭审做准备的,如果准备得充分、周到,庭审时控辩双方就不会改变。但是,如果由于某种原因,庭前会议上对某些事项了解不透彻、考虑不周全，以致庭前会议的准备不充分、不周到，以致影响庭审实质化的审理，在庭审中为何不允许改变？就像部队打仗之前应该做好准备一样，在打仗的时候同样允许对原订的作战计划根据战场上的新情况随机应变。

事实上，根据《刑事诉讼法》规定，有些诉讼事项本来就应当在庭审中解决，即使在庭前会议上已征求意见，形成了结论，也不是在庭审时不能改变。比如，《刑事诉讼法》第190条规定的回避事项就属于此类事项。不能因为在庭前会议上被告人及其辩护人表过态"不申请回避"而不允许他们在开庭时发生变化，当场提出回避申请。此外，《刑事诉讼法》上有些规定是专门针对庭审中出现的新情况，允许控辩双方在庭审中临时提出，哪怕他们在庭前会议上表过态。比如，《刑事诉讼法》第197条第1款规定："法庭审理过程中，当事人和辩护人、诉讼代理人有权申请通知新的证人到庭，调取新的物证。申请重新鉴定或者勘验。"又如，根据《刑事诉讼法》第204条规定，在法庭审判过程中，检察人员发现提起公诉的案件需要补充侦查，可以提出延期审理的要求，在此情形下，合议庭可以决定延期审理。其实，此种情况的发生，与检察机关的起诉决定实际上是相矛盾的。检察机关在向法院提起公诉时，是以案件事实清楚，证据确实、充分为条件的，并且在起诉书上也有明确的表述，而起诉书又是具有法律效力的重要法律文书。在此情形下，尚且在庭审中允许并同意检察人员以"发现提起公诉的案件需要补充侦查"为由，提出延期审理的建议，为什么不允许庭前会议上对一些诉讼程序事项达成一致意见后在庭审时提出调整？

应该说，最高人民法院《庭前会议规程》关于庭前会议效力问题的规定也体现了这一精神。《庭前会议规程》第10条规定了庭前会议上应该向控辩双方"了解情况，听取意见"的十个事项，并且规定"对于前款规定中可能导致庭审中断的事项，人民法院应当依法作出处理，在开庭审理前告知处理决定，并说明理由。控辩双方没有新的理由，在庭审中再次提出的有关申请或者异议的，法庭应当依法予以驳回"。据此，在庭审中只要控辩双方有"新的理由"就可以重新"提出申请或者异议"。可见，庭前会议上法院对有关事项作出的处理决定并不是绝对不可改变。至于控辩双方在庭前会议上就有关事项达成一致的意见,也不是不可以改变。《庭前会议规程》第25条规定,在开庭时宣布庭前会议报告后,对于庭前会议中达成一致意见的事项,法庭向控辩双方核实后当庭予以确认;对于未达成一致意见的事项,法庭可以归纳控辩双方争议焦点,听取控辩双方意见,依法作出处理。控辩双方在庭前会议中就有关事项达成一致意见的,在庭审中反悔的,除有正当理由外,法庭一般不再进行处理。

综上,根据最高人民法院《庭前会议规程》,无论庭前会议上控辩双方达成一致意见的事项,还是法院作出处理决定的事项,都不是具有绝对的法律效力,不可改变、不可重新提出。只要控辩双方“有正当理由”或“有新的理由”,则可以“在庭审中反悔”,或可以“在庭审中再次提出”。这对我们认识庭前会议的法律效力,处理庭前会议与庭审包括庭审实质化的关系,具有重要意义。

庭前会议与庭审关系的另一个问题是,是不是凡是召开过庭前会议的案件都要进行庭审实质化的审判?这个问题与前面讨论的适用庭审实质化审判的案件范围有密切关系,但又不能同等看待。如前所述,目前在《刑事诉讼法》及最高人民法院《法庭调查规程》上并没有对适用庭审实质化审判的案件范围作出规定,但什么案件应当适用庭审实质化审判又非常重要。因此上文专门讨论了这一问题,并且提出并论证了确定案件范围的两个并列的标准。但是,庭前会议的召开范围有所不同。《刑事诉讼法》中虽然没有规定什么样的案件应当或需要召开庭前会议,最高人民法院的《庭前会议规程》则对此作了规定,进而也产生了一个问题,即是否召开庭前会议的案件都要进行庭审实质化审判的问题。

根据最高人民法院《庭前会议规程》第1条规定,须召开庭前会议的案件有三种情形:其一,“人民法院适用普通程序审理刑事案件,对于证据材料较多、案情疑难复杂、社会影响重大或者控辩双方对事实证据存在较大争议等情形的,可以决定在开庭审理前召开庭前会议”。这是由法院依职权裁量决定召开庭前会议的情形。其二,“控辩双方可以申请人民法院召开庭前会议。申请召开庭前会议的,应当说明需要处理的事项。人民法院经审查认为有必要的,应当决定召开庭前会议;决定不召开庭前会议的,应当告知申请人”。这是依申请召开庭前会议的情形。其三,“被告人及其辩护人在开庭审理前申请排除非法证据,并依照法律规定提供相关线索或者材料的,人民法院应当召开庭前会议”。这是属于法定或者当然召开庭前会议的情形。但是,无论何种情形,能否认为凡是根据以上规定召开过庭前会议的案件都应当适用庭审实质化的审判?

在笔者看来,从内在逻辑关系上讲,凡适用庭审实质化审判的案件,理应都召开庭前会议,以便为庭审实质化的审判“了解情况,听取意见”,做好相关准备,否则难以“确保法庭集中持续审理,提高庭审质量和效率”。但是,不能认为凡召开庭前会议的案件,都应当采用庭审实质化的审判。从一定意义上讲,召开庭前会议正是为了确定哪些案件需要采用庭审实质化的审判,哪些案件可以适用普通程序简化审理。事实也是如此,有的案件通过召开庭前会议,不仅处理好了相关程序事项,还通过控辩双方展示证据、交换意见,使双方对事实证据不存在实质争议,在此情形下就没有必要采用庭审实质化的审判。有的案件被告人及其辩护律师在庭前会议上提出了排除非法证据的申请,但经过控方说明情况,双方交换意见,控方撤回了有关证据,或者被告人及其辩护律师撤回了排除非法证据的申请。在此情形下,同样也不需要采用庭审实质化审判了。

(三)建立具有中国特色的交叉询问制度或规则

庭审实质化的核心是直接言词审理原则,对于应当出庭的证人、鉴定人、侦查人员应当确保出庭,由控辩双方对他们进行交叉询问,以当庭审查、核实、质疑、揭露他们作证的资格和作证内容的证明力。从诉讼原理上讲,证人,鉴定人,侦查人员出庭有两项诉讼功能:其一,为本方作证,也就是为控方或辩方主张的案件事实出庭作证,提供依据;其二,接受对方质证,也就是接受诉讼另一方对本方出庭作证人员的资格以及作证的内容提出质疑、弹劾、反驳等,以动摇、推翻其作证的内容。从作证与质证的关系上讲,在时间上应当先有作证后有质证,质证以作证为前提、为基础,没有作证就没有质证;在内容上,作证是试图确立某种案件事实,质证则是力图质疑、动摇甚至否定作证方试图确立的某种案件事实。两者针锋相对，不可调和。到底谁是谁非，最终由裁判者定夺。可见，对证人、鉴定人、侦查人员出庭作证应当设计一个科学的、符合诉讼规律的、符合诉讼原理的程序制度，理论上将其称为交叉询问制度，它对于庭审实质化审判的充分展开，具有重要意义。

但是，我国刑事诉讼制度中是否建立了交叉询问制度，理论界在认识上是有分歧的。1996 年我国对刑事诉讼法修改时，在庭审模式上引进了当事人主义诉讼模式的一些合理因素，其中包括对证人、鉴定人出庭询问的规定。后经最高人民法院发布司法解释，对此又作了进一步丰富和发展。在此背景下，有的学者认为我国已建立交叉询问制度。[①] 但也有学者认为“将我国目前由控辩双方在法庭上进行人证调查的方式不加具体限制地称作交叉询问并不适当”，同时建议以“控辩询问”定位我国的庭审询问证人模式。[②]

笔者同意我国现行刑事庭审制度中尚未建立真正意义上的交叉询问制度的观点。同时认为，应当结合我国实际构建具有中国特色的交叉询问制度。特别是在推进以审判为中心的诉讼制度改革的背景下，大家一致认为庭审实质化是此项改革的核心，更需要建立真正符合诉讼规律、符合诉讼原理、符合我国实际的交叉询问制度。因为庭审实质化不仅以应当出庭的证人、鉴定人、侦查人员出庭作证为前提、为条件，更要以对出庭证人、鉴定人、侦查人员的实质询问、实质调查为核心，从而能最大限度地查明案件事实，防止证人、鉴定人、侦查人员虚假作证，防止冤假错案的发生。而只有交叉询问制度才能承载庭审实质化的这一要求。在交叉询问制度下，控辩双方一方面通过直接询问对本方有利的证人、鉴定人、侦查人员，使其为本方充分作证，支持本方的诉讼立场和事实主张；另一方面又通过交叉询问，向为对方作证的证人、鉴定人，侦查人员的作证发起挑战，质疑、揭露其作证资格及作证内容中虚假不实之处。正是

---

① 金春、杨桂红：《在我国司法实践中建立交叉询问制度之我见》，载《法学杂志》2001 年第 5 期。

② 龙宗智：《我国刑事庭审中人证调查的几个问题——以“交叉询问”问题为中心》，载《政法论坛》2008 年第 5 期。

在这种你来我往的相互博弈下，审判人员才能"兼听则明"，对证人、鉴定人、侦查人员的作证孰真孰假作出理性的判断，对案件事实作出正确的认定。也因此，交叉询问制度在对抗制诉讼模式下被称为"发现案件真相的最伟大的法律装置。"

从诉讼原理讲，交叉询问制度是以控辩双方的对立和平等为基础。同时，也是以控辩双方在诉讼中对自己的事实主张负有举证责任和享有质证权利为核心内容。

在此情形下，在诉讼过程中特别是需要以庭审实质化审判的案件中，出庭作证的证人、鉴定人、侦查人员分属控辩双方两大阵营。控辩双方中任何一方对支持本方事实主张的证人、鉴定人、侦查人员发问，目的在于为本方作证，在理论上称作直接询问或主询问。由于直接询问或主询问的目的是为本方作证，由此决定了发问的句式应当是开放式的问题，而不应当是封闭式或诱导式的问题。所谓开放式的问题，是指在所提的问句中没有包含选择性的答案。如问证人："你在案发现场看见的那个人穿的是黑衣服，是不是？"对这一问句的答案只有两个——"是"或"不是"。显然，该问句中已经包含了答案，是一个封闭式的问题。但是，如果问证人："你在案发现场看见的那个人穿的什么颜色的衣服？"该问句中没有包含选择性的答案，回答它可能有无数个答案，这显然是一个开放式的问题。据此，不难理解直接询问或主询问为什么只能采用开放式的问题，而不能采用封闭式的问题。如果控方或辩方向本方证人、鉴定人、侦查人员提出"是不是""对不对"式的封闭式问题，势必给他人形成诱惑证人作证的印象或嫌疑，严重削弱本方作证内容的可信度。相反，控辩双方任何一方向对方证人、鉴定人、侦查人员进行询问，往往是以质疑对方的作证内容为前提的，称为交叉询问或反询问。既然如此，所提的问题势必以对方作证的内容为基础。比如问："你刚才讲了什么，是不是？"通过这样的句式从对方作证内容中引出具有选择性答案的封闭式问题让其回答，而这些问题恰恰可能是对方作证中的虚假不实之处，而对方已经在前面作了陈述，又不能不被"牵着鼻子"作出"是"或"不是"的回答，如此问答下去，使其一步步走向被动，最终当提问者抛出真实情况或事实真相时，势必将其虚假作证之处暴露在法庭上,达到使裁判者不相信、不采纳其作证内容的目的。可见,交叉询问是以弹劾对方证人为目的,以对方作证内容为对象、为基础的询问,势必要采用封闭式或诱导式的问题,而恰恰是通过提出这样暗藏“杀机”的问题,陷对方于不利、被动、尴尬的困境,从而达到弹劾的目的。

对照以上关于交叉询问制度的诉讼原理和运行机制,不难看出,我国现行刑事诉讼制度上确实尚未建立真正的交叉询问制度。其一,从立法上看,我国庭审询问制度没有明确适用范围,似乎什么案件都可以适用。但在司法实践中又几乎没有可能适用,几乎没有证人、鉴定人、侦查人员出庭作证,接受质证。其二,我国对出庭证人、鉴定人、侦查人员并没有科学地划分为控方和辩方两大阵营,司法解释上和实践中的做法是,谁申请证人出庭,该证人就被看作谁的证人。这就使以证人划分为控辩双方两大阵营为基础的交叉询问制度“无处安身”。其三,我国对出庭证人发问的顺序安排是明显错位的。最高人民法院《关于适用〈中华人民共和国刑事诉讼法〉的解释》(以下简称《刑事诉讼法解释》)第 212 条规定:“向证人、鉴定人发问,应当先由提请通知的一方进行;发问完毕后,经审判长准许,对方也可以发问。”但在司法实践中,控方向法庭提请证人、鉴定人出庭的非常少,主要是辩方向法庭提请证人、鉴定人出庭的比较多,并且由于辩方不承担证明被告人有罪的举证责任,加上自身收集、获取证据的能力又比较弱,其向法庭提请出庭的证人、鉴定人往往是支持控方诉讼立场和事实主张。辩方之所以提请这些证人、鉴定人出庭,不是为了让他们为辩方作证,而是因为对证人的书面证言和鉴定人书面鉴定意见持有异议,要求他们出庭是为了向他们质证。在此情形下,按照前述司法解释的规定,这些证人、鉴定人出庭后,首先是由辩方发问,发问完毕后,经审判长准许,控方也可以发问。如此发问顺序岂不造成质证与作证的错位?质证以作证为前提,控方证人、鉴定人还没有当庭作证,辩方何以质证?其四,我国法庭询问规则不加区别地一律禁止诱导式询问。《刑事诉讼法解释》第 213 条规定,向证人发问“不得以诱导方式发问”。这岂不违背了质证发问的原理,埋没了交叉询问的精髓,并会造成质证与作证的相互脱节或相互重复。更重要的是使质证难以有效发挥其发现、质疑、揭露虚假不实作证的特殊功能。

鉴于以上情况，在推进以审判为中心的诉讼制度改革的背景下，适应庭审实质化审判的要求，最高人民法院对现行刑事诉讼法上的庭审询问制度通过《法庭调查规程》进行了完善和细化，已经基本体现出交叉询问制度的轮廓或框架。首先，对一审普通程序适用案件的范围及审理方式注意区分被告人不认罪和被告人认罪的案件，为在一审普通程序框架下确定哪些案件采用庭审实质化的审判和哪些案件采用简化审理方式提供了依据和方向。对于不认罪案件应当采用庭审实质化的审判，并把重点放在定罪问题的审理上，为此确保证人、鉴定人、侦查人员出庭作证、接受质证就非常必要，从而为交叉询问制度提供了需求空间和“用武之地”。而对于认罪案件则不需要庭审实质化的审判，审理的重点是量刑问题。由于被告人对定罪不持异议，在审理方式上一般就不会有对证人出庭的需求，交叉询问制度也不再需要。

其次，由于庭审实质化的审理主要适用于被告人不认罪的案件，由此就在客观上把案内证人、鉴定人、侦查人员划分为两大阵营了，支持控方立场和事实主张的自然就是控方证人包括鉴定人及侦查人员，支持辩方立场和事实主张的自然也是辩方证人包括鉴定人、侦查人员了。这就为交叉询问制度的有效运行奠定了“组织”基础。

再次，对于出庭证人、鉴定人、侦查人员的发问顺序，《法庭调查规程》没有沿袭《刑事诉讼法解释》关于“向证人、鉴定人发问，应该先由提请通知的一方进行，发问完毕后，经审判长准许，对方也可以发问”的规定，而是创新性地规定：“证人出庭后，先由对本方诉讼主张有利的控辩一方发问；发问完毕后，经审判长准许，对方也可以发问”。这样规定发问顺序就使作证与质证的关系回到正确的轨道，与交叉询问制度的原理形成了天然的契合。在此情形下，作证发问应当在先，并且应当采用直接询问或主询问方式，质证发问则在后，应当采用交叉询问或反询问方式。在一轮询问完毕后，如果还有需要，经审判长准许，控辩双方则还可以进行询问，表现为再主询问、再反询问的过程。

当然,坦率地讲,《法庭调查规程》关于庭审询问的规定也有遗憾之处。在发问规则上,第20条仍然沿袭了“不得诱导式发问”的规定。其实,在真正的交叉询问规则下,对于直接询问和交叉询问有着严格的规定,“在直接询问中,不应当使用诱导式问题,除非为展开证人证言所必需。在下列情况下,法院通常应当允许提出诱导性问题:1. 交叉询问时;以及2. 一方传唤敌意证人、对方当事人或者与对方当事人认同之证人时”。而交叉询问之所以允许提出诱导性问题,是因为“交叉询问不应当超越直接询问主题及影响证人可信性之事项”。①

我国庭审询问规则为什么不加区别地一律禁止提出诱导性问题,可能与“诱导”一词中的“诱”字有关。其实在英语里“诱导性问题”的表述是“leading question”,按其本意应该是“引导性问题”,是一个中性词,是指提问本身包含了可选择答案的发问句式。这与交叉询问不应当超越直接询问的主题范围,并且发问者是以质疑的态度进行发问有关,势必要从对方证人对直接询问的回答内容中提出可选择答案的引导性问题、这样既不违反规则,又可以控制对方证人的回答,最终将对方证人引向其意想不到的被动局面,从而达到揭露其虚假作证的目的。因此,不能望文生义,一见“诱”字就禁止,应当尊重交叉询问规则的内在机理。

需要指出的是,虽然笔者认为应当弄清交叉询问制度的内在机理,并且提出应当注意吸收英美交叉询问制度的精髓,但是并不主张简单地照搬英美国家的交叉询问制度。例如,在美国交叉询问制度中,只有控辩双方提请证人出庭并对证人进行交叉询问,法官则完全处于消极中立的地位,并不依职权通知证人出庭,也不对控辩双方提请出庭的证人进行询问。这与美国实行彻底的当事人主义对抗制的诉讼模式,高度重视并确保控辩双方“平等武装”,以使双方能够充分展开对抗有直接关系。为了确保被告人足以与控方对

① 参见王进喜:《美国〈联邦证据规则〉(2011年重塑版条解)》,中国法制出版社2012年版,第184~185页。

抗,在诸多方面充分保障辩方进行交叉询问的权利和能力。比如,在法律上被告人享有沉默权,如果其本人不同意,不仅在审前程序中不可对其询问,而且在法庭上也有权不作证或接受交叉询问。当被告人没有能力聘请律师时,政府无偿为其提供公设辩护人的辩护,如此等等。此外,美国的交叉询问制度主要是在陪审团审判中发挥作用,而陪审团审判是以被告人不认罪并且要求陪审团审判为条件的,法官不会主动启动陪审团审判。

我国与美国情况不同,不可能照搬美国的做法。在交叉询问制度的适用上就可能在两个方面有所不同。其一,不能完全限制法官向证人发问。对此,《法庭调查规程》第 19 条也作了规定,其在前两款对控辩双方向证人进行发问包括交叉询问作出规定后,在第 3 款保留了现行《刑事诉讼法》关于“审判人员认为必要时,可以询问证人。经审判长准许,被告人可以向证人发问”的规定。以往有学者曾对此种安排提出质疑,认为“这种多询问主体的设置,打破了交叉询问的二元制格局”。[①] 但笔者认为,我国的检察官和律师都缺乏交叉询问的传统和培训,又缺乏经验,导致他们进行交叉询问的能力不足。仅由他们向证人发问,很可能会遗漏一些问题,不利于查明案件事实真相,不利于发现证人作证内容的真实与虚假,允许法官“必要时”向证人发问,也是必要的。其二,我国庭审实质化审判案件的范围,如前所述,主要应当取决于被告人是否认罪、是否要求证人、鉴定人、侦查人员出庭作证,以及是否要求排除非法证据。但也不能完全如此,前已指出,有些重大、疑难、复杂的案件,即使被告人是认罪的,法院认为必要的,也应该采用庭审实质化的审判。在这些案件的审判中,控辩双方发问的积极性、主动性可能不会强,这时候法官向证人发问就是必要的。这些都是我国的实际情况,交叉询问制度的设计和运用中,不能不考虑到这些问题。

---

① 龙宗智:《我国刑事庭审中人证调查的几个问题——以“交叉询问”问题为中心》,载《政法论坛》2008 年第 5 期。

第四章 刑事侦查、检察与以审判为中心的改革

刑事诉讼包括刑事侦查、检察、审判等诉讼活动。十八届四中全会决定提出“推进以审判为中心的诉讼制度改革”,确立了刑事诉讼应当以审判为中心的改革方向。改革的重点领域应当是审判活动。但是,审判活动不是孤立存在的,一方面,它是以刑事侦查、起诉为前提、为基础的,没有侦查、起诉,就没有审判。另一方面,审判活动本身也不是法院或法官“自拉自唱”的“独角戏”,而是在控、辩、审以及其他诉讼参与人共同参与下才能进行的诉讼活动。此外,审判活动还受到检察监督的制约和影响。这些决定了刑事侦查、检察与以审判为中心的改革不可分割,因此有必要对以审判为中心的诉讼制度的改革与刑事侦查、检察制度的相关问题进行探讨。

第一节 刑事侦查与以审判为中心的改革

一、《改革意见》对刑事侦查提出的要求

“两高三部”《关于推进以审判为中心的刑事诉

讼制度改革的意见》(以下简称《改革意见》)中对于侦查活动如何适应、配合以审判为中心的改革作出了多方面的规定,其中有的是重申《刑事诉讼法》已有的规定,有的则是贯彻改革精神提出的新要求。概括起来主要有以下几点:其一,总体上要求侦查机关应当按照裁判的要求和标准收集、固定证据;其二,建立健全符合裁判要求,适应各类案件特点的证据收集指引;其三,探讨建立命案等重大案件检查、搜查、辨认、指认等过程录音录像制度;其四,完善技术侦查证据的移送、审查、法庭调查和使用规则以及庭外核实程序;其五,统一司法鉴定标准和程序;其六,完善见证人制度;其七,逐步实行对所有案件的讯问过程全程同步录音录像制度;其八,探索建立重大案件侦查终结前对讯问合法性核查制度;其九,案件侦查终结前,犯罪嫌疑人提出无罪或者罪轻辩解,辩护律师提出犯罪嫌疑人无罪或者依法不应追究刑事责任的意见,侦查机关应当依法予以核实。

应该说,以上对侦查机关及侦查活动提出的富有改革精神的一系列要求,具有很强的针对性,相当一部分内容是从以往发生并已纠正的冤假错案的沉痛教训中总结出来的。通过这些改革措施,提高案件侦查质量,使侦查活动在程序上符合法律的规定,使侦查人员收集的证据达到法院裁判的要求。

二、改革实践中值得研究的几个问题

从近几年事关刑事侦查的改革探索、实践中,我们发现也存在一些问题,值得思考和研究。

(一)如何理解以审判为中心的改革中侦查与审判的关系

众所周知,十八届四中全会决定提出推进以审判为中心的诉讼制度改革,与近些年我们发现、纠正了一批冤假错案有直接关系。在对冤假错案发生的原因进行分析总结时,人们往往都把焦点集中于侦查活动,这是因为几乎所有的冤假错案都是侦查环节出了问题,给日后发生冤假错案留下了隐患。于是不少人认为要防止冤假错案就要从根源上解决问题,而冤假错案的根源就在于侦查。那么,改革就要在侦查上下功夫,这样才能防止刑事案件“开始错,步步错,错到底”! 从理论上看,这种认识似乎是正确的,如果侦查活动能够严格依法办案，确保侦查质量，就不会发生后续的冤假错案。但问题是，如果侦查确实能做到如此成效，那么刑事诉讼设置检察机关审查起诉和法院审判活动的意义何在？人类刑事诉讼规律和人的认识能力及刑事案件的特点决定了对冤假错案的防范不可能毕其功于一役，而需要道道审查、层层把关。现代刑事诉讼制度无论中外都设置了侦查、起诉、审判环节，其实就是对这种认识和规律的客观反映。因此，那种认为侦查搞好了，起诉、审判就不会出问题的认识是良好的愿望，实践中却很难做到。正确的理念和实践应该是，侦查、起诉、审判各司其职、各负其责，最终由审判把关。从导致冤假错案发生的原因看，无疑与侦查机关关系最大，检察机关次之，审判机关再次之。但从三机关防范冤假错案发生的地位上讲，则审判机关责任最大，检察机关次之，侦查机关再次之。[①] 也正因如此，十八届四中全会针对刑事诉讼制度改革作出的决定是“推进以审判为中心的诉讼制度改革”而不是“推进以侦查为中心的诉讼制度改革”。因此，强调侦查在防范冤假错案中的地位、作用固然非常必要和重要，但不能因此而顾此失彼，更不能以此代彼，试图把“以审判为中心的改革”变成“以侦查为中心的改革”。

（二）如何理解以审判为中心的改革与“统一证据标准”

《改革意见》提出“建立健全符合裁判要求，适应各类案件特点的证据收集指引”。从近几年改革实践来看，这项工作受到的重视程度非常高，投入的资源、推进的规模也非常大。一些地方还把大数据、人工智能等现代科技运用于这项工作，取得了明显的成效。但是在此过程中，有些做法非常值得重视。《改革意见》提出的是“建立健全……证据收集指引”，有的地方搞的却是“收集证据标准”。还有的地方把公安机关、检察机关、法院统一调动起来，由法院牵头负责编制刑事诉讼统一证据标准，用以作为侦查、检察、审判收集、审查、运用证据的定罪标准。这就提出了几个需要深入思考和研究的问题：其一，什么是证据标准？与证明标准是什么关系？其二，诉讼理论上和司法实践中是否存在并能够制定出统一证据标

---

① 顾永忠：《以最大的责任防范冤案发生》，载《人民法院报》2013年6月7日，第2版。

准？其三，统一证据标准对于刑事司法的意义何在？其四，如果侦查人员按照由法院牵头负责制定的统一证据标准收集证据，案件起诉到法院以后是否就可以定罪判刑？如果不能，又何以解释此为“统一证据标准”，何以面对侦查机关和侦查人员？

在笔者看来，为了提升侦查人员发现、收集证据的水平，通过总结司法实践的经验教训，从理论上给他们提供一个具有指导性、可塑性的证据收集指引是必要的，也是有重要价值的。但是，不能搞什么“统一证据标准”，更不能公、检、法联合“攻关”制定“统一证据标准”。这些做法如果在司法实践中变成现实，侦查机关完全按照公、检、法三机关联合“攻关”制定的统一证据标准收集证据、移送案件，“侦查中心主义”岂不是名正言顺地登上法庭的“大雅之堂”，公、检、法联合办案岂不又回到司法实践，“以审判为中心的改革”岂不变成“以侦查为中心的改革”！值得注意的是，司法改革的决策者保持着清醒的头脑，对于此项改革不忘初心，始终坚持“收集证据指引”而不是“统一证据标准”的定位。

（三）侦查人员出庭是侦查机关适应庭审实质化改革的重要举措

侦查机关应当如何适应以审判为中心的诉讼制度改革特别是庭审实质化的改革？在这方面，浙江省温州市进行的庭审实质化改革的试点提供了值得推广的经验。他们的具体做法是积极探索侦查人员出庭作证。在试点中，温州市委将侦查人员出庭作证情况纳入法治政府考核项目，对法院通知而无正当理由拒不到庭作证的侦查人员进行监督。仅乐清市一个基层人民法院就在 15 个案件中通知了 28 名警察出庭作证。还在部分重大案件中实行关键证人询问全程同步录音录像。“通过推行警察出庭作证制度，有效引导警察办案理念逐渐从以侦查为中心向以审判为中心转变，倒逼侦查机关不断提高侦查质量，侦查人员在侦查过程中的规范化、程序化意识得以提升。”[①]强化侦查人员出庭作证是消除侦查中心主义、适应以

---

① 徐建新、吴程远：《以审判为中心的诉讼制度改革的温州实践》，载《人民司法（应用）》2016 年第 25 期。

审判为中心特别是庭审实质化改革的重要举措，意义重大而深远。首先，有利于从观念上破除公安人员的特权思想和特权作风，树立尊重司法、尊重法庭、尊重法官的意识。其次，有利于打破卷宗中心主义，树立庭审实质化、直接言词原则的司法理念。再次，通过出庭作证，接受法庭检验，倒逼侦查人员不断总结经验教训，发现侦查办案的不足之处和薄弱环节，有利于提高办案责任心和业务能力。最后，侦查人员出庭作证有利于培养侦查与起诉是“大控方”的意识，共同承担起指控犯罪、揭露犯罪的使命。

第二节　刑事检察与以审判为中心的改革

一、检察机关的公诉职能与以审判为中心的改革

检察机关在刑事诉讼中担负双重使命，一项是作为公诉机关对侦查机关移送的案件进行审查把关，把符合起诉条件的案件起诉到法院并履行指控职能；另一项是作为法律监督机关，对刑事诉讼活动包括侦查、审判依法履行监督职能。仅就公诉职能而言，在“两高三部”《改革意见》之中也提出诸多要求，包括：完善补充侦查活动、完善公诉机制、完善不起诉制度等。这三个方面基本覆盖了检察机关在刑事公诉中所处的承前启后的重要地位和特殊作用，与“以审判为中心”的改革密切相关。

完善补充侦查制度是要求检察机关严格审查侦查机关移送的案件，对于事实不清、证据不足的案件，要充分利用退回补充侦查机制，提高案件侦查质量。为此，要建立退回补充侦查引导和说理机制，明确补充侦查方向、标准和要求。这就为提起公诉的案件勇于接受法庭审判的检验奠定了基础。

完善不起诉制度是要求检察机关严格把好起诉关，一方面，对于未达到法定证明标准的案件包括经二次补充侦查仍然证据不足的案件，依法作出不起诉决定；另一方面，对于看起来已符合起诉条件，但依法不需要追究刑事责任或免予刑事责任的案件，同样依法

作出不起诉的决定。在这方面检察机关是大有可为的。据最高人民检察院张军检察长在2019年向全国人大所做报告显示,2018年全国检察机关通过不起诉决定对34,398人不起诉,比上年上升14.1%。

完善公诉机制则是检察机关与"以审判为中心的改革"关系最为密切的一项工作。它的核心是要提高起诉质量,经得起法庭审判特别是庭审实质化审判的检验。为此,检察机关应当充分履行好证明被告人有罪的举证责任,特别是对于被告人不认罪的案件,应当严格按照庭审实质化审判的要求,确保证明被告人有罪的证人、鉴定人、侦查人员出庭作证,用事实、用证据支持公诉,证实犯罪,揭露犯罪。客观地讲,在这方面检察机关以往做得还不到位,未来还有很大的空间,可以大有作为。

二、检察机关的监督职能与以审判为中心的改革

我国检察机关不仅是公诉机关,还是法律监督机关,其中包括对审判活动的监督。这就产生了一个如何认识和处理检察监督与"以审判为中心的诉讼制度改革"的关系问题。

从现行刑事诉讼法的规定来看,检察监督与人民法院依法独立公正行使审判权应该是并行不悖的。检察监督应当依据刑事诉讼法的规定进行,包括:对于一审判决不服可以提出抗诉,认为生效裁判确有错误还可以提起再审抗诉。但无论怎么抗诉,法院还是应当依法独立作出裁判,或者接受抗诉,或者驳回抗诉。此外,检察机关发现法院审判案件违反法定诉讼程序的,有权提出纠正意见,但提出纠正意见是以检察机关的名义并以书面的方式在庭审后提出。法院认为正确的应当采纳。应该说这些监督对于人民法院依法独立行使审判权并无障碍。

但是,在刑事诉讼法上没有法律依据,却在《人民法院组织法》作出规定的检察长列席审判委员会会议制度[①]与推进以审判为中心

---

① 该制度以前只规定在《人民法院组织法》中,内容是:"各级人民法院审判委员会会议由院长主持,本级人民检察院检察长可以列席。"2018年修改《人民法院组织法》和《人民检察院组织法》时,不但《人民法院组织法》保留了该规定,而且《人民检察院组织法》在第26条增加了该规定。

的刑事诉讼制度改革是不相协调的,应当予以取消。理由是:

第一,该项制度不利于人民法院、人民检察院依法独立行使审判权和检察权。人民法院依法独立行使审判权,人民检察院依法独立行使检察权,不受行政机关、社会团体和个人的干涉,是宪法、刑事诉讼法及“两院组织法”确立的重要原则。十八届四中全会决定进一步强调:“完善确保依法独立公正行使审判权和检察权的制度。各级党政机关和领导干部要支持法院、检察院依法独立公正行使职权。建立领导干部干预司法活动、插手具体案件处理的记录、通报和责任追究制度。任何党政机关和领导干部都不得让司法机关做违反法定职责、有碍司法公正的事情,任何司法机关都不得执行党政机关和领导干部违法干预司法活动的要求。对干预司法机关办案的,给予党纪政纪处分;造成冤假错案或者其他严重后果的,依法追究刑事责任。”

根据以上规定并依据分权原理,应当说人民法院依法独立行使审判权,人民检察院依法独立行使检察权的原则包括两个方面的含义:一方面是在对外关系上,人民法院和人民检察院依法独立行使职权,不受行政机关、社会团体和个人的干涉;另一方面是在相互关系上,人民法院和人民检察院各自依法独立行使审判权和检察权,相互之间不受干涉。但是,长期以来人们比较重视、强调前一方面而比较忽视甚至无视后一方面。

司法主体“具有二元性”是我国司法体制不同于西方国家司法体制“一元化”的重要特点。[①] 所谓司法主体的“二元性”,是指在我国人民法院和人民检察院都是司法机关。但人民法院和人民检察院各自有着严格的职权范围,相互有着严格的职权界限。人民法院依法独立行使审判权,人民检察院依法独立行使检察权,两者是性质完全不同的司法权能。否则,就可以合二为一,只设一套司法机关和一种司法权足矣。既然是两套司法机关并分别行使不同的司法权,那么,就必然要求相互独立,各司其职,各负其责。这也是“分工负责”的基本要求和集中体现。在此基础上才能“互相配合、互

① 谭世贵主编:《中国司法原理》,高等教育出版社2004年版,第172页。

相制约”。没有分工负责、相互独立,就谈不上互相配合、互相制约。这就意味着,即使“互相配合、互相制约”,也不能打破各司其职的职权范围,更不能突破各负其责的相互界限。

人民法院是国家审判机关,其行使的审判权与人民检察院行使的检察权关系最为密切的是刑事审判权和刑事检察权。刑事审判权的实质就是定罪量刑的权力,这项权力事关公民的生命、自由、财产等宪法权利的生杀予夺,法治国家都将这项权力授予审判机关“垄断”行使,并且要求在法定程序下采用法定的方式行使此项权力。我国也是如此。只有人民法院有权行使审判权。

从世界范围来看,刑事审判权的行使由相互密切联系的两部分活动组成:第一部分活动一般是在法官的主持和诉讼各方的参与下,充分调查案件事实和相关证据,充分听取诉讼各方主张、意见的庭审活动。庭审活动除法律规定的有限情形外都是向社会公开的,普通民众可以临场旁听。第二部分活动则是在第一部分庭审活动的基础上仅由参与第一部分活动的审判人员,包括职业法官、非职业的陪审人员秘密进行的对案件的讨论、评议及对定罪量刑问题作出裁决的活动,这部分活动则是完全封闭的,除审判人员外其他人都不可以参加。在英美法系陪审团审判方式下,甚至主持庭审活动的法官也不可以参加,只能由陪审团成员参加并对被告人是否有罪独立作出裁决。审判活动采取公开(包括即使不向社会公开但诉讼各方可充分参与的公开)和秘密两种方式是由审判权的性质所决定的。“公开”是审判程序公正的集中体现,也是审判实体公正的必然要求。“秘密”则是审判实体公正的重要保障,其目的是保障审判人员不受外界干预、影响,在没有外在压力的情形下,仅根据亲历庭审活动所掌握的案件事实、证据和相关法律规定,对案件独立作出裁决。

我国审判活动基本上也是由以上两部分组成的。绝大部分案件是由独任法官或合议庭通过公开的庭审活动和秘密的评议活动作出判决的。[①] 只有极少数案件,基于特殊的历史原因和现实情况,

---

① 独任法官审判案件虽然不存在与其他审判人员评议决定案件的外在活动,但仍然存在其对案件事实予以认定的心证过程和对案件依法作出裁决的内心活动。这一过程当然也是“秘密的”。

在合议庭对案件作出评议后提交审判委员会讨论决定。而审判委员会是人民法院内部的最高审判组织,其对案件作出的决定合议庭必须执行。因此,审判委员会会议完全属于宪法赋予人民法院依法独立行使审判权的范畴。并且其所进行的审判活动并不包括前述第一部分公开的庭审活动,仅为通过举行审判委员会会议在听取合议庭汇报的基础上,按照一定程序讨论决定案件的活动。其本质上是合议庭第二部分审判活动的延伸,也应该是完全秘密的。但是,检察长列席审委会会议“对于审判委员会讨论的案件和其他有关议题发表意见”,不仅打破了审判权与检察权的界限,是对人民法院和人民检察院依法独立行使职权的僭越,而且在客观上也将对人民法院依法独立行使审判权形成干预,产生影响。例如,陕西省榆林市子洲县检察院检察长列席了法院审判委员会讨论 58 起刑事案件的审判委员会会议,检察长的列席意见均被法院采纳。[①] 在此情形下,法院判决由人民法院依法独立作出的可能性就大打折扣。

第二,该项制度不利于推进以审判为中心的诉讼制度的改革。“推进以审判为中心的诉讼制度改革”是十八届四中全会决定提出的重大司改任务。此项改革是针对长期以来司法实践中事实上存在的侦查中心主义、审判形式主义等弊端提出来的,其目的是“保证庭审在查明事实、认定证据、保护诉权、公正裁判中发挥决定性作用”,以维护司法公正,防止冤假错案,提高司法公信力。

《改革意见》强调要发挥好审判特别是庭审的重要作用,促使办案人员树立办案必须经得起法律检验的理念,通过法庭审判的程序公正实现案件裁判的实体公正。健全刑事司法非法证据排除制度,严格落实证人、鉴定人出庭作证。[②] 可见,此项改革的核心是突出庭审在刑事诉讼中的决定性作用,也就是实现庭审的实质化。而庭审实质化主要体现在两个方面:一是控辩双方及其他诉讼参与人充分参与庭审活动;二是法官基于庭审活动并根据相关法律规定对

---

① 参见《检察长列席人民法院审判委员会会议的调研报告》,载中国经济网 2014 年 11 月 28 日,http://luxury.ce.cn/hydt/cygc/2014 11/28/t20141128-2129788.shtml。

② 参见《新闻和报纸摘要全文》,载央广网 2016 年 6 月 28 日,http://china.cnr.cn/news/20160628/t20160628_522511310_1.shtml。

案件作出裁判。这就要求一方面最大限度地排除法院内部在庭审活动以外对案件的定罪量刑施加影响，另一方面完全排除法院外部力量对定罪量刑活动施加干预。为此，人民法院在内部已经采取了种种措施，以强化独任法官和合议庭通过庭审活动特别是庭审实质化在案件审判中发挥决定性作用。同时，从多方面弱化审判委员会讨论决定具体个案的功能。2015 年最高人民法院《关于完善人民法院司法责任制的若干意见》明确提出“让审理者裁判、由裁判者负责，确保人民法院依法独立公正行使审判权”。同时，明确规定独任法官审理案件形成的裁判文书，由独任法官直接签署。合议庭审理案件形成的裁判文书，由合议庭成员签署。其后，裁判文书即可印发。除审判委员会讨论决定的案件以外，院长、副院长、庭长对其未直接参加审理案件的裁判文书不再进行审核签发。而审判委员会只讨论涉及国家外交、安全和社会稳定的重大复杂案件，以及重大、疑难、复杂案件的法律适用问题。由此使审判委员会讨论决定案件的功能大大弱化。在此背景下，如果继续保留法院外部的检察长列席审判会会议的制度，显然与上述改革精神是不协调的。

此外，要实现庭审实质化，必须坚持现代刑事诉讼结构，切实做到控审分离、控辩平等、审判中立。为此，鉴于当事人、辩护人在刑事诉讼中的弱势地位，《改革意见》特别提出“健全当事人、辩护人和其他诉讼参与人的权利保障制度”。如果检察长列席审委会会议的制度继续保留并且将重点放在对审判委员会讨论的案件发表意见上，则势必打破现代刑事诉讼结构，使控审难以分离，审判难以中立，控辩难以平等。其实，这些问题在以往理论界的讨论中已经有人指出。仅就控辩平等而言，有的学者明确指出“检察院承担着控诉职责，这种控诉职能并不能因其列席审判委员会担当法律监督者角色而有所淡化或改变。因此如果允许作为行使控诉职能代表人的检察长列席审判委员会，赋予其在庭审终结后再次面对实质上的裁判法官发表意见的权力，而将被告及其辩护人一方排除在外，剥夺其辩护的机会和自由，控辩之间的平衡是不可能实现的”。[①] 针

---

① 陈建平、徐英荣：《检察长列席审判委员会之合理性质疑》，载《法学》2006 年第 7 期。

对这一质疑，有的检察官提出了折中方案——“赋予律师列席审判委员会的权利，保证程序正义”。[①] 其用心良苦可见一斑。

值得注意的是，控辩双方同时参加审判委员会会议的做法最近已成为“改革探索和创新”的实践。据福建省高级人民法院网站报道，2019年6月4日该院召开2019年审判委员会第16次会议，讨论研究被告人林某故意杀人上诉案。报道称“作为司法体制改革背景下的一项重要探索和创新，此次会议首次邀请该案辩护律师到会陈述辩护意见，并接受福建高院审委会委员的提问。受福建省人民检察院检察长霍敏的委托，该院副检察长叶燕培列席会议并发表检察意见”。[②] 此消息一出，在律师界、检察界及法学界引起广泛关注和讨论。赞成者有之，质疑者有之，反对者有之，众说纷纭，不一而足。笔者认为，在检察长列席审判委员会制度尚未取消的情形下，此举对于坚持现代诉讼结构，平衡控辩平等地位，保持审判中立，充分提取双方意见，不失为一项创新之举，也因此对于福建省高级法院的探索精神表示敬佩。但是，如果此举成为一项制度的话，审判委员会会议岂不成了“第二法庭”？在这样“叠床架屋”的制度下，还谈什么“以审判为中心”和“庭审实质化”！解铃还须系铃人，取消检察长列席审委会会议制度，控辩双方回归法庭，在庭审中理性交锋，平等对抗，使法庭查明案件事实，由中立的审理者裁判，这才是庭审实质化的真谛所在！

第三，该项制度不利于建立并落实司法责任制。建立并落实司法责任制是十八届四中全会决定以来着力推行并已取得明显成果的基础性改革。按照司法责任制的要求，应当“明确各类司法人员工作职责、工作流程、工作标准，实行办案质量终身责任制和错案责任倒查问责制，确保案件处理经得起法律和历史检验”。审判人员和检察人员是两类不同的司法人员，他们在刑事诉讼中分别代表人民法院和人民检察院行使审判权和检察权。建立并落实司法责任

---

① 冉婷婷：《对基层检察院检察长就刑事案件列席审判委员会的思考》，载北京检察网，http://www. bjjc. gov. cn/bjoweb/minfo/view. jcp? DMKID=64XXBH=22620。

② 参见《全国首例！辩护律师到高级法院陈述辩护意见——增进良性互动 提升司法公信》，载福建省高级人民法院网2019年6月5日，https://www. fjcourt. gov. cn。

制必须以审判权和检察权的界限清楚、权责分明为基础。

在刑事诉讼中，独任法官审判案件，合议庭审理、评议决定案件，以及审判委员会研究决定案件都是人民法院依法行使审判权的活动。同样人民检察院起诉案件、公诉人出庭支持公诉，以及对人民法院一审裁判及生效裁判提出抗诉都属于人民检察院依法行使检察权包括行使公诉权、法律监督权的活动。两者泾渭分明，互不干涉，可谓人民法院和人民检察院各司其职，依法独立行使职权。一旦发生冤错案件，彼此责任容易分清。而检察长列席审判委员会会议对所讨论的案件发表意见，施加影响，将使审判权及审判活动与检察权及检察活动彼此难分，一旦铸成冤错案件则难以分清彼此责任。对于审判委员会讨论决定案件的司法责任，最高人民法院《关于完善人民法院司法责任制的若干意见》针对不同情形作了不同规定：其一，审判委员会讨论案件时，合议庭对其汇报的事实负责，审判委员会委员对其本人发表的意见及最终表决负责。其二，审判委员会改变合议庭意见导致裁判错误的，由持多数意见的委员共同承担责任，合议庭不承担责任；审判委员会维持合议庭意见导致裁判错误的，由合议庭和持多数意见的委员共同承担责任。其三，合议庭汇报案件时，故意隐瞒主要证据或者重要情节，或者故意提供虚假情况，导致审判委员会作出错误决定的，由合议庭成员承担责任，审判委员会委员根据具体情况承担部分责任或者不承担责任。其四，审判委员会讨论案件违反民主集中制原则，导致审判委员会决定错误的，主持人应当承担主要责任。如此种种，唯独没有涉及，也难以涉及列席审判委员会的检察长及其他检察人员的责任。但是，一旦审判委员会确实采纳了检察长或其他检察人员的列席意见，造成了冤错案件，检察长或者其他检察人员却不负责任，这公平吗？

事实上，近年来发现纠正了一批冤错案件，对此社会公众发出了强烈的呼声，要求追究有关办案人员的责任，但是，追责结果与民众的呼声相去甚远。2016 年 2 月，内蒙古呼某某案的追责结果公布后，人们看到公、检、法系统共 27 人受到党纪政纪处分，却无一人受到刑事追究，引起社会广泛关注和强烈不满。其原因何在，业内人士不言自明。在以往公、检、法三机关“配合有余,制约不足”的体制下,错案责任又如何能够划清?但问题是,难道这种情况还要继续下去?

值得注意的是,在以往司法体制下,虽然办案人员的错案责任难以分清,办案机关的错案赔偿责任则不可避免。《国家赔偿法》第21条第2、3、4款规定:“对公民采取拘留措施,依照本法的规定应当给予国家赔偿的,作出拘留决定的机关为赔偿义务机关。对公民采取逮捕措施后决定撤销案件、不起诉或者判决宣告无罪的,作出逮捕决定的机关为赔偿义务机关。再审改判无罪的,作出原生效判决的人民法院为赔偿义务机关。二审改判无罪,以及二审发回重审后作无罪处理的,作出一审有罪判决的人民法院为赔偿义务机关。”根据该规定,人民法院与人民检察院对于捕后错案的赔偿责任界限分明:人民检察院批准或决定逮捕的案件,人民法院判决无罪的,人民检察院是赔偿义务机关,人民法院不承担赔偿责任;而人民法院判决有罪后被依法纠正无罪的,原作出有罪判决的人民法院是赔偿义务机关,人民检察院不承担赔偿责任。这意味着任何刑事案件一旦被人民法院判决有罪,其后被依法纠正无罪后只有人民法院承担赔偿责任,哪怕此前人民检察院的批捕、起诉决定事实上也是错误的,其也不负赔偿责任。但是,如果一个案件在法院开庭后,由于合议庭对罪与非罪发生分歧,提请审判委员会讨论决定。检察长列席了审判委员会会议,并发表了对被告人定罪量刑的意见,最后审判委员会作出被告人有罪的判决。10年后经审判监督程序改判被告人无罪。此时根据《国家赔偿法》的上述规定,只有人民法院是赔偿义务机关,而人民检察院不是赔偿义务机关。从事实上和情理上讲,显然是不公平的,也是不符合司法责任制的原理和原则的。

第四,该项制度不利于检察机关依法独立行使法律监督权。如前所述,我国检察机关不仅是公诉机关还是法律监督机关。如何科学认识、正确处理二者的关系,一直是一个重大的理论和实践课题。因为这一双重角色决定了检察机关在履行检察职权时必须处理好“既是运动员又是裁判员”的关系。其中关键是应当把检察权的各项权能分开,分别独立行使诉讼权和法律监督权。这不仅有利于检察机关内部制约监督,更有利于检察机关对外制约监督。一般认为,在刑事诉讼中,检察机关向法院提起公诉及公诉人出庭支持公诉都属于行使公诉权;法院作出裁判后检察机关提起二审抗诉和再审抗诉都属于行使法律监督权。两者界限清楚,权责分明,既契合分权原理,又符合司法规律。

正是基于以上法理,1996 年《刑事诉讼法》修改时取消了 1979 年《刑事诉讼法》关于公诉人当庭以口头方式对审判活动进行监督的规定。1979 年《刑事诉讼法》第 112 条第 2 款规定:“出庭的检察人员发现审判活动有违法情况,有权向法庭提出纠正意见。”1996 年《刑事诉讼法》第 169 条将其修改为:“人民检察院发现人民法院审理案件违反法律规定的诉讼程序,有权向人民法院提出纠正意见。”用庭后以检察机关的名义和书面方式进行监督取代以往检察人员当庭以个人身份和口头方式进行监督,这是公诉权与法律监督权分而行使的典型例证。检察长列席审判委员会会议一直被看作检察机关行使法律监督权的活动。最高人民法院、最高人民检察院《关于人民检察院检察长列席人民法院审判委员会会议的实施意见》第 2 条就是这样定位该项制度的——“人民检察院检察长列席人民法院审判委员会会议的任务是,对于审判委员会讨论的案件和其他有关议题发表意见,依法履行法律监督职责。”

但是,检察长列席审判委员会会议对所讨论案件“发表意见,依法履行法律监督职责”,实质上是把公诉权与法律监督权捆绑在一起行使,势必招致对检察机关“既是运动员又是裁判员”的强烈质疑。对此,有的检察人员表示认同:“检察长列席审委会具有审判监督和支持控诉的双重属性,检察官无论在国内还是国际上,理论上都具有客观公正的义务,但其毕竟主要承担着追诉犯罪的职能,在侦查、批捕、起诉国家工作人员职务犯罪、渎职侵权等犯罪中表现尤为突出,因此指望检察长在列席审委会中具有唯一的审判监督职能过于理想化;再者,从多地的文件规定和司法实践看,一般检察长列席审委会就是为了说服法院将认为无罪的判有罪,将判无罪的改判有罪,可见检察官的客观公正义务在实践中可能更加倾向于认定有罪”。①

不仅如此，检察长列席审判委员会会议，其提出的意见被法院采纳后一旦铸成错案，就使人民检察院陷入极其被动、尴尬的局面。一方面，错案的发生与检察院提起公诉或抗诉及检察长列席审判委员会会议难脱干系；另一方面，又使检察院依法行使法律监督职责，提起再审抗诉纠正错案难以超脱，受到“成也萧何败也萧何”的纠问。陈某错案的发生及其纠正就是一个例证。该案一审法院判处陈某死刑缓期2年执行后，检察机关以量刑过轻，应判处死刑立即执行为由提起二审抗诉。幸亏二审法院维持原判，驳回抗诉才保住陈某的生命。案发21年后，最高人民检察院对该案提起无罪抗诉，经最高人民法院指令浙江省高级人民法院再审后最终宣告陈某无罪。在该案以及其他类似案件的纠错中，检察机关敢于自我“揭短、亮丑”固然可敬，但其中反映出的检察机关在诉讼权与监督权的关系上存在的问题包括检察长列席审判委员会会议制度存在的问题非常值得研究、反思。笔者认为，仅就检察长列席审判委员会会议制度而言，取消此项制度，不仅不会损害检察机关对审判活动行使法律监督权，相反，可以使检察机关行使法律监督权更加独立、理性、超脱。

《改革意见》也要求“完善人民检察院对侦查活动和刑事审判活动的监督机制”，其中特别强调“进一步规范和加强人民检察院对人民法院确有错误的刑事判决和裁定的抗诉工作，保证刑事抗诉的及时性、准确性和全面性”。笔者认为，取消检察长列席审判委员会会议制度，不仅有利于人民法院依法独立行使审判权，还有利于人民检察院依法独立行使法律监督权。因为在此情形下，“心底无私天地宽”，人民检察院就可以甩掉包袱，不再纠结于检察长此前列席审判委员会会议表达的立场和意见，对人民法院的一审判决和生效判决从更加独立、理性、超脱的立场进行分析评价，从而对于“保证刑事抗诉的及时性、准确性和全面性”具有非常积极的意义。

① 冉婷婷：《对基层检察院检察长就刑事案件列席审判委员会的思考》，载北京检察网2017年6月18日，http://www.bjjc.gov.cn/bjoweb/minfo/view.jcp? DMKID=64XXBH=22620。

但是,值得注意的是,在推进以审判为中心诉讼制度改革的大背景下,检察长列席审判委员会制度非但没有被取消,不仅在《法院组织法》修改中得以保留,还在《检察组织法》的修改中从无到有专门增加了该项规定。在此背景下,各地检察机关又兴起了检察长列席审判委员会会议的"热潮",并且一时间成为媒体特别是检察媒体关注的热点。更有甚者,还出现了由于检察长列席审判委员会会议,法院原准备判决无罪的案件被判决有罪。据《财新网》报道,2018年9月3日微信公众号"易县检察"推文《易县检察长列席审委会凸显监督成效拟做无罪判决案件改为有罪判决》,文中称"易县检察院认真贯彻落实两高《关于人民检察院检察长列席人民法院审委会会议的实施意见》,2018年7月27日、8月24日,检察长先后两次列席审委会,对法院拟做无罪判决的两起案件发表监督意见,法院经审委会讨论后,采纳检察长意见。对两起案件分别做出有罪判决"。[①] 此事在社会上引起广泛关注。有评论认为这样做"影响法院独立审判"。不久,该公众号文章被删除。对此,据大白新闻报道,2018年12月4日易县检察院办公负责人表示,检察长列席审判委员会是根据"两高"的相关文件,文件要求基层检察院以及省市级检察院的检察长列席法院的审判委员会。他还说检察长列席审判委员会并不会影响法院独立行使审判权。对于易县检察院为何删除公众号上的文章,该负责人表示"文章删除是因为内容是保密的,发公众号的人不知道这个情况"。[②] 令人欣喜的是,因易县检察长列席审判委员会而被判有罪的一个案件,被告人提出上诉后,河北省保定市中级人民法院经审理作出终审判决,认定该案被告人无非法占有他人财物的故意,其行为也不符合敲诈勒索罪的客观行为要件,改判无罪。[③]

---

① 参见沈凡、刘依贤:《检察长列席法院审委会后河北易县两案无罪变有罪》,载财新网2018年12月5日,http://china.caixin.com/2018-12-05/101355541.html。

② 参见王瑞文:《河北一检察长列席法院审委会无罪案变有罪,回应:不影响独立审判》,载新浪网2018年12月5日,http://k.sina.com.cn/article_5996341740_16568e9ec00100dyws.html。

③ 参见《检察长列席审委会后无罪变有罪案件最新结果,二审改判无罪》,载搜狐网2019年3月21日,http://www.sohu.com/a/302936510_100035619。

第五章 刑事辩护在以审判为中心改革中的地位、作用

在现代刑事诉讼制度下,无论在刑事诉讼理论上,还是在刑事诉讼实践中,刑事辩护对于刑事诉讼的意义不仅不可或缺,而且日趋显要。“刑事诉讼的历史就是辩护权扩充的历史”,[①]深刻地揭示了刑事诉讼与刑事辩护的关系。换句话说,也表明了刑事辩护在刑事诉讼中的地位、作用。推进以审判为中心的刑事诉讼制度的改革,当然也会涉及刑事辩护在其中的地位、作用问题。

第一节 以审判为中心的诉讼制度是充分保障辩护权的诉讼制度

一、现代刑事诉讼制度是由控诉、辩护、审判三项基本职能组成的

人类刑事诉讼的历史已经相当久远,其间经历了漫长的奴隶制、封建制诉讼制度,现代刑事诉讼

---

① [日]田口守一:《刑事诉讼法》(第7版),张凌、于秀峰译,法律出版社2019年版,第172页。

制度的建立是近几百年来伴随资产阶级革命发生的事情。它与以往刑事诉讼制度的根本区别就在于，彻底废除有罪推定原则，代之以无罪推定原则，任何人在被法定审判机关依照法定程序确定有罪之前被推定为无罪。由此产生了控审分离、控辩平等、审判中立为基本构造的现代刑事诉讼制度。控诉、辩护、审判相互独立、相互制衡、相互作用，既彰显诉讼程序的公正，又追求诉讼结果的公正。辩护在其中不可或缺。

刑事辩护虽然如此重要，但与以强大的国家力量为后盾的控诉、审判相比较，则天生处于弱势和劣势的地位。如果对其不予扶持、不予保障，势必难以与控诉、审判相互独立、相互制衡、相互作用，进而司法公正也难以保障。为此，现代法治国家大都采取"扶弱凌强"的做法，促进和保障刑事辩护的发展，放眼世界无不呈现以下共同特点：其一，犯罪嫌疑人、被告人的诉讼权利不断得到加强；其二，代表国家行使控诉的权力逐渐受到制约和限制；其三，通过参审或陪审制度和相关程序规则维持审判的独立与中立。①

正是在现代刑事诉讼制度的促进和保障下，刑事辩护不仅得到巩固还获得不断发展，形成以下明显的趋势和特点：其一，辩护权是法治社会人人平等享有的一项基本公民权利，不少国家还将其上升为公民的宪法权利；其二，辩护的主体不仅有犯罪嫌疑人、被告人，还有律师，包括由国家免费为当事人提供的法律援助律师；其三，辩护的权利不再是单一的权利，而是集手段性、条件性及保障性权利于一体的权利集合体；其四，辩护活动贯穿于刑事诉讼的全过程并表现为程序辩护与实体辩护并存并重的局面。②

新中国刑事诉讼制度及刑事辩护制度历经 40 年的历史和发展，也呈现"刑事诉讼的历史就是辩护权扩充的历史"的明显特点和趋势。在 1979 年《刑事诉讼法》中，被告人获得律师辩护还限制在审判阶段，法律援助也才开始萌芽。1996 年《刑事诉讼法》修改后审查起诉阶段犯罪嫌疑人就可以获得律师辩护，甚至侦查阶段犯

---

① 参见顾永忠：《刑事辩护的现代法治涵义解读——兼谈我国刑事辩护制度的完善》，载《中国法学》2009 年第 6 期。

② 同上。

罪嫌疑人就可以得到律师的帮助,虽然此时还不是辩护人。此外,法律援助制度也在审判阶段建立起来。2012年《刑事诉讼法》修改后,侦查阶段的犯罪嫌疑人就可以获得律师辩护了,法律援助也从审判阶段走到审查起诉和侦查阶段。伴随这一过程,律师的会见权、阅卷权、质证权、举证权、辩护权、申请排除非法证据权也不断得以确立和保障。

二、庭审实质化须以辩护的实质化为条件

从诉讼原理上讲,现代刑事诉讼制度就是以审判为中心的诉讼制度,而“以审判为中心”集中体现在庭审实质化上。也因此,从中央到地方,从理论界到实务部门,在如何推进以审判为中心的诉讼制度改革的问题上达成了一个基本共识,改革的核心就是庭审实质化。而庭审实质化则是以辩护实质化为条件。没有辩护的实质化就没有庭审实质化。

辩护的实质化首先要求每一名被告人特别是不认罪的被告人应当获得律师的辩护。否则,不懂法律、没有诉讼经验和诉讼技能的被告人在审判中很难为自己进行辩护。而律师受过系统的法律教育,又有诉讼经验和诉讼技能,能够为被告人提供所要的辩护。如果没有律师为被告人提供的辩护,只是孤立的被告人出庭受审,是不可能实现庭审实质化。因此,庭审实质化首先要解决被告人获得律师辩护的问题,也就是保证每一名被告人特别是不认罪的被告人都有律师为其提供辩护。

其次,辩护的实质化还要求应当保证被告人及其辩护律师申请控方的证人、鉴定人、侦查人员出庭作证并与其面对面质证和保证其提出的对方有利的证人出庭作证的权利,这也是庭审实质化的基本要求和特征。没有证人、鉴定人、侦查人员出庭作证,既谈不上辩护实质化,也谈不上庭审实质化。只能是辩护形式化,庭审走过场。

再次,辩护的实质化还表现为对于被告人及其辩护律师提出的排除非法证据的要求应当高度重视,依法处理。对于确实存在侦查人员非法取证的线索或材料,应当对控方证据收集的合法性进行调

查,一旦确认或不能排除所涉证据属于依法应当排除的非法证据的,应当严格依法排除。

最后,辩护的实质化不仅体现在庭审程序上,确保被告人及其辩护律师的各项诉讼权利,包括对控方证人、鉴定人、侦查人员面对面质证的权利、使有利被告人的证人出庭作证的权利、依法申请排除非法证据的权利,而且还体现在通过行使以上诉讼权利,使案件事实调查、认定在法庭上,并要求以法庭调查认定的案件事实为依据,严格按照法定证明标准的要求对案件作出裁判,对于未达到定罪证明标准即证据不足的案件,坚持疑罪从无原则,判决被告人无罪。

可见,辩护的实质化与庭审的实质化是完全一致的,而且无论在理论上还是在实践上,庭审的实质化应当源于辩护实质化的需求。如果被告人及其辩护律师并不要求证人、鉴定人、侦查人员出庭对其质证,也不提出辩方证人出庭作证,也不申请排除非法证据,那么,庭审实质化的审判就没有必要,可以在普通程序框架下简化审理。对于符合认罪认罚从宽条件的案件,还可以适用速裁程序、简易程序审判。

三、被告人认罪认罚的案件也离不开律师辩护

十八届四中全会决定在提出"推进以审判为中心的诉讼制度改革"的同时,还提出"完善认罪认罚从宽制度"。对于两者的关系,笔者已专门进行了论述。概言之,它们在刑事诉讼中是应然要求和实然需要的关系。其应然要求是指任何被告人都有权要求对其进行庭审实质化的审判,这是被告人享有获得公正审判权的应有之义。而其实然需要,是指既然要求庭审实质化是被告人享有并获得公正审判的权利,那么,如果被告人自愿认罪认罚,主动放弃这项权利,不要求进行庭审实质化的审判,那么就应尊重被告人的选择,采用简化的程序审判案件。

但是,即便被告人自愿认罪认罚,不需要对其案件进行庭审实质化的审判,不等于他们不需要律师。同时,从国家维护司法公正的角度看,也不能放弃对他们提供律师辩护的责任。对于认罪认罚

的被告人而言，他们仍然需要律师的帮助或辩护。首先，他们对法律并不熟悉，不论是认罪还是认罚都可能发生错误认识，如本来无罪而认罪，本应不罚而认罚。这就需要律师为他们提供法律咨询，使他们的认罪认罚建立在对法律规定有明确、正确认知的基础之上。其次，对于认罪的被告人而言，不仅需要懂得法律作出正确的认罪，还需要律师为其所认犯罪的事实、证据和法律规定审查把关，使他们的认罪建立在确实有罪的基础上。这不仅是对被告人自身的负责，也是对国家应当维护的司法公正负责。作为国家或司法机关，不能无条件地张开双臂欢迎任何人认罪。律师应当协助国家把好关，确保认罪的人确系有罪之人，不仅要防止无罪的人“自愿认罪”，更要防止有人以自愿认罪之名代替他人认罪。最后，即使确实有罪之人，也确实自愿认罪认罚，也需要律师协助其所涉案件在法定程序内获得从宽处理，包括获得取保候审，在实体处理结果上获得最大限度的从宽。

第二节　以审判为中心的诉讼制度改革对辩护权的保障

鉴于刑事辩护在以审判为中心的诉讼制度中的重要地位和作用，十八届四中全会以来，在推进以审判为中心的诉讼制度改革的进程中，从党中央重大决策到中央政法部门出台相关改革文件，再到立法机关总结改革试点经验、完善刑事诉讼立法，无一不把加强刑事辩护作为推进改革、完善立法的重要内容。

一、“两高三部”《改革意见》与刑事辩护

前已指出，由“两高三部”印发的《改革意见》是经中央深改组审议通过后发布的。这份《改革意见》是推进此项改革的纲领性文件，其中非常重视刑事辩护在推进改革中的地位和作用，并从两个方面对加强刑事辩护提出了要求：

其一，明确强调保障犯罪嫌疑人、被告人、辩护律师的辩护权。

具体是：依法保障当事人和其他诉讼参与人的知情权、陈述权、辩论辩护权、申请权、申诉权；犯罪嫌疑人、被告人有权获得辩护，人民法院、人民检察院、公安机关、国家安全机关有义务保证犯罪嫌疑人、被告人获得辩护；依法保障辩护人会见、阅卷、收集证据和发问、质证、辩论辩护等权利；完善便利辩护人参加诉讼的工作机制。此外，还创新性地提出建立法律援助值班律师制度。法律援助机构在看守所、人民法院派驻值班律师，为犯罪嫌疑人、被告人提供法律帮助。

其二，从改革完善诉讼制度的角度，对维护犯罪嫌疑人、被告人的合法权益，发挥律师的辩护作用提出要求或提供空间。具体是：逐步实行对所有案件的讯问过程全程同步录音录像；探索建立重大案件侦查终结前对讯问合法性进行核查制度；在案件侦查终结前，犯罪嫌疑人提出无罪或者罪轻的辩解，辩护律师提出犯罪嫌疑人无罪或者依法不应追究刑事责任的意见，侦查机关应当依法予以核实；在法庭调查中，依法保障控辩双方的质证权利，对定罪量刑的证据，控辩双方存在争议的，应当单独质证；辩护人对证人证言有异议，人民法院认为该证人证言对案件定罪量刑有重大影响的，证人应当出庭作证；在法庭辩护中，法庭应当充分听取控辩双方意见，依法保障被告人及其辩护人的辩论、辩护权。

二、“两高三部”《非法证据排除规定》与刑事辩护

2017年6月“两高三部”印发的《非法证据排除规定》可以说是专门为维护犯罪嫌疑人、被告人及其辩护律师在刑事诉讼中提出排除非法证据的申请提供的重要法律依据。这一文件从以下几个方面为犯罪嫌疑人、被告人及其辩护律师依法提出排除非法证据的申请提供了依据：

其一，对于什么是依法应当排除的非法证据作出了明确规定。其中，特别是关于非法取得的口供应当予以排除的规定，针对已然的非法口供要求依法排除提供了依据。

其二，对于侦查机关如何依法收集证据、犯罪嫌疑人及其辩护律师在侦查期间可以向人民检察院申请排除非法证据作出了规定。

这些规定为犯罪嫌疑人及其辩护律师如何防止、抵御未然的口供成为依法应当排除的非法口供提供了依据。

其三，对于犯罪嫌疑人及其辩护律师如何在检察机关审查逮捕、审查起诉期间申请排除非法证据的相关程序作出了规定。这些规定为犯罪嫌疑人及其辩护律师如何依靠法律监督机关行使依法申请排除非法证据的权利提供了依据。

其四，对于审判阶段被告人及其辩护律师何时以何种方式和理由提出非法证据排除申请，以及如何审查、调查及处理所涉证据作出了规定。这些规定为被告人及其辩护律师提供了依据。

总之，在刑事诉讼中，依法申请排除非法证据是犯罪嫌疑人、被告人及其辩护律师的重要诉讼权利，以往在刑事诉讼法上规定的比较原则、笼统，使这项诉讼权利的行使和这项诉讼制度作用的发挥受到很大影响。《非法证据排除规定》的出台细化了刑事诉讼法的规定，实际上是专门为犯罪嫌疑人、被告人及其辩护律师依法行使申请排除非法证据的权利提供了依据和保障。

三、最高人民法院“三项规程”与刑事辩护

如前所述，以审判为中心的诉讼制度的核心是庭审实质化，而庭审实质化最迫切的诉求者和最大的受益者应该是被告人及其辩护律师。在刑事诉讼中，如果被告人自愿认罪认罚，同时辩护律师也不提出无罪辩护的话，一般是不需要以庭审实质化方式进行审判的。只有在被告人不认罪、辩护律师提出无罪辩护的情况下，他们对控方证据提出异议，要求证人、鉴定人、侦查人员出庭作证并对他们进行质证时，一般才需要以庭审实质化的方式对案件进行审判。最高人民法院的“三项规程”正是为了满足这一现实需求而制定、实施的。从“三项规程”的内容足以看出，无论是在庭前会议的召开及内容上，还是一审法庭调查的程序设置上，以及排除非法证据的启动和调查上，无不把维护被告人及其辩护律师的诉讼权利作为重点问题加以考虑和设计安排。

总之，自党的十八届四中全会以来，党中央以及中央政法机关

出台的无论是“推进以审判为中心的诉讼制度改革”还是“完善认罪认罚从宽制度”的改革文件,无一不把加强刑事辩护,保障犯罪嫌疑人、被告人及其辩护律师的诉讼权利以及加强人权司法保障,作为重要的内容。

第六章　以审判为中心的改革与律师辩护全覆盖

十八届四中全会决定提出的涉及刑事诉讼制度的重大改革包括两个方面，一个是“推进以审判为中心的诉讼制度改革”，另一个是“完善认罪认罚从宽制度”。对于两者的关系，笔者认为是现代刑事诉讼制度的应然要求与实然需要的关系。但无论是“应然要求”还是“实然需要”，都离不开刑事辩护制度的保障，包括辩护律师的充分介入和实质参与。正因如此，在推进改革过程中，从党中央高层设计、决策到中央政法部门推进实施改革方案，都非常重视刑事诉讼活动中律师的全面介入。在此背景下，刑事案件律师辩护全覆盖作为一项重大配套改革，被最高人民法院和司法部正式提了出来，并在部分地区进行试点，以探索经验，伺机全面推开。可以说，这项配套改革成败事关“以审判为中心的诉讼制度改革”和“完善认罪认罚从宽制度”两大改革的成功与否，需要高度重视，深入研究，切实推进。

第一节 刑事案件律师辩护全覆盖的提出背景

一、我国刑事案件律师辩护率的历史与现状

(一)十八大之前我国刑事案件律师辩护率的状况

通俗地讲,刑事案件律师辩护全覆盖就是在刑事诉讼过程中,每一个案件中的每一位犯罪嫌疑人、被告人都有律师为其辩护。这句话说起来容易,做起来则很难。尤其在我国这样一个经济还不发达,还在努力脱贫奔小康的国家更是如此。为此,需要了解我国以往刑事案件律师辩护率的情况。

由于多种原因,我国刑事案件律师辩护率一直缺乏官方全面、权威的统计。以往在法学理论研究中,一些学者以不同方法在不同范围对此进行过一些局部的调研统计。有学者对北京市某区基层人民法院2005年至2009年共五年的刑事案件律师辩护率进行过逐年统计,结论是年平均律师辩护率为31%。[①] 笔者曾组织研究生到黑龙江密山市(县级市)和青海省海北州下辖四个基层人民法院进行实地调研,密山市2010—2011年的律师辩护率平均为20.2%,海北州四个基层人民法院2009—2011年的律师辩护率平均为30.1%[②]。此外,笔者还指导学生对上海、浙江、四川、广东、河南、山西、湖南、广西等地所属的九个基层人民法院在其网站上发布的2012年刑事判决书进行逐案统计(每个法院不少于100件),在总计1126起刑事案件中只有235件有律师参与辩护,平均律师辩护

① 参见冀祥德:《中国刑事辩护若干问题调查分析》,载《中国司法》2011年第7期。

② 参见顾永忠、陈效:《中国刑事法律援助制度发展研究报告(1949—2011)》,载顾永忠主编:《刑事法律援助的中国实践与国际视野》,北京大学出版社2013年版,第15~17页。

率为 20. 8%，其中辩护律最高的是 34%，最低的是 9%①。

以上数据都是依据刑事判决书逐案统计出来的，虽然样本量有限，但客观性比较强。不足之处是只有对审判阶段的统计，未能反映审查起诉阶段和侦查阶段律师参与刑事辩护的情况。当然，从对司法实践的观察来看，律师参与刑事案件辩护主要集中在审判阶段，审查起诉和侦查阶段律师参与辩护比较少，但到底是多少，尚未看到相关数据和资料。

为了了解我国刑事案件律师辩护率到底是多少，也就是律师参与三个诉讼阶段的情况，笔者试图利用官方有关统计数据按照三个诉讼阶段进行平均计算。每年《中国法律年鉴》都会发布上一年有关司法统计数据，虽然没有对刑事案件律师辩护率的专门统计，但可以利用其公布的有关统计数据进行计算，得出我国刑事诉讼三个诉讼阶段平均的律师辩护率。以下对所涉及的两个重要数据加以说明。

其一，“决定起诉人数”是历年《中国法律年鉴》上公布的检察机关每年在全国范围决定提起公诉的人数。这是一个承前启后的重要数据。“承前”是指这个数据源于侦查机关移送检察机关案件所涉的人数，虽然该数据少于移送案件的总人数，也少于侦查机关立案侦查案件的总人数，②但大体可以反映侦查阶段立案侦查的人数，权且作为立案侦查的人数。“启后”是指该数据也是法院一审程序对公诉案件开庭审判的被告人的人数。当然，法院开庭审判的应该还有自诉案件的被告人，但由于没有专门对自诉案件被告人人数的统计，而且数量不多，③故仍以检察机关决定起诉的人数作为法院开庭审判的人数。总之，鉴于“决定起诉的人数”涉及侦查、起诉和审判三个阶段，并且数据可靠，又符合计算刑事案件律师辩护率

① 参见顾永忠、陈效：《中国刑事法律援助制度发展研究报告(1949—2011)》，载顾永忠主编：《刑事法律援助的中国实践与国际视野》，北京大学出版社 2013 年版，第 18 页。

② 侦查机关移送检察机关的实际人数多于决定起诉人数，是因为有少量案件不起诉。立案侦查的实际人数多于移送检察机关的人数，则是因为有少量案件没有移送被撤销案件了。

③ 根据《刑事诉讼法》规定，当事人可以向法院提起自诉的案件种类很有限，司法实践中实际提起自诉的案件数量更加有限。

应当以“人数”为基数的要求，故以此作为计算的重要依据。

其二，“刑事辩护件数”是历年《中国法律年鉴》上公布的由司法行政机关统计的每一年律师办理刑事辩护案件的总件数。这个数据有两个特点：一是这里讲的“件数”实际上是律师辩护的“人数”。因为律师接受委托都是以“被告人”为单位的，双方签订委托协议，司法行政机关统计时虽以“件”为单位，实际上是以“人”为单位的。二是这里的“件数”实际是侦查、起诉、审判三个阶段律师分别接受委托参与辩护的件数之和，同时也是“人数”之和。鉴于以上两个特点，计算律师辩护率的时候，应当将该数据除以三个阶段，表明每个阶段只有1/3的人得到了律师的辩护。

基于以上说明，根据《中国法律年鉴》公布的以上两个重要数据，计算得出1997—2012年，每年刑事诉讼中三个阶段的律师辩护率如表6-1所示：[①]

表6-1　1997—2012年刑事案件律师辩护率统计

年份	决定公诉人数	刑事辩护件数	每阶段平均辩护件(人)数	每一阶段平均律师辩护率/%
1997	525,319	275,188	91,729	17.46
1998	584,763	296,668	98,889	16.90
1999	672,367	309,767	103,256	15.36
2000	708,836	317,108	105,703	14.91
2001	845,306	339,459	113,153	13.39
2002	854,870	335,267	111,756	13.07
2003	819,216	324,454	108,151	13.20
2004	897,964	332,688	110,896	12.35
2005	981,009	351,229	117,076	11.93
2006	1,029,052	341,619	113,873	11.07
2007	1,113,319	495,824	165,275	14.85

① 表中“决定公诉人数”和“刑事辩护件数”源自1998—2013年《中国法律年鉴》公布的检察机关的有关统计表和司法行政机关的有关统计表，由中国法律年鉴社出版。

续表

年份	决定公诉人数	刑事辩护件数	每阶段平均辩护件(人)数	每一阶段平均律师辩护率/%
2008	1,177,850	511,971	170,657	14.49
2009	1,168,909	564,204	188,068	16.09
2010	1,189,198	530,800	176,933	14.88
2011	1,238,861	569,330	189,776	15.32
2012	1,435,182	576,050	192,016	13.38

从表6-1可以看出，1997年至2012年，我国刑事案件律师辩护率在三个诉讼阶段的平均水平是相当低的，最高只有17.46%，最低低至11.07%。

（二）十八大以来我国刑事案件律师辩护率的状况

2012年3月，我国立法机关对《刑事诉讼法》进行了第二次修改，其中对于刑事法律援助的对象从原来三种人增加到五种人，①提供法律援助的诉讼阶段也从以往只限于审判阶段提前到包括审查起诉和侦查阶段。修改后的《刑事诉讼法》于2013年1月1日起生效施行。党的十八大也于2012年11月在北京胜利召开。基于此，笔者以2013年为时间界线，对十八大以来我国刑事案件律师辩护率是否发生变化进行观察和研究。

2013年以来，笔者组织研究生进行了三次实证研究。具体方法是从最高人民法院裁判文书网上下载一定数量的刑事一审判决书，逐案统计被告人有无律师辩护情况。三次统计情况分别是：

第一次下载统计了四个省、市、自治区（北京、江苏、湖南、新疆）在2013年至2014年作出的1203份（人）刑事判决书，其中基层人民法院803人，中级人民法院400人。经统计，基层人民法院一审案件的律师辩护率是20.2%，中级人民法院的律师辩护率是88.2%。②

① 三种人是指未成年人、盲聋哑人和可能判处死刑的人；增加的两种人是指尚未完全丧失辨认或者控制自己行为能力的精神病人和可能判处无期徒刑的人。

② 参见蒋宏敏、田娜西、刘遥、王达：《刑事案件律师辩护率及辩护意见采纳情况实证研究》，载《中国律师》2016年第11期。

第二次下载统计了六个省、市、区(山西、山东、内蒙古、重庆、浙江、河北)在2015—2016年作出的1800份(人)刑事判决书,其中基层人民法院1200人,中级人民法院600人。经统计,基层人民法院一审案件的律师辩护率是25.83%,中级人民法院一审案件的律师辩护率是92%。

第三次下载统计了五个省、市(北京、浙江、河南、湖南、上海)在2015—2017年作出的1500份(人)刑事判决书,其中基层人民法院1000人,中级人民法院500人。经统计,基层人民法院一审案件的律师辩护率是34.2%,中级人民法院一审案件的律师辩护率是92%。

可以看出,仅就审判阶段一审刑事案件的律师辩护率来看,十八大以来三个不同时期是有所不同的,并且呈现出不断增长的趋势,基层人民法院的律师辩护率从20.2%增加到25.83%、34.2%,中级人民法院的律师辩护率相对比较稳定,从88.2%增加到92%。这表明十八大以来推进以审判为中心的诉讼制度改革和完善认罪认罚从宽制度,加强人权司法保障,确实初见成效。

但是如前所述,以上数据还是采用比较原始的逐案统计的方法得出来的,虽然比较准确,但样本数量有限。随着大数据、人工智能科技的发展,运用高新技术研究法律问题已经开始起步并受到关注。有学者对最高人民法院裁判文书网上发布的于2013—2017年作出的303.2万份刑事一审判决书采用大数据统计分析后得出以下结论:2013年至2017年5年间,律师辩护率从19.07%提升到22.13%,增幅为16.05%。其中,除去法律援助律师提供的辩护外,当事人委托律师的辩护率从16.07%上升到19.41%,增幅20.78%。由于该项研究的有效样本达到303.2万份,占到同期五年全国刑事一审案件总数548.9万的55.24%。[①] 加之其计算律师辩护率采用了正确的公式:“律师辩护率=有律师辩护的被告人总数÷刑事案件被告人总数”,而不是以“刑事案件数”为计算单位,应该说上述结论是权威和可靠的。但是,其反映的也只是审判阶段的律师辩护

---

① 参见王禄生:《论刑事诉讼的象征性立法及其后果》,载《清华法学》2018年第6期。

率。无论从理论上分析还是从实践上观察,侦查阶段和审查起诉阶段的律师辩护率是低于审判阶段的。因此,该项研究成果对于我们客观认识我国刑事案件的律师辩护率具有重要价值。

二、刑事案件律师辩护全覆盖的背景与提出

(一)提出刑事案件律师辩护全覆盖的背景

长期以来,我国刑事诉讼理论界一直不懈地呼吁,我国刑事案件律师辩护率过低,国家应当重点发展刑事法律援助制度,以提高刑事案件律师辩护率,维护司法公正,加强人权司法保障。应该说,理论界的研究推动了刑事法律援助制度的发展,特别是2012年《刑事诉讼法》修改在刑事法律援助制度方面有长足进步,不仅扩大了刑事法律援助范围,从以往三种对象扩大到五种对象,还把提供法律援助的诉讼阶段从审判阶段提前至侦查阶段。这就意味着在刑事诉讼的全过程,只要符合上述法律规定,办案机关都应当通知法律援助机构指派律师为当事人无偿提供辩护。此外,即使不属于法定法律援助的对象,也可以向法律援助机构申请获得律师无偿辩护。但是,总体上看,过去若干年来我国刑事案件律师辩护率虽然有所提高,但提高幅度有限,还停留在比较低的水平上。

党的十八大以来,特别是十八届四中全会决定提出“推进以审判为中心的诉讼制度改革”“完善认罪认罚从宽制度”“加强人权司法保障”以来,从中央到地方都非常重视刑事辩护制度,其中包括重视解决刑事案件律师辩护率低的问题。

首先,在十八届四中全会决定里明确提出“加强人权司法保障,强化诉讼过程中当事人和其他诉讼参与人的知情权、陈述权、辩护辩论权、申请权、申诉权的制度保障”。

其次,2015年6月中央办公厅、国务院办公厅印发《关于完善法律援助制度的意见》,在“加强刑事法律援助工作”部分,明确提出“建立法律援助值班律师制度,法律援助机构在法院、看守所派驻法律援助值班律师。健全法律援助参与刑事案件速裁程序试点工作机制。建立法律援助参与刑事和解、死刑复核案件办理工作机制,依法为更多的刑事诉讼当事人提供法律援助”。《关于完善法

律援助制度的意见》为通过扩大刑事法律援助范围，使更多的当事人获得法律援助指明了方向。

再次，在自2014—2018年先后开展长达四年的刑事速裁程序和认罪认罚从宽制度试点中，把建立法律援助值班律师作为一项重要内容，以保障认罪认罚的犯罪嫌疑人、被告人及时获得值班律师的法律帮助。

最后，在“两高三部”《改革意见》中，一方面强调“健全当事人、辩护人和其他诉讼参与人的权利保障制度”，另一方面明确提出“建立法律援助值班律师制度，法律援助机构在看守所、人民法院派驻值班律师，为犯罪嫌疑人、被告人提供法律帮助”。

以上改革举措如火如荼，不断对刑事案件中的犯罪嫌疑人、被告人获得律师辩护或法律帮助提出更高的要求，推动了刑事案件律师辩护全覆盖的重大举措应运而生。

（二）刑事案件律师辩护全覆盖的提出及试点

2017年4月，在司法部举行的新闻发布会上，熊选国副部长代表司法部表示：“目前刑事案件辩护率偏低，一些犯罪嫌疑人、被告人的合法权益得不到有效维护。司法行政机关要采取措施，扩大刑事辩护法律援助的范围，推动实现刑事辩护的全覆盖”。同时他也指出：“这需要一个过程，应该逐步推动。”①作为主管全国司法行政工作包括律师工作的司法部，从维护司法公正，加强人权司法保障的大局出发，率先提出此项重大改革举措，是富有勇气和改革精神的。2017年10月11日最高人民法院与司法部共同制定《关于开展刑事案件律师辩护全覆盖试点工作的办法》（以下简称《办法》），决定自本办法发布之日起，在北京、上海、浙江、安徽、河南、广东、四川、陕西，开展为期一年的“刑事案件律师辩护（审判阶段）全覆盖”试点工作。根据《办法》的要求，此项试点的主要内容是：

第一，明确本项试点是“为推进以审判为中心的刑事诉讼制度改革，加强人权司法保障，促进司法公正，充分发挥律师在刑事案件

---

① 参见王亦春：《司法部副部长熊选国：推动实现律师刑辩全覆盖》，载《中青在线》2017年4月26日，滚动报道版“热点”篇。

审判中的作用”而开展。

第二,试点范围限于试点地区人民法院刑事案件的审判工作,并且可以在全省(市)范围内试点,也可以在本省、市范围内选择部分地区试点。

第三,对于试点地区法院审判的刑事案件不论适用何种审判程序,只要被告人自己没有委托辩护人,也不属于现行法律规定的应当由法律援助机构指派律师为其辩护的案件,一律由人民法院通知法律援助机构为被告人指派律师提供法律服务。其中,适用普通程序审理的一审、二审案件和按照审判监督程序审理的再审案件,由指派的律师担任辩护人为被告人提供辩护;适用简易程序、速裁程序审理的案件,由人民法院通知法律援助机构派驻的值班律师为被告人提供法律帮助。

第四,第二审法院发现第一审法院未履行通知辩护职责,致被告人在一审期间未获得律师辩护的,应当认定符合《刑事诉讼法》第227条第3项规定的情形,即“剥夺或者限制了当事人的法定诉讼权利,可能影响公正审判的”情形,裁定撤销原判,发回原审法院重新审判。

第五,建立多层次经费保障机制,加强法律援助经费保障,确保经费保障水平适应开展刑事案件律师辩护全覆盖试点工作需要。

第六,司法行政机关和律师协会统筹调配律师资源,为法律援助工作开展提供保障。本地律师资源不能满足工作开展需要的,司法行政机关可以申请上一级司法行政机关给予必要支持。有条件的地方可以建立刑事辩护律师库,为开展刑事案件律师辩护全覆盖试点工作提供支持。

《办法》发布后,刑事案件审判阶段律师辩护全覆盖试点工作在各地先后展开。在八个试点地区,北京、上海在全市范围展开试点工作;其他省则在省内确定不同范围的地方开展试点,如浙江在杭州、宁波、温州开展,安徽在合肥开展,河南在全省约60%的市县开展,四川在九个地区开展,陕西在西安、安康开展等。此外,内蒙古、吉林、江苏、福建、山东、宁夏等省市区虽然没有列入第一批试点地区,但也主动在一定范围开展试点工作。

经过一年的试点，2018 年 11 月最高人民法院、司法部在合肥召开刑事案件律师辩护全覆盖和律师调解两项试点工作推进会。会议对一年来试点地区开展刑事案件审判阶段律师辩护全覆盖试点工作进行了回顾和总结。据了解，截至 2018 年 9 月底，八个试点地区因扩大通知辩护范围，案件数量共计增加 139，352 件，其中因刑事案件律师辩护全覆盖试点扩大通知的辩护案件 80，262 件，因开展试点工作由值班律师提供法律帮助的案件 59，090 件。[①] 通过试点，大幅提高了各地刑事案件的律师辩护率，广东适用普通程序审理的案件律师辩护率达 92.8%，北京一审案件律师辩护率达 95%。在总结成绩的同时，会议认为从试点工作情况看，还存在律师资源相对不足、经费保障还不到位、部门之间衔接配合有待加强、案件质量尚需提高等问题。会议还决定继续扩大试点范围，在前期八个省市试点基础上，在全国 31 个省（区、市）和新疆建设兵团普遍开展试点工作。各地可以根据实际情况自行确定试点范围，每个省（区、市）至少在一个以上地市进行试点，力争 2019 年年底在全国推开。[②]

第二节　刑事案件律师辩护全覆盖的实现路径

一、充分认识刑事案件律师辩护全覆盖的艰巨性和长期性

刑事诉讼是由法定办案机关依据法定程序对犯罪嫌疑人、被告人是否实施犯罪以及如何追究刑事责任进行的专门诉讼活动。任何公民一旦成为犯罪嫌疑人、被告人，在诉讼过程中将被限制人身权利、财产权利；一旦被确定有罪并追究刑事责任，轻者被剥夺人身自由和财产权利，重者还可能被剥夺生命。如果诉讼过程发生错误，造成冤假错案，则后果无法挽回。因此，任何法治国家都非常重

① 以上件数不包括被告人委托辩护的案件和依据现行刑事诉讼法的规定由法律援助机构正常指派律师辩护的案件。

② 蔡长春：《最高人民法院、司法部部署：扩大刑事案件律师辩护全覆盖和律师调解试点工作》，载《法制日报》2018 年 11 月 29 日“要闻”篇。

视保障犯罪嫌疑人、被告人获得律师辩护的权利，有的国家甚至将此上升为公民的宪法权利。我国宪法和刑事诉讼法也是如此，始终把保障犯罪嫌疑人、被告人获得律师的辩护作为国家尊重和保障人权的一个重要方面高度重视，不断完善。以《刑事诉讼法》关于获得律师辩护的规定为例，在1979年第一部《刑事诉讼法》中，只有处于审判阶段的被告人才有权获得律师的辩护；1996年《刑事诉讼法》修改后，审查起诉阶段的犯罪嫌疑人也可获得律师的辩护，侦查阶段的犯罪嫌疑人可以聘请律师为其提供法律咨询、申请取保候审等，但律师还不是辩护人；到2012年《刑事诉讼法》再修改，侦查阶段的犯罪嫌疑人聘请的律师也名正言顺地成为辩护人，有权为犯罪嫌疑人辩护。与此同时，专门为没有能力的当事人免费提供律师辩护的刑事法律援助制度也从无到有、逐渐发展起来。特别是党的十八届四中全会决定提出“推进以审判为中心的诉讼制度改革”和“完善认罪认罚从宽制度”以来，对律师参与刑事案件的辩护从质和量都提出新要求、新任务。在此背景下，司法部率先提出，并与最高人民法院共同发起率先在刑事审判阶段开展刑事案件律师辩护全覆盖试点工作，表明对刑事案件律师辩护的重要性认识充分，高度重视。但是，与此同时，也要对推进刑事案件律师辩护全覆盖的艰巨性和长期性有清醒、充分的认识。

我国虽然已经是世界第二大经济体，但人口众多，发展不平衡，总体上还是一个发展中国家。在党中央领导下，经过全党全国各族人民共同努力，2021年2月习近平总书记庄严宣告，我国脱贫攻坚战取得了全面胜利。在此背景下，提出并实现刑事案件律师辩护全覆盖，使每一个犯罪嫌疑人、被告人在刑事诉讼的每一个阶段都获得律师辩护，仍然是一项极其艰巨的任务。仅从需要律师的人数来讲就是一个庞大的数据。根据《中国法律年鉴》发布的统计数据，2013年至2017年，全国每年由检察机关向法院提起公诉的被告人分别是1,369,865人、1,437,899人、1,437,714人、1,440,535人、1,705,772人，平均每年是1,478,357人。① 而这只是审判阶段一

① 以上数据来自2014年至2018年历年《中国法律年鉴》中检察机关的统计数据。

个阶段需要律师辩护的人数。而按照侦查、审查起诉和审判三个阶段进行计算,[①]总数就达 4,435,071 人。[②] 如果还是按照通常所讲的刑事案件只有 30%的律师辩护率计算,则还有 3,104,549 人需要提供律师辩护。但是,如果按照前文所述有关学者运用大数据计算出我国 2017 年审判阶段刑事案件的律师辩护率只有 22%计算,那意味着还有 3,459,355 人需要通过刑事案件律师辩护全覆盖的实现获得律师辩护。不仅如此,据最高人民法院周强院长在 2021 年 3 月向全国人大所作《最高人民法院工作报告》披露,2020 年全国法院审结一审刑事案件 111.6 万件,判处罪犯 152.7 万人,按照三个诉讼阶段分别计算,对律师辩护的需求是非常巨大的,即使 2021 年 4 月全国律师已经达到 53 万人[③],也难以满足这一巨大的需求。因为法治中国的建设,经济社会的发展,对律师的需求空间也非常巨大,53 万名律师不可能,也不适宜都去承办刑事辩护案件。

此外,还有一个经费保障问题。一方面开展法律援助需要提供行政经费,以保障法律援助机构的正常运行,另一方面为当事人提供法律服务的律师也需要给予一定的经济补偿,因为律师是自收自支的职业,不能让他们白白"奉献"。法律援助是政府的责任,其主要责任就是为法律援助提供经费保障。要实现刑事案件律师辩护全覆盖,仅从律师补贴一个方面讲,依据现在全国法律援助每个案件平均补贴 800 元,[④]即使按照 3,104,549 人(案件)计算,仅此一部分所需经费应当是 24.84 亿元。而我国 2018 年全国的法律援助经费仅是 28 亿多元,[⑤]它包括了法律援助机构的运行经费、法律援助业务的办案经费等。如果实现刑事辩护全覆盖,就需要每年至少

---

① 之所以按侦查、起诉、审判三个阶段计算,是因为在司法实践中无论当事人委托律师辩护,还是法律援助机构指派律师辩护,都是按三个阶段分别办理并向办案机关提交有关手续。

② 这个数字仅限于侦查、审查起诉、一审程序需要辩护的人数,没有包括自诉案件中被告人和二审程序中当事人需要辩护的人数。此外,侦查阶段和审查起诉阶段的人数也高于审判阶段的人数。

③ 张璁:《我国已有律师近 53 万人,律所 3.4 万家》,载微信公众号"人民日报政文"2021 年 4 月 20 日。

④ 该数据来自 2019 年全国法律援助主管部门一份内部文件。

⑤ 同上。

增加24.83亿元。即使如此,这也只是按照全国法律援助平均办案经费每件800元计算出来的,与律师办理一个案件的实际投入相去甚远。

综上所述,一年的试点取得了不俗的成绩,8个试点省份仅扩大通知辩护的案件达8万多件,超过10万名被告人从中受益,对加强人权司法保障,维护司法公正发挥了重要作用。但我们应当清醒地看到,第一年的试点和下一步扩大试点,在全国范围也只是部分地区的部分案件。从诉讼程序上看,试点也只限于审判阶段,距离律师辩护全覆盖应当是覆盖每一个犯罪嫌疑人、被告人在刑事诉讼全过程的目标相差还很远。我们应当充分认识到这项工作的艰巨性和长期性。

二、着力扶持、培养一支素质优良、业务熟练的刑事辩护律师队伍

毛主席有一句名言:“政治路线确定之后,干部就是决定的因素。”如果说推进刑事案件律师辩护全覆盖的决策是正确的,那么实现该目标最重要的力量就是刑事辩护律师队伍的建设。在这方面实际上有两个需求:其一,每个犯罪嫌疑人、被告人在诉讼的任何阶段都应当有律师为其提供辩护,这就要解决刑辩律师的“数量”问题。“数量”达不到,“全覆盖”就做不到。这个问题在上面已经专门论及。其二,即使数量上有律师为犯罪嫌疑人、被告人提供辩护,还需要律师懂刑事辩护、会刑事辩护、善于并敢于刑事辩护,这涉及的是刑事辩护的“质量”问题。如果律师不懂、不会、不善、不敢刑事辩护,即使数量上能够“全覆盖”,又有何意义?因此“律师辩护全覆盖”不只是“数量”的要求,还有“质量”的要求。因此,在推进刑事案件律师辩护全覆盖的进程中,司法行政机关和律师协会应当高度重视并着力扶持、培养一支素质优良、业务熟练的刑事辩护律师队伍。

所谓“扶持”,一是要采取一定的政策、组织措施,吸引、鼓励更多的律师特别是青年律师勇于并乐于进入刑辩律师队伍;二是要积极面对并善于解决刑辩律师工作面临的困难和问题,勇于保护广大

刑辩律师,维护他们依法执业的权利和宽松的执业环境;三是针对律师业发展不平衡和推进律师辩护全覆盖力量薄弱的地方,寻求从政策上有所突破,如在一些律师力量不足的地方创建公设辩护人制度。2018 年 12 月,笔者随中国政法大学国家法律援助研究院代表团专程考察访问了英国的法律援助制度包括值班律师制度,发现英国也有类似美国的公设辩护人办公室,共有 4 个,均设在律师业发展比较薄弱的地方,以解决当地刑事法律援助案件无律师辩护的问题。我国也存在同样问题,在一些边远地区更加突出,完全可以借鉴这种模式,建立公设辩护人办公室,吸收一些律师志愿者到此从事法律援助,也可以对新律师进行专业培训,轮流安排到这些地方执业。

所谓"培养",一是要有组织、有计划地对刑辩律师进行素质教育和业务培训,使他们的职业素质和执业能力能够适应刑事辩护工作在政治素质、法律素养、业务能力上的要求。二是对刑辩律师在工作中存在的问题,正面应对,积极引导,从思想教育入手,从业务指导发力,善于总结,不断提高。三是针对刑事辩护的特点,成立刑事辩护律师协会,打造刑辩律师的"娘家",一方面团结广大刑辩律师,积极投身于刑事案件律师辩护全覆盖的事业当中;另一方面组织、引导广大刑辩律师互相学习、交流,不断提升职业素质和执业能力,勇于辩护,善于辩护,完成法律赋予律师"维护当事人的合法权益,维护法律的正确实施,维护社会公平正义"的神圣职责。

三、积极协调、营造有利于律师辩护全覆盖的司法和社会环境

当前,从中央政府和地方各级政府都非常重视和改善营商环境,以促进我国经济建设健康长效发展。推进和实现刑事案件律师辩护全覆盖也需要积极协调、营造良好的司法环境和社会环境。刑事案件律师辩护全覆盖不是刑辩律师自己的事情,也不只是司法行政机关和律师协会的事情,光有他们的积极性远远不够。刑事诉讼涉及负责立案侦查的公安机关、负责批准逮捕和审查起诉的人民检察院、负责审判的人民法院,律师辩护全覆盖势必涉及这些机关和相关诉讼活动。同时,还涉及不直接参与刑事诉讼但与刑事辩护特

别是法律援助工作密切相关的政府有关部门。只有方方面面都对刑事案件律师辩护全覆盖高度重视，积极支持，相互配合，这项工作才能取得成效，健康发展。

前一阶段的试点和下一步的推广试点，只是司法部和最高人民法院两家发起并推动，因此，具体称为“刑事案件审判阶段律师辩护全覆盖试点”，也就是只限于“审判阶段”。即使审判阶段律师辩护全覆盖获得全面实现，也只是“刑事案件律师辩护全覆盖”的一个阶段，还有侦查阶段和审查起诉阶段远没有覆盖。而这两个诉讼阶段中每一个诉讼阶段的人数都会比审判阶段多。此外，如前所述，在当前司法实践中，侦查阶段和审查起诉阶段实际获得律师辩护的案件又比审判阶段少。这一“多”一“少”意味着侦查和审查起诉阶段律师辩护全覆盖的总体任务要比审判阶段还要重。但从侦查和审查起诉阶段律师辩护的基础条件来看，却不如审判阶段。从我国刑事诉讼制度的发展看，与审判阶段相比，律师介入侦查阶段和审查起诉阶段都比较晚。审查起诉阶段向辩护律师开放是在 1996 年《刑事诉讼法》修改以后，而侦查阶段向辩护律师开放则是在 2012 年《刑事诉讼法》修改以后。[①] 由于这样的制度安排，加上侦查活动和审查起诉活动不同于审判活动的特点，律师在侦查阶段和审查起诉阶段为犯罪嫌疑人开展辩护历来面临的困难比较多，包括办案机关、办案人员的配合、支持也比较弱。因此，未来律师辩护全覆盖向侦查阶段、审查起诉阶段发展时，更需要做好公安机关和检察机关的工作，以获得他们的积极配合和支持。这对于在我国政法体制中处于相对弱势地位的司法行政机关来说无疑是一个严峻挑战。要想做好这项工作，就需要依靠党中央和地方各级党委的重视和支持。

除了依靠党的领导外，还需要获得各级政府的支持。未来实现律师辩护全覆盖主要靠发展刑事法律援助制度。而制约刑事法律援助发展的最重要的因素是政府的经费投入。如前所述，2018 年我国刑事法律援助的总投入只有 28 亿多元，未来需要投入的经费恐

---

① 1996 年《刑事诉讼法》修改后，侦查阶段犯罪嫌疑人虽可以聘请律师，但律师不是辩护律师，而是“提供法律帮助的律师”。2012 年《刑事诉讼法》修改，侦查阶段依法参与的律师才成为辩护律师。

怕得成倍数地增加,这一切没有政府的重视和支持是不可能解决的。

四、应当重视值班律师在律师辩护全覆盖中的地位作用

如前所述,我国刑事法律制度中本无值班律师制度。党的十八届四中全会后开展的司法改革中,鉴于刑事诉讼中律师辩护率比较低,为了维护当事人的合法权益,在刑事速裁程序和认罪认罚从宽制度试点中,创立了值班律师制度。2017 年 10 月最高人民法院、司法部印发的《办法》把值班律师作为"律师辩护全覆盖"的重要力量,其中第 2 条第 4 款规定:"适用简易程序、速裁程序审理的案件,被告人没有辩护律师的,人民法院应当通知法律援助机构派驻的值班律师为其提供法律帮助"。在其后八个地区进行的试点中,值班律师也确实参与其中成为一支重要的力量。据报道,在 2018 年 11 月试点推进会上,截至当年 9 月底,试点中因扩大通知辩护范围,案件数量共计增加了 139,352 件,其中由值班律师提供法律帮助的案件 59090 件,占全部案件的 42.4%,这一比例是相当高的。但是,细心的人或许会发现并提出一个问题:既然是"律师辩护全覆盖"试点,为何值班律师提供的不是"律师辩护"而是"法律帮助"?

问题还不止于此。2018 年 10 月全国人大常委会对《刑事诉讼法》进行了第三次大修改。其中把司法改革中催生出的值班律师制度正式写入《刑事诉讼法》,在第 36 条规定:"法律援助机构可以在人民法院、看守所等场所派驻值班律师。犯罪嫌疑人、被告人没有委托辩护人,法律援助机构没有指派律师为其提供辩护的,由值班律师为犯罪嫌疑人、被告人提供法律咨询、程序选择建议、申请变更强制措施、对案件处理提出意见等法律帮助。"此外,第 173 条和第 174 条对于值班律师参与检察机关审查起诉活动作出了相应规定。但是修改后的《刑事诉讼法》并没有对值班律师参与审判活动作出规定。《刑事诉讼法》的上述修改,意味着之前只是改革探索性的值班律师制度已成为一项正式法律制度。因此,值班律师与刑事案件律师辩护全覆盖的关系就成为一个值得重视和研究的问题。根据修改后《刑事诉讼法》第 36 条的规定,今后刑事诉讼中,凡是犯罪嫌疑人、被告人没有委托辩护人,也不符合法律援助机构指派律师

为其辩护条件的，都要由值班律师为其提供法律帮助。由此，在刑事诉讼立法上，就提出了刑事案件律师辩护与值班律师法律帮助全覆盖的要求。在此情形下产生了一系列问题需要研究、回应。

首先是值班律师的诉讼地位问题。具体来说就是值班律师在刑事诉讼中到底是不是辩护人的问题。在2018年《刑事诉讼法》修改之前的法律文件上，包括2014年最高人民法院、最高人民检察院、公安部、司法部（以下简称“两高两部”）《关于在部分地区开展刑事案件速裁程序试点工作的办法》、2016年“两高三部”《关于在部分地区开展刑事案件认罪认罚从宽制度试点工作的办法》，以及2017年“两高三部”《办法》，值班律师都被定性为“法律帮助”而不是“辩护”。理论界对此展开了研究，形成了两种观点，分歧主要是值班律师应不应该承担辩护职责问题。笔者先后发表两篇论文，提出并论述我国值班律师的应然定位应当是辩护人的观点。[①] 2018年5月公布的《刑事诉讼法修正案（草案）》也曾将值班律师的职责定性为“辩护”。但是，2018年10月正式通过的《刑事诉讼法修正案》又恢复了之前有关法律文件对值班律师“法律帮助”的定位。据了解，之所以发生这一变化是因为有不少人以及有些部门不同意将值班律师定位成“辩护人”或“辩护职责”。但是，对值班律师“法律帮助”的定位在理论上和司法实践中将产生以下问题：

其一，在理论上“法律帮助”与“辩护”的区别何在，没有人能够令人信服地解释清楚，因为本质上“辩护”就是一种法律帮助。在联合国的有关文件中包括《联合国公民权利和政治权利国际公约》中，对律师辩护的表述就是“法律帮助”。[②]

其二，在我国现行刑事诉讼法上，侦查阶段和审查起诉阶段，犯罪嫌疑人委托的辩护律师以及由法律援助机构依法为犯罪嫌疑人指派的为其提供辩护的律师，他们的职责与第36条规定的值班律

① 参见顾永忠、李逍遥：《试论我国值班律师的应然定位》，载《湖南科技大学学报（社会科学版）》2017年第2期；顾永忠：《再论值班律师的应然定位》，载《法学杂志》2018年第9期。

② 参见顾永忠、李逍遥：《试论我国值班律师的应然定位》，载《湖南科技大学学报（社会科学版）》2017年第2期。

师的职责在实质上也是完全一致的，为什么前者是“辩护”后者却是“法律帮助”？

其三，“值班律师”就其本义来讲，是为了解决犯罪嫌疑人、被告人在涉入刑事诉讼的最初时间尚不能正常委托辩护律师或获得法律援助律师的情况下，在第一时间为犯罪嫌疑人、被告人提供应急性、临时性法律服务，所以称作“值班律师”。其后，他们就可以通过正常途径获得律师的辩护包括自己委托律师或者法律援助机构指派的律师的辩护。

但是，我国现在的值班律师名为“值班律师”实则为辩护律师。一方面，如前所述，2018 年《刑事诉讼法》第 36 条赋予值班律师的职责无异于犯罪嫌疑人在侦查阶段、审查起诉阶段委托的辩护律师的辩护职责。另一方面，值班律师并不是在第一时间为犯罪嫌疑人提供“法律帮助”，而是在诉讼过程中提供法律帮助，而“法律帮助”内容与辩护并无本质区别，实际上就是用名义上的“值班律师”代替“辩护律师”的工作。事实上，在刑事案件律师辩护全覆盖第一年试点中，值班律师参与其中的案件达 59,090 件，其实就是用“法律帮助”代替“律师辩护”。

其四，2018 年《刑事诉讼法》虽然规定法律援助机构可以在人民法院派驻值班律师，但并没有对值班律师参与审判作出规定。而且按照 2017 年 8 月“两高两部”《关于开展法律援助值班律师工作的意见》第 2 条的规定，值班律师不提供出庭辩护服务。实践中也是这样做的。一方面，要求在法院派驻值班律师；另一方面，在法院的“值班律师不提供出庭辩护服务”，那么，在法院派驻值班律师的意义何在？

其五，2018 年《刑事诉讼法》对值班律师的定位，影响了刑事法律援助制度的发展。在刑事案件律师辩护全覆盖第一年试点中，值班律师大量介入其中，但由于不是“辩护人”或“辩护职责”，以致不能名正言顺地获得法律援助辩护律师的经费保障。在合肥试点推进会上，有的地方的法律援助主管部门向司法部反映，当他们向省财政部门申请值班律师的办案经费时，有关人员明确表示，值班律师不是辩护，申请经费没有法律依据。①

鉴于此，2018年《刑事诉讼法》规定的值班律师制度并不能解决推进刑事案件律师辩护全覆盖所面临的问题。首先，值班律师的职责是“法律帮助”而不是“辩护”；其次，值班律师不提供“出庭辩护”。在以上情形下，将值班律师视为“律师辩护全覆盖”的组成部分，是严重名不副实的。因此，在下一步刑事案件律师辩护全覆盖试点中，既然是“试点”，也应当对值班律师的地位、作用及其职责进行试点。为此，在试点中应当解决好以下问题：首先，要保障值班律师与在押犯罪嫌疑人、被告人会见的权利；其次，要保障值班律师查阅案卷材料的权利；最后，要保障值班律师就案件有关问题向法院提出意见的权利；还可以有条件地尝试值班律师出庭为被告人进行辩护。只有以上几个方面能够做到，才可以将值班律师当作是刑事案件律师辩护全覆盖的组成部分。否则，就是徒有其名！总之，要通过试点，完善我国值班律师制度。既然实际上已经赋予其辩护职责，就应当使其名实相符，成为刑事案件律师辩护全覆盖背景下与委托律师和法律援助律师相并列的第三支刑事辩护力量。

值得关注的是，2019年10月，“两高三部”印发了《关于适用认罪认罚从宽制度的指导意见》（以下简称《指导意见》），其中对值班律师的有关规定细化并丰富了2018年《刑事诉讼法》中的相关规定，使值班律师制度迈出重要的一步。其一，扩大了派驻值班律师的场所。2018年《刑事诉讼法》第36条规定的是“法律援助机构可以在人民法院、看守所等场所派驻值班律师”。其中没有提到向人民检察院派驻值班律师，是否包括在“等场所”之中也不明确。《指导意见》则明确规定：“法律援助机构可以在人民法院、人民检察院、看守所派驻值班律师。人民法院、人民检察院、看守所应当为派驻值班律师提供必要办公场所和设施。”其二，明确了值班律师的会见权和阅卷权。2018年《刑事诉讼法》没有规定值班律师在办理案件中的会见权和阅卷权，只是规定“人民法院、人民检察院、看守所应当为犯罪嫌疑人、被告人约见值班律师提供便利”（第36条）以

---

① 参见合肥试点推进会会议文件。

及“人民检察院依照前两款规定听取值班律师意见的，应当提前为值班律师了解案件有关情况提供必要的便利”（第 173 条）。《指导意见》则明确规定：“值班律师可以会见犯罪嫌疑人、被告人，看守所应当为值班律师会见提供便利。危害国家安全犯罪、恐怖活动犯罪案件，侦查期间值班律师会见在押犯罪嫌疑人的，应当经侦查机关许可。自人民检察院对案件审查起诉之日起，值班律师可以查阅案卷材料、了解案情。人民法院、人民检察院应当为值班律师查阅案卷材料提供便利。”为了保障值班律师的会见权、阅卷权等诉讼权利得以行使，《指导意见》还要求办案机关对于“值班律师提供法律咨询、查阅案卷材料、会见犯罪嫌疑人或者被告人、提出书面意见等法律帮助活动的相关情况应当记录在案，并随案移送”。其三，确认值班律师可以为同一案件提供全程法律帮助。“值班律师”按其本意，只是在犯罪嫌疑人、被告人归案之初提供一次应急性的法律帮助，此后其可以通过本人委托或法律援助机构指派获得辩护律师稳定、全程的法律服务。值班律师制度的发源地英国即是如此。但是，如前所述，我国的值班律师并非真正意义上的“值班律师”，实际上是让“值班律师”代替辩护律师，这就需要值班律师在办案中为同一案件提供多次法律服务，如与犯罪嫌疑人、被告人会见并提供法律咨询至少一次，查阅案卷材料至少一次，接受办案机关“听取意见”一次，见证犯罪嫌疑人签署《认罪认罚具结书》一次。但是，2018 年《刑事诉讼法》对此没有规定，在实践中便发生了困扰，到底指派一名值班律师把同一案件办到底，即以上事项由同一名值班律师办理完毕，还是办理一次事项安排一名值班律师？不仅如此，由于这些事项存在密切的相互联系，如果分别安排不同的值班律师办理，势必不能有效地为当事人提供法律帮助。针对这一问题《指导意见》明确规定：“对于被羁押的犯罪嫌疑人、被告人，在不同诉讼阶段，可以由派驻看守所的同一值班律师提供法律帮助。对于未被羁押的犯罪嫌疑人、被告人，前一诉讼阶段的值班律师可以在后续诉讼阶段继续为犯罪嫌疑人、被告人提供法律帮助。”显然，这样做不仅有利于统一调配值班律师，更重要的是有利于维护当事人的合法权益。

无疑,《指导意见》的有关规定丰富了现行值班律师制度,但是由于 2018 年《刑事诉讼法》对值班律师的定位在根基上就存在问题,要真正解决这些问题,还有待于将来通过刑事诉讼法的修改加以完善。

第七章　庭审实质化的程序要求与辩方质证权的保障

庭审实质化是以审判为中心的刑事诉讼制度的应然要求,它首先要求庭审程序应当是实质化的,也就是庭审过程不能走过场,而是应当扎扎实实地对案件事实及相关证据进行调查,在此基础上对案件事实作出认定,并根据法律规定对被告人是否有罪、应否承担刑事责任以及如何承担刑事责任作出裁判。庭审对于控辩双方来说诉讼意义不同。对控方来讲,是其依法履行证明被告人有罪及应负刑事责任的举证责任的过程;对辩方而言,则是其针对控方的指控依法行使质证权的过程,其中也包括提出有利证据反驳控方的指控。因此,庭审实质化在程序上的要求就是庭审程序或庭审过程的实质化,其中主要是有效保障辩方的质证权。

第一节　庭审实质化的程序要求

一、庭审实质化与庭审程序实质化

庭审实质化是与庭审虚化相对应的概念,它要求庭审应当在查明事实、认定证据、保护诉权、公正裁判中发挥决定性作用。[①] 所谓庭审虚化，是指法官对证据和案件事实的调查认定主要不是基于法庭上控辩双方的举证和质证活动来完成的，而是通过庭审之前或之后对案卷的书面审查来完成，或者法院的判决主要不是由主持庭审的法官或合议庭作出的，而是由“法官背后的法官”作出的，庭审在刑事诉讼过程中没有实质性作用，司法人员不经过庭审程序也可以照样作出被告人是否有罪的判决，庭审沦为纯形式的“走过场”。[②] 而庭审实质化，是指庭审应当真正发挥其在调查认定案件事实并在此基础上决定对被告人定罪量刑的实质作用。庭审实质化的程序要求，是指庭审活动是决定被告人命运的关键环节，诉讼证据质证在法庭、案件事实查明在法庭、诉辩意见发表在法庭、裁判理由形成在法庭。[③] 由此也决定了庭审实质化是以审判为中心的刑事诉讼制度的核心内容。[④]

庭审实质化首先表现在庭审程序的实质化上，即庭审程序不能形式化、走过场。事实证据调查在法庭，定罪量刑辩论在法庭，裁判结果形成于法庭是实现庭审实质化的程序要求。[⑤] 换句话说，庭审如何具备发现真相的功能，如何能实现对被告人准确地定罪、量刑，又如何能在庭审的基础上作出权威、终局的裁判？这些问题具体表现在：庭审中司法证明的实质化、控辩对抗的实质化，坚持证据裁判

---

① 实践中，庭审长期没有发挥应有的功能，事实认定、法律适用、纠纷解决主要不是通过庭审来完成。2014年《中共中央关于全面推进依法治国若干重大问题的决定》提出，要保证庭审在查明事实、认定证据、保护诉权、公正裁判中发挥决定性作用。

② 参见何家弘：《刑事庭审虚化的实证研究》，载《法学》2011年第6期。

③ 参见汪海燕：《论刑事庭审实质化》，载《中国社会科学》2015年第2期。最高人民法院《关于建立健全防范刑事冤错案工作机制的意见》（法发〔2013〕11号）第11条规定，“审判案件应当以庭审为中心，事实证据调查在法庭、定罪量刑辩护在法庭、裁判结果形成于法庭”。最高人民法院《关于全面深化人民法院改革的意见——人民法院第四个五年改革纲要（2014—2018）》（法发〔2015〕3号）又将庭审实质化分化为“四个在法庭”，即“证据质证在法庭、案件事实查明在法庭、诉辩意见发表在法庭、判决结果形成于法庭”。

④ 参见汪海燕：《论刑事庭审实质化》，载《中国社会科学》2015年第2期；李冉毅：《刑事庭审实质化以及实现路径》，载《宁夏社会科学》2016年第1期。

⑤ 参见顾永忠：《试论庭审中心主义》，载《法律适用》2014年第12期。

原则、裁判文书说理充分、审判公开公正等。[①] 而落实这些抽象的要求,就必须做到证人鉴定人出庭、贯彻直接言词原则、对控方实行严格证明责任、依法排除非法证据、有效保障被告人和辩护人的辩护权、加强法律援助辩护等。[②] 这些都是实现庭审实质化必不可少的原则和措施。[③]

二、庭审程序实质化的基本要求

职权主义国家的庭审规则以法官的认知结构为基础确立并展开:法官—证据—案件,法官有发现真实的义务,并享有广泛的调查职权,法官亲自调查人证、实物证据,并在证据的基础上发现真实,作出裁判。而在当事人进行主义的背景下,庭审实质化基本上围绕着被告人的对质权展开,被告人是否能提出有利证据、质疑对方的不利证据、对争议进行充分辩论是推进程序和发现事实的最重要机制。虽然认知结构和立足点不相同,但是两大法系国家在庭审实质化的核心上却拥有相同的要求:一是证人出庭;二是裁判者的亲历性(直接审理和直接采证);三是只能在庭审的基础上制作判决。[④] 这样,庭审程序实质化的要求可转化为以下三个问题。

首先,证人出庭作证的问题。证人出庭作证是为了发现真实并且维持审判程序的公平。在美国,对质权是被告人的一项基本的宪法性权利。美国宪法第六修正案规定"被告人有权和对自己不利的证人进行当面对质",证人出庭作证是为了保障被告人的对质权。美国的学者进一步指出,对质条款不仅是保护被告人有权让不利于自己的证人出庭的权利,"证人当庭作证"还必须包含四个完整的要素:一是可以接受交叉询问,二是在伪证罪的威慑下提供证言,三是使陪审团可以观察到证人作证时的言行举止,四是证人必须与被

---

① 参见孙长永、王彪:《刑事庭审实质化的理念、制度和技术》,载《现代法学》2017年第2期;郭天武、陈雪珍:《刑事庭审实质化及其实现路径》,载《社会科学研究》2017年第1期。

② 参见龙宗智:《庭审实质化的路径和方法》,载《法学研究》2015年第5期。

③ 本书所研究的"庭审"仅指一审普通程序,不包括简易程序、速裁程序。

④ 参见魏晓娜:《以审判为中心的刑事诉讼制度改革》,载《法学研究》2015年第4期。

告人面对面的提供证言。① 也就是说，为了从实质意义上实现被告人的对质权，证人出庭本身并不是目的，证人不仅要出庭，而且应当能够接受控辩双方的交叉询问，和被告人面对面进行对质，如果作伪证还将面临伪证罪的刑事处罚。而在德国传统的法庭审判中，庭审的核心任务是发现真实，证人出庭并不是为了保障被告人的对质权，而是为了协助法官发现事实真相，只有在征得法官同意的情况下，被告人才能对证人进行发问。② 需要指出的是，自2000年开始，欧洲人权法院通过判例对《欧洲人权公约》第6条进行了解释，将对质权确立为被告人的基本人权，包括：第一，只能在被告人在场时才能调查证据；第二，询问证人必须遵循武器平等原则，也即“平等对抗的原则”，不符合这个要求的情形，如在法官和检察官都对不利于被告人的证人进行询问后，没有给予被告人询问的机会；第三，应当保障被告人有面对面地质问证人权利的机会。③ 可以说，欧洲人权法院的解释将证人出庭问题直接转化为保障被告人对质权的问题。因此，一旦将对质权作为被告人的基本人权，证人出庭从本质上来说就是为了实现被告人的对质权，这是世界范围内被告人的人权发展趋势。

其次，裁判者的亲历性问题。在陪审团和对抗式诉讼的基础上，美国法庭的裁判权实行事实裁判权和法律适用裁判权二元化的制度。陪审团负责对事实问题作出裁断，在主审法官的主持下，控辩双方在陪审团面前举证、质证和辩论，除了维持法庭规则和证据规则外，主审法官是绝对消极中立的立场。美国的陪审团制度使控方卷宗成功阻隔在法庭之外，由于传闻证据规则的适用，证人出庭作证必须让陪审团观察到证人的言行举止，庭审之后立刻不间断评议使陪审团作出的决定只能基于当庭获取地对证人、证据材料以及

---

① ［美］德雷斯勒、迈克尔思：《美国刑事诉讼法精解·第二卷·刑事审判》，魏晓娜译，北京大学出版社2009年版，第231页。

② 林钰雄：《严格证明与刑事证据》，法律出版社2008年版，第214~222页。

③ 林钰雄：《对质诘问与上级审——欧洲法发展与我国法走向评析》，载《月旦法学杂志》2007年第4期。

控辩双方的言词辩论形成的印象。[①] 而陪审团所获取的一切信息均基于控辩双方对证据材料的出示和辩论，对证人的交叉询问。基于对被告人对质权的保障，证人必须出庭作证，否则其证言将以损害被告人对质权为由予以排除。[②] 因此，可以说，因为确保了被告人一方的对质权，才使裁判者可以亲历审判。

我国近年来不断强调在庭审中贯彻直接和言词原则，学界对于这一问题基本已经达成共识，但是，实践中一些地方法院将直接和言词原则简单化为证人、鉴定人出庭问题，这是对直接和言词原则极大的误读。直接和言词原则作为大陆法系国家庭审中保障裁判者亲历性的基本原则，包括直接审理原则和言词审理原则。言词审理原则的含义包括两个方面，其一，参与庭审的各方都应该用言词陈述的方式进行攻击、防御、辩论、审判等诉讼活动，没有以言词方式进行的诉讼行为不具有程序法上的效力。其二，庭审过程中控辩双方提出的证据材料，包括法官庭外调查核实后提出的证据，都应该以言词陈述的方式进行，如口头询问证人、被害人、鉴定人，以口头方式提出实物证据并发表意见，任何未经言词提出和调查的证据不得作为定案的根据。[③] 由此可以看出，无论是进行诉讼活动还是提出证据、对证据发表意见，都离不开被告人的质证权。进一步说，质证可以分为对人的质证和对物的质证。对人的质证毫无疑问是一个对质诘问的过程。而在对物的质证过程中，对有争议的书证、物证等实物证据，仍然需要制作人、提取人、保管人出庭说明情况，接受辩方的质证，以证明证据的同一性或保管链条的完整性；[④]对有

---

① 由于陪审团制度的存在，美国法庭形成了传闻证据规则，使得事实裁判者的亲历性有了极大的保障。参见朱立恒：《从陪审团审判到公正审判——关于传闻证据规则的历史沿革和理论嬗变》，载《政法论坛》2009 年第 3 期。

② 值得注意的是，在美国刑事诉讼中，损害被告人对质权的传闻证据并不绝对排除，传闻证据本身有其排除范围和例外，传闻例外能否作为证据使用又不损害被告人的对质权，适用“真实担保理论”和“防止政府权力滥用理论”。关于传闻证据和对质权关系的讨论，参见易延友：《“眼球对眼球的权利”——对质权制度比较研究》，载《比较法研究》2010 年第 1 期。

③ 参见陈瑞华：《什么是真正的直接和言词原则》，载《证据科学》2016 年第 3 期。

④ 参见刘译砜：《论电子数据的双重鉴真》，载《当代法学》2018 年第 6 期。

疑问的勘验、检查、侦查实验笔录,侦查人员和检察人员应当出庭作证说明情况并接受辩方的质证。如此,裁判者的亲历性要得到保障,必须有辩方的质证权作为前提。

最后,在庭审的基础上制作判决的问题。庭审应当具有自治性,也就是具有能产生权威、终局性裁判结论的能力。要实现上述目标,庭审活动必须遵循程序正义的最低限度的要求:首先,有争议的双方充分参与了判决的制作过程,影响了对自己有利害关系的判决结果,被告人的辩护权、程序参与权得到了充分的保障;其次,法院判决是建立在控辩双方对事实、证据、法律的充分表达和辩驳基础之上作出的,控辩双方的意见、观点、疑虑经过了正反两面的质疑和辩驳,中立的法官在此基础上作出事实认定和法律适用的决定;最后,公开审判原则、直接言词原则、集中审理原则在庭审中得到了充分的展现。① 通过分析可以发现,只有控辩双方充分参与裁判制作过程,在庭审中展现全部的证据和观点,法庭才能据此作出令人信服的判决。在这个意义上,只有充分保障了辩方的质证权,双方的充分参与才有可能,裁判也才会基于庭审而产生。

综上所述,庭审实质化的程序要求虽然体现在诸多方面,但核心是有效保障辩方的质证权。如果辩方的质证权②得不到有效保障,庭审实质化改革就很难有所突破。

第二节 辩方质证权的内容及其有效保障

一、辩方对质权与质证权

我国学界往往把美国法中被告人“对质权”与辩方的质证权混为一谈。其实,对质权仅仅是指被告人与对自己不利的证人进行对质的权利(Right to be confronted with the witnesses against him),对

---

① 参加魏晓娜:《刑事正当程序原理》,中国人民公安大学出版社 2016 年版,第 266~275 页。

② 本书使用的“质证权”,包括辩方对言词证据和实物证据的质证。

质权的对象并不包含同案被告人和控方所提交的所有证据材料。因此，美国法上的“对质权”较我国刑事诉讼理论中的“辩方质证权”外延更为狭小。一般认为，“质证是指在审判人员的主持下，由控辩双方对所出示证据材料及出庭作证人员的言词证据的证据能力和证明力相互进行质疑和辩驳，以确认是否作为定案依据的诉讼活动”。[①] 证据材料和证人证言未经过辩方的质证，不得作为定案的根据。[②] 因此，辩方质证权是指被告人、辩护人对控方出示的证据材料及出庭作证人员的言词证据的证据能力和证明力进行质疑和辩驳的权利，任何未经被告人、辩护人质证的证据材料，不得作为定案根据。以法庭调查程序为视角，[③]辩方质证权又可以分为“对人的质证权”和“对物的质证权”。前者是对证人、鉴定人、被害人、侦查人员等作证人员的对质询问的权利，后者则是对书证、物证以及电子数据等实物证据进行质疑和发表意见的权利。而且一旦对实物证据的证据能力存有疑问且会影响案件事实的澄清，实物证据的提取人、记录人、保管人，侦查勘验笔录的制作人都应当出庭接受辩方的询问。

二、辩方质证权的内容

（一）辩方“对人的质证权”的内容

对质权（对人的质证权）的立法模式分为大陆法系国家以查明事实真相为基础的“职权对质模式”，以及英美法国家建立在被告人对质权制度基础上通过对质权规范和传闻证据规则实现的“对质权对质模式”。[④] 英美司法制度中的对质权是指被告人对不利证人

---

① 2018 年 7 月 3 日最高人民检察院印发的《人民检察院公诉人出庭举证质证工作指引》第 2 条第 2 款的规定。

② 2018 年《刑事诉讼法》第 61 条规定，“证人证言必须在法庭上经过公诉人、被害人和被告人、辩护人双方质证并且查实以后，才能作为定案的根据”。最高人民法院印发的《关于建立健全防范刑事冤假错案工作机制的意见》（法发〔2013〕11 号）第 12 条规定，“证据未经当庭出示、辨认、质证等法庭调查程序查证属实，不得作为定案的根据”。

③ 就证据调查的对象而言，法庭调查可以分为“人证调查”和“物证调查”两类。参见步洋洋：《刑事庭审实质化路径研究》，法律出版社 2018 年版，第 139～152 页。

④ 龙宗智：《论刑事对质制度及其改革》，载《法学》2008 年第 5 期。

进行对质的权利，其主要内容可从三方面得到理解：第一，对质权的权利主体是被告人而不是其他诉讼参与人；第二，该权利指向的对象是不利证人而非所有证人；第三，这一权利还包括了强制要求不利证人出庭的权利。而大陆法系国家一般不从权利的角度来理解对质制度，而把对质当作一种发现真实的证据方法，但由于欧洲人权法院的解释，已经普遍确立了被告人对质权。我国学者对对质权的组成要素存在不同的观点，有学者认为对质权包括四个要素：到场规则、宣誓规则、面对面规则、交叉询问规则。① 而有学者指出这个内涵虽然较为完整地概括了英美对质权的要素，但是没有考虑到对质权作为一项普遍权利的应用问题，因此主张对质权包括“面对面”“接受质询者的诚实义务”“对抗性质询”这三项要素。② 而有学者则指出，从实质上来讲对质权表现为被告人的询问权，从形式上来讲对质权表现为被告人的在场权。③ 我国台湾地区学者普遍将对质权称为“对质诘问权”，因此该权利包括被告人的“对质权”和“诘问权”。④ 也有学者在对欧洲人权法院判例分析的基础上指出对质诘问权是公正程序的最低标准，主要是被告人面对面、全方位挑战及质问不利证人的适当机会。⑤

笔者认为，上述不同观点不存在实质分歧，都从不同的角度展现了被告人对质权的组成要素和内容。在对上述不同观点的综合比较和取舍的基础上，本书赞同被告人“对人的质证权”包含“对质权”和“询问权”两项内容。⑥ 通过“对质权”和“询问权”的行使，辩方可以有效质证不利证人证言的证据能力和证明力。

就“对质权”而言，“对质权”包含“在场权”和“面对面”的权利。首先，“在场权”是指被告人及其辩护人的在场权以及被告人

---

① 参见陈永生：《论辩护方当庭质证的权利》，载《法商研究》2004 年第 5 期。

② 参见廖耘平：《对质权制度研究》，中国人民公安大学出版社 2009 年版，第 12~19 页。

③ 参见郭天武：《论我国刑事被告人的对质权》，载《政治与法律》2010 年第 7 期。

④ 参加王兆鹏：《辩护权与诘问权》，华中科技大学出版社 2010 年版，第 116 页。

⑤ 参见林钰雄：《证人概念与证人对质诘问权》，载《欧美研究》2006 年第 1 期。

⑥ 参见沈源洲：《刑事被告人对质询问权研究》，中国政法大学出版社 2012 年版，第 16~36 页。

及辩护人要求不利证人在场的权利。法院应当确保被告人及其辩护人拥有实现这项权利的机会,控诉方负有提出控方证人出庭作证的义务,证人则负有出席法庭作证的义务。在诉讼法意义上,在场权意味着被告人及其辩护人不但有权出席法庭审判全过程的权利,而且在法庭举行的庭外调查或者庭前会议中也应当在场。而对于控诉方及不利证人而言,如果控诉方无故不出席法庭,法庭可以终止审理或者撤销指控;证人经传唤无故不出席法庭不仅应当面临相应的处罚,其庭外证言也不得作为定案的根据。其次,“面对面的权利”是指被告人有权与出庭的不利证人面对面进行对质的权利,是在场权的延伸。我国有学者甚至将这一权利强调为“眼球对眼球的权利”。① 在美国法中,这项权利包括被告人目视证人的权利和使证人目视自己的权利。被告有权目视证人比较容易理解,因为事实真相如何,仅被告知悉,被告人在场目视证人可以有效协助律师对证人进行质证。② 而证人应当目视被告人则是美国联邦最高法院在一份判决中所指出的,其理由是“一般人更容易在背后捏造事实诬陷他人,但很难当面撒谎……使证人与被告人当面对质,能有效揭露虚伪证言”。③

就“询问权”而言,“询问权”是指被告人及其辩护人有权在法庭上对出庭的不利证人进行“对抗性质询”的权利。在英美法系国家,由于其独特的证据调查方式,“询问权”通常又叫作交叉询问权(Right to cross-examination)。询问权应当包含如下最低限度的要素:其一,法院对被告人询问证人负有提供机会的义务。该要素包括两个基本要求:一是除非有合理理由,法官不得打断被告人的询问;二是未经被告人询问的证人证言,不得作为定案根据。其二,证人对被告人的询问负有容忍义务和如实回答的义务。目前,我国庭审中被告人及其辩护人的询问权应当走向“对抗性质询”。对抗性质询应当满足以下要求:第一,被告人及其辩护人应当有机会向法

① 易延友:《“眼球对眼球的权利”——对质权制度比较研究》,载《比较法研究》2010 年第 1 期。

② 参见王兆鹏:《美国刑事诉讼法》,北京大学出版社 2014 年版,第 448 页。

③ Coy v. Iowa,487 U. S. 1012(1998).

庭提供与不利证人证言内容不一致的证据材料;第二,应当允许被告人及其辩护人通过提出品格证据来对证人的可信性进行攻击和质疑;第三,被告人及其辩护人应当有权观察不利证人的言行举止,并且有权在法官面前对此作出评价。[①]

(二)辩方“对物的质证权”的内容

辩方“对物的质证权”是指被告人、辩护人对控方出示的证据材料的证据能力和证明力进行质疑和辩驳的权利,任何未经被告人及其辩护人质证的证据材料,不得作为定案根据。放眼域外,基于陪审团制度和对抗制传统,英美法庭的证据调查方式多为对人证进行调查。然而,与之不同的是,我国庭审中涉及诸多卷宗的使用,这使我国庭审更多的通过物证调查而不是人证调查实施法庭调查活动,我国司法实践也因此产生了口供印证规则和补强规则来认定事实的方法。[②] 同时,从刑事司法制度的发展趋势来看,科学技术的进步,推动了以人证为主的证明方法转向以物证为主的证明方法。[③]因此,辩方质证权主要集中在“对物的质证权”领域。

辩方对实物证据的质证主要围绕着对实物证据的证据能力与证明力两个方面进行质证。具体而言,第一个方面是对实物证据证据能力的质证。[④] 证据能力,是指证据能够转化为定案根据的法律资格,证据能力问题属于典型的法律问题。对于控方实物证据的证据能力,辩方主要可以从以下几个方面进行反驳和质疑:一是证据的取证主体;二是证据的表现形式;三是证据的取证手段。第一,取证主体的合法性问题。我国刑事诉讼法对取证主体作出了明确的限制,如讯问嫌疑人应当由侦查机关两名以上的侦查人员负责进行、搜查妇女身体由女性工作人员进行,等等。取证主体在证据法意义上有四方面的限制:取证机关必须是国家法定侦查机关,该机

---

① 参见廖耘平:《对质权制度研究》,中国人民公安大学出版社2009年版,第18~19页。

② 参见龙宗智:《印证与自由心证》,载《法学研究》2004年第2期。

③ 参见熊秋红:《刑事证人作证制度之反思——以对质权为中心的分析》,载《中国政法大学学报》2009年第5期。

④ 参见陈瑞华:《刑事证据法》,北京大学出版社2018年版,第132~136页。

关必须对案件拥有管辖权，负责收集证据的人员必须是侦查人员，搜查取证工作应当满足特定的人数要求。因此，辩方在法庭上可以就取证主体的合法性对控方提出的证据进行质疑和辩驳。第二，证据表现形式的合法性问题。证据的表现形式合法，是指证据载体在记录证据收集过程和证据相关情况方面符合法定的要求。辩方主要可以通过以下方面对实物证据的表现形式是否合法进行质疑和辩驳：一是对证据收集时间、地点的载明；二是主持证据勘验、搜查、扣押、辨认等活动的侦查人员的签名；三是参与证据收集活动的被讯问人、被搜查人、见证人等人员的签名；四是证据收集、制作、固定、保全的过程和情况等。第三，取证手段的合法性问题。刑事诉讼法对侦查人员在调查取证的方法、手段、方法、步骤等方面均作出了规定。辩方可以通过对实物证据的来源、收集、保全、出示等方面的合法性验证，以及实物证据的取得、制作、储存、传递、获得、收集、出示等各个环节是否违背法定诉讼程序来对实物证据的取证手段合法性提出挑战。

需要指出的是，自 2010 年“两高三部”联合制定的《关于办理死刑案件审查判断证据若干问题的规定》《关于办理刑事案件排除非法证据若干问题的规定》（以下简称两个证据规定）颁布开始，对实物证据产生了一种新的审查判断方法，即“鉴真”方法。鉴真制度的发展为辩方质证权的行使创造了大量空间。鉴真有两层含义，一是证明法庭上出示、宣读的某一实物证据，与举证方“所声称的那份实物证据”是一致的；二是证明法庭上所出示、播放的实物证据的内容，如实记录了实物证据的本来面目，反映了实物证据的真实情况。鉴真是一种用来鉴别证据真实性的方法。[①] 以鉴真制度为基础，被告人及其辩护人可以挑战控方的物证、书证、视听资料以及电子数据等实物证据的证据能力，以达到排除实物证据的效果。例如，辩方可以针对书证、物证是否通过相应的勘验、检查、搜查、提取、扣押笔录来印证，是否属于控方所声称的那一份证据而进行质

---

① 参见陈瑞华：《实物证据的鉴真问题》，载《法学研究》2011 年第 5 期。

证;[①]视听资料的制作人、制作时间、地点、条件、方法是否载明,是否经过伪造、变造等,都是辩方可以质证的对象;[②]对于电子数据而言,被告人及其辩护人可以对以下事项提出质疑和挑战,电子数据是否以封存状态移送,是否有鉴定人、鉴定机构的签名盖章,电子数据的名称、类别、格式等是否具体记载清楚,电子数据是否经过伪造、变造等。[③] 总体来说,对于实物证据的质证,被告人及其辩护人应当重点抓住书证、物证的同一性问题或者独特性问题;视听资料和电子数据除了要注意外部载体的保管链条是否完整而外,[④]还应当考虑到内部载体的同一性和真实性问题。一旦书证、物证、视听资料和电子数据不满足上述鉴真的要求,辩方则可以申请法院作出排除证据的决定,或者要求法院责令控方对相关瑕疵进行补正,否则不得作为定案根据。

第二个方面是对实物证据证明力的质证。证明力,是指证据对于证明案件事实而言有无证明作用及证明作用如何。证明力是裁判者在运用证据认定案件事实时根据逻辑推理和经验法则进行裁量、判断。对于控方实物证据的证明力,辩方主要是可以从以下两个方面进行质证:一是对单个证据证明力的质疑;二是对案件全部证据整体证明力的质疑。关于证据证明力的问题,我国《刑事诉讼法》及相关司法解释有若干规定。例如,2018 年《刑事诉讼法》第 55 条第 1 款规定:“对一切案件的判处都要重证据,重调查研究,不轻信口供。只有被告人供述,没有其他证据的,不能认定被告人有罪和处以刑罚;没有被告人供述,证据确实、充分的,可以认定被告人有罪和处以刑罚。”《刑事诉讼法解释》第 104 条第 2 款规定:“对证据的证明力,应当根据具体情况,从证据与待证事实的关联程度、证据之间的联系等方面进行审查判断。”由此可见,辩方在法庭上可以

① 参见《关于办理死刑案件审查判断证据若干问题的规定》第 9 条。

② 参见《关于办理死刑案件审查判断证据若干问题的规定》第 27 条、第 28 条。

③ 参见最高人民法院、最高人民检察院、公安部《关于办理刑事案件收集提取和审查判断电子数据若干问题的规定》第 27 条、第 28 条;参见刘译矾:《论电子数据的双重鉴真》,载《当代法学》2018 年第 6 期。

④ 参见陈永生:《证据保管链制度研究》,载《法学研究》2014 年第 5 期。

对实物证据与待证事实的关联程度、实物证据与其他证据之间的联系等方面进行证明力的质证,也可以根据逻辑推理、经验法则等对全案证据的证明力判断能否达到证明标准等方面进行证明力的质证。

三、有效保障辩方质证权的意义

辩方质证权的有效保障是庭审实质化改革的一个核心突破口。如前所述,辩方质证权可以分为对人的质证和对物的质证,在对人和对物的质证过程中,辩方质证权的诉讼价值也能得到体现。从内在价值来看,辩方质证权的有效保障是被告人有效参与庭审、促进控辩平等对抗、裁判者消极中立、实现公正审判的必然要求。从外在价值来看,辩方质证权的有效保障有利于发现真实并防范冤假错案的发生,加强人权保障水平。另外,质证只针对"争议的证人证言"和"争议的实物证据",有利于节约司法资源,提高诉讼效率。辩方质证权三项价值的实现将有力促进庭审实质化。① 以下分述之。

第一,有效保障辩方质证权的内在价值。被告人及其辩护人在对控方证人、证物提出质疑和表达意见的时候,拥有了充分的机会、富有意义地参与了裁判的制作过程,影响了裁判的结果,无论辩方质证权的行使是否有助于实体公正的实现,它从总体上具有一种独立的意义:它使那些受到法庭裁判结果影响的人拥有了诉讼主体的地位,使他们的人格尊严和内在价值得到承认和尊重。另外,刑事诉讼中的对抗表现为国家和被告人之间的对立,被告人及其辩护人质证权的确立可以促进平等武装,为被告人及其辩护人在庭审中提供有力的攻防手段,使得控辩双方能够真正平等、有效地参与刑事诉讼。同时,被告人及其辩护人质证权的保障使其能有效揭露控方证人、证物的瑕疵、错误和虚假成分,可以减轻法官的真实发现义务,削弱法官当庭的积极主动性,使法官能减少庭外调查活动,更加

① 学界现有的研究成果中并不缺乏对辩方质证权保障价值的论述,但是缺乏刑事诉讼价值论的视角,大量论述重复,且没有体系性。

消极中立。

第二,有效保障辩方质证权的外在价值。尽管有学者认为,辩方对质权的首要价值是保障被告人的权利,发现真实只是对质权的一项附带价值。[①] 但是,辩方质证权从总体上有利于真实的发现是没有什么异议的,证据法学大师威哥摩尔曾经将对证人出庭接受交叉询问的制度誉为“发现真相最伟大的利器”。在对人的质证上,辩方质证权通过两种权能对发现真实起作用,首先,对质权的行使使被告人有机会面对控方证人,当面作证能减少证人作伪证的可能性。其次,对质权的行使不仅可以当面戳穿不利证人的虚伪证言,还可以提醒和纠正不利证人的非出于故意的错误证言。[②] 在对物的质证上,辩方质证权的有效保障也可以使实物证据的证据能力和证明力在法庭中得到充分的呈现。裁判者可以在双方充分辩论的基础上,用最可靠的证据建构案件事实从而作出处理。同时,“防止无辜的人不被错误定罪”是发现真实的另一项重要目标,辩方质证权的存在可以从根本上保障虚假证据、错误的证人证言无法通过法庭的对抗性质询,从而实现消极的实体真实。

第三,有效保障辩方质证权的效率价值。在研究被告人对质权的过程中,有学者指出,不能将证人出庭率拿来衡量我国证人出庭存在的问题,原因就在于证人出庭率并不等于“必要证人出庭率”,并非所有刑事案件的证人都要出庭,只有必要证人在特定情况下才需要出庭作证,刑事司法制度应当保障的是必要证人出庭而非所有证人出庭。由于被告人对质权的存在,法庭对于判断“必要证人”就有了实际的标准,即对于控方证人,被告人及其辩护人对证人证言有法律意义上的疑问,需要对其在法庭上进行交叉询问的,其就满足“必要证人”的条件,应当出庭作证。[③] 而对于没有疑问和争议

---

① 参见沈源洲:《刑事被告人对质询问权研究》,中国政法大学出版社 2012 年版,第 102~107 页。

② 同上书。

③ 参见易延友:《证人出庭与刑事被告人对质权的保障》,载《中国社会科学》2010 年第 2 期。

的不利证人，法庭就没有必要传唤其到庭接受质证，从而节约司法资源，提高司法效率。

第三节　辩方质证权有效保障存在的问题及原因

一、被告人“对质权”无法律明确保障致使“必要证人”出庭难

2018年《刑事诉讼法》第192条第1款规定：“公诉人、当事人或者辩护人、诉讼代理人对证人证言有异议，且该证人证言对案件定罪量刑有重大影响，人民法院认为证人有必要出庭作证的，证人应当出庭作证。”对这个法条进行分析可知，必要证人出庭有三个条件：一是控诉方或辩护方对证人证言有异议，二是被提出异议的证人证言对定罪量刑有重大影响，三是法院认为该证人有必要出庭。三个条件是并列关系，在同时满足的情况下证人才属于“有必要出庭的证人”。但是，这三个条件的设置是有问题的。在前两个条件都满足的情况下，即控辩双方对特定证人证言有重大异议，而且这个异议将会严重影响定罪量刑，法院还有什么理由来考量证人有无出庭的必要呢？这个时候难道法院还能以“本院认为没有必要”来拒绝控辩双方要求证人出庭作证的申请吗？司法实践中也确实如此，在不少案件中，律师提出符合前两个条件的证人出庭申请，法院却以“证人出庭没有必要”为由加以拒绝，以致受到了广大律师的质疑。①

在必要证人不出庭的情况下，其庭外书面证言能否作为定案根据在法律上并未明确规定。实践中通常都会通过宣读证人证言笔录的方式进行法庭调查活动，一旦得到其他证据的所谓相互印证，就可以毫无障碍地作为定案根据。② 值得注意的是，《法庭调查规程》第13条第1款规定，“控辩双方对证人证言、被害人陈述有异

① 参见顾永忠：《庭审实质化与交叉询问制度——以〈人民法院办理刑事案件第一审普通程序法庭调查规程（试行）〉为视角》，载《法律适用》2018年第1期。

② 参见陈瑞华：《刑事诉讼的中国模式》，法律出版社2010年版，第159~205页。

议，申请证人、被害人出庭，人民法院经审查认为证人证言、被害人陈述对案件定罪量刑有重大影响的，应当通知证人、被害人出庭”。这一新规定实质上把法庭审查判断证人有无出庭必要的条件限定在前两个条件上了，“法庭认为有必要”不再是一个独立的条件，但是证人出庭的条件仍然受到“法院审查认为”和“重大影响”的限制。也就是说，法院对争议证人是否出庭依然实行一种严格的实质审查，即使控辩双方对争议证人皆有异议，法院依然可能用“对定罪量刑无重大影响”为由拒绝双方要求证人出庭作证的申请。尤其在案多人少和办案期限的压力下，有理由对法官能否满足辩方行使质证权而要求证人出庭感到担忧。除此之外，证人出庭的经济补偿不到位、安全保障制度不完善、证人不愿涉讼等因素的存在，①以及法庭审判奉行以案卷笔录为中心的裁判方式导致证人、鉴定人、侦查人员在很大程度上没有出庭的必要，法官、检察官缺乏让必要证人出庭的动力。② 在以上因素的综合作用下我国刑事诉讼中证人出庭率较低。

在2010年，有学者通过实证研究发现我国法庭的必要证人出庭率为25%左右，实践中仍然有75%的必要证人不出庭作证。③ 2015年2月至2016年4月，四川省成都市中级人民法院一共审结刑事案件1.5万件，从中选取了102件案件进行庭审实质化试点，同时选取了91件事实、证据情节类似的案件进行了对比。在这期间，示范庭一共有58起案件有证人出庭，证人总数572人次，证人出庭数量122人次，其中争议案件且关键证人出庭比仅为37.5%。④ 而对比庭当中共有2起案件有证人出庭，证人总数为336人次，证人出庭数量为3人，其中争议案件且关键证人出庭比居然为0。⑤

---

① 参见左卫民、马静华：《刑事证人出庭率：一种基于实证研究的理论阐述》，载《中国法学》2005年第6期。

② 参见陈瑞华：《刑事诉讼的中国模式》，法律出版社2010年版，第191～192页。

③ 参见易延友：《证人出庭与刑事被告人对质权的保障》，载《中国社会科学》2010年第2期。

④ 争议且关键证人，是指被告人不认罪且对事实有异议的案件证人。

⑤ 参见左卫民：《地方法院庭审实质化改革实证研究》，载《中国社会科学》2018年第6期。

如果抛开庭审实质化试点中较高的证人出庭率，刨除无争议案件中的证人出庭数量，我们可以发现，我国证人出庭问题并没有大的改变。必要证人出庭率依然很低，即使在庭审实质化试点庭审中，必要证人出庭率也仅为37.5%；没有作为试点的庭审，案件有争议且证人对定罪量刑皆有影响的案件，必要证人出庭率为0。当然，这个实证研究的数据存在地域性、时间片段性的问题，但是不妨碍我们得出一个结论：在我国庭审中必要证人仍然普遍不出庭。辩方质证权的行使，在法官面前对不利证人的当庭对质，以影响法官的裁判结论，全都以不利的争议证人出庭为前提，如果不利的争议证人不出庭，辩方质证权没有行使的空间。

二、侦查人员不出庭致使辩方对程序事项的质证权无法实现

一般而言，需要侦查人员出庭说明的情况一般包括以下三方面的内容：一是侦查人员在对犯罪嫌疑人进行抓捕的经历和了解的案件事实情况；二是侦查人员在实施搜查、扣押、辨认、讯问、询问等侦查活动中了解的案件事实情况和与实施侦查活动本身的合法性相关的情况；三是侦查人员在接受犯罪嫌疑人投案或者对犯罪嫌疑人提供的立功线索进行查证等活动中了解的案件事实情况。[①] 侦查人员在其执行职务过程中感知和了解的案件情况，通常以勘验、检查等笔录和破案经过、抓获说明等文字形式出现，如果对上述文字记载的内容或相关侦查活动的合法性有争议，相关侦查人员就应当出庭作证。在此情形下，辩方对以上三项内容的质证权才能得到有效保障。但是，法律规范并未对侦查人员出庭作证的情况和条件作出强制性规定，也未规定任何制裁性的后果，加上我国司法传统和侦查人员等思想观念的原因，侦查人员很少出庭作证。[②]

2018年《刑事诉讼法》第59条第2款规定："现有证据材料不能证明证据收集的合法性的，人民检察院可以提请人民法院通知有关侦查人员或者其他人员出庭说明情况；人民法院可以通知有关侦

① 参见最高人民法院刑事审判第一至五庭主编：《刑事审判参考》总第81集，法律出版社2012年版，第41~48页。

② 参见杨光：《论警察不出庭的原因与对策》，载《政法学刊》2017年第1期。

查人员或者其他人员出庭说明情况。有关侦查人员或者其他人员也可以要求出庭说明情况。经人民法院通知,有关人员应当出庭。”这个规定有两个最大的缺陷:其一,侦查人员不出庭,存有疑问的证据的效力如何没有明确规定?实践中侦查人员往往不出庭,而是通过出具“情况说明”来解决证据争议问题,违背了直接言词原则。其二,2018年《刑事诉讼法》第58条规定法庭应当进行证据合法性调查的条件是“存在第五十六条规定的以非法方法收集证据的情形”。根据体系解释,也就是说只有存在刑讯逼供等手段获取非法言词证据的情形时,法庭才会去调查取证合法性问题,才会通知侦查人员出庭作证,然而对使用严重违法的手段收集的实物证据,则没有明确规定如何处置。

《法庭调查规程》第13条第3款规定:“控辩双方对侦破经过、证据来源、证据真实性或者证据收集合法性等有异议,申请侦查人员或者有关人员出庭,人民法院经审查认为有必要的,应当通知侦查人员或者有关人员出庭。”这个规定较以往规定有明显突破,其一,申请侦查人员出庭的主体扩大到了辩护方;其二,申请条件不再限于存在第56条刑讯逼供情形,只要侦查过程、证据来源、证据真实性、证据收集合法性存有疑问的情形,辩方就可以申请法庭通知侦查人员出庭作证。同时,《非法证据排除规程》第20条第1款规定,不得以侦查人员签名并加盖公章的说明材料替代侦查人员出庭。第23条第2款规定:“经人民法院通知,侦查人员不出庭说明情况,不能排除以非法方法收集证据情形的,对有关证据应当予以排除。”从规范上来看,在证据合法性、真实性存在重大异议,侦查人员经通知不到庭的情况下,已经有了“有关证据予以排除”的制裁措施,争议证据不得再作为定案根据。但是问题在于,仅仅以最高人民法院的名义发布的《非法证据排除规程》,究竟能有多大的效力?在实践中能否得到实施?在公、检、法分工负责、互相制约的司法体制之下,这个规范的实施效力令人担忧。

三、辩方对鉴定意见的质证虚化

根据辩方质证权的要求,无论是证人还是证物,只要是不利于被告人的，被告人及其辩护律师就有权对其质证。但是，由于种种原因，2012 年《刑事诉讼法》修改以前，辩方对鉴定意见的质证处于虚化状态：首先，“鉴定结论”具有终局性；其次，鉴定人普遍不出庭，缺乏有效质证的基础；最后，因为辩方缺乏专门知识，即使鉴定人出庭也难以对其进行有效质证。① 1999 年发生在云南的杜某武故意杀人案就是一个样板冤案，杜某武根本没有到过杀人现场，也没有作案时间。检察机关却出具了从杀人现场提取到的泥土、射击残留物与杜某武鞋底的泥土和衣服上的射击残留物经微量元素是一致的鉴定结论。被告人及其辩护人对案发现场提取物的来源以及鉴定意见的真实性严重质疑，要求有关鉴定人、侦查人员出庭对质但未获批准，最终这份虚假的鉴定意见使法官产生了不正确的心证，造成了冤案。② 在福建念某投毒案中，福建省福州市中级人民法院于 2007 年、2009 年、2011 年的三次庭审中，面对有争议的司法鉴定意见，均没有通知任何鉴定人出庭，所以在上级法院两次发回重审后，依然作出死刑判决，几乎酿成冤案。直到 2012 年福建省高级人民法院再次开庭审理本案，辩护律师依法申请鉴定人出庭同时申请有专门知识的人出庭进行质证获得法院支持，从而否定了该案多份鉴定意见的真实性，法院作出了无罪判决。③

2010 年最高人民法院两个证据规定确立了在检材来源不明、鉴定资质不合格、鉴定程序不合法的情况下排除鉴定意见的证据规则。④ 2012 年《刑事诉讼法》修改明确了鉴定意见的性质，并且确立了“专门知识的人”出庭对鉴定意见质证的制度，还明确鉴定人经通知不到庭鉴定意见不得作为定案根据的制裁后果。2018 年《法庭调查规程》对“有专门知识的人”出庭作了进一步的细化规定。但是，目前存在的疑问是：第一，并非所有被告人都能聘请“有专门

---

① 参见卞建林、谢澍：《庭审实质化与鉴定意见的有效质证》，载《中国司法鉴定》2016 年第 6 期。

② 参见王达人、曾粤兴：《正义的诉求》，北京大学出版社 2012 年版，第 66~97 页。

③ 参见福建省高级人民法院刑事附带民事判决（2012）闽刑终字第 10 号。

④ 参见“两高三部”《关于办理死刑案件审查判断证据若干问题的规定》、《关于办理刑事案件排除非法证据若干问题的规定》（法发〔2010〕20 号）。

知识的人”出庭协助对质，我国刑事案件的被告人，尤其是暴力犯罪案件刑事被告人对鉴定意见的质证权利如何保障存在很大的疑问；[①]第二，“有专门知识的人”法律地位仍然不明确，实践中存在将有专门知识的人发表的意见作为单独的证据种类的情形；[②]第三，辩方能否对其直接发问，在控方鉴定人未出庭的情况下，辩方能否申请“有专门知识的人”出庭对鉴定意见进行质证在实践中存在适用不一的情形。

四、辩方对控方证据难以提出有效的反驳证据

由于辩护律师调查取证能力弱、风险高，庭前充分阅卷障碍较多，加上我国庭前证据开示制度不完善等因素的存在，辩方在法庭上基本无法提出针对控方证据的对抗性证据。何家弘教授曾经带领研究团队对 292 起案件进行实证研究，辩护方只在 34 起案件中提出了证据，占案件总数的 11.64%；控方举证共 5725 件，辩方举证只有 92 件，控方举证数大约是辩方举证数的 62 倍。从证据种类对控辩双方举证情况进行考察发现，在 292 起案件中，公诉方举出书证 1924 件，辩护方仅举出 57 件；公诉方举出证人证言 1286 件，辩护方仅举出 27 件；公诉方举出物证 419 件，辩护方仅举出 7 件；公诉方举出视听资料 22 件，辩护方仅举出 1 件。此外，公诉方还举出被告人口供 506 件，被害人陈述 484 件，鉴定结论 358 件，勘验检查笔录 204 件，而辩护方在这几种证据上的举证数量皆为 0。[③] 在单纯调查案卷笔录的审判程序中，辩方没有国家公权力的背景作为支撑，是根本无法依靠案卷来完成举证活动的。因此，我国法律虽然规定控辩双方都可以在法庭调查环节提出证据，但是熟悉中国刑事庭审的人都会发现，辩方基本举不出证据，少数情况下能拿出的证

① 一般认为，我国刑事案件平均辩护率为 30%左右，暴力犯罪的被告人通常经济条件比较差，聘请律师尚且有困难，更加难以聘请所谓的“有专门知识的人”对鉴定意见进行质证。刑事案件辩护率的实证研究，参见顾永忠、陈效：《中国刑事法律援助制度发展研究报告》，载《中国司法》2013 年第 2 期。

② 参见浙江省宁波市鄞州区人民法院刑事判决书（2014）甬鄞刑初字第 737 号。

③ 参见何家弘：《刑事诉讼中证据调查的实证研究》，载《中外法学》2012 年第 1 期。

据一般也是涉及量刑的证据,如被告人的家庭情况调查或者社会评价之类的材料。

五、我国庭审尚无规范、科学的交叉询问规则

实践中,由于法官对被告人有着强烈的追诉倾向,缺乏基本的中立性,我国庭审质证程序存在所谓的“单个质证”“分组质证”“单方质证”“综合质证”的程式,没有明确的规范,法官完全凭借检察官的举证情况决定辩方应当选择何种方式质证。① 辩方在质证方式的选择上甚至没有最低限度的自主性。在英美法国家,质证的基本方式和形式就是交叉询问。② 有学者认为,我国法庭审判中由控辩方实施直接人证调查的方式可以界定为交叉询问,③但是无论2018年《刑事诉讼法》还是《法庭调查规程》的相关规定我们都可以发现,我国的人证调查方式、程序不属于交叉询问。根据《法庭调查规程》第19条第1、2款规定:“证人出庭后,先向法庭陈述证言,然后先由举证方发问;发问完毕后,对方也可以发问。根据案件审理需要,也可以先由申请方发问。控辩双方向证人发问完毕后,可以发表本方对证人证言的质证意见。控辩双方如有新的问题,经审判长准许,可以再行向证人发问。”应当说,我国庭审中的人证调查程序

---

① 参见李文军:《法庭质证的内在结构与理论剖析——兼评“三项规程”的相关规定》,载《北方法学》2018年第5期。

② 交叉询问本身包含方法和程式两方面的内容,方式体现于程序当中。交叉询问的一个基本前提就是将出庭的证人分为控方证人和辩方证人。在证人出庭后,人证调查的基本程序和方式为:(1)主询问(direct-examination):控辩双发对本方的证人所作的首轮发问,即第一次发问。其功能有二:首先,主询问是控辩双方对本方证人进行全面展示案件;其次,主询问为反询问设定了范围。主询问的规则有二:首先,连续询问和回答;其次,绝对禁止提诱导性问题。(2)反询问(cross-examination):指控辩双方对对方的证人所进行的反驳性发问,也称“诘问”或者“质诘”。其功能有二:首先,揭露证人证言不可靠、违背常识,逻辑上不成立或者矛盾;其次,揭露该证人的说谎性人格等质疑证人的不可靠。其规则有二:首先,一问一答,绝对不允许连续陈述,跟主询问形成鲜明对比;其次,允许提诱导性问题。(3)再询问(re-direct-examination):控辩双方对本方证人进行的第二轮主询问,目的就是弥补本方证言露出的破绽。(4)再反询问(re-cross-examination):第二轮反询问,目的就是再挑毛病。

③ 参见龙宗智:《论我国刑事审判中的交叉询问制度》,载《中国法学》2008年第4期。

已经具备了“交叉询问”的基本形态，但却没能抓住交叉询问的“精髓”。

交叉询问承载着人证调查的方式和程序两方面的内容，而我国的人证询问规则最多只能是一种程序，即先由举证方发问，再由对方发问，那么各自发问的范围如何确定？举证方发问完毕后，质证一方超出举证方发问范围该当如何处理？如果这些规则不明确，法庭调查就会发生混乱，重复发问或者无效发问又容易导致诉讼拖延。而且，实践中还经常出现控方证人不出庭的情况下，由辩方向法庭申请控方证人出庭，如果确定由举证一方先发问，辩护方的质证如何展开？[①] 另外，《法庭调查规程》第 19 条第 3 款规定：“审判人员认为必要时，可以询问证人。法庭依职权通知证人出庭的情形，审判人员应当主导对证人的询问。经审判长准许，被告人可以向证人发问。”而交叉询问规则要充分发挥作用的一个前提就是法官的消极中立，如果法官可以任意询问证人，则会直接压缩辩方的质证空间。同时，作为最了解案件事实真相的被告人只有在法官的允许下才能对出庭证人进行发问，这显然违背对质的一般要求。如果赋予法官这项权利，其可以在被告人的询问中任意打断被告人，那么就违背了对人的质证中法官不得任意打断被告人发问的规则。《法庭调查规程》又通过第 20 条规定禁止所有的诱导性发问。这使辩护方无法对控方证人的可靠性和证言的真实性进行有效质证。

六、法庭对辩方针对控方证据的质证普遍当庭不认证

认证是指法官在审判过程中对诉讼双方提供的证据，或自行收集的证据进行审查判断，确认其证据能力和证明力的活动。[②] 一般

---

① 因为实践中大量存在由于对证人的证言持反对意见而提请通知出庭的情形，目的在于弹劾该证人的证言，如果由提请通知一方先发问，会形成先质证再举证的情形。试点中对于此类情形，曾尝试由提请通知的辩方先发问，结果辩护人质疑性的发问完毕后，公诉人说“我补充问几个问题”，不但使举证质证的顺序颠倒，而且导致公诉人发问成为辩护人质证的“补充”，发问性质发生混乱。参见郭彦、魏军：《规范化与精细化：刑事庭审改革的制度解析——以 C 市法院“三项规程”试点实践为基础》，载《法律适用》2018 年第 1 期。

② 参见何家弘、刘品新：《刑事证据法》，法律出版社 2013 年版，第 243 页。

而言,法官对证据的认证活动可以分为庭审中的认证和庭后认证。在庭审过程中,法官亲历审判,对控辩双方的举证、质证、辩论有直接的接触,对证人、证物有着最为直接和真实的感受,其当庭作出采纳或者不采纳证据的认证决定,最能体现控辩双方影响裁判制作过程的精神。一旦到庭后再进行认证,法官对当庭获取的证言、证物的直观印象就会减弱,而且容易遭受法庭审判外因素的干扰,大量通过庭后阅卷、补充其他材料进行认证;另外,各种审批汇报架空了审理者的裁判权,裁判结论和庭审过程没有因果关系,从而导致作出的认证决定不是基于控辩双方的质证活动。在何家弘教授研究的 292 个案例中,主审法官当庭认证的案件共有 62 件,占 21.23%,而其中 52 件的当庭认证只是“对双方明确无异议的证据的可采性予以认可”。[①] 可见,我国法庭对证据当庭认证的比例很低,对争议证据的当庭认证更低。这无疑会影响辩方质证权行使的效果。

另外,程序正义理论要求法官如果没有当庭进行认定证据的活动,则应当在判决书或者裁定书中载明其庭后认定证据的情况和理由。但是我国法院判决书对待律师辩护意见的基本模式是“辩护律师所提的辩护意见没有证据予以支撑,与事实和法律不符,本院不予采纳”。对质证的证据是否采纳,证据能力和证明力是如何判断的,一个有争议的证据是否对案件事实的认定发生了影响,辩方往往无法通过法官作出的判决书得知。往往法庭上控辩双方进行了热火朝天的举证、质证,然而法官所采纳的证据材料却与双方的质证活动无关,那么质证的意义又何在呢?

七、辩方无法对实物证据进行有效质证

由于司法制度的客观限制,我国法官在实物证据的调查上,更多的是从证明力角度审查证据的真实性而忽略证据的合法性(证据能力),[②]因此,实物证据的证明力审查成为我国刑事司法领域一种重要的物证调查方式。

---

① 参见何家弘:《刑事诉讼中证据调查的实证研究》,载《中外法学》2012 年第 1 期。

② 参见陈瑞华:《以限制证据证明力为核心的新法定证据主义》,载《法学研究》2012 年第 6 期。

在以往的司法实践中，实物证据的证据能力问题一般仅仅通过一些技术性的手续予以保障，与言词证据不同，只要实物证据是真实的，其证据能力就很难受到挑战。同时，实物证据的真实性问题和被告人权利保障没有十分密切的关系。因此，实物证据的排除无论在理论上还是实务中都存在很大的争执。① 在2015年的“快播案”中，辩方对公诉方提出的关键性证据“四台存储淫秽视频”的服务器，提出了如下几点关于合法性的质疑：扣押时未对服务器的物证特征进行固定、服务器在行政扣押期间的保管状态不明、服务器移交程序违法、淫秽物品鉴定存在程序违法等。按照证据法的一般理论，只要对服务器的扣押或者鉴定程序违法，并且无法补正的情况下，其就不具有证据能力。但是在后续的庭审中，法院通过重新委托鉴定确定了服务器所载内容并未受到篡改、添加，证实服务器内容的真实性之后，依然将其作为了定案根据。② 从“快播案”中我们可以发现，实践中辩方想通过质疑实物证据的合法性来挑战控方的证明体系，是非常困难的。这也就意味着辩方在对实物证据的质证中，无法对其证据能力进行有效质证。

八、辩方对证人不能有效质证时缺乏程序救济和法律后果

在法治发达国家，被告人对质权一旦受到侵犯，可以向法官提出司法救济申请，不服一审法院决定的，还可以向上级法院提出上诉。而我国的立法虽然为辩方质证权的行使预留了空间，“未经控辩双方有效质证的证据，不得作为定案根据”，但如前文所述，这个规定的理论基础不是保障辩方的质证权，而是为了防止冤假错案。单从规范的逻辑构造上来看，证据未经有效质证并不等于侵犯了辩方质证权，因为辩方质证权在法律上缺乏明文的授权条款。《刑事诉讼法》第193条第2款规定，“证人没有正当理由拒绝出庭或者出庭后拒绝作证的，予以训诫，情节严重的，经院长批准，处以十日以下的拘留。被处罚人对拘留决定不服的，可以向上一级人民法院申

① 参见陈瑞华：《实物证据的鉴真问题》，载《法学研究》2011年第5期。

② 参见北京市海淀区人民法院(2015)海刑初字第512号刑事判决书。

请复议。复议期间不停止执行”。该规定明确了证人不出庭的情况下,对证人进行实体惩罚的法律后果,然而却没有明确其不出庭的程序性法律后果。可以说,几次修改法律都对证人不出庭,尤其是在辩方对证人书面证言存在质疑却不能对其当面质证的情况下,对证人书面证言如何处理缺乏规定。这就意味着,当证人不出庭致使辩方不能有效质证时,并不能获得程序救济,难以排除不出庭证人的书面证言。《法庭调查规程》第48条第1款则规定:“证人没有出庭作证,其庭前证言真实性无法确认的,不得作为定案的根据。”该规定明确了证人不出庭的程序性法律后果,但条件是证人庭前证言的“真实性”得不到确认的情况下才不得作为定案根据。也就是说,即使庭前证言存在违法或者其他重大瑕疵的可能,只要其真实性得到了其他证据的印证,辩方则无法通过“未经有效质证”申请将其排除于法庭之外。

九、辩方质证权有效保障不力的原因

通过对辩方质证权有效保障存在的八个问题的揭示和分析,可以总结出制约辩方质证权有效行使的几点共通因素:其一,辩方质证权的存在和立论基础并不是为了保障被追诉人的诉讼权利包括质证权,而是为了实体上防范冤假错案。当辩方质证权本身不是目的,而演化为实现一种不确定目标的手段时,必将影响其实现的过程和结果。其二,立法技术不完善,包括证人、侦查人员出庭作证制度在内的大多数程序规则缺乏不利法律后果,使辩方不能有效质证权时缺少救济的途径。其三,制度因素使辩护律师进行有效辩护的准备工作障碍重重,直接影响了法庭上的质证效果。其四,以案卷笔录为中心的审判方式限制了辩方质证权行使的效果。其五,法律移植的不完整以及本土诉讼结构对交叉询问制度的抵制,导致辩方质证权行使方法和程序的混乱。其六,围绕真实性建立的证据排除规则压缩了辩方对实物证据合法性质疑的空间。辩方质证权的有效保障是实现庭审实质化的核心所在,因此在庭审实质化背景下,应当以问题为导向,在分析影响辩方质证权有效保障的原因的基础上,提出针对性的解决措施。

第四节 辩方质证权有效保障的完善对策

一、从单纯防范冤假错案转向保障诉讼权利与防范冤假错案并重

为什么要赋予并保障辩方的质证权，需要从理念上进行调整、转变。以往对此问题的理解主要是基于防范冤假错案的考虑。这当然是对的。但是，如果仍然只是从防范冤假错案的角度考量保障辩方质证权，辩方质证权则难以得到有效保障。司法人员往往会从防范冤假错案的实体目的考虑保障辩方质证权的“必要性”，以致当其认为“没有必要”时就限制甚至剥夺辩方的质证权。如前所述，辩方质证权的有效保障确有发现真实、防范冤假错案的功能，但更重要的是，辩方质证权的有效行使本身就是刑事诉讼过程公正性和正当性的重要体现，也可以说是刑事诉讼的一个重要目的。党的十八届四中全会决定明确提出“推进以审判为中心的诉讼制度改革”，理论界将其解读为“庭审实质化”，最高人民法院制定“三项规程”将其细化落实到法庭审判活动中，首先就是为了实现庭审过程的实质化，然后再实现庭审结果的实质化。其中主要体现在保障辩方的质证权上，进而一方面确保庭审程序的公正性，另一方面通过确保庭审程序的公正性最大限度地实现庭审结果的公正性，有效防范冤假错案。

二、完善证人出庭制度，强化控方严格证明责任

证人、鉴定人和侦查人员在理论上可称为广义证人。他们出庭作证是辩方行使对人质证权的前提，也是特殊情况下行使对物质证权的必要条件。在必要证人出庭率普遍较低、鉴定意见质证虚化，以及侦查人员不出庭的困境下，很多学者都提出了要建立证人出庭经济保障机制、证人免证制度的建议，我们不反对建立这些制度，但是只有这些还不能解决证人出庭问题。应当认识到，证人经济补偿

并非证人出庭的先决条件；相反，证人出庭作证是每个公民的义务。同时，证人免证制度的建立是否有助于解决证人出庭问题？恐怕只有在公民普遍确立作证义务的情况下，才谈得上完善免证制度的建立。所以，大多数学者都建议应当从出庭范围和不出庭法律后果两方面着手解决证人出庭的问题。如前所述，《法庭调查规程》《非法证据排除规程》已经对证人、鉴定人以及侦查人员出庭作证确立了必要的情形和制裁后果，但是存在规范效力位阶低下，在实践中难以实施的问题。

在实行认罪认罚从宽制度的背景下，并非所有案件都要进入审判或者进行正式审判，庭审实质化的程序要求只在应当适用正式审判程序的案件中才适用。[①] 而在正式审判程序的案件中，并非所有的证人都应当出庭作证，而只有“必要证人”才需要出庭作证。所谓必要证人是指控辩双方有异议，并向法庭申请其出庭的证人。因此，有必要将2018年《刑事诉讼法》第192条中的证人出庭条件“法官认为有必要”的条件取消，将《庭前会议规程》第13条中的“对定罪量刑有重大影响”的规定取消。从而将证人出庭的启动权确定为诉权启动为原则，职权通知为例外。一般来说，只要控辩双方对证人证言有异议并向法庭提出正式申请，法庭就应当通知证人出庭作证；在事实证据不清，会影响对被告人的定罪量刑且辩方没有申请相关证人出庭的时候，法官可依职权通知关键证人出庭作证。而在证人经通知不到庭，其证言对定罪量刑有重大影响的情况下，应当依法强制证人出庭。

而侦查人员应当在三种情况下出庭作证，即作为了解案件事实、证明取证合法性、证明被告人有自首立功等重大量刑情节的证人出庭作证。《非法证据排除规程》第20条、第23条规定，不得以“说明材料”代替证人出庭，侦查人员经通知不到庭且不能排除非法取证可能性的情况下，有关证据应当予以排除。这弥补了2018年《刑事诉讼法》没有规定侦查人员不出庭的法律后果的缺陷。这

---

① 参见顾永忠：《以审判为中心背景下刑事辩护问题突出问题研究》，载《中国法学》2016年第2期。

个规定的实施情况如何，尚待进一步观察。如果该规定的运行良好，应当将该规定吸收到2018年《刑事诉讼法》当中，提升该规定的法律位阶，从而克服其权威性不足的问题。

另外，很多学者在研究证人出庭问题的时候，将证人出庭的责任过分地加在了法院的身上。在辩方有理由对控方案卷笔录的形成和内容提出质疑的情况下，控方应当承担严格证明责任，其中包括保证使有关证人、鉴定人出庭作证的义务。现实中以案卷笔录为中心的调查方式使得证人出庭成为例外，以致控方在申请证人出庭问题上态度十分消极，这无形之中将证人出庭的责任和压力转移给了法院。因此，在审判中心主义的改革背景下，法院应当通过对控方适用严格证明责任，促使检察机关主动申请证人出庭。严格证明意味着控方出示的证据必须具有证据能力，必须经过当庭的质证，必须达到排除合理怀疑的证明标准，①控方不主动申请争议证人出庭，争议证人的证言就不具有证据能力，可以直接排除于法庭之外。这将有利于控方更加积极主动地申请证人出庭。

三、妥善处理证人庭前证言与当庭证言的关系

当证人出庭作证后，如果其当庭口头证言与庭外书面证言不一致，对此应当如何处理是目前实践中面临的新困境。② 证人出庭作证后，其庭前证言笔录能否作为证据使用？2010年“两高三部”《关于办理死刑案件审查判断证据若干问题的规定》第15条第2款规定：“证人在法庭上的证言与其庭前证言相互矛盾，如果证人当庭能够对其翻证作出合理解释，并有相关证据印证的，应当采信庭审证言。”《法庭调查规程》第25条第1款规定，证人出庭作证的，其庭前证言一般不再出示、宣读，但下列情形除外：证人出庭作证时遗忘或者遗漏庭前证言的关键内容，需要向证人作出必要提示的；证人的当庭证言与庭前证言存在矛盾，需要证人作出合理解释的。因此，对于当庭证言和庭前证言一致的当然可以作为定案根据，而对于不

---

① 参见闵春雷：《严格证明与自由证明新探》，载《中外法学》2010年第5期。

② 参见陈瑞华：《新间接审理主义：庭审实质化改革的主要障碍》，载《中外法学》2016年第4期。

一致的证言，控方可以用庭前证言笔录对证人当庭证言进行弹劾，要求其说明改变证言的合理性。《法庭调查规程》第 48 条规定："证人没有出庭作证，其庭前证言真实性无法确认的，不得作为定案的根据。证人当庭作出的证言与其庭前证言矛盾，证人能够作出合理解释，并与相关证据印证的，应当采信其庭审证言；不能作出合理解释，而其庭前证言与相关证据印证的，可以采信其庭前证言。"所以，对于证人证言，我国法院一个根深蒂固的逻辑是，不管是否具有证据能力，只要是真实的，能得到其他证据印证的，就可以作为定案根据。

笔者认为，上述规定一定程度上解决了证人出庭后其庭前证言与当庭证言的关系。但是却不利于被告人权利保障，也不利于鼓励证人出庭，从而也不利于实现真正的庭审实质化。必要证人不出庭，其书面证言一般应当排除，这是基于保障辩方质证权的要求。而司法解释的倾向是在证人证言真实性得到验证的情况下，无论辩方质证权是否得到有效保障，都可以作为定案根据。那么，在这种情况下，辩方行使质证权的意义是什么？既然证人出庭所作的证言在不利于被告人的情况下一般有效，在不利于控方的时候则效力待定，证人出庭不就变成走形式了吗？

因此，应当贯彻证人当庭证言的优先效力，原则上只要证人出庭作证，其庭前证言就失去效力，不得当庭宣读、法官也不得再阅览。在证人当庭证言不利于控方的情况下，控方可以宣读笔录对证人进行弹劾，至于前后证言的证明力大小强弱如何，则由法官通过自由心证去判断。

四、保障调查取证权和庭前证据开示提升律师质证能力

对于庭审中辩方很少提出证据对控方证据体系进行有针对性地反驳的问题，应当从辩护律师庭前调查取证权的保障、完善证据开示制度两方面加以解决。

2012 年《刑事诉讼法》修改，辩护律师会见难、阅卷难的问题基本解决。① 这让辩护律师能更清楚地了解控方掌握的事实和证据，

---

① 参见顾永忠：《新刑诉法中律师"会见难""阅卷难"基本解决》，载《检察日报》2012 年 3 月 26 日，第 4 版。

能有效对控方证据进行质证，但是这样一种通过阅卷辩护的方式基本上还完全建立在控方收集的证据基础之上。刑事诉讼法规定律师有调查取证权，但是实践中律师行使调查取证权面临的问题较多，也承担着被“职业报复”的制度风险。[①] 根据尚权律师事务所 2016 年初发布的调研报告，42.1%的律师明确表示，在侦查阶段从未进行过调查取证工作，只有 58.9%的律师表示曾经有过调查取证的经历。[②] 辩方质证权之所以能有助于真相的发现，原因之一就在于辩方通过调查取证之后行使质证权能向法庭供给必要的案件信息，使法官“兼听则明”。律师调查取证权在中国基本上分为三种模式，第一种是向证人、被害人调查取证，第二种是向检察院、法院申请调取证据，第三种是向法院申请证人出庭。本章着重论述审前阶段向法院申请调查取证的制度构建。

结合我国司法体制，要有效保障律师审前阶段进行调查取证的权利，可以借鉴德国的做法，即律师一般应当向法院提出申请，请求法院调查相关证据，而立法应当对法院的自由裁量权作出限制，即法院一般应当同意调查证据的申请，以不同意为例外，只有在出现特定情况，如提出申请是为了拖延诉讼、所调查证据对查明事实没有意义、证据不可收集等情况下才可以作出拒绝申请的裁定。[③] 同时，在申请被拒绝的情况下，应当当庭说明或者在判决书中载明律师向法庭申请调查特定证据的情况，以及被拒绝的理由。只要能将律师庭前阶段调查证据的权利激活，辩方除了有质疑控方的机会和能力，也能有针对性地反驳控方。

在中国语境下，证据开示制度更多地强调控方向辩方展示所有的证据、证人。一般来说，只要充分保障辩方的阅卷权，并且发挥好

① 参见陈瑞华：《辩护律师调查取证的三种模式》，载《法商研究》2014 年第 1 期。

② 参见刘方权：《侦查阶段律师辩护问题实证研究》，载《四川大学学报（哲学社会科学版）》2016 年第 3 期。

③ 参见《德国刑事诉讼法》第 244 条。

庭前会议的功能,证据开示制度就能贯彻好。[①] 但在以往司法实践中召开庭前会议的比例非常低,庭前证据开示制度主要是采用单方阅卷的方式。在推进以审判为中心的诉讼制度改革的背景下,如果真正要对少数被告人不认罪、控辩双方争议大的案件实行庭审实质化的审判,召开庭前会议的必要性就非常大,其中一项任务就是证据开示和争点整理,以确定庭审调查的范围和重点。这些内容在最高人民法院《庭前会议规程》中已有规定,下一步主要是贯彻实施好这些规定。

五、建立审判法官与卷宗隔离制度,破除卷宗中心主义

贯彻直接言词原则,已经成为学界解决庭审虚化问题的共识。直接言词原则的贯彻是庭审实质化的重要表现和直接要求,也成为辩方质证权有效行使的重要保障。而案卷笔录中心主义的审判方式是贯彻直接言词原则最大的障碍。因此,要有效保障辩方质证权,就必须对以案卷笔录为中心的审判方式进行改革。

案卷笔录中心主义使得直接言词原则无法贯彻的发生机制:首先,法官所接触的都是侦查人员的案卷材料,无法摆脱侦查人员的立场和影响;其次,法官所接触的都是传来证据,而不是直接产生于案件事实的原始证据;再次,对于公诉方的案卷材料,被告人及其辩护人无法获得有效的质证机会,造成被告人只听取一面之词的情况下对案件事实产生了内心确信;最后,在案卷材料的影响下,法官无法对案件事实进行独立的探究,而仅仅对公诉方认定的事实进行形式上的审查和确认,容易造成法庭审理的非实质化。[②]

因此,要解决案卷笔录中心问题必须分两步走,第一步就是切断案卷笔录对法官造成的影响。1996 年审判方式改革实行的"起诉状一本主义",试图切断侦查和审判的联系已经被实践证明失败

---

① 根据《庭前会议规程》第 19 条第 1 款、第 3 款的规定,庭前会议中,人民法院可以组织展示有关证据,听取控辩双方对在案证据的意见,梳理存在争议的证据。人民法院组织展示证据的,一般应当通知被告人到场,听取被告人意见;被告人不到场的,辩护人应当在召开庭前会议前听取被告人意见。

② 参见陈瑞华:《司法改革问题导论》,法律出版社 2018 年版,第 385~387 页。

了。但是实践中又出现了鲜活的实践样本：成都市人民法院在庭审实质化改革试点中，在法官阅卷和减少案卷对法官的影响上作了一个折中，即由合议庭指定一名成员担任案件的程序法官，由程序法官阅卷并组织召开庭前会议，而合议庭其他成员不阅卷，只在审判过程中接触双方的证据材料。① 笔者认为，这是一个值得实验并观察的实践，若效果良好，可以及时立法推广经验。第二步，否定控方移送至法院的案卷笔录的证据能力，检察官应当当庭提出证人、举出证据，所有证据经过辩方当庭质证、法官当庭审查才可以作为定案根据。

六、完善庭审调查规则，建立中国式交叉询问制度

如前所述，最高人民法院《庭审调查规程》的有关规定，已经初步具备交叉询问的基本形态，但是没有抓住交叉询问的精髓。目前对证人质证程序迫切需要从询问顺序、询问范围、询问方式予以完善。首先，法庭上的证人，无论是证人、鉴定人还是侦查人员，应当区分为控方证人和辩方证人；其次，发问顺序应当按照“为谁作证谁先问”（主询问），然后再由对方发问（反询问），对方发问范围不得超出先发问一方的询问范围，否则法官应当打断或者提醒；再次，主询问时，不得进行诱导性询问，而反询问时，应当允许诱导性询问；最后，确保被告人对证人进行询问的权利，无须得到法官批准。

同时，要真正将交叉询问规则运用于法庭上，让辩方质证权发挥最大效用，还应当加强对公诉检察官和刑事辩护律师进行交叉询问的技能培训，使他们真正懂得交叉询问的诉讼原理，从而熟练运用交叉询问规则。

七、完善实物证据调查方式，确保律师有效质证

我国司法实践中对人证和物证的庭审调查不仅在顺序上是截然分开的，在物证调查方式上也是把对物证本身的调查与获取物证

① 参见万毅、赵亮：《论以审判为中心的诉讼制度改革——以 C 市法院“庭审实质化改革”为样本》，载《江苏行政学院学报》2015 年第 6 期。

相关的人完全分离开来。通俗地说,就是对实物证据的法庭调查是“见物不见人”。而“物”本身不会说话,以致辩方对实物证据的质证难以有效进行。在庭审实质化的过程中,要保障辩方对实物证据的有效质证,就需要完善实物证据的庭审调查方式。

对实物证据的庭审调查方式进行完善,具体思路是把对实物证据的调查与获取实物证据的有关人员的调查结合在一起,凡涉及对实物证据调查时,应当安排获取实物证据的有关人员同时出庭,由其对获取实物证据的过程进行作证,辩护律师对其有疑问的,可当即进行质证。比如,对于案发现场提取的物证进行庭审调查时,不仅应当出示该物证,还应当由发现、提取、保管该物证的有关人员出庭作证并由辩方对其质证,以发现、确认该物证本身的真实性和获取物证过程的客观性,防止物证有假或物证被污染。当然,对物证的调查还涉及获取物证的合法性问题,鉴于其属于非法证据排除问题,将在下一章专门讨论。

八、加强当庭裁判和裁判文书说理

辩方质证权的有效行使和保障除了应当在整个庭审过程中体现出来,还应当体现在法官的当庭认证和裁判结论上。为此,控辩双方在法庭上的举证、质证活动应当是法院对案件事实作出认定进而对案件作出裁判的事实依据。而认定事实的前提首先是对证据的认证,原则上能够在法庭上对证据作出认证的应当当庭认证。同时,在裁判文书上对于认证情况及其依据要进行解释说明,特别是对于辩方质证意见不采纳的,应当说理回应。

第八章　庭审实质化的证据要求与非法证据排除

庭审实质化的程序要求已如前述，它要解决的是庭审过程不能走过场，而要实质化；其核心是保障控辩双方在法庭上举证、质证的权利，其中又以有效保障辩方的质证权为关键。那么，庭审程序的实质化意义何在？如前所述，首先，彰显庭审程序的公正性和正当性，通过这一过程实现“看得见的正义”。其次，严格审查作为定罪量刑依据的案件证据。而要达到这一目的，就要解决庭审实质化的证据要求。明确了庭审实质化对证据的要求，才能做到准确认定案件事实，为正确适用法律奠定基础。本章将专门讨论庭审实质化对证据的要求，其中重点是非法证据排除问题。

第一节　庭审实质化的证据要求

一、证据在定罪量刑中的地位和作用

在刑事诉讼中，追究犯罪嫌疑人、被告人刑事责任的活动离不开证据，可以说是围绕着证据进行的，即在收集、审查、判断、运用证据准确认定案件

事实的基础上正确适用法律，公正处理案件。毋庸置疑，证据是准确认定案件事实并在此基础上适用法律，正确处理案件的关键所在。

刑事诉讼要求运用证据认定案件事实。在刑事诉讼中，“案件事实”存在三种不同的形式：一是案件客观事实即案件本源事实；二是当事人主张的事实；三是公安司法机关根据证据所认定的案件事实，即法律事实。[①] 理想状态下，司法裁判所根据的事实，应当是客观的案件事实。然而，案件事实发生在过去且不依时间流逝而改变。更重要的是，过去的案件事实也不可能真正重新出现。例如，在故意杀人案件发生后，尽管杀人的案件事实本身确定不变，真凶也不会因为其未被查明、捕获就变成了其他人，但是故意杀人的事实不会重新出现。司法人员尤其是法官在审理案件时，根本无法看见过去的事实，只能依靠各种各样的证据来对案件进行回溯。因此，证据是司法人员认定案件事实的唯一根据。犯罪一旦发生，案件事实总是在一定的时、空下留下相应的印象、痕迹等，并与一定的人、物的外界环境发生作用。这些痕迹、印象有可能在诉讼中以不同方式转化成为能够证明案件事实的证据，如犯罪事实发生时被人感知就可能会转化为证人证言，在现场留下物品、血迹、指纹就可能会转化为物证，并经过鉴定成为鉴定意见。由此可见，证据与客观事实是截然不同的两种存在，证据作为案件发生之后遗落下来的一些蛛丝马迹，就像一个花瓶打破后的有限的碎片，正如无法找到所有碎片将花瓶重新拼起来一样，凭借事实的碎片所重构的案件事实与客观事实之间存在无法避免的差别。[②] 需要指出的是，作为认识案件事实的工具，“证据”需要与证据材料加以区分。在诉讼证据形式上，证据材料只是一种初级形式，它是主观性和客观性的混合，

---

① 参见陈光中：《刑事证据制度改革若干理论与实践问题之探讨——以两院三部〈两个证据规定〉之公布为视角》，载《中国法学》2010 年第 6 期。

② 参见汪建成、孙远：《自由心证新论——“自由心证”之自由与不自由》，载《证据学论坛》（第 1 卷），中国检察出版社 2000 年版，第 330 页。

有全真、全假、部分为真、部分为假等多种表现形式。[①] 从这个意义来讲，无论是当事人提供的还是侦查机关收集的证据，都只能称为证据材料。庭审中，控辩双方进行举证、质证活动，法官则发挥其主观作用依法对证据材料进行筛选。此后，那些被认为兼备证据能力和证明力的证据材料被保留下来，成为判决所采纳的定案根据。因此，严格说来只有能够作为定案根据意义上的证据材料才是证据。从认识论上看，定案证据是诉讼证据的高级形式，它是人类主观性对案件事实客观性的反映。[②] 换言之，证据的客观性和关联性使证据产生了证明力，从而使案件本源事实尽管不是在司法人员面前发生的，但司法人员可以通过对证据的收集、审查判断和运用证据的证明活动将其基本再现在自己的面前，并据此对案件事实作出认定。

在现代刑事诉讼中，证据的重要意义与证据裁判原则是密切联系的。所谓证据裁判原则，也称证据裁判主义，是指司法机关和司法人员对于案件事实的认定，必须依据证据。[③] 证据裁判原则的构成要素也即内在要求包括以下三个方面的内容：首先，裁判所认定的案件事实必须以证据为依据；其次，裁判所依据的证据是具有证据能力的证据；最后，作为综合裁判所依据的证据，必须达到法律规定的证明标准。从证据裁判原则的要求来看，全面贯彻证据裁判原则，是实现庭审实质化，推进以审判为中心的关键手段；反过来，改革也为该原则的深化提供了机遇与条件。以审判为中心的改革与证据裁判原则之间具有贯通性，两者相辅相成。一方面，十八届四中全会决定在推进以审判中心的诉讼制度改革中，明确提出了“全面贯彻证据裁判”原则的要求。最高人民法院和最高人民检察院在随后制定的关于全面深化改革的意见中，均将贯彻证据裁判原则作

① 参见汤维建：《关于证据属性的若干思考和讨论——以证据的客观性为中心》，载《证据学论坛》（第1卷），中国检察出版社2000年版，第249页。

② 参见张军主编：《刑事证据规则理解与适用》，法律出版社2010年版，第44页。

③ 参见陈光中：《刑事证据制度改革若干理论与实践问题之探讨——以两院三部〈两个证据规定〉之公布为视角》，载《中国法学》2010年第6期。

为推进审判中心改革的主要任务。[①] 另一方面，就证据裁判原则本身而言，要求据以裁判案件的证据必须经过法庭调查的质证程序。这意味着庭审在查明事实、公正裁判中具有决定性作用，由此必然倒逼办案人员在审前程序中按照裁判的要求和标准收集、固定、审查、运用证据。可以说，证据裁判原则是实现庭审实质化、确保案件质量的关键，成为推进以审判为中心诉讼制度改革的重要着力点。

为此，“两高三部”在《改革意见》第2条中明确规定：“严格按照法律规定的证据裁判要求，没有证据不得认定犯罪事实。侦查机关侦查终结，人民检察院提起公诉，人民法院作出有罪判决，都应当做到犯罪事实清楚，证据确实、充分。”在具体制度方面，《改革意见》要求建立健全符合裁判要求、适应各类案件特点的证据收集指引；侦查机关应当全面、客观、及时收集与案件有关的证据。[②] 与此同时，科技也为证据裁判原则注入了新的活力。有关司法部门探索运用大数据对量大面广的刑事案件证据体系进行集中攻关，以形成操作性强、可数据化的证据标准指引和网络平台，以促使政法机关在遵循证据裁判原则上减少不必要的认识分歧和工作的反复性。[③]

二、庭审实质化对证据的要求

如前所述，庭审实质化对程序的要求是庭审程序的实质化，即“审判案件应当以庭审为中心。事实证据调查在法庭，定罪量刑辩护在法庭，裁判结果形成于法庭”。[④] 而庭审程序实质化是为了解决庭审实质化对定案证据实质化的要求。所谓庭审实质化对定案

---

① 参见最高人民法院《关于全面深化人民法院改革的意见》第10项；最高人民检察院《关于贯彻落实〈中共中央关于全面推进依法治国若干重大问题的决定〉的意见》第23项。

② 参见“两高三部”《关于推进以审判为中心的刑事诉讼制度改革的意见》，载最高人民法院网，http://www.court.gov.cn/fabu-xiangqing-28021.html，最后访问日期：2018年1月6日。

③ 参见沈德咏：《贯彻证据裁判原则，系统完善证据制度，积极推进以审判为中心的刑事诉讼制度改革》，载《人民法院报》2017年5月13日，第2版。最高人民法院《关于建立健全防范冤假错案工作机制的意见》（2013年11月12日）。

④ 最高人民法院《关于建立健全防范冤假错案工作机制的意见》（2013年11月12日）。

证据实质化的要求,是指作为定案依据的证据必须具有证据能力和证明力。只有这样的证据才能作为定案依据。

首先,证据能力又称证据资格,是指某一材料或信息能够用于证明案件事实的能力或者资格,即能够被允许以证据的“身份”进入法庭接受调查并被采纳为证据的能力或资格。在大陆法系中,证据能力包括两方面的要求:一是证据材料不被法律禁止;二是证据应当经过法定的调查程序。例如,在德国,对证据能力的限制通过程序禁止和证据禁止的理论来实现。其中,程序禁止是对收集和调查核实证据的程序加以限制,如违背搜查、扣押程序而取得的证物和违背勘验程序所形成的勘验笔录,有时不认为具有证据能力;证据禁止是对允许作为定案根据的证据材料的范围加以限制,如非出于任意性的自白,一般不认为具有证据能力。而在英美法系国家,证据能力主要受到可采性规则的审查,如传闻证据规则、品格证据规则、意见证据规则、最佳证据规则。美国更是以不得强迫自证其罪特权为核心,发展出一套十分发达的非法证据排除规则。强调裁判所依据的证据必须具有证据能力,这也是现代证据裁判与历史上非理性裁判方式的分野所在。需要强调的是,能够进入裁判者视野的证据只能是规范意义上的证据,而不是事实意义上的证据,如果将视线停留在“有证据”的表层认识上,庭审实质化的要求将难以实现。倘若那些通过违法甚至不人道手段所获取的证据也可作为法院认定事实的根据,人类的司法何谈文明、进步和法治?现代证据法的主要功能在于对各类证据的法律资格作出明确限制,并据此将那些不具备法律资格的证据排除于法庭之外。①

其次,证据的证明力是指某一证据对于证明案件事实的证明价值的有无和大小,即证据对案件事实的证明作用及其作用大小。与案件无关,或者关联性微乎其微,伪证、假证等没有证明力的证据不得作为定案的根据。② 证明力主要关涉证据的关联性。所谓关联

---

① 参见[日]田口守一:《刑事诉讼法》(第5版),张凌、于秀峰译,中国政法大学出版社2010年版,第267页以下。

② 参见杨波:《由证明力到证据能力——我国非法证据排除规则的实践困境与出路》,载《政法论坛》2015年第5期。

性,是指证据所承载的事实信息要与待证案件事实之间存在客观联系,即证据应当能够在一定程度上证明某一案件事实的成立或不成立。当然,不同的证据,因各自的特性和与案件待证事实的关系不同,对于待证事实往往具有不同的证明价值,发挥着不同程度的证明作用。从证据原理上讲,由于证明力属于经验和逻辑的范畴,法律对于证据的证明力一般预先不作规定,一个证据对于待证事实到底有无证明力以及证明力大小,允许裁判者通过亲历庭审活动自由加以判断。而证据能力或证据资格往往是由法律事先作出规定的。

由此可以看出,证据能力是证据证明力的前提性条件,如果没有证据能力,证明力也就无从谈起。“证据必须先有证据能力的,即须先为适格之证据,或可受容许之证据,而后始生证据力之问题。”①庭审实质化对证据的要求,就是通过庭审程序的实质化,对证据是否具有证据能力和证明力进行实质化的调查即所谓进行有效质证,以确定其是否具有证据能力和证明力,从而再决定是否作为定案根据。

但是,在我国比较关注证据的证明力,而忽视证据能力问题。最高人民法院早在 1994 年颁布的《关于审理刑事案件程序的具体规定》中就明确规定了书证副本、复制件与物证照片、录像的证明力规则,规定经与原件、原物核实无误后,具有与原件、原物同等的证明力。1998 年出台的最高人民法院《关于适用〈中华人民共和国刑事诉讼法〉的解释》对此作了重申,规定:“书证的副本、复制件,物证的照片、录像,只有经与原件、原物核对无误或者经鉴定证明真实的,才具有与原件、原物同等的证明力。”2012 年《刑事诉讼法》修改后,随之修改的司法解释进一步强化了对证据证明力的要求,并针对每一证据种类确立了证明力规则和对案件证据加以综合判断的限制性规则。而从司法实践来看,也存在重证明力、轻证据能力的做法。在司法实践中被法官反复提及的一个问题是,立法对于各个种类证据的运用规则规定的还是不细致,对证据的取舍及其证明力

---

① 李学灯:《证据法比较研究》,台北,五南图书出版股份有限公司 1992 年版,第 464 页。

的判断缺乏可操作性的规则。在办案过程中,诸如如何判断证据的真实性、关联性,没有相应标准可供遵循,因此强烈期望进一步推进立法对于证明力规则的规定。① 事实上,司法实践中非法证据排除难的现象,也与重证据的证明力而轻证据的证据能力有重要关系。有的非法证据,从证明力来看并没有问题,可能有很高的证明价值,如被告人的供述,即使刑讯所获,但其内容有可能是真实的。面对这样的供述,办案人员往往从证明力的角度出发,不愿甚至不敢排除此类非法证据。担心一旦排除就难以定案。

需要指出的是,我国证据理论和司法实践中,对于证据能力和证明力概念,传统上表述为证据的“三性”,即客观性、关联性和合法性。在司法实践中,法庭调查更是直接围绕证据的“三性”展开,特别是律师对控方证据的质证更是如此。从理论上讲,“三性”说与“证据能力和证明力”说,虽有诸多共性,但也有差异。限于本书宗旨,不便在此探讨。但鉴于司法实践的需要,也有必要从“三性”说的角度,对庭审实质化对证据的要求加以说明。具体来讲,作为定案依据的证据,必须经过庭审程序实质化的调查,以确认证据是否具有“三性”。如果发现证据不具有“三性”或者在某一方面出了问题,则证据不可以作为定案依据。其一,证据的客观性出了问题不能作为定案证据。如在杜某武冤案中,被告人根本没有到过案发现场,控方却向法庭出示多份证据证明被告人到过案发现场,这些证据显然是有问题的。在庭审中被告人及其辩护律师对这些证据提出严重质疑,但不被法庭重视,还是采纳这些证据,判决被告人有罪。经再审最终查明,被告人确实没有到过案发现场,该起犯罪系他人所为。其二,证据与案件的关联性出了问题,也不能作为定案证据。任何证据要证明案件事实必须与案件具有关联性,如果没有关联性,对于案件就没有证明价值或证明意义。比如,在佘某林冤案中,佘某林被指控杀害了他的妻子张某玉。证明死者是张某玉的证据是法医的验尸报告和张某玉亲属对死者尸体的辨认笔录。这

① 参见杨波:《由证明力到证据能力——我国非法证据排除规则的实践困境与出路》,载《政法论坛》2015 年第 5 期。

些证据看起来把该案件与佘某林“关联”起来了，但是案件最后确定的结果是张某玉并没有被害和死亡，那具尸体根本不是张某玉而是另有他人。这说明那些证据不仅在客观性上出了问题，而且在证明与佘某林的关联性上也出了问题。如果案发当时那些尸体证据没有搞错，证明那具尸体不是张某玉，那就与佘某林没有“关联性”，完全可以避免这一冤案的发生。其三，证据的合法性出了问题，也不能作为定案证据。比如，办案人员对被告人严刑拷打获取的认罪口供。此类证据的客观性、关联性即使没有问题，但如果将此类证据作为定案根据，就使刑事诉讼活动的正当性、合法性受到严重损害，同时也对公民的人身权利造成严重侵害。因此，在现代刑事诉讼制度下，不允许以非法证据作为定案根据，进而产生了非法证据排除制度或规则。

对于证据客观性和关联性有无问题，通常是在法庭调查中通过控辩双方充分行使质证权来解决。并且由于在刑事诉讼中控方要承担举证责任，而辩方不承担举证责任，以致法庭上控辩双方的质证活动实际上主要表现为辩方对控方证据的质证活动。因此，上一章主要是讲依法有效保障辩方质证权的有关问题。而对于证据合法性问题的调查，虽然也属于法庭调查的范围并且是辩方对控方证据进行质证的重点，但鉴于该问题的特殊性，将在下面专门讨论。

三、排除非法证据是庭审实质化对证据最低限度的要求

裁判所依据的证据必须是具有证据能力的证据，这是证据裁判原则对裁判者认识方式的要求，也是实现庭审实质化的重要保障。裁判者对事实的认识必须以证据为根据，因为裁判者对事实的认定是一种主观认识活动，无法为外界所感知，而将其主观认识的形成依据限定在具有证据能力的证据，则为准确认定案件事实提供了保障。从消极角度来说，倘若不具有证据能力的证据也进入法庭而成为裁判者认定案件事实的依据，其真实性、可靠性无法得到保障。正因如此，证据能力规则成为法官运用证据的硬性要求。我们知道，证据能力属于一个严格的法律问题，证据能力的取得以合法性为条件。因此，违反法定程序收集的证据遭致证据能力的否定，这

是证据能力的应有之义。非法证据排除规则作为一种程序性制裁方法,其规制的就是证据的资格,非法证据是基于其证据能力的否定而被排除在法庭之外,而无须做任何证明力的判断。可以说,排除非法取得的证据是庭审实质化对证据能力的最低限度要求。排除非法证据就是对违法取证行为的一种威慑和制裁,通过排除非法证据的证据能力规范侦查机关的取证行为,遏制非法取证,切实保障诉讼参与人的合法权益。①

放眼域外,由于刑事诉讼程序越发精密,规范性要求越来越高,加之保障人权的需要,通过确立非法证据排除规则否定非法取得证据的证据能力成为越来越多国家与地区的选择。如在美国,在实践中通过司法判例而确立非法证据排除规则。在 1914 年威克斯诉合众国案(Weeks v. United State)②中,被告人要求排除联邦警察未持任何司法令状情况下所搜查扣押的文件、信件、财物,联邦最高法院审理后指出,联邦警察的行为违反了美国联邦宪法第四修正案,因此裁定这些证据不得在联邦法庭上使用。通过此案在美国确立了将非法取得的实物证据予以排除从而否定其证据能力的判例,同时也是对警察非法侦查行为的有效惩戒。在 1966 年米兰达诉亚利桑那州案(Miranda v. Arizona)③中,联邦最高法院针对警方没有事先提出警告而获取米兰达认罪供述的行为,指出在该案中米兰达依法不被强迫作不利于己的陈述的权利没有得到充分的保护,裁定米兰达的认罪陈述不可以采纳为证据。由此确认非法证据排除规则也适用于非法取得的言词证据,宣告了非法证据排除规则的完全确立。在德国则通过证据禁止理论来规范证据能力问题。根据证据禁止阶段的不同,将证据禁止分为证据取得禁止(Beweiserhebungsverbote)和证据使用禁止(Beweisversertungsverbote),前者是国家机关取证的行为规范,后者是法官在审判中裁判证据能力的行为规范。根据证据使用禁止是否源于国家机关违法取证,被禁止使用的证据将证据禁止

---

① 参见闵春雷:《非法证据排除规则适用问题研究》,载《吉林大学社会科学学报》2014 年第 2 期。

② 232 U. S 383 (1914).

③ 384 U. S. 436(1966).

分为独立性的证据使用禁止和依附性的证据使用禁止两类。其中，独立性的证据使用禁止是指尽管取证行为并不违反有关证据取得禁止的规定，即取证行为合法，但是基于“利益权衡”而禁止使用某些证据。依附性的证据使用禁止则是指违反有关证据取得禁止的规定而导致的证据使用的禁止。需要指出的是，在德国，证据取得禁止并不必然导致依附性的证据使用禁止。证据是否被禁止使用，还需要考虑以下三个方面的条件：一是对非法取证行为侵害主体的要求。非法取证行为必须侵害被告人的权利才导致不能使用该证据给被告人定罪。二是排除非法证据的目标应当与非法取证行为所违反的刑事诉讼程序的目标相一致。三是证据使用禁止的“利益权衡”原则。①

非法证据排除规则作为庭审实质化度对证据能力的最低限度要求，由于其与人权保障、程序公正等现代法治理念紧密相联，因此逐渐被其他国家和联合国所移植，并形成不同的排除模式。联合国1984年通过的《禁止酷刑和其他残忍、不人道或有辱人格的待遇或处罚公约》第15条规定：“每一缔约国应确保在任何诉讼程序中，不得援引任何确属酷刑逼供作出的陈述为根据。但这类陈述可以引作对被控施用酷刑逼供者起诉的证据。”

回视我国，证据能力问题随着人权保障、权利救济、程序公正等理念的兴起而逐渐受到关注，最终推动我国建立了非法证据排除制度，并逐渐形成了非法证据排除规则。毋庸置疑，从立法上讲，非法证据排除规则确立后，只有经过合法性检验的证据才能进入法庭，由法官对该证据的证明力进行考量，并最终确定能否作为定案依据。但在刑事司法实践中，不少办案人员往往还是更重视证据的证明力，而忽视证据能力或者证据资格，或者将证据的证明力置于更为突出的位置，在重要性上远远超过了证据能力。② 从庭审实质化对证据要求的角度看，今后应当将证据能力的审查优先于证明力的审查。对于非法证据而言一旦审查确认就应当依法排除，无须考虑其证明力如何。

---

① 张吉喜：《德国刑事诉讼中的证据禁止》，载中国法院网：https://www.chinacourt.org/article/detail/2006/01/id/192094.shtml，最后访问日期：2021年6月28日。

② 参见李训虎：《证明力规则检讨》，载《法学研究》2010年第2期。

第二节 非法证据排除规则在我国法律上的确立与发展

一、非法证据排除在我国法律上的宣示

从历史的维度来看，非法证据排除规则进入我国《刑事诉讼法》并非一蹴而就，而是经历了曲折迂回之路。我国理论界对于非法证据的认识源于对刑讯逼供行为的认识，并主要关注刑讯逼供的危害性。一方面，认为刑讯逼供是“历代反动统治阶级镇压和迫害劳动人民的一种残酷手段，是反革命暴力的重要组成部分，也是唯心主义世界观在办案中的具体反映”；[①]另一方面，则指出刑讯逼供“不仅是违法行为，而且它可能使无罪的人违心地承认犯罪，也可能使有罪的人乱供乱辩，造成真假难分，给收集证据和准确认定案情造成困难，甚至造成冤案”。[②] 1979年《刑事诉讼法》第32条规定：“审判人员、检察人员、侦查人员必须依照法定程序，收集能够证实犯罪嫌疑人、被告人有罪或者无罪、犯罪情节轻重的各种证据。严禁刑讯逼供和以威胁、引诱、欺骗以及其他非法的方法收集证据……”对于非法取证行为构成犯罪的，《刑法》第247条规定了相应的制裁措施：司法工作人员对犯罪嫌疑人、被告人实行刑讯逼供或者使用暴力逼取证人证言的，处3年以下有期徒刑或者拘役。致人伤残、死亡的，依照本法第234条、第232条规定定罪处罚（第234条、第232条是指故意伤害罪和故意杀人罪的规定）。由此可见，我国立法对刑讯逼供等非法取证行为持严厉禁止的态度。但是，对于非法取得的证据如何处理，当时立法并未作出任何规定。

随着诉讼法学理论的不断发展，程序正义理念的弘扬，理论界

---

① 中央政法干校刑法、刑事诉讼法教研室编著：《中华人民共和国刑事诉讼法讲义》，群众出版社1982年版，第220页。

② 徐静村、樊崇义主编：《刑事诉讼法学》，中国政法大学出版社1994年版，第164页。

对非法取证尤其是刑讯逼供的危害性理解更为深刻。有学者明确指出："之所以严禁刑讯逼供和以威胁、引诱、欺骗等非法方法收集证据，是因为从证据合法性或者证据能力的角度来看，上述证据不符合'证据必须是法定人员依法定程序以合法方法收集'这一基本要求从而使得证据不具有证据能力。"①然而，在此问题上，1996 年修改《刑事诉讼法》时，完全保留了 1979 年《刑事诉讼法》的规定："审判人员、检察人员、侦查人员必须依照法定程序，收集能够证实犯罪嫌疑人、被告人有罪或者无罪、犯罪情节轻重的各种证据。严禁刑讯逼供和以威胁、引诱、欺骗以及其他非法的方法收集证据"（第 43 条）。

1996 年《刑事诉讼法》的规定过于原则，可操作性不强，明显不适应刑事诉讼中复杂的证据运用实践活动的需要。为此，最高人民法院和最高人民检察院的有关司法解释对此作出了弥补。1998 年最高人民法院《关于执行〈中华人民共和国刑事诉讼法〉若干问题的解释》第 61 条规定："严禁以非法的方法收集证据。凡经查证确实属于采用刑讯逼供或者威胁、引诱、欺骗等非法的方法取得的证人证言、被害人陈述、被告人口供，不能作为定案的根据。"此外，1999 年最高人民检察院发布的《人民检察院刑事诉讼规则》（修正版）第 265 条规定："严禁以非法的方法收集证据。以刑讯逼供、威胁、引诱、欺骗等非法的方法收集的犯罪嫌疑人供述、被害人陈述、证人证言，不能作为指控犯罪的根据。人民检察院审查起诉部门在审查中发现侦查人员以非法方法收集犯罪嫌疑人供述、被害人陈述、证人证言的，应当提出纠正意见，同时应当要求侦查机关另行指派侦查人员重新调查取证，必要时人民检察院也可自行取证。侦查机关未另行指派侦查人员重新调查取证的，可以依法退回补充侦查。"可以看出，最高人民法院、最高人民检察院的司法解释对于采用刑讯等特定违法方法收集的证据不能作为定案根据的态度是鲜明的。但是，如何确认相关证据是非法取得的，又通过何种程序将其排除，司法解释都没有相关规定。此外，"两高"司法解释仅涉及

---

① 樊崇义主编：《刑事诉讼法学》，中国政法大学出版社 1998 年版，第 197 页。

言词证据，未涉及非法取得的实物证据问题。至于非法证据排除的证明责任、证明标准以及具体程序等仍然缺乏具体规定。而在实践中，即使对于非法取得的言词证据也因缺乏具体排除程序也难以排除。因此，这些关于非法证据排除的法律规定实质上是宣示性的。

二、非法证据排除规则在我国司法解释上先行确立

由于立法上的粗疏以及司法实践排除非法证据的现实需要，理论界从21世纪初开始对非法证据排除规则进行了广泛的探讨，关于我国如何确立非法证据排除规则的论著大量涌现。例如，有学者以非法证据排除规则为研究对象，系统研究了非法证据排除规则的基础理论，并对国外司法实践进行了探讨，并从中国实际情况出发提出了中国阶段式确立非法证据排除规则的设想。[①] 也有学者从非法证据排除的标准、排除证明责任以及排除程序等方面对我国非法证据排除的若干问题进行论述，以期对我国非法证据排除规则的立法与司法实践有所裨益。[②] 有关学者关于非法证据排除规则立法建议的专家建议稿更是对我国非法证据排除规则的立法条文设计作出了积极探讨和倡议。[③] 毫无疑问，这些学术成果对于推动我国非法证据排除规则理论研究的发展发挥了重要作用，也为我国确立非法证据排除规则提供了智力支持。

2004年我国通过《宪法修正案》，正式把“国家尊重和保障人权”原则写入宪法。2009年国务院批准发布《国家人权行动计划（2009—2010年）》，明确要求“强化行政执法和司法中的人权保障，提高公民权利与政治权利的保障水平”，“完善预防和救济措施，在

---

① 代表性著作参见杨宇冠：《非法证据排除规则研究》，中国人民公安大学出版社2002年版。

② 参见卞建林：《我国非法证据排除的若干重要问题》，载《国家检察官学院学报》2007年第1期。

③ 如陈光中主编：《中华人民共和国刑事证据法专家拟制稿（条文、释义与论证）》，中国法制出版社2004年版；陈光中主编：《中华人民共和国刑事诉讼法再修改专家建议稿与论证》，中国法制出版社2006年版；徐静村主编：《中国刑事诉讼法（第二修正案）学者拟制稿及立法理由》，法律出版社2005年版；毕玉谦主编：《中国证据法草案（建议稿及论证）》，法律出版社2003年版；等等。

执法、司法的各个环节,依法保障人身权利”。而司法实践中存在令人焦虑的刑讯逼供和冤案错案情况,尤其是见诸报端的杜某武案、佘某林案、赵某海案等许多冤案错案,直到“亡者归来”“真凶出现”才揭开这些所谓“铁案”的“遮羞布”。探究造成这些冤错案件的原因,几乎全部与刑讯逼供有关。这不仅冲击了司法的权威,甚至会动摇司法体系的权威,带来无法估量的负面影响。

正是在这种背景下,作为对理论界以及实务界呼吁的回应,中央司法机关开始充分重视和关注非法证据排除问题。2010 年 6 月 13 日“两高三部”联合发布两个证据规定,标志着我国证据制度的基本框架基本得以确立。也因此,有学者称其为“司法改革的重大成果”、[①]“刑事司法改革的重大突破”。[②] 其中,《关于办理刑事案件排除非法证据若干问题的规定》对非法证据的概念、认定、排除程序、举证责任、证明标准等作出了比较详细的规定,标志着我国非法证据排除规则以司法解释的形式得以确立。

三、非法证据排除规则在我国刑事诉讼法上正式确立

2010 年非法证据排除规则在司法解释上得以确立,也呼唤着在刑事诉讼立法上作出回应。2012 年立法机关对我国《刑事诉讼法》进行了第二次修改。从 2012 年修改后的《刑事诉讼法》来看,证据制度得到了较大改革完善。不仅增加规定了“不得强迫任何人证实自己有罪”原则,将“排除合理怀疑”纳入定罪证明标准,还在吸收《关于办理刑事案件排除非法证据若干问题的规定》有关内容的基础上,以立法的形式正式确立了非法证据排除规则。2012 年修改后的《刑事诉讼法》第 54~58 条明确规定了非法证据排除规则的有关内容,第 54 条规定:“采用刑讯逼供等非法方法收集的犯罪嫌疑人、被告人供述和采用暴力、威胁等非法方法收集的证人证言、被害人陈述,应当予以排除。收集物证、书证不符合法定程序,可能严重影响司法公正的,应当予以补正或者作出合理解释;不能补正

---

① 樊崇义:《司法改革的重大成果》,载《检察日报》2010 年 6 月 4 日,第 3 版。

② 陈瑞华:《刑事司法改革的重大突破》,载《检察日报》2010 年 6 月 4 日,第 4 版。

或者作出合理解释的，对该证据应当予以排除。在侦查、审查起诉、审判时发现有应当排除的证据的，应当依法予以排除，不得作为起诉意见、起诉决定和判决的依据。”第55条规定：“人民检察院接到报案、控告、举报或者发现侦查人员以非法方法收集证据的，应当进行调查核实。对于确有以非法方法收集证据情形的，应当提出纠正意见；构成犯罪的，依法追究刑事责任。”第56条规定：“法庭审理过程中，审判人员认为可能存在本法第五十四条规定的以非法方法收集证据情形的，应当对证据收集的合法性进行法庭调查。当事人及其辩护人、诉讼代理人有权申请人民法院对以非法方法收集的证据依法予以排除。申请排除以非法方法收集的证据的，应当提供相关线索或者材料。”第57条规定：“在对证据收集的合法性进行法庭调查的过程中，人民检察院应当对证据收集的合法性加以证明。”第58条规定：“对于经过法庭审理，确认或者不能排除存在本法第五十四条规定的以非法方法收集证据情形的，对有关证据应当予以排除。”

应该说，2012年《刑事诉讼法》的上述规定使非法证据排除规则在我国更趋于体系化，但有的规定可操作性仍然不强。如第54条规定了利用刑讯逼供等非法方法取得的犯罪嫌疑人、被告人供述要排除，但何谓“刑讯逼供等非法方法”中的“等非法方法”需要更为具体的解释。又如，不同阶段非法证据排除应当遵循怎样的排除程序等也需要进一步细化规定。值得庆幸的是，2012年《刑事诉讼法解释》和2012年最高人民检察院《人民检察院刑事诉讼规则（试行）》（以下简称2012年《刑事诉讼规则》）对其中一些问题作出了细化规定。例如，在“刑讯逼供等非法方法”的问题上，《刑事诉讼法解释》第95条将其进一步界定为“使用肉刑或者变相肉刑，或者采用其他使被告人在肉体上或者精神上遭受剧烈疼痛或者痛苦的方法，迫使被告人违背意愿供述的，应当认定为刑事诉讼法第五十四条规定的‘刑讯逼供等非法方法’”。2012年《刑事诉讼规则》第65条也规定：“刑讯逼供是指使用肉刑或者变相使用肉刑，使犯罪嫌疑人在肉体或者精神上遭受剧烈疼痛或者痛苦以逼取供述的行为。其他非法方法是指违法程度和对犯罪嫌疑人的强迫程度与刑讯逼供或者暴力、威胁相当而迫使其违背意愿供述的方法。”在排除程序上,《刑事诉讼法解释》和 2012 年《刑事诉讼规则》分别对审判阶段的排除程序与审查起诉阶段的排除程序作出了详细规定。[①]

从非法证据排除规则在我国确立的历程来看,无疑是程序法治观念增强的产物,是刑事诉讼法贯彻落实宪法关于“国家尊重和保障人权”原则的具体体现。

四、非法证据排除规则在我国的进一步发展

客观而论,虽然 2012 年《刑事诉讼法》以及《刑事诉讼法解释》、2012 年《刑事诉讼规则》进一步细化了非法证据排除规则的内容,但有些规定可操作性仍然不强。例如,疲劳讯问属于非法取证手段已成为一种共识,但是如何区分疲劳讯问与正常讯问则缺乏明确的依据;又如,以非法方法收集的证据为线索进一步收集到的证据要不要排除缺乏规定;再如,威胁、引诱、欺骗与侦查人员的讯问策略之间如何区分,缺乏可操作的标准,需要在实践过程中摸索、总结更具指导性的操作指南。正是在这样的背景下,最高人民法院于 2013 年 11 月出台了《关于建立健全防范刑事冤假错案工作机制的意见》(以下简称《防范刑事冤假错案意见》),对非法证据的排除作出了进一步细化规定。《防范刑事冤假错案意见》第 8 条规定,“采用刑讯逼供或者冻、饿、晒、烤、疲劳审讯等非法方法收集的被告人供述,应当排除。除情况紧急必须现场讯问以外,在规定的办案场所外讯问取得的供述,未依法对讯问进行全程录音录像取得的供述,以及不能排除以非法方法取得的供述,应当排除”。

随着 2013 年我国大规模纠正冤假错案,作为产生冤假错案重要原因的刑讯逼供、非法证据问题再度受到重视。2013 年 11 月 12 日十八届三中全会通过的《中共中央关于全面深化改革若干重大问题的决定》在“推进法治中国建设”中明确提出要“完善人权司法保

---

① 参见最高人民法院 2012 年《刑事诉讼法解释》第 96~103 条;最高人民检察院 2012 年《刑事诉讼规则》第 66~75 条。

障制度。国家尊重和保障人权”“健全错案防止、纠正、责任追究机制，严禁刑讯逼供、体罚虐待，严格实行非法证据排除规则”。非法证据排除规则被写进党中央关于全面深化改革的决定中，其重要性可见一斑。2014年10月召开的十八届四中全会更是以“依法治国”作为会议主题，非法证据排除规则在十八届四中全会决定中再次被重申。十八届四中全会决定在“保证公正司法，提高司法公信力”中提出“加强人权司法保障”“健全落实罪刑法定、疑罪从无、非法证据排除等法律原则的法律制度。完善对限制人身自由司法措施和侦查手段的司法监督，加强对刑讯逼供和非法取证的源头预防，健全冤假错案有效防范、及时纠正机制。”

特别是在贯彻落实十八届四中全会决定提出的“推进以审判为中心的诉讼制度改革”的背景下，“两高三部”于2017年6月27日发布了《非法证据排除规定》。《非法证据排除规定》在刑事诉讼法和相关司法解释基础上，从侦查、审查逮捕、审查起诉到审判的刑事诉讼全过程对非法证据排除规则作出了更为全面、系统的规定。具体而言，首先，扩大了非法证据的范围。《非法证据排除规定》发布前，排除范围狭窄导致司法实践中审判阶段较少适用非法证据排除规则，无法通过审判来规范和限制审前程序，防止刑讯逼供等。《非法证据排除规定》将“威胁”（包括对近亲属的威胁）、“非法拘禁”和“重复性供述”纳入非法证据的认定范围，有效实现审判权对追诉权的规制，即“采用以暴力或者严重损害本人及其近亲属合法权益等进行威胁的方法”进而使“被告人遭受难以忍受的痛苦而违背意愿做出的供述”（第3条）作为非法证据排除；“采用非法拘禁等非法限制人身自由的方法收集的犯罪嫌疑人、被告人供述，应当予以排除”（第4条）；“采用刑讯逼供方法使犯罪嫌疑人、被告人作出供述，之后犯罪嫌疑人、被告人受该刑讯逼供行为影响而作出的与该供述相同的重复性供述，应当一并排除”，仅在讯问主体发生变更并告知法律后果后仍自愿供述的作为例外（第5条）。其次，详细规定了非法证据排除程序在庭前会议的启动、基本功能、初步审查的效力以及与庭审的衔接等。庭前会议是2012年《刑事诉讼法》新增加的一项制度，旨在“确定庭审重点，便于法官把握庭审重点”，以便充分发挥庭审在审判中的中心地位。但是，2012年《刑事诉讼法》对庭前会议的规定，不但只有一个条文，而且内容过于原则，加之语言较为含混，可操作性不强。此次《非法证据排除规定》不仅细化了庭前会议的启动及其基本功能，而且明确了庭前会议对非法证据排除申请初步审查的要求、方法、效力以及与庭审的衔接，即辩护方在庭前申请排除非法证据并提供相关线索或者材料的，人民法院应当召开庭前会议。人民检察院应当通过出示有关证据材料等方式，有针对性地对证据收集的合法性作出说明。人民法院可以核实情况，听取意见。人民检察院可以决定撤回有关证据；撤回的证据，没有新的理由，不得在庭审中出示。被告人及其辩护人可以撤回排除非法证据的申请；撤回申请后，没有新的线索或者材料，不得再次对有关证据提出排除申请。[①] 再次，进一步完善了非法证据排除的法庭规则。例如，明确要求非法证据的排除要以庭审为中心，对控辩双方在庭前会议中对证据收集是否合法未达成一致意见，人民法院对证据收集合法性有疑问的，要求在庭审中审查。又如，《非法证据排除规定》第33条规定，法庭对证据收集的合法性进行调查后，应当当庭作出是否排除有关证据的决定。必要时，可以宣布休庭，由合议庭评议或者提交审判委员会讨论，再次开庭时宣布决定。这些庭审规则的确立，进一步完善了非法证据排除的庭审规则，明确了非法证据排除的程序标准，要求法庭先解决证据的资格问题。毋庸置疑，《非法证据排除规定》进一步细化和完善了我国的非法证据排除规则体系，标志着我国非法证据排除规则走向成熟，体现了我国越来越重视保障司法人权和实现司法公正。

---

① 参见汪海燕：《审判中心背景下非法证据排除规则的完善》，载《中国刑事法杂志》2017年第4期。

第三节 辩方申请非法证据排除面临的问题与对策

一、辩方在排除非法证据上的作用

非法证据排除规则是国家人权保障水平的“试金石”,[①]而辩方是排除非法证据的主要力量。根据2018年《刑事诉讼法》第58条第2款规定,当事人及其辩护人、诉讼代理人有权申请法院对以非法方法收集的证据依法予以排除。可以说,申请排除非法证据,是辩方一项重要的诉讼权利,因此刑事证据法的每一次发展,非法证据排除规则的每一个进步,都为辩方开辟了广阔的辩护空间。[②] 然而,“每一项权利,无论是民众的还是个人的,都是以坚持不懈地准备自己去主张它为前提”。[③] 非法证据排除规则的实施关键在于律师勇于提出排除申请。有学者这样描述律师在排除非法证据中的作用:“律师通过辩护一次又一次对刑讯逼供、非法取证发起挑战,哪怕被驳回,也要继续冲击,使法院重新树立一种习惯,就是在法庭上对侦查行为的合法性进行有效审查。”[④]律师的辩护是非法证据排除规则得到有效实施的推动力量,否则,检察院、法院未必会主动排除非法证据。同时,“如果没有律师的启动,公、检、法三机关在刑讯逼供问题上可能会心照不宣,警察刑讯逼供、检察官移送刑讯逼供的证据,法院采纳刑讯逼供的证据,成为刑讯逼供的‘共犯’,这

① 参见刘静坤:《证据审查规则与分析方法》,法律出版社2018年版,第81页。

② 从2010年“两高三部”的两个证据规定,最高人民法院2012年《刑事诉讼法解释》,2017年“两高三部”《非法证据排除规定》到2017年最高人民法院发布的“三项规程”,非法证据排除的实体性规则和程序性规则不断丰富完善,辩方申请非法证据排除的权利从无到有,我国刑事诉讼中的程序性辩护有了重大的突破。关于证据规则嬗变的研究,可参见吴洪淇:《刑事证据法的理论面孔》,法律出版社2018年版,第3~39、122~141页。

③ 参见[德]鲁道夫·冯·耶林:《为权利而斗争》,郑永流译,法律出版社2012年版,第2页。

④ 参见陈瑞华:《非法证据排除的中国难题》,载《中国改革》2010年第7期。

是非常可怕的，只有律师的强力介入，才能打破这种恶性循环”。[①]因此，辩方申请非法证据排除，有助于对侦查行为的司法控制和司法审查，有助于防止冤假错案，有助于实现司法公正。

具体说来，辩方在排除非法证据上的作用贯穿于整个刑事诉讼程序。首先，在侦查机关对嫌疑人采取强制措施或第一次讯问时起，辩护律师可以通过会见嫌疑人，在第一时间向其说明法律及司法解释有关禁止非法取证和非法证据排除的规定，提高嫌疑人在面临刑讯逼供等非法取证行为时保留证据和线索的意识。其次，在辩护律师会见嫌疑人、被告人或者在查阅案卷材料的过程中，一旦发现侦查人员的非法取证行为或者案卷中的非法证据，可以及时向司法机关提出排除非法证据的申请。[②] 再次，辩方在提出排除非法证据的申请时，按照刑事诉讼法的规定提供相关线索或材料，有助于推动司法机关启动对所涉证据的调查，并在调查程序中对控方的证据材料进行质疑和辩驳，协助法庭查清争议证据的合法性。最后，在排除非法证据的申请遭遇不利裁判或法院置之不理时，可以向上级法院提出上诉，获得法律上的救济。[③]

综上所述，辩方在非法证据排除制度中发挥着重要的甚至是主要的作用。一方面，非法证据的排除主要是靠辩方提出排除非法证据的申请而启动，由此才能展开对非法证据的调查并最终加以排除。没有辩方申请排除非法证据，通常办案机关是不会主动调查并排除非法证据的。另一方面，通过辩方坚持不懈地提出排除非法证据并积极参与调查程序，实际上对办案机关特别是侦查机关起到重要的警示作用，倒逼它们依法收集、审查、运用证据，维护司法程序的正当性和合法性。

---

① 参见陈瑞华：《非法证据排除的中国难题》，载《中国改革》2010 年第 7 期。

② 参见甘雨来：《非法证据排除规则实施问题研究》，中国人民公安大学出版社 2016 年版，第 181～183 页。

③ 根据“两高三部”《非法证据排除规定》第 38 条、第 40 条规定，辩方可以在一审判决作出后就非法证据排除问题提出上诉，而且一审法院对辩方的申请未作审查可能影响公正审判的，将会遭遇上级法院发回重审的程序性制裁。

二、辩方申请非法证据排除面临的问题

辩方申请非法证据排除兼具程序性辩护和证据辩护的特点。申请非法证据排除本质上挑战的是侦、检机关侦查行为的合法性，因此具有程序性辩护的特征。同时，申请非法证据排除还会挑战控方证据的证据能力，因此具有证据辩护的特征。[①] 这些实际上都是对办案机关办案行为的质疑和挑战。加之我国非法证据排除规则还不够健全，以致在当下司法环境下，辩方申请非法证据排除问题丛生、困难重重。

从理论上讲，程序性辩护应当具备四个基本要素：其挑战的是侦查、公诉、审判程序的合法性；其目标是说服法院宣告某一诉讼行为违法；说服法院宣告某一诉讼行为无效；法院应当启动程序性裁判机制，保持最低限度的诉讼形态以解决证据合法性争议问题。遗憾的是，在我国目前的司法实践中，这几个要素都不具备。[②] 如此一来，辩方作为程序性辩护的重要手段提出非法证据排除的申请往往面临诸多问题、困难。

其一，辩方申请启动非法证据调查程序难。根据现行刑事诉讼法及司法解释的规定，辩方申请非法证据排除是法院审查决定是否启动非法证据调查程序最重要的模式。从比较法的研究成果看，“申请—审查”的启动模式是非法证据排除程序启动的主流做法，[③] 既有利于防止辩方无理由的提出申请，又有利于节约司法资源、提高司法效率。但问题是，按照刑事诉讼法的规定，辩方提出申请时应当提供相关线索或材料，但在现行侦查制度下辩方是很难做到的。即使能够提出，法官在审查时也存在滥用自由裁量权限制辩方申请的倾向。

从内容来说，相关线索主要是指被告人及其辩护人提供的涉嫌

① 参见田文昌、陈瑞华：《刑事辩护的中国经验》，北京大学出版社 2013 年版，第 68 页。

② 同上书，第 70 页。

③ 参见高咏：《非法证据排除程序研究》，中国法制出版社 2014 年版，第 55 ~ 113 页。

刑讯的人员、时间、地点、方式等细节信息；而相关材料，主要是指反映被告人因刑讯致伤的医院病历、看守所体检证明、被告人体表损伤及衣物损坏情况、看守所看管人员及同监羁押人员的书面证言、讯问时的笔录和录音录像等。① 但是在中国语境下，由于侦查程序具有封闭性特点，辩方很难提出线索或者相关证据。因为即使从2012年《刑事诉讼法》修改后，律师虽然从侦查阶段就可以行使辩护权，但对侦查取证活动的了解是非常有限的，很难深入细致地掌握侦查取证活动的详细过程。在发生刑讯逼供的案件中，办案人员为了规避法律往往采取种种防范措施以致犯罪嫌疑人即使遭受刑讯逼供也难以准确掌握具体时间、地点、人员等信息。② 此外，立法上始终没有赋予辩护律师侦查讯问的在场权。这些因素导致了辩护律师很难在申请时提出相关线索或者材料。

即使被告人和律师能够提出相关线索和材料，仍然可能面临无法启动正式调查程序的局面。因为法官自由裁量权过大甚至滥用，不支持辩方的申请。表8-1是2010年6月到2014年7月，B市法院、S市法院、J省法院刑事审判中辩方申请排除非法证据的情况及法官审查后获准启动情况：③

表8-1　辩方申请排除非法证据的情况

法院	辩方申请排除非法证据的案件总数/件	法官启动调查的案件数量/件	申请启动率/%
B市法院	114	51	44.7

① 参见戴长林：《非法证据排除规则司法适用疑难问题研究》，载《人民司法》2013年第3期；最高人民法院2017年颁布的《非法证据排除规程》第5条规定吸纳了这一意见。

② 被告人及其辩护人之所以难以提供刑讯逼供的相关线索或者材料，是因为：第一，刑讯逼供时警察不会告诉被讯问者他的名字；第二，有的被告人被关押在暗室里根本说不出被刑讯的时间和地点；第三，在采取不让睡觉、不让吃饭、强光照射等多种变相刑讯逼供手段后，被告人根本无法提供刑讯逼供的方式和内容让法院采信。参见陈虹伟：《刑讯逼供之伤》，载《法制与新闻》2010年第7期。

③ 引自王彪：《法官为什么不排除非法证据》，载《刑事法评论》2015年第1期。左卫民教授的实证研究数据也显示出法庭对申请排除非法证据的调查启动比例大概在40%~50%。参见左卫民：《"热"与"冷"：非法证据排除规则适用的实证研究》，载《法商研究》2015年第3期。

续表

法院	辩方申请排除非法证据的案件总数/件	法官启动调查的案件数量/件	申请启动率/%
S 市法院	51	24	47.1
J 省法院	451	250	55.4

从表 8-1 中可以看出,在“申请—审查”启动模式下,辩方提出排除非法证据的申请,获得法官支持的只有一半左右。值得注意的是,这些申请一半都是有辩护律师的案件提出来的,它们在刑事案件中所占比例很低。绝大多数刑事案件都没有辩护律师参与,或者即使参与也难以进行有效辩护。有学者分析认为,司法实践中非法证据排除程序启动难往往是因为法官滥用自由裁量权的原因。①

其二,即使辩方申请排除非法证据后能够启动调查程序,成功率也很低。陈瑞华教授将我国刑事诉讼法上关于非法证据排除的规定总结为三种模式:非法言词证据绝对排除,书证、物证等实物证据裁量性排除,技术违法的证据材料通常可补正原则上不排除。②但在司法实践中,“不排除是原则,排除成为了例外”。③ 有学者以北大法律信息网为工具,检索了 2005—2015 年 1459 个案例,只有 136 个案件决定排除非法证据。而在 136 个案件中,因非法证据排除导致被告人被宣告无罪的案件为 17 件,占 12.50%;涉及非法证据排除而导致部分事实不予认定的案件 9 件,占 6.62%;发回重审的 11 件,占 8.80%;法院依据其他证据仍然实现对被告人定罪的 99 件,占 72.79%。④ 因此,申请非法证据排除成功率很低,且排除证据后对定罪量刑的影响并不显著。

其三,庭审调查中控方应当承担的举证责任和证明标准被异化

① 参见王超:《非法证据排除调查程序难以被激活的原因与对策》,载《证据与法律》2013 年第 6 期。

② 参见陈瑞华:《非法证据排除的中国模式》,载《中国法学》2010 年第 6 期。

③ 参见闫绍华:《“名禁实允”与“虽令不行”:非法证据排除难研究》,载《法制与社会发展》2014 年第 2 期。

④ 参见易延友:《非法证据排除规则的中国范式——基于 1459 个刑事案例的分析》,载《中国社会科学》2016 年第 1 期。

给辩方承担。根据刑事诉讼法的规定,辩方申请非法证据排除只需要提供相关线索或材料即可,法庭审查后一旦启动庭审调查,辩方则不承担证明责任,而应当由控方承担证明其指控证据合法性的证明责任。具体方式包括播放讯问录音录像资料、申请侦查人员或其他相关人员出庭作证、提供其他相关证据等。然而在实践中,法庭一般并不严格要求控方承担以上举证责任,要求侦查人员或相关人员出庭作证,通常只是宣读有关笔录或者由侦查机关出具其合法取证的"情况说明"。在此过程中一般也不安排控辩双方围绕相关问题展开辩论。法官通常只是进行简单的询问,一般不主持正式的举证质证程序。[①] 这实际上是不合理地降低了控方的举证负担。至于证明标准的掌握上,现行刑事诉讼法规定得很明确,即"对于经过法庭审理,确认或者不能排除存在本法第五十六条规定的以非法方法收集证据情形的,对有关证据应当依法排除"。但在司法实践中,法庭往往要求辩方承担证明所涉证据系非法证据的证明责任,[②]否则控方证据将无阻碍地成为定案根据。同样,如果被告人坚持辩称自己受到了刑讯逼供,改变庭前所作的供述,法官则通常会要求被告人证明自己改变口供的合理性或者作出合理解释,而且要求被告人的辩解必须有相应的其他证据予以印证,做到"以事实为根据",否则控方的证据也将无阻碍地成为定案根据。[③] 这些做法实际上等于将控方应当承当的证明责任转嫁给了辩方,并要求辩方的举证行为达到很高的证明标准,法律和司法解释上规定的控方应当承担的证明责任和证明标准完全被异化了。

---

① 参见重庆市高级人民法院课题组:《刑事非法证据排除实务研究》,载裴显鼎主编:《刑事证据排除程序适用指南》(第2版),法律出版社2018年版,第237页;程衍:《论非法证据排除程序中侦查人员的程序性被告身份》,载《当代法学》2019年第3期。

② "(辩护人提出口供属于非法证据)本院认为,辩护人未就被告人郭某被非法限制人身自由的事实提供充分的证据予以证实,同时被告人郭某在庭审中,对起诉书指控事实,均承认收受事实存在,故该辩护意见不予采纳。"参见河南省南阳市中级人民法院(2014)南刑二终字第0038号刑事判决书。

③ 参见《法庭调查规程》第50条第1款规定:"被告人的当庭供述与庭前供述、自书材料存在矛盾,被告人能够作出合理解释,并与相关证据印证的,应当采信其当庭供述;不能作出合理解释,而其庭前供述、自书材料与相关证据印证的,可以采信其庭前供述、自书材料。"

其四，辩方对控方证据证据能力的质疑往往被法庭转化为证据的证明力问题，以致辩方排除非法证据的申请被规避。以下判词可见此种情形：

“原审被告人惠某敏上诉称，原判认定事实错误，量刑过重，其并未参与第3、4、5起犯罪，其在公安机关所作有罪供述系非法证据，应予以排除。请求二审法院撤销原判，对其改判缓刑……经查，其在侦查阶段的三次供述对此三起犯罪均予以供认，且与同案犯张某虎、杨某荣、吴某明、张某民等人的证言、同案犯杨某荣对惠某敏的辨认笔录及同案犯被判处刑罚的刑事判决书等证据相互印证，足以认定；关于惠某敏所提其在侦查阶段的有罪供述系非法证据，应予以排除的上诉理由，与查明事实不符，且无证据支持，故其上诉理由均不能成立，不予支持。”①

有学者通过实证研究指出，我国法官对非法证据处理的逻辑存在“印证故真实”“稳定故真实”“真实故合法”的现象。② 在受理辩方申请非法证据排除申请后，不通过控方举证、辩方质证的方式审查证据的合法性问题，而是去调查辩方所辩称的“非法证据”是否有其他证据予以印证而确认其真实性，或者通过论证被告人供述具有稳定性而确认其真实性。法官这种裁判逻辑将辩方针对控方证据的证据能力的挑战和质疑转化为一个证明力问题，从而架空非法证据排除规则，规避了辩方排除非法证据的申请。这种将证据能力扭曲为证明力的做法，使非法证据排除的范围更加模糊、调查程序更加不独立、排除程序越发形式化，从而严重影响辩方申请排除非法证据的效果，③而且用印证的方式来解决非法证据排除问题，有架空非法证据排除规则的风险。

---

① 参见甘肃省庆阳市中级人民法院(2014)庆中刑终字第117号刑事裁定书。

② 参见易延友：《非法证据排除规则的中国范式——基于1459个刑事案例的分析》，载《中国社会科学》2016年第1期。

③ 参见杨波：《由证明力到证据能力——我国非法证据排除规则的实践困境与出路》，载《政法论坛》2015年第5期。参见牟绿叶：《论非法证据排除规则和印证证明模式的冲突及弥合路径》，载《中外法学》2017年第4期。

三、解决辩方申请非法证据排除困境的对策

在以审判为中心的诉讼制度改革背景下，要实现庭审实质化就必须解决辩方申请非法证据排除存在的问题。针对以上存在的种种问题，现提出以下解决对策。

第一，重视并解决非法证据排除规则与侦查取证程序的悖论问题。非法证据排除规则需要以明确具体的法定取证程序作为前置性条件，如果取证程序规定得过于开放、粗疏，必然影响非法证据排除规则的制定和实施。应该说，我国刑事诉讼法对侦查程序的立法规制仍显粗疏，以致辩方主张控方证据系通过非法取证行为所取得缺乏法律的明确规定。比如，2013 年“两高三部”出台的《防范冤假错案意见》将疲劳审讯取得的供述作为应当排除的非法证据确定下来。这本来是一大进步，但是由于法律对侦查机关讯问犯罪嫌疑人多长时间应认定为疲劳审讯没有作出明确规定，导致辩护律师要想提出侦查机关存在疲劳审讯的问题时，并没有明确的法律依据。此外，如前所述，辩方在实践中提出申请非法证据排除时所要求的“相关线索或证据材料”面临诸多困难，解决这一问题的可行思路就是改革完善侦查程序，对侦查取证行为作出明确的法律规制。一旦有了法律依据，再判别是否非法取证就有了明确标准。此外，还应当赋予辩护律师在侦查讯问过程中的在场权，以及确保辩护律师调查权的有效行使。如此一来，首先，使侦查取证行为有所遵循，非法取证行为势必减少，同时辩方对是否非法取证行为的判断也比较容易。其次，侦查程序的封闭性被打破后，辩方在一定限度内参与或了解了取证过程，一旦提出非法证据排除申请，也容易提供相关线索或材料。因此，立法者未来对非法证据排除规则进行完善时，应当将非法证据排除规则与侦查取证程序作为一个结构性、系统性的工程同步推进、优化完善，从而解决辩方申请非法证据排除面临的提供“相关线索或材料”难的突出问题。

第二，构建以审判为中心的非法证据排除规则体系，使控、辩、审三方在非法证据排除问题上形成基本共识并作为司法行为准则。如前所述，我国非法证据排除规则经历了 2010 年由司法解释初步

确立、2012年刑事诉讼法修改正式确立的过程。由于当时还没有提出“推进以审判为中心的诉讼制度改革”,又缺乏司法实践经验,法律上的规定比较原则和模糊。十八届四中全会以来,在“推进以审判为中心的诉讼制度改革”的背景下,已经先后出台了多份法律文件,对非法证据排除问题作出了较以往法律、司法解释更完善的规定。但是,这些规定目前还没有上升为刑事诉讼法的规定,这对于非法证据排除的司法实践非常不利。因此,应当尽快把近年来司法改革关于非法证据排除问题的新成果吸收到刑事诉讼法中。

第三,司法机关要严格依照法定程序启动、调查并排除非法证据。就现行刑事诉讼法、司法解释以及司法改革文件对于非法证据排除问题的规定来看,大部分基本问题的规定还是清楚、明确的,并不是无法可依,而是有法不依,并且往往是“近控方,远辩方”。因此,在非法证据排除问题上,法院及法官、检察院及检察官首先要严格依法办案,特别是在控方承担证明责任和证明标准的掌握上,应当坚守法律规定。不能把控方证明取证合法性的举证责任转嫁为辩方证明非法证据的举证责任,把不能排除存在法定非法取证情形的就应当把有关证据加以排除的证明标准,改变为必须达到确认非法证据存在才予以排除相关证据的证明标准。

第四,要从司法理念上端正司法人员对于非法证据排除的错误认识。如前所述,在这个问题上目前存在的主要问题是,不少司法人员对于证据能力与证据证明力的关系混为一谈,往往用证明力的审查、确定代替证据能力的审查、确定,以致排除非法证据非常难。其根源还是对排除非法证据的价值取向认识片面,不是从维护程序正当性、合法性的角度认识非法证据排除问题,而只是片面地从防范冤假错案的角度看待非法证据排除问题,似乎证据的证明力没有问题,哪怕是非法证据也没有必要排除。为此,要对司法人员加强业务培训,从根本上解决程序独立价值的问题,树立没有程序公正就没有实体公正,只要是依法应当排除的非法证据,不考虑其真实性如何,也不调查其与其他证据是否能够相互印证,应当依法予以排除。

第五,加强非法证据排除的指导案例制度。除了在立法上完善非法证据排除规则,司法上严格依法办案,理念上对非法证据排除的价值取向端正认识外,还应当加强非法证据排除的指导案例制度。俗话说“榜样的力量是无穷的”。非法证据排除在我国虽然提出已多年,但可以说仍属新生事物,需要在最高司法机关的层级和主导下,有意识地发现、确定、发布一些有典型意义的案例指导司法实践。从近年来最高人民法院及下级法院已经发布的一些案例来看,已经在认定疲劳讯问、排除重复性供述、禁止非法拘禁获取口供等方面积累了宝贵的经验。实践中,很多辩护律师也援引这些案例作为论据请求法院支持其非法证据排除的申请。但是,已有的关于非法证据排除的指导案例数量少、缺乏权威性。今后有必要加大非法证据排除典型案例的汇编和公布力度,提升指导案例的地位和权威性。

第九章　庭审实质化的定罪要求与证明标准的坚守

庭审实质化的程序要求是庭审程序的实质化，也就是对案件事实、证据的调查不能走过场，要坚持直接言词原则，彰显程序的正当性；庭审实质化的证据要求旨在解决对作为定案依据的每一个证据的证据能力和证明力的实质审查，特别是通过非法证据排除制度或规则的实施确保定案证据的合法性。但是，即使庭审实质化的程序要求和庭审实质化的证据要求都能做到、都能实现，并不必然能对案件作出公正、合法的裁判。要想做到对案件的裁判特别是定罪的裁判公正、合法，还必须坚持庭审实质化的定罪要求，特别是坚守定罪的证明标准。

第一节　庭审实质化的定罪要求

一、庭审实质化与定罪的关系

如本书前面所述，庭审实质化的要求表现在三个方面，即庭审程序的实质化、庭审证据的实质化、庭审定罪的实质化。庭审程序的实质化关注的是庭审过程不能走过场、形式化，而应当实质化。也就是庭审过程必须是真正对案件事实、证据进行调查的诉讼活动。在此过程中，控方应当严格依法履行证明被告人有罪的举证责任，而辩方要充分行使诉讼权利，对指控证据进行质证，以实现“案件事实、证据调查在法庭，控辩双方举证、质证、辩论在法庭”。为此，就需要实行直接言词原则，凡有必要出庭的证人、鉴定人、侦查人员都要出庭作证，并接受质证。这一过程不仅彰显出庭审程序的正当性，而且有利于保障对案件事实认定的正确性。庭审证据的实质化强调的则是作为定案依据的证据必须具有证据能力和证明力，应当对其严格审查。而证据能力的核心要求是证据的合法性，只有合法取得的证据才具有证据资格。而对于非法取得的证据不论其证明力如何，应当依法予以排除，不能作为定案依据。但即使具有证据资格的证据，如果不具有客观性，或者虽然具有客观性，但与案件事实不具有实质关联性，也不能作为定案的证据。质言之，作为认定案件事实的证据，不仅要有证据资格或证据能力，而且还要有证明力，也就是对于案件事实具有证明价值。这就是庭审证据的实质化。它与庭审程序实质化的关系是，庭审程序实质化表现的是庭审的外在过程，庭审证据的实质化表现的则是庭审的内在内容。两者一表一里，相得益彰。

但是，不论庭审程序的实质化还是庭审证据的实质化，都不是刑事诉讼活动的目的，或者具体而言都不是庭审活动的目的。也就是说，我们不是也不应当为了庭审程序的实质化而实质化，或者为了庭审证据的实质化而实质化，而是为了定罪的要求才强调庭审程序的实质化和庭审证据的实质化。它们的共同目的都是解决被告人的行为是否构成犯罪的问题，也就是对被告人准确定罪①的问题。可见，庭审实质化与定罪的关系极为密切。一方面，庭审程序的实质化和庭审证据的实质化是准确定罪的必然要求，它们为准确定罪

① “准确定罪”在诉讼理论上包括两个方面的要求：其一，有足够的证据证明被告人确实实施了指控的犯罪行为，这是从事实层面提出的要求；其二，对业已查明的被告人的犯罪行为确定的罪名是符合法律规定的，这是从法律层面提出的要求。但本章所讲的“准确定罪”主要是指事实层面的含义。

奠定了坚实的基础。另一方面,即使做到了庭审程序的实质化和庭审证据的实质化,也不是必然能够做到定罪准确。这是因为定罪虽然以庭审程序和庭审证据实质化为基础、为条件,但定罪本身还有其特殊的要求。如前所述,庭审程序和庭审证据的实质化一外一内、一表一里,关注的是定案所涉的一个一个孤立的证据,旨在解决每一个证据的证据能力和证明力问题,它们难以顾及每个证据相互之间的联系或关系。而定罪则是在此基础上,发现、确认每个证据之间是否具有联系或关系,并且这种联系或关系是否能够无懈可击地证明被告人实施了某一犯罪。结论如果是"是",则可以据此认定被告人有罪;结论如果是"否",则不能认定被告人有罪。可见,定罪活动本身虽然与庭审程序和庭审证据的实质化有关系,但也有独立性。这种独立性表现为定罪也应当实质化。首先,要依据经过庭审程序和庭审证据实质化审查过滤的证据作为定案依据,2018年《刑事诉讼法》第50条规定的"证据必须经过查证属实,才能作为定案的根据",体现的就是此项要求。其次,要依据科学的能够反映定罪客观规律的定罪证明标准进行定罪。只有达到定罪证明标准的行为才能确定有罪。反之,则不能定罪。符合以上两项要求的定罪活动,才是庭审实质化要求的定罪。

二、庭审实质化与定罪证明标准

庭审实质化在定罪上的要求就是准确定罪,而准确定罪又以准确认定案件事实为前提。如果不能准确认定案件事实,没有发现案件事实真相而作出定罪裁判,势必导致错误定罪,不仅使无辜之人遭受无妄之灾,还会放纵有罪之徒!可见准确定罪非常重要。而要准确定罪,就必须从一系列错综复杂的线索中查明案件的事实真相。[①] 诚如威格莫尔教授指出:"多数证据法学家共享如下假定,即准确的事实发现应该成为证据法的中心目标。"[②]布莱德雷和何弗

---

① Larry Laudan, *Truth, Error, and Criminal Law: An Essay in Legal Epistemology*, Cambridge University Press, 2006, p. 2.

② IA John Henry Wigmore, *Wigmore on Evidence* 37. 1, 1018 (Peter Tillers Rev. 1983).

曼恩教授指出："刑事审判的首要——也是最重要的——目的在于'发现真实'。我们希望无辜者被无罪释放，有罪之人被判有罪。我们在刑事审判之前、之中甚至之后的许多活动，通过适当的制度设计服务于促进'发现真实'的目的。"①

需要指出的是，准确认定案件事实并在此基础上准确定罪，必须制定并严格遵守科学的、反映诉讼客观规律的定罪证明标准。这是由定罪证明标准作为刑事诉讼中枢神经的性质所决定的。在刑事诉讼中，证明标准是贯穿整个刑事证明过程始终的一根主线，②法官在判断案件证据是否足以认定被告人有罪时，必须在综合全案证据基础上，判断所认定事实是否达到证明标准。可以说，定罪证明标准关系到刑事案件的定案质量，涉及如何保障准确定罪、防止冤假错案的关键性问题。只有达到法定证明标准的案件才能定罪，也才能做到定罪准确。如果在达不到定罪证明标准的情况下作出有罪判决，那么势必导致冤错案件，不仅给当事人带来深重灾难，甚至将摧毁被视为"神圣殿堂"的司法体系。从我国近年发现并纠正的一些冤错案件足可窥见错误判决的严重后果。例如，在聂某斌案中，指向聂某斌犯罪的直接证据主要是被告人的口供，但是，"聂某斌作案时间不能确认，作案工具花上衣的来源不能确认，被害人死亡时间和死亡原因不能确认；聂某斌被抓获之后前 5 天讯问笔录缺失，案发之后前 50 天内多名重要证人询问笔录缺失，重要原始书证考勤表缺失；聂某斌有罪供述的真实性、合法性存疑，有罪供述与在卷其他证据供证一致的真实性、可靠性存疑，本案是否另有他人作案存疑"，③且辩护人明确提出指控聂某斌犯强奸妇女罪证据不足的辩护意见。在这种情况下，如果原审法院能够坚守法定的定罪证明标准而判决聂某斌无罪，这起冤案自然可以避免。但是，原审法院没有严格遵守法定的定罪标准，在证据不足以认定聂某斌有罪的

---

① Craig M. Bradley & Joseph L. Hoffmann, *Public Perception, Justice, and the "Search For Truth" in Criminal Cases*, 69 S. Cal. L. Rev. 1271 (1996).

② 参见熊秋红：《对刑事证明标准的思考——以刑事证明中的可能性和确定性为视角》，载《法商研究》2003 年第 1 期。

③ 中华人民共和国最高人民法院(2016)最高法刑再 3 号刑事判决书。

情况下仍然认定其有罪。该案在2016年年底经最高人民法院再审认定“没有达到证据确实、充分的法定证明标准”并改判聂某斌无罪才得以纠正。同样,2010年爆发的赵某海案,虽然检察机关曾认为证据不足,两次退回补充侦查,但最终赵某海还是被判故意杀人罪,判处死缓。赵某海在服刑11年后,被害人同样“死而复生”,赵某海冤情大白。赵某海案使广大民众对司法的质疑更是形成汹涌舆论。[①] 培根曾深刻地指出:“一次不公正的(司法)判断比多次不平的举动为祸尤烈。因为这些不平的举动不过弄脏了河流,而不公的判断则把水源也败坏了。”[②]这两个案件的共性是在诉讼过程中都已发现案件事实不清、证据不足,没有达到法定证明标准却被定罪。可见,坚持定罪证明标准才能定罪,在很大程度上可以有效减少冤错案件的发生。

在聂某斌、赵某海两起冤案中,既然已经发现事实不清、证据不足,为什么检察院还会提起公诉、法院还会作出有罪判决?原因是多方面的,但其中最重要的原因是法院没有坚守定罪的实质化,也就是没有坚守法定定罪证明标准。因此,定罪实质化的要求首先是要坚守定罪证明标准。特别是经过庭审程序的实质化和庭审证据的实质化,已经发现案件事实、证据有问题的,就应当坚守定罪证明标准,不能给被告人定罪。这样势必可以避免冤假错案。

但是,并非无论什么样的定罪证明标准都能起到防范冤假错案的作用。定罪的证明标准本身是否科学,是否能够反映诉讼的客观规律,是否能够为司法人员正确掌握和运用,也对能否准确定罪影响很大。司法实践中发生的一些冤假错案,并不像聂某斌、赵某海案件那样,在诉讼过程中已经发现事实不清、证据不足。而是在诉讼中好像有罪证据已经足以达到法定证明标准。比如,云南的杜某武案、浙江的张氏叔侄案,当初法院判决他们有罪时,似乎定罪证据毫无问题,完全达到了定罪证明标准。在杜某武冤案中,控方提供的多份所谓“科学证据”足以证明杜某武到过案发现场并且使用被

---

① 有关赵某海杀妻案的详细介绍,请参见第九章相关内容。

② [英]培根:《论司法》,载《培根论说文集》,水天同译,商务印书馆1983年版,第193~200页。

害人佩戴的枪支实施了杀人犯罪行为。同样，在张氏叔侄案中，办案机关高度负责、非常审慎，专门安排具有“女神探”之称的办案人员对该案审查把关，声称把该案办成了“铁案”。但是，该两个案件最后被证明都是冤案。问题出在哪里？当然，原因也是多方面的，其中最重要的原因就在定罪证明标准上，但与聂某斌、赵某海案又有所不同。前者是诉讼中已经发现没有达到证明标准而定罪，后者是诉讼中认为足以达到证明标准而定罪。

那么，如何确定定罪的证明标准？毫无疑问，从司法公正的角度来看，司法公正要求法院对案件的处理做到不枉不纵，即准确确定事实上实施了犯罪行为的人有罪，同时不冤枉无辜。因此，定罪证明标准当然以不枉不纵的价值追求为指导。然而，现实中要设置实现不枉不纵的证明标准难以做到，因为基于刑事诉讼的特点，冤枉无辜或放纵犯罪的情形在现实中往往不能避免。诚如有美国学者曾针对美国刑事诉讼中定罪的证明标准指出：“如果刑事审判的证明标准是‘优势证据标准’，而非‘排除合理怀疑’，那么在开释有罪之人方面将会犯更小的错误，然而，在认定有罪的事实错误方面将会冒更大的风险。”①由此便提出了需要在“不枉”与“不纵”之间作出选择的问题。由此可以看出，定罪证明标准的设置并不是一个纯粹的法律问题，而是涉及经济学的价值平衡问题。从经济成本来看，强调“不纵”有可能导致冤枉无辜，这将使之前的刑事诉讼程序归于无效，更甚的是冤枉无辜意味着真正的犯罪人仍然游离在刑事诉讼之外未被追究刑事责任，这大大增加了社会成本。相反，“不枉”虽然有可能会放纵真正的犯罪人，但不会因为错判无辜者有罪而带来成本。由此看来，“不纵”所产生的成本要比“不枉”所产生的成本要高，基于经济成本的考量，要求我们在“不枉”与“不纵”发生冲突时只能选择“不枉”作为指导思想。也就是说，虽然在刑事诉讼中需要顾及如何防止错判无罪，但是在对有罪证明标准进行调整时仍应当主要考虑如何防止错判有罪。② 如波斯纳运用经济学理

① Allen, Christopher, *Practical Guide to Evidence*, London Sydney, 120 (Sec. ed, 2001).

② 参见肖沛权：《排除合理怀疑的经济分析》，载《政法论坛》2013 年第 2 期。

论分析证据法中的说服责任时说道:“第Ⅰ类错误[积极性错误(false positives)——比如判决无辜的人有罪]所产生的成本,平均比第Ⅱ类错误[消极性错误(false negatives)——比如错误的无罪开释判决]所产生的成本更高,这一假定对于典型的民事审判而言并不能成立。因此,只要原告的诉讼请求能够支持的盖然性超过(即便是稍稍超过)不能支持它的盖然性,则做出对原告有利的裁决便具备正当性。然而,由于对一名无辜被告施加刑事处罚的成本,要远远超过对一名有罪被告实施稍多一项定罪的社会收益(旨在维持法律的威慑力,以及防止有罪被告在一段时期内重新犯罪,即基于对他的有罪判决而对其予以监禁),故而在刑事案件中,第Ⅰ类错误比第Ⅱ类错误还要严重得多,因此在前一情形下,必须通过将主要的说服责任分配给检控方,使得第Ⅰ类错误显得更为重大。”①

由以上波斯纳进行的成本分析可以看出,定罪证明标准的成本考量产生于错判有罪和错判无罪之间的成本差异以及主观选择。但是,需要指出的是,这里的“成本考量”不只是经济上的,还包括法律上的、社会上的、甚至政治上的。如果一个国家冤假错案不断发生,不只是为这些冤案投入的经济成本“打了水漂”,而且会使冤假错案的当事人及其家庭深受其害,还会严重损害司法权威和司法公信力,社会的稳定基础将会发生动摇。因此,必须高度重视、科学确定定罪证明标准。

第二节　我国法律上定罪证明标准的演变与发展②

一、我国古代的定罪证明标准

与西方国家古代曾经盛行“神明裁判”做法不同,我国古代刑

---

① [美]理查德·A.波斯纳:《证据法的经济分析》,徐昕、徐昀译,中国法制出版社2001年版,第85页。

② 参见肖沛权:《排除合理怀疑研究》,法律出版社2015年版,第182~190页。

事司法证明虽然也出现过“神明裁判”的做法,[①]但这种做法消失较早,并未在我国古代占据统治地位。从总体上而言,我国古代刑事司法证明主要奉行口供裁判方式,依据刑讯获得的口供定案。[②] 如《唐律疏议·断狱》明确规定:“诸应讯者,必先以情,审查辞理,反复参验,犹未能决,事须讯问者,立案同判,然后拷讯。”[③]按照唐律疏议对该条解释,“察狱之官,先备五听,又验诸证信,事状疑似,由不首实者,然后拷掠”。[④] 换言之,在“察看其情,审其辞理”的情况下仍不能决疑的情况下,就应当实施刑讯。《宋刑统》继承了《唐律疏议》相关内容,并作出进一步解释:“诸察狱之官,先备五听。按〈周礼〉云:‘以五声听狱讼,求人情。一曰辞听,观其出言,不直则烦;二曰色听,观其颜色,不直则赧然;三曰气听,观其气息,不直则喘;四曰耳听,不直则惑;五曰目听,观其瞻视,不直则眊然’”。[⑤] 明律“吏典代写招草”条王肯堂笺释说:“鞠问刑名等项,必据犯人之招草,以定其情。”[⑥]《清史稿·刑法志》规定:“断罪必取输服供词。律虽有众证明白即同狱成之文,然非共犯有逃亡,并罪在军流以下,不轻用也。”[⑦]

与口供裁判方式相适应,刑事证明标准开始出现在我国古代不

---

① 如《周礼·秋官·司盟》中记载,“有狱讼者,则使盟诅”,“凡盟诅,各以其地域之众庶,共有牲而致焉,既盟则为司盟共祈酒脯。”《论衡·是应》中也有记载:“皋陶治狱,其罪疑者令羊触之,有罪者则触,无罪责不触,天生一角圣兽助狱为验。”

② 我国著名历史学家瞿同祖先生通过研究断言:“中国有史以来就以刑讯获得口供,早就不仰赖审判法了。”参见瞿同祖:《中国法律与中国社会》,中华书局2003年版,第272页。

③ 《唐律疏议·断狱》刘俊文点校,“诸应讯囚者”条,法律出版社1999年版,第592页。

④ 《唐律疏议·断狱》刘俊文点校,“诸应讯囚者”条,法律出版社1999年版,第592页。

⑤ 《宋刑统·断狱律》薛梅卿点校,法律出版社1999年版,第539页。

⑥ (清)薛允升:《唐明律合编》(五),商务印书馆发行《万有文库》第二集七百种之134,第699页。转引自陈光中、郑曦:《论刑事诉讼中的证据裁判原则——兼谈〈刑事诉讼法〉修改中的若干问题》,载《法学》2011年第9期。

⑦ 《清史稿·刑法志》卷一百四十四志一百十九刑法三。转引自陈光中、郑曦:《论刑事诉讼中的证据裁判原则——兼谈〈刑事诉讼法〉修改中的若干问题》,载《法学》2011年第9期。

同朝代的代表性法典中。如唐朝代表性法典《唐律疏议》就明确要求刑事司法证明应当达到情理上不容置疑的程度,规定“若赃状露验,理不可疑,虽不承引,即据状断之”。[①] 宋朝代表性法典《宋刑统》在“断狱律”中也规定:“今后凡有刑狱,宜据所犯罪名,须具引律、令、格、式……事实无疑,方得定罪。”[②]换言之,在刑事诉讼中,证明必须达到事实没有疑问的地步,才能对被告人定罪。到了元朝,《元史·刑法志》规定:“诸杖罪以下,府州追勘明白,即听断决。徒罪,总管府决配,仍申合干上司照验。流罪以上,需牒廉访司官,审覆无冤,方得结案,依例待报。其徒伴有未获,追会有不完者,如复审既定,赃验明白,理无可疑,亦听依上归结。”[③]清朝的代表性法典也有关于刑事证明应达到“明白”程度的表述。《大清律例》明确规定:“凡在外审理案件,应照案内人犯籍贯,批委该管地方官审理明白,申详完结”,“如有情事未明,务须详细指驳”。[④]

通过上述分析,我们不难发现,我国古代刑事司法证明适用“明白”“理无可疑”标准。通过刑讯,如果案情明白,没有疑点,那么就可对被告人定罪。

需要指出的是,从封建历朝历代的立法或司法实践来看,尽管封建统治者早已认识到疑罪从无的优点,如夏朝《尚书·大禹谟》中就有“与其杀无辜,宁失不经”的规定。《新书·大政》(上)也记载,汉代的贾谊认为,“诛赏之慎也,故与其杀不辜者,宁失于有罪也。故夫罪也者,疑则附之去已”,“疑罪从去,仁也;疑功从予,信也”。[⑤] 但是,封建王朝为了镇压反抗和犯罪行为,从来就没有真正实行过疑罪从无原则。在我国古代,对于疑案的处理,实行的是“疑

---

① 《唐律疏议》刘俊文点校,卷二十九“断狱”,“诸应讯囚者”条,中国政法大学出版社 1999 年版,第 593 页。

② 《宋刑统》薛梅卿点校,卷三十“断狱律”,“断罪引律令格式”门、“诸制敕断罪”条,法律出版社 1999 年版,第 551 页。

③ 《大元通制条格》郭成伟点校,“元史·刑法志·盗贼”,中国政法大学出版社 1999 年版,第 416 页。

④ 《大清律例》田涛、郑秦点校,卷三十七,“刑律”断狱门下“辩明冤枉”条例,中国政法大学出版社 1999 年版,第 587 页。

⑤ 陈光中主编:《证据法学》(第 3 版),法律出版社 2016 年版,第 198 页。

罪从有兼从轻”的原则。《尚书·吕刑》记载，周穆王时，“墨辟疑赦，其罚百锾”。这表明，犯了墨刑之罪而又有可疑，难以断定是否有罪的时候，可以交纳一定量的钱赎罪。《唐律》规定，“诸疑罪各依所犯以赎论”。该条疏议：“疑罪，谓事有疑似，处断难明。各依所犯以赎论，谓以所疑之罪用赎法收赎。”对疑罪，并不处对其所指控之刑，而改处该罪的赎刑。《大元通制》规定：“诸疑狱在禁五年之上不能明者，遇赦释免。”“遇赦释免”较之“各依所犯以赎论”有所发展和进步。但是，无论是“疑罪从赎”，还是“遇赦释免”，都是“疑罪从有”的表现，即在肯定有罪的前提下从轻处罚。毫无疑问，“疑罪从有”符合国家镇压、打击犯罪的需要，但是以牺牲无辜者的财产、自由甚至生命为代价。①

二、清末改制到新中国成立前的定罪证明标准

清朝末年，清政府面临内忧外患，内有义和团运动爆发，外有八国联军入侵，统治地位岌岌可危。在这种情况下，“忧时之士，咸谓非取法欧、美，不足以图强。于是条陈时事者，颇稍稍议及刑律”。②清政府亦不得不承认“世有万古不易之常经，无一成罔变之治法”，并要求“军机大臣、大学士、六部九卿、出使各国大臣、各省督抚，各就现在情形，参酌中西政要，举凡朝张国故、吏治民生、学校科举、军政财政，当因当革，当省当并，或取诸人，或求诸己，如何而国事始兴，如何而人才始出，如何而度支始裕，如何而武备始修，各举所知，各抒所见，通限两个月，详悉条议以闻”。③ 由此，正式拉开了涉及官制、军事、法律、教育和财政的“新政”改革序幕。

作为“新政”改革的重要组成部分，法律的修订也正式启动。清政府于 1902 年下诏：“著派沈家本、伍廷芳，将一切现行律例，按照交涉情形，参酌各国法律，悉心考订，妥为拟议，务期中外通行，有裨治理。”④修订法律馆于 1903 年正式成立，沈家本、伍廷芳担任修

---

① 陈光中主编：《证据法学》（第 3 版），法律出版社 2016 年版，第 198 页。

② 《清史稿·志一百十七》，刑法一。

③ 《清德宗实录》卷四七六。

④ 《清德宗实录》卷四九八。

订法律大臣,但由于各种原因,清末修律主要在沈家本的主持下进行。[①] 沈家本以“参考古今,博辑中外”“汇通中西”为修律的指导思想,[②]一方面,翻译外国的法律,把西方法律引进中国;[③]另一方面,主张修律应当吸收中国传统法律的原则和精神。在刑事法律制订方面,沈家本于1906年主持修订《刑事民事诉讼律草案》,较为完善地规定了刑事诉讼程序,其中第74条明确规定:“承审官确查所得证据已足证明被告所犯之罪,然后将被告按律定拟。”第75条也规定:“被告如无自认供证而众证明白、确凿无疑即将被告按律定拟。”[④]由此可以看出,有罪证明标准为“众证明白、确凿无疑”。尽管该草案因为地方反对而最终没有实施,但是“众证明白、确凿无疑”标准在随后某些地方审判厅办事章程或细则中得以沿袭。如《河南省地方审判厅章程》第25条就明确规定:“公判时于证据供招均属确实者,即定为本罪之判决。如犯人坚不供认,审判官认为众证确凿者亦同。”[⑤]从当时的地方判例来看,有罪证明标准也是“众证明白、确凿无疑”。如在澄海商埠审判厅收买赃物判牍中,审判厅在判决中写道:“该犯即不承认,然赃证既经确凿,未便听其狡展,应即判决。”[⑥]

南京临时政府时期,中国时局仍然动荡不安。南京临时政府存续时间短暂,没有制定完整的刑事诉讼法,而只在相关文件或规定

---

① 张晋藩:《中国法律的传统与近代转型》(第2版),法律出版社2005年版,第379~380页。

② 张晋藩:《中国法律的传统与近代转型》(第2版),法律出版社2005年版,第384页。

③ 据统计,截至光绪三十三年(1907年)共译出的各国法律与法学著作有:《法兰西刑法》《德意志刑法》《俄罗斯刑法》《荷兰刑法》《意大利刑法》《法兰西印刷律》《日本陆军刑法》《日本刑法论》《普鲁士司法制度》《日本裁判所构成法》《日本监狱访问录》《日本新刑法草案》《法典论》《日本刑法义解》《日本监狱法》《监狱学》《狱事谭》《日本刑事诉讼法》《日本裁判所编制立法论》等。参见张晋藩:《中国法律的传统与近代转型》(第2版),法律出版社2005年版,第385页。

④ 《大清法规大全·法律部》卷十一“法典草案一”,载《修订法律大臣沈家本等奏进呈诉讼法拟请先行试办章程折并清单》,总第1860页。

⑤ 《各省审判厅判牍》章程类“河南省地方审判厅章程”,民国恕念法学研究社印行。

⑥ 《各省审判厅判牍》判牍七《盗窃门》,法学研究社1912年印行。

吸纳清末修律的成果。在有罪证明标准上，南京临时政府承清末之制，规定“众证明白、确凿无疑”标准。1912 年 3 月 2 日颁布的《大总统令内务、司法两部通饬所属禁止刑讯文》明确指出：“不论行政司法官署，及何种案件，一概不准刑讯。鞫狱当视证据之充实与否，不当偏重口供。”[①]1914 年 4 月 4 日司法部令《地方审判厅简易庭暂行规则》第 2 条也规定：“简易庭所管案件，应具备下列条件：一、犯罪事实，据现存之证据已属明确者……”[②]

在国民党政府执政期间，立法院制定并颁布了一系列与刑事诉讼法律与法规。[③] 这些法律均取法德国、日本等大陆法系国家之刑事诉讼制度，因此国民党政府执政时期诸多有关刑事诉讼的规定与当时大陆法系的规定基本一致。例如，1935 年颁布施行的《刑事诉讼法》采行职权主义诉讼模式，系统规定了弹劾原则、起诉便宜原则、直接审理原则、审判公开原则等，且在刑事证明上直接采用与大陆法系有关刑事证明的表述。该法第 269 条规定，“证据之证明力，由法院自由判断之”。按照时任国民党最高法院院长夏勤的解释，即“各种证据，孰可信孰不可信，其可信者可信至如何程度，一任法院自由判断之”。[④] 易言之，在国民党政府时期，刑事证明实行自由心证原则，法律不预先对证据的证明力作出规定，而由法官自由判断。相应地，证明标准就是内心确信。应当指出的是，“证据之证明力，由法院自由判断”的表述一直保留在国民政府时期的《刑事诉讼法》之中。

---

① 《大总统令内务、司法两部通饬所属禁止刑讯文》于 1912 年 3 月 2 日颁布。参见中国科学院近代史研究所史料编译组编辑：《辛亥革命资料》，中华书局 1961 年版，第 215 页。

② 西北政法学院法制史教研室编印：《中国近代法制史选辑》（第 3 辑），1985 年 2 月，第 198 页。

③ 这些法律包括 1931 年 10 月 28 日颁布的《法院组织法》；1927 年 11 月 18 日颁布的《惩治盗匪暂行条例》；1928 年 7 月颁布的《中华民国刑事诉讼法》和《中华民国刑事诉讼法施行法》，这两部法律在 1934 年得到修正并于 1935 年颁布施行；1931 年 1 月 31 日颁布的《危害民国紧急治罪法》；1948 年 4 月 2 日颁布的《特种刑事法庭审判条例》等。参见陈光中主编：《刑事诉讼法》（第 4 版），北京大学出版社、高等教育出版社 2012 年版，第 50 页。

④ 夏勤：《刑事诉讼法释疑》，中华书局 1946 年版，第 293 页。

从上述的分析可以看出，清末以后到国民党政府执政前的有罪证明标准延续了沈家本修律时期所确立的“确凿无疑”标准。而到了国民党政府时期，因吸收了大陆法系的法律传统，决定了其证明标准与清末修律所确立的证明标准有所不同，即采取内心确信标准。

三、新中国成立后的定罪证明标准

（一）新中国成立后至1979年的定罪证明标准

新中国成立以后，为了与国民党政府时期的法律彻底决裂，中共中央要求废除国民党的“伪法统”和“六法全书”。早在1949年2月，中共中央就发布《中共中央关于废除国民党六法全书与确定解放区的司法原则的指示》，明确指出：“在无产阶级领导的工农联盟为主体的人民民主专政政权下，国民党的六法全书应该废除。人民的司法工作，不能再以国民党的六法全书为依据，而应该以人民的新的法律作依据。”①

有破有立，新中国在废除六法全书的同时，也制定了一些调整刑事诉讼的条例，②但没有颁布专门的刑事诉讼法典。有关有罪证明标准的规定，散见于这些法律文件中。如《关于北京、天津、上海等十四个大城市高、中级人民法院刑事案件审理程序的初步总结》明确指出：“在评议中应当研究解决以下问题：被告人的被控事实是否确实……”③最高人民法院1956年10月出台的《各级人民法院刑、民事案件审判程序总结》也写道：“在法庭调查阶段，必须把案情彻底查清，取得确凿的证据……被告人的供词，必须经过调查研究，查明确与客观事实相符的，方可采用等等。”④由此可以看出，在

① 武延平、刘根菊等编：《刑事诉讼法学参考资料汇编》，北京大学出版社2005年版，第645页。

② 新中国制定的调整刑事诉讼的条例有《人民法院暂行组织条例》《中央人民政府最高人民检察署组织条例》《各级地方人民检察署组织条例》等。

③ 武延平、刘根菊等编：《刑事诉讼法学参考资料汇编》（中），北京大学出版社2005年版，第865~866页。

④ 韩延龙主编：《中华人民共和国法制通史》（下），中共中央党校出版社1998年版，第60~61页。

新中国成立初期，我国对刑事证明的要求强调查明案件的真实情况，证据要与客观事实相符，证明标准为“确实”“确凿”。

需要指出的是，新中国成立初期的刑事证明标准是对革命根据地和解放区法律制度的承袭与借鉴。早在革命根据地时期与解放战争时期，中国共产党领导的革命政权就强调在刑事诉讼中应当收集确实充分的证据以查明案件事实真相。如 1931 年 12 月 13 日中央执行委员会非常会议通过的《中华苏维埃共和国中央执行委员会训令》（第六号）训令中规定：“在审讯方法上……必须坚决废除肉刑，而采用搜集确实证据及各种有效方法。”[①]华北人民政府于 1948 年颁布的《关于县市公安机关与司法机关处理刑事案件权责的规定》也明确指出：“若被告仅有嫌疑，没有积极的证据可以证明被告确系犯罪时，即不能论罪判刑。”发布于 1949 年 1 月 13 日的《华北人民政府为清理已决及未决案犯的训令》也写道，“有确实反证，证明原判根本错误者，应予平反，宣告无罪开释”；“判决时所采之证据，迄今未能证明其确属真实者应改为无罪之判决”。[②]

（二）1979 年刑事诉讼法上的定罪证明标准及其发展

从 1957 年到 1976 年，我国遭遇整风“反右”、“大跃进”、“反右倾”以及“文化大革命”等一系列政治运动，社会主义法制建设停滞不前，大量冤假错案接连发生。[③] “文化大革命”结束后，伴随着要求纠正“文化大革命”错误的呼声越发高涨，党的十一届三中全会于 1978 年年底在北京胜利召开。自此，新中国开始走向改革开放，社会主义法制建设也随之走出阴霾，这为刑事诉讼法的制定提供了契机。全国人民代表大会于 1979 年 7 月 7 日颁布了《中华人民共和国刑事诉讼法》。这是我国制定的第一部社会主义刑事诉讼法

---

① 韩延龙主编：《中华人民共和国法制通史》（下），中共中央党校出版社 1998 年版，第 56 页。

② 韩延龙主编：《中华人民共和国法制通史》（下），中共中央党校出版社 1998 年版，第 59 页。

③ 据有关统计，从 1978 年下半年到 1981 年年底对“文化大革命”期间判处的 120 余万件刑事案件进行复查后的结果来看，纠正冤假错案 30.1 万件，改判率为 25%。参见赵震江主编：《中国法制四十年（1949—1989）》，北京大学出版社 1990 年版，第 369 页。

典，在我国诉讼法史上具有开拓性地位，标志着我国刑事诉讼法制建设向法制化迈进了坚实的一步。

1979年《刑事诉讼法》所确立的刑事诉讼制度十分强调准确及时地查明案件事实真相，明确把“事实清楚，证据确实、充分”规定为有罪证明标准。[①] 该法第35条规定：“对一切案件的判处都要重证据，重调查研究，不轻信口供。只有被告人供述，没有其他证据的，不能认定被告人有罪和处以刑罚；没有被告人供述，证据充分确实的，可以认定被告人有罪和处以刑罚。”

但是，由于时代的原因，1979年《刑事诉讼法》并没有确立疑罪从无原则。对于疑案的处理，该法第108条规定：“人民法院对提起公诉的案件进行审查后，对于犯罪事实清楚、证据充分的，应当决定开庭审判；对于主要事实不清，证据不足的，可以退回人民检察院补充侦查；对于不需要判刑的，可以要求人民检察院撤回起诉。”[②]第136条规定：“第二审人民法院对不服第一审判决的上诉、抗诉案件，经过审理后，应当按照下列情形分别处理：……（三）原判决事实不清楚或者证据不足的，可以在查清事实后改判；也可以裁定撤销原判，发回原审人民法院重新审判。”由此可见，对于事实不清，证据不足的疑案，法律规定的做法是退回检察院补充侦查；二审法院发现事实不清，证据不足的疑案，则是可以发回原审法院重新审判。这里虽然已经体现出没有达到证明标准不能定罪的精神，但没有、也不能产生疑罪从无的精神。由于立法上缺乏疑罪从无的规定，导致实践中出现有罪推定的做法。在疑案的处理上，经常是“疑案从有”“疑案从轻”，或者是“疑案从挂”，即久拖不决。

为了适应不断向前发展的社会需要以及新的犯罪形势，我国于

---

① 我国1979年《刑事诉讼法》对有罪证明标准，有的表述为“证据充分确实”，有的表述为“犯罪事实清楚、证据充分”，从立法意图上来讲，二者均体现“事实清楚，证据确实、充分”的立法原意。因此，1979年《刑事诉讼法》所确定的有罪证明标准是“事实清楚，证据确实、充分”。

② 需要指出的是，《中华人民共和国刑事诉讼法（草案）》（初稿）对有罪证明标准采取的是“事实清楚、有足够证据的”表述。该草案初稿第129条规定：“人民法院对于起诉的案件进行审查后，对于事实清楚、有足够证据的，应当作出进行审判的决定；对于事实不清、证据不足的，应当退回人民检察院补充侦查。”

1996年对1979年《刑事诉讼法》进行了大幅度的修改。从刑事诉讼法修改的内容来看,较之以往有较大转变,不仅强化了程序公正意识,还加强了刑事诉讼中的人权保障,如律师可以在侦查阶段介入诉讼等。而在有罪判决应当遵循的证明标准问题上,一方面,继续沿用1979年《刑事诉讼法》所规定的“事实清楚,证据确实、充分”的标准,且坚持“对一切案件的判处都要重证据,重调查研究,不轻信口供。只有被告人供述,没有其他证据的,不能认定被告人有罪和处以刑罚;没有被告人供述,证据充分确实的,可以认定被告人有罪和处以刑罚”。另一方面,确立了未经人民法院依法判决不得定罪的原则(第12条)。同时,还明确规定了审查起诉阶段与一审阶段的“疑罪从无”的原则,即第171条第4款规定:“对于二次补充侦查的案件,人民检察院仍然认为证据不足,不符合起诉条件的,应当作出不起诉的决定”,以及第162条规定:“在被告人最后陈述后,审判长宣布休庭,合议庭进行评议,根据已经查明的事实、证据和有关的法律规定,分别作出以下判决:(一)案件事实清楚,证据确实、充分,依据法律认定被告人有罪的,应当作出有罪判决;(二)依据法律认定被告人无罪的,应当作出无罪判决;(三)证据不足,不能认定被告人有罪的,应当作出证据不足、指控的犯罪不能成立的无罪判决”。遗憾的是,1996年修改后的《刑事诉讼法》关于疑罪从无的规定只体现在审查起诉阶段与一审阶段。而二审阶段以及死刑复核阶段并没有体现疑罪从无原则。关于二审阶段疑案的处理,1996年《刑事诉讼法》第189条规定:“第二审人民法院对不服第一审判决的上诉、抗诉案件,经过审理后,应当按照下列情形分别处理:……(三)原判决事实不清楚或者证据不足的,可以在查清事实后改判;也可以裁定撤销原判,发回原审人民法院重新审判。”关于死刑复核阶段疑案的处理,1998年最高人民法院《关于执行〈中华人民共和国刑事诉讼法〉若干问题的解释》第285条则规定:“对判处死刑的案件,复核后应当根据案件情形分别作出裁判:(一)原审判决认定事实和适用法律正确、量刑适当的,裁定予以核准;(二)原审判决认定事实错误或者证据不足的,裁定撤销原判,发回重新审判;(三)原审判决认定的事实正确,但适用法律有错误，或者量刑不当，不同意判处死刑的，应当改判；（四）发现第一审人民法院或者第二审人民法院违反法律规定的诉讼程序，可能影响正确判决的，应当裁定撤销原判，发回第一审人民法院或者第二审人民法院重新审判。”由此可见，对于事实不清，证据不足的疑罪案件，采用的是“发回重审”的处理方式，没有直接按照“疑罪从无”原则宣告无罪。

（三）2012年刑事诉讼法中的定罪证明标准及其发展

毫无疑问，以往“案件事实清楚，证据确实、充分”作为定罪证明标准在司法实践中发挥着重要作用。但随着社会的不断发展，司法部门在实践中感觉到“案件事实清楚，证据确实、充分”的证明标准过于原则，不易把握。还有学者指出该标准过于偏重对证明标准客观层面的表述，而忽略了法官内心确信程度的主观层面。① 在此背景下，实务界和学者主张借鉴西方的排除合理怀疑标准之声逐渐上升。但是，2012年《刑事诉讼法》修改时虽然吸收了“排除合理怀疑”的合理成分，但并没有直接将其简单照搬为我国的证明标准，而是在坚持“证据确实、充分”证明标准的前提下，对于什么是“证据确实、充分”提出了明确、具体的要求，即“证据确实、充分，应当符合以下条件：（一）定罪量刑的事实都有证据证明；（二）据以定案的证据均经法定程序查证属实；（三）综合全案证据，对所认定事实已排除合理怀疑”。②

需要指出的是，2012年《刑事诉讼法》修改对于证明标准的新规定，并没有否定原有的“案件事实清楚，证据确实、充分”的证明标准，而是通过增加“排除合理怀疑”作为对原有证明标准的一种细化和完善，这与西方英美法系国家完全不同。在英美法系国家，排除合理怀疑是作为独立的证明标准存在的，是法官向陪审团指示的唯一有罪证明标准。我国立法在引入排除合理怀疑的同时，保留原有“案件事实清楚，证据确实、充分”证明标准，符合我国国情，与我国传统的诉讼文化一脉相承，也符合中国的语言表达习惯。

---

① 参见陈瑞华：《刑事证据法学》，北京大学出版社2012年版，第260页。

② 2012年《刑事诉讼法》第53条第2款规定。

尽管我国刑事诉讼法借鉴排除合理怀疑只是将其作为有罪证明的补充完善，但仍然具有突破性的重要意义。一方面，能使原有证明标准增加主观裁量因子，更具可操作性。我国原有证明标准注重于对证明标准客观层面的表述，要求裁判者对案件事实的认识必须根据确实、充分的证据。但是，法官对案件事实的认识是否清楚，证据是否确实充分，最终还是要靠法官通过内心感受的程度来判断，这实际上是一种主观状态。这种主观状态在英美法系国家要求达到排除合理怀疑或内心确信的程度。此次引入排除合理怀疑，着眼于法官从主观上判断是否排除了证据之间的矛盾之处，是否排除了内心所存在之合理怀疑，对案件的事实达到了确信的程度。这样以主观标准补充客观标准，使主客观标准相辅相成，增强了我国有罪证明标准的可操作性，有利于案件事实的准确认定。另一方面，在排除合理怀疑已经成为世界法治国家以及联合国公约认可的有罪证明标准的背景下，引入该标准，有利于我国刑事立法、司法与世界通行做法相融合与衔接。

遗憾的是，尽管2012年《刑事诉讼法》修改增加了原有定罪标准的可操作性，但是在疑罪从无原则的规定上，并没有作出修改。对于事实不清，证据不足的疑案，仍然保留了1996年《刑事诉讼法》修改后的有关规定。

第三节　司法实践中运用证明标准进行辩护的情况与问题

一、定罪证明标准对于刑事辩护的意义

定罪证明标准是从事实层面解决被告人是否实施了起诉书指控的犯罪行为的法律依据。根据2018年《刑事诉讼法》第55条第2款的规定，定罪的证明标准是“证据确实、充分”。而“证据确实、充分，应当符合以下条件：（一）定罪量刑的事实都有证据证明；（二）据以定案的证据均经法定程序查证属实；（三）综合全案证据，

对所认定的事实已排除合理怀疑”。只有符合以上规定的,才能认定被告人有罪。这一规定从文字表述上可以看出,是针对检察机关和法院提出的要求。也就是说,当检察机关对被告人提起公诉,法院对被告人判决有罪的时候,都应当审查确认被告人的行为达到了“证据确实、充分”的证明标准。具体而言,则是已符合“证据确实、充分”的三个条件,其中包括检察机关起诉也好,法院定罪也好,“综合全案证据,对所认定的事实已排除合理怀疑”。否则,就不应提起公诉和判决有罪。

虽然从外表看,定罪证明标准是针对检察机关对被告人提起公诉和法院对被告人判决有罪作出的规定,但对于刑事辩护特别是律师辩护来讲,也具有重要的意义或作用。首先,它为辩护律师审查判断起诉书对被告人的指控和法院判决对被告人的定罪是否达到定罪证明标准的要求,进而确定辩护方向提供了依据。从辩护的角度讲,对被告人最重要的辩护是无罪辩护,而无罪辩护首要的辩护是从检察机关指控的犯罪行为或者法院判决认定的犯罪行为是否确系被告人所为而审查确定。法定证明标准的确立无疑为辩护律师提供了审查判断的依据。如果依据定罪证明标准,控方已有证据不能证明被指控被告人的行为确系被告人所为,那么,律师就可以确定辩护的方向是从事实层面提出无罪辩护。如果依据定罪证明标准,控方已有证据可以证明被指控被告人的行为确系被告人所为,那么,律师就不可以从事实层面提出被告人无罪的辩护,但可以考虑从法律层面提出无罪辩护。比如,即使指控的行为确系被告人所为,但如果被告人的行为属于正当防卫行为,或者是未达到刑事责任年龄的未成年人的盗窃行为、依法不负刑事责任的精神病人对他人的伤害行为,那么,律师则可以从法律层面为被告人提出无罪辩护。再进一步讲,如果既不可以从事实层面也不可以从法律层面为被告人提出无罪辩护,那么,只能从有罪的角度为被告人提出轻罪、罪轻以及量刑的辩护。只是当提出这些辩护的时候,实际上已经确定在证明标准上没有什么辩护空间了。

其次,它为辩护律师从事实层面提出无罪辩护提供了直接法律依据。如前所述,无罪辩护包括从事实层面提出无罪辩护和从法律层面提出无罪辩护。两者的区别就在于:在前者情形下,控方提供的证据并不能证明被指控被告人的行为确系被告人所为;而在后者情形下,控方提供的证据能够证明被指控被告人的行为确系被告人所为,只是依法不构成犯罪或者依法不应当追究刑事责任。因此,当辩护律师为被告人从事实层面上提出无罪辩护的时候,其直接的法律依据就应当是法定证明标准。律师必须依据刑事诉讼法对"证据确实、充分"应当符合三个条件的要求,具体分析所办的案件在哪个方面不符合该三个条件的要求。这就要求律师必须对法律提出的三个条件有深刻的理解并能正确地运用。只有这样所提出的无罪辩护意见才于法有据,也才有可能被办案机关所采纳。

二、运用定罪证明标准进行辩护的实证分析

近年来,一系列冤案错案频繁见诸报端。造成冤假错案的原因非常复杂,其中相当一些案件主要是因为没有坚守定罪证明标准。虽然辩护律师或被告人自己从事实层面提出无罪辩护,指出控方的证据没有达到法定证明标准,应当依法宣告被告人无罪,但办案机关不予采纳,以致铸成冤错案件。下面结合三起典型案例进行分析。

案例一:佘某林杀妻案[①]

基本案情:1994年1月20日,佘某林的妻子张某玉失踪,张某玉家人怀疑其被佘某林杀害。同年4月11日,当地公安机关在雁门口镇吕冲村堰塘发现一具无名女尸,经张某玉家人辨认与张某玉特征相符,公安机关遂立案侦查。4月28日,佘某林因涉嫌故意杀人罪被批捕。同年10月13日,佘某林被原荆州地区中级人民法院一审被判处死刑,剥夺政治权利终身。案件于1995年1月6日被湖北省高级人民法院以案件事实不清,证据不足为由发回重审。后因行政区划变更,有关部门将佘某林一案指定京山县人民法院一审。1998年6月15日,京山县人民法院以故意杀人罪"基本事实清楚,基本证据充分"为由,作出了(1998)京刑初字第046号刑事判

① 参见王刚:《决定佘祥林命运的执法者》,载《中国新闻周刊》2005年第15期。

决,认定佘某林犯故意杀人罪,判处有期徒刑十五年,剥夺政治权利五年。被告人上诉后荆门市中级人民法院于同年9月22日维持原判。2005年3月28日,张某玉突然“亡者归来”,出现在京山。荆门市中级人民法院审判委员会遂于3月30日撤销当年京山县人民法院及荆门市中级人民法院作出的一审判决和二审裁定,将此案发回京山县人民法院重审。2005年4月13日,京山县人民法院当庭宣判佘某林无罪。至此,一桩冤案终于大白于天下。①

该案检察机关指控及法院判决认定被告人犯罪的核心事实是,佘某林杀害了其妻张某玉。因此,在该案中控方应当提供“确实、充分”的证据证明佘某林实施了该犯罪行为,其中包括必须以确凿无疑的证据证明案中的死者尸体确系张某玉。为此,检察机关也确实提供了相关证据。但是,佘某林本人及其亲属对此提出严重质疑。佘某林本人因没有实施杀妻行为,不相信案中尸体是张某玉,强烈要求当面辨认死者尸体,但办案机关不予准许。不仅如此,佘某林的亲属也不相信佘某林杀妻行为和案中尸体是张某玉的事实,当他们听说本案案发后邻村有人看见过一个外貌特征酷似张某玉的妇女后,他们赶到邻村了解情况,当地干部和村民还联名写了“证明材料”,但是当佘某林的亲属把“证明材料”提交办案机关并提出案中尸体可能不是张某玉的怀疑后,办案机关非但不予采纳,还对张某玉的亲属及出具“证明材料”的干部和村民隔离审查。但是该案的最终结果证明案中尸体确实不是张某玉。当初定罪的证据根本没有达到法定证明标准。

案例二:赵某海故意杀人案

基本案情:河南省商丘市柘城县老王集乡赵楼村赵某晌自1997年10月30日离家后失踪多月。其侄子赵某怀疑其被同村的赵某海杀害,遂于1998年2月15日向公安机关报案。公安机关随即展开相关调查。次年5月8日,赵楼村在挖井时发现一具无头尸体。赵某海作为重大犯罪嫌疑人被刑事拘留,随后被提起公诉。2002

① 参见《湖北杀妻冤案》,载新浪网,2005年3月31日,http://news.sina.com.cn/z/hbshaqi/index.shtml。

年12月5日，商丘市中级人民法院做出判决，认为被告人赵某海故意杀人的犯罪事实清楚，证据确实、充分，判处其死刑，缓期两年执行，剥夺政治权利终身。河南省高级人民法院于2003年2月13日核准了商丘市中级人民法院的有罪判决。2010年4月30日，赵某晌突然“复活”，回到赵楼村。河南省高级人民法院于2010年5月8日作出再审判决，撤销河南省高级法院复核裁定和商丘市中级人民法院判决，宣告赵某海无罪。至此，赵某海的冤情才得到洗白。①

据报道，赵某海案件开庭审判时，当地法律援助中心依法指定了一名年轻工作人员出庭为赵某海辩护。他在辩护中指出，起诉书指控赵某海杀害了赵某晌，但案中证明被害尸体是赵某晌的证据不足。应该说这一辩护意见非常准确。因为起诉前检察机关本身也发现了这一问题，要求公安机关对此补充侦查，但公安机关并没有补充足以认定尸体是赵某晌的新证据。后来检察机关之所以还是提起公诉并且法院判决赵某海有罪，主要是因为上级有关机关召开公、检、法三机关协调会，决定对该案起诉和审判。谁都没想到的是，赵某晌后来“死而复生”宣告了原审判决的“死刑”。这起案件与佘某林案几乎相同，但在证据不足的问题上比佘某林案件更加明显。

案例三：缪某华一家五口故意杀人、包庇案

基本案情：2003年4月19日，一位村民在山地茶园干农活时发现一具被肢解的女尸。公安机关对现场勘查后确认死者为柘荣县双城镇一户人家的杨某某。杨某某已出嫁外地多年，近期回娘家居住。4月6日晚出门后失踪，家人已向公安机关报案，不料19日意外发现了她被肢解的尸体。公安机关对尸体检验后认定杨某某系机械性窒息死亡，后被人分尸七块抛在山上。经过侦查，公安机关认定4月6日与杨某某见过面的缪某华有犯罪嫌疑，于4月21日将其刑事拘留。其后又先后拘留缪某华的父亲缪某树、大弟缪某容、小弟缪某光及叔父缪某加。到案初期，各嫌疑人均不认罪，几天

---

① 《赵作海案：冤狱如何救赎》，载凤凰网，2010年5月10日：http://news.ifeng.com/opinion/special/zhaozuohai/。

后则先后作出认罪供述,称4月6日10时许,缪某华在家中自己房间因故与杨某某发生争执中,将其脖子掐住,致对方窒息死亡。其后在父亲和两个弟弟帮助下,将杨某某尸体肢解,并叫来叔叔缪某加开着农用拖拉机,一行五人将肢解后的尸体抛至距县城十几里之外的山坡上。但是案件进入审查起诉阶段后,除小弟缪某光外,其他嫌疑人都推翻之前认罪供述。法院开庭审理该案时,五名被告人全部翻供,称之前的认罪供述是在侦查人员刑讯逼供及指供、诱供下作出的。被告人的辩护律师也从事实、证据上提出无罪辩护。但是宁德市中级人民法院仍然判决五被告人有罪,其中对缪某华以故意杀人罪判处死刑,对其他四名被告人以包庇罪分别判处三年至八年有期徒刑。一审判决后被告人均提出上诉,福建省高级人民法院审理后于2006年4月作出终审判决:除将缪某华原判死刑改为判处死刑,缓期二年执行外,维持对其他四名被告人的原审判决。终审判决生效后,各被告人始终不服坚持申诉,并屡次被驳回。2016年2月,福建省高院接受了各被告人的申诉,并于2017年7月决定再审。2017年7月28日,福建省高级人民法院开庭审理了该案。一个半月后作出再审判决:撤销原审一审、二审判决,原被告人缪某华等五原审被告人无罪。①

在该起案件中,无论是原审程序还是再审程序,辩护律师提出的都是无罪辩护,并且具体理由都是事实不清、证据不足。比如,指控被告人一家四口在其家中对被害人尸体进行了肢解,但公安人员从所谓的案发现场没有发现任何可信的被害人的生物证据。又如,在抛尸现场发现并提取了大量包装尸块的物品,从中也没有发现任何与被告人一家有关的蛛丝马迹。此外,还有其他种种疑点表明控方证据不足。但是,原审法院还是判决被告人有罪,其依据主要是各被告人的认罪供述。在办案人员看来,各被告人的供述是能够“相互印证”的,如果他们没有实施犯罪,不可能口供如此一致。其实这一认定是错误的。仔细分析、对比各被告人的口供后发现,相

① 参见顾永忠:《律师辩护是防范、纠正冤假错案的重要保障》,载《中国律师》2017年第11期。

互之间在一些重要细节上存在诸多差异,并不是完全一致。此外,各被告人翻供后都明确指出,他们当时的认罪口供是在侦查人员刑讯后形成的,并不是客观事实。

其实,司法实践中类似案件还有不少。有学者搜集了 20 起已发现并纠正的冤案,并对该 20 起冤案的误判理由进行分析,指出“仅就法院据以作出有罪裁判的证据而言,不少案件都远未到达我国立法所要求的事实清楚,证据确实、充分的程度,具体而言,在 20 起冤案中,有 14 起案件有罪证据显然不足,比率高达 70%。在这 14 起案件中,主要依靠口供定案的有 11 起,占全部案件的 55%。另外 3 起案件汇总,有 1 起关键性证据(用来杀死被害人的枪支)下落不明;有 1 起没有一件实物证据,全部依靠言词证据定案;还有 1 起证据之间相互矛盾,指控显然不合情理。就主要依靠口供定罪的 11 起案件而言,有 7 起(35%)主要依靠庭前口供认定有罪。这意味着,有 35%的案件犯罪嫌疑人、被告人只在庭前供认有罪,在整个法庭审判阶段都不承认有罪,但法院还是将庭前口供作为认定有罪的主要根据。在主要依靠庭前口供定罪的 7 起案件中,有 5 起(25%)主要依靠侦查阶段的口供定罪,有 2 起(10%)主要依靠侦查阶段的一次口供作出有罪裁判。不仅如此,就作为法院裁判的主要根据的口供而言,前后矛盾、反复以及与其他证据相互矛盾的现象非常普遍。在这 20 起冤案中,被告人供认有罪的有 19 起(95%),在这 19 起案件中,口供前后矛盾、反复或与其他证据相互矛盾的有 12 起(60%)”。[①]

由此可见,这些冤错案件的发生虽然存在诸多原因,但从证据角度分析,基本上都是因没有遵守定罪的证明标准所致。而没有遵守定罪证明标准的原因并不是没有人发现证据不足问题或者律师没有提出证据不足的辩护。我们的有关研究从已发现纠正的冤假错案中选择出有律师辩护的 40 起案件,汇总分析后发现这些案件在原审中都有律师为被告人辩护,律师提出的辩护意见以及法院对律师辩护意见的采纳情况主要有两种情形。第一种情形,在 90%的案例中律师提出的都是无罪辩护意见,并且都是针对指控的犯罪事

---

① 陈永生:《我国刑事误判问题透视》,载《中国法学》2007 年第 3 期。

实和证据存在明显问题提出无罪辩护意见。例如，在杜某武故意杀人案中，其本人否认实施犯罪；辩护律师针对指控事实和证据提出无罪辩护意见，指出被告人没有作案时间，不可能到过案发现场；控方的鉴定结论鉴材来源不明，结论难以成立等。又如，赵某海案，其一审辩护人虽只是一位刚进入法律援助中心的年轻律师，但在辩护中指出案中证明被害人身份的证据存在重大疑问，不足以定案。再如，杭州张某平叔侄案，原审辩护律师也明确提出无罪辩护，特别指出控方对死者手指缝提取物质进行DNA鉴定的结论，足以排除两位被告人作案的嫌疑。但是，对于上述无罪辩护意见，法院都不予采纳，一律判决被告人有罪并处以重刑。第二种情形案例比较少，不足10%，律师为被告人提出的辩护意见是有罪辩护，但在量刑上请求法院予以从轻判处。例如，聂某斌案，据媒体报道，原审辩护律师针对故意杀人罪提出的是有罪辩护，对于强奸罪的指控则提出“没有查出精斑，不能只有口供、没有证据”的辩护意见。又如，呼某案，在原审程序中，辩护律师也是提出有罪辩护，只是指出呼某“认罪态度好”。以上两案的判决结果众所周知，都被法院判处并执行死刑。①

三、司法机关运用证明标准定案发生错判的原因

为什么司法机关在运用证明标准定案时判错案件？甚至对律师明确提出“事实不清，证据不足”的辩护意见也不采纳而铸成错案？概括起来主要有以下原因：

1. 侦查机关片面追求破案率，要求“命案必破”的做法导致法院不能或不敢坚守证明标准，对一些“事实不清、证据不足”的案件判决有罪

辩证唯物主义认识论坚持可知论立场，认为客观事物不依赖于人的意志而存在，从总体上讲，人们终究可以认识它。但具体而言，人们对客观事物的认识也可能不会一帆风顺，往往受到各种主客观

① 顾永忠：《律师辩护是防范、纠正冤假错案的重要保障》，载《中国律师》2017年第11期。

条件的制约和影响，以致难免发生认识偏差甚至认识错误。从认识论的角度看，刑事诉讼活动其实也是一场认识活动，并且是特殊的认识活动，即是由特殊的认识主体——公安司法机关及其办案人员，针对特殊的认识对象——刑事案件及犯罪嫌疑人、被告人，在法定程序下进行的特殊的认识活动，目的是确定以往已经发生的刑事案件是否为犯罪嫌疑人、被告人所为。这一认识活动受到各种主客观条件或因素的制约、影响比一般认识活动更加复杂，风险责任也更大。一旦发生认识错误，后果不堪设想，也无法挽回。因此，对诉讼活动的认识有着更特殊、更严格的要求。比如，对于达不到法定定罪证明标准的案件，绝不可以给被告人定罪。事实上，也确有一些案件公安司法人员对案件事实的认识往往受到多种因素的限制，如认识能力的限制、据以形成认识的信息资料的限制、时间的限制、价值选择的限制，等等。因此，必须承认实践中总有一些案件在一段时期甚至长期无法查清。但是，公安机关提出的“命案必破”的要求，实际上违背了这一认识规律，其结果将会使一些本不具备破案条件的案件“被破案”，其中势必会有并没有达到法定证明标准的案件，被认为达到了证明标准而移送检察机关和法院。如果检察院、法院能够发现问题，不予移送起诉或定罪，就能避免错案发生；反之，则不可避免。事实上，从前述有关学者研究的20起冤案来看，85%的案件都属于“命案”，其中，有多达75%的案件（15起）存在证明犯罪嫌疑人、被告人无罪的证据；有多达85%的案件（17起）辩护律师提出了“证据不足”的无罪辩护意见，但是仍被检察机关提起公诉并被法院判决有罪。

2. 以往定罪证明标准过于原则，操作性不强，为法院不采纳辩护律师关于“证据不足”的辩护意见提供了空间

如前所述，2012年《刑事诉讼法》修改之前，我国刑事诉讼法上对定罪证明标准的规定仅限于“证据确实、充分”，但对于何谓“证据确实、充分”并没有细化规定，以致人们在理解“证据确实、充分”上存在很大差异，也因此受到学界不少人的诟病。例如，有学者指出“事实清楚，证据确实、充分”意味着“法官对待证事实的认定已经达到了百分之百的确定性，也就是完全恢复了曾经发生过的案件

事实真相。但是,这一带有哲学认识论意味的证明标准,以理想目标替代了可操作的证明标准,以至于实际否定了证明标准的价值”。① 也有学者认为,该证明标准“缺乏具体的可操作性标准,过于抽象、空洞,不仅会使司法者处于无所适从的境地,导致司法机关各自发布司法解释对其进行理解、规定,在同一问题上互相扯皮,而且还给司法腐败留下了土壤和空间”。② 不仅如此,鉴于“证据确实、充分”不具有可操作性,有的学者还将其作为我国应当引入排除合理怀疑标准的理由。在其看来,“在实际工作中,对于什么是‘清楚、确实、充分’,人们的认识不仅有分歧,而且作法也不一致。……立法的上述规定也比较原则笼统,笔者认为解决这一问题,不仅是必要的,而且要具体明确,易于操作,能解决实际问题”。③

确实如此,立法规定过于原则,可操作性不强,容易导致司法实践中法官在适用定罪证明标准时拥有较大的自由裁量权。“正义之船能否顺利穿过自由裁量这趟危险之水”很大程度上取决于法官能否对定罪证明标准具有正确的理解和勇于坚守。④ 如果法官不坚守定罪证明标准而选择降低证明标准,那么辩护律师在定罪证明标准上提出的辩护意见就不会有用武之地,而降低定罪证明标准则势必造成冤假错案。前述已发现纠正的大部分冤假错案都是如此。因此,仅就立法规定而言,需要对“证据确实、充分”的证明标准加以细化,增强其在司法实践中的可操作性。因此,在2012年《刑事诉讼法》修改前,一些地方法院甚至最高人民法院在其制定的有关法律文件上,对于证明标准做出不同的解读或补充。⑤ 正是在此背景下,2012年《刑事诉讼法》修改时,对于“证据确实、充分”的证明标准进行了修改,从三个方面对于什么是“证据确实、充分”提出了细

---

① 陈瑞华:《刑事证据法学》,北京大学出版社2012年版,第260页。

② 郭志远:《证明标准研究——以刑事诉讼为视角》,中国人民公安大学出版社2010年版,第117页。

③ 樊崇义:《客观真实管见——兼论刑事诉讼证明标准》,载《中国法学》2000年第1期。

④ Stratos Pahis, *Corruption in Our Courts: What It Looks Like and Where It is Hidden*, Yale Law Journal, p. 1503(2009).

⑤ 参见李训虎:《悖论状态中的死刑案件证明标准》,载《政法论坛》2011年第4期。

化要求,较以往大大增强了证明标准的可操作性。

3. 判决说理不充分客观上助长了法官易于不采纳“证据不足”的辩护意见

判决说理制度是现代诉讼制度的一项重要内容,其核心内涵在于裁判者对案件作出判决时,对判决的正当性、合理性应当进行阐释、论证。判决说理是约束裁判者自由裁量权的重要保障。正如有学者指出:“对于我们这个时代的人,判决必须说明理由的原则是反对专断的判决的保证,也许还是作出深思熟虑的判决的保证。”①如前所述,法官运用定罪证明标准对案件进行判决时有一定的自由裁量权,要求法官说明其判决的正当性和合理性无疑是这种自由裁量权的重要制约手段,也是监督其不敢轻易忽视辩护律师提出的有关证明标准辩护意见的手段。如果判决说理制度是严格、充分的,即使法官作出裁判时想对辩护律师提出的证明标准方面的辩护意见置若罔闻,或草率判案,或枉法断案,必然在判决理由上难圆其说,因为其很难在客观事实与歪曲的理由之间形成因果链条。因此,要求法官对判决的正当性、合理性进行阐释、论证,特别是对于其不采纳律师意见的理由、根据作出阐释、论证,必然促使其重视律师的辩护意见。事实上,判决说理制度作为一项约束裁判者自由裁量权的重要制度,受到了世界各国的重视。如在德国,宪法法院在 1973 年的一项决议中明确要求所有司法裁判应当建立在理性论证的基础之上。② 英美法系国家更是因为实行判例法制度而要求法官在判决中详述有关判例对特定案件的拘束力。可以说,说明判决理由是英美法系诉讼制度的基本要求。③

---

① [法]勒内·达维德:《当代主要法律体系》,漆竹生译,上海译文出版社 1984 年版,第 132 页。

② Robert Alexy, *A Theory of Legal Argumentation: The Theory of Rational Discourse as Theory of Legal Justification*, trans by Ruth Adler and Neil MacCormick, Clarendon Press, 1989, Preface, vii.

③ [美]哈罗德·伯曼编:《美国法律讲话》,陈若恒译,三联书店 1988 年版,第 16 页。

第四节 庭审实质化与证明标准的坚守

一、有罪判决必须严守定罪证明标准并“形成于法庭”

前已指出，庭审实质化不仅要求庭审程序实质化、庭审对单个证据的审查实质化，还要求法院判决有罪所依据的全案证据必须是经过前两个“实质化”审查过的并且达到法定证明标准的证据。只有这样才符合最高人民法院提出的“裁判结果形成于法庭”的要求。具体而言，在庭审实质化背景下，法院作出有罪判决应当坚守以下两项要求：

（一）法院判决必须依据经过庭审程序和庭审证据实质化审查的证据

这一要求的具体内容在前两章已做了充分论证。此处再次提及主要是从前两章与本章的关系上强调它们相互之间不可分割的特殊关系。也就是说，只有按照庭审程序实质化和庭审证据实质化审查的每一个证据，才能纳入法院作出判决时所要考量的证据范围。只有这样，才能彰显庭审程序实质化和庭审证据实质化的诉讼意义和改革意义。试想，如果庭审过程确实实现了程序本身的实质化和单个证据审查的实质化，并查明有的证据不具有客观性或关联性，有的证据是非法证据。据此，不能给被告人定罪。但是，法院却不依照查明的事实和证据对案件作出无罪判决，反而判决被告人有罪，那么，之前进行的庭审程序和庭审证据的实质化又有何意义？因此，法院判决必须依据经过庭审程序和庭审证据实质化审查的证据。综合这些证据，能够达到定罪证明标准的，应当作出有罪判决；反之，应当判决被告人无罪。这样做，才能克服以往庭审走过场、形式化的弊端，实现以审判为中心的改革对“庭审实质化”和“裁判结果形成于法庭”的要求。

（二）法院作出有罪判决必须达到法定证明标准

法院作出有罪判决，涉及剥夺被告人的财产、自由甚至生命。

一旦错判必将造成无法挽回的结果。因此,法律对法院作出有罪判决提出了严格的证明标准。如前所述,我国刑事诉讼法上历来规定的证明标准都是“证据确实、充分”。对此,理论界称为“客观证明标准”“最严格的证明标准”。既然如此,为什么仍旧会发生那么多的冤错案件,并且主要是没有达到法定证明标准而错判的案件?对此,前文已做分析。其中一个重要原因是对于“证据确实、充分”的理解和掌握在不同司法主体间存在认识分歧或认识偏差。为此,我国2012年《刑事诉讼法》修改时,专门对什么是“证据确实、充分”从三个方面提出了具体要求。应该说,这是对定罪证明标准的重大突破,对于司法实践准确定罪具有重要意义。

但是,目前理论界和司法实务中对于修改后的证明标准在理解和执行中仍然存在不少问题。比较突出的问题是对于“排除合理怀疑”吸收到我国证明标准中的地位、作用以及如何掌握运用还没有达成共识。有学者认为“如果对此(排除合理怀疑——笔者注)能正确理解和运用,将有助于最大限度地防止冤假错案的发生”。[①]但是,何谓“合理怀疑”?如何判断“合理怀疑”已经得到排除?参与修改法律的全国人大常委会法制工作委员会的有关立法工作人员在《〈关于修改《中华人民共和国刑事诉讼法》的决定〉条文说明、立法理由及相关规定》中指出:“‘排除合理怀疑’是指对于认定的事实,已没有符合常理的、有根据的怀疑,实际上达到确信的程度。”[②]应当说,这是参考外国通说对排除合理怀疑作出的一种比较成熟的解读,笔者持认同态度,并认为应当对“符合常理的、有根据的怀疑”做进一步细化解读。具体而言应当包括两个方面:其一,指有新证据事实为根据的怀疑,即根据辩护方的辩护或司法机关的查证,发现新的证据事实足以动摇原有的事实认定,不能排除其他人作案的可能性,因而形成合理的怀疑;其二,通过对现有的证据进行逻辑推理与经验分析,发现证据本身前后矛盾,证据之间存在矛盾,

① 陈光中、曾新华、刘林呐:《刑事诉讼法制建设的重大进步》,载《清华法学》2012年第3期。

② 全国人大常委会法制工作委员会刑法室编:《〈关于修改《中华人民共和国刑事诉讼法》的决定〉条文说明、立法理由及相关规定》,北京大学出版社2012年版,第53页。

证据不充分,不能形成证据链条,不能得出排他结论的情形。

不可否认,“排除合理怀疑”是从英美国家引入我国的。西方国家主流观点认为,排除合理怀疑标准是诉讼认识所能达到的最高程度,用概率表示,则为90%以上,但没有达到唯一性的地步。这种观点的形成很大程度上是以西方经验主义哲学,尤其是洛克经验主义认识论为基础的。诚如美国著名证据法史学家夏皮罗教授指出,“对排除合理怀疑标准的阐明,源于17世纪末期的判例和著述中所包含的与道德上的确定性概念和洛克所表述的可能性的最高程度相联系的丰富的思想”。[①] 洛克的或然性理论强调基于生活经验对不同事物的真实性具有不同程度的确信,并指出排除合理怀疑标准被认为是一种最大限度的或然性。与西方国家的分析视角不同,我国应当以辩证唯物主义认识论为指导来解读排除合理怀疑。辩证唯物主义认识论坚持可知论立场,认为客观事实不依赖于人的意志而存在,但人们可以认识它。诉讼中司法人员对案件事实的认识和认定,可以、也应当达到符合客观事实的程度。当然,由于诉讼证明的复杂性与诉讼价值追求的多元性,要求对所有事实的认定均符合客观真相很难做到,而且也无法满足解决诉讼纠纷的需要,法律真实应当有其适用的空间。但是,这并不等于否定客观真实,在二者关系上,必须坚持客观真实为主,法律真实为辅的原则,绝不能抛开客观真相主张法律真实。这是由司法规律所决定的,也是由冤案的沉痛教训及活生生的司法实践所启示的。正如十八届四中全会决定所指出,“健全事实认定符合客观真相、办案结果符合实体公正、办案过程符合程序公正的法律制度”。事实上,最高人民法院的主要领导很早就意识到客观真实对于实现实体公正,严防冤假错案发

---

① [美]巴巴拉·J.夏皮罗:《对英美“排除合理怀疑”主义之历史透视》,熊秋红译,载王敏远主编:《公法》(第4卷),法律出版社2003年版,第49页。

生的重要性，均对客观真实采取维护和支持的态度。① 其实，西方学者在探讨诉讼中的真实时，有时也承认客观真实论，如有英国学者指出，英国的证据规则“宗旨只有一条，就是保证求得案件的客观真实，防止发生冤枉无辜的现象”。② 又如，美国也有学者指出，“在一个得到精心设计的制度中，在特定案件中……司法认定一般可能会达到与实体真实相一致”。③ 客观真实落实到证明标准上，就要求对有罪案件事实的认定达到最严格、最高的证明标准。具体而言，即要求对案件事实的认识达到确定性、唯一性；用概率来表示，就是100%符合客观真相。事实上，要求对排除合理怀疑作确定性、唯一性的理解也已经规定在我国的法律解释文件中。《刑事诉讼法解释》第 105 条第 4 项规定：“根据证据认定案件事实足以排除合理怀疑，结论具有唯一性。”从学界来说，不仅支持客观真实论者主张唯一性，而且有的学者虽然不一定支持客观真实论，但同样认为“法院认定一个公民有罪当然应当达到 100%的真实程度，这是不能打任何折扣的。”④

在司法实践中，追求结论确定性、唯一性不是可望而不可即的要求，而是能够达到的现实标准。有的案件一开始其事实就十分清

---

① 例如，最高人民法院前院长肖扬在第十一届全国人大一次会议上作《最高人民法院 2008 年工作报告》时指出，“提高审判质量，确保公正司法。正确处理客观真实与法律真实、实体公正与程序公正、法律效果与社会效果的关系，不断提高法官的司法水平和审判质量”。参见《人民法院报》2008 年 3 月 11 日。最高人民法院前副院长江必新也指出：“把握好客观真实与法律真实的关系，做到二者的辩证统一：首先，必须坚持客观真实第一性、法律真实第二性原则。在任何时候都要尽可能地恢复事物的本来面目，只有在没有办法恢复客观真实的情况下，才通过法律真实来解决案件，终结纠纷。”参见江必新：《辩证司法观及其应用》，中国法制出版社 2014 年版，第 50 页。最高人民法院院长周强在对十八届四中全会《关于全面推进依法治国若干重大问题的决定》解读的文章中指出：“绝不容许脱离案件的客观真相满足于所谓的法律真实。”参见周强：《推进严格司法》，载《〈中共中央关于全面推进依法治国若干重大问题的决定〉辅导读本》，人民出版社 2014 年版，第 108 页。

② ［英］K. S. 肯尼、J. 塞西尔·特纳：《肯尼刑法原理》，王国庆、李启家等译，华夏出版社 1989 年版，第 484 页。

③ ［美］罗伯特·莎摩尔、阿希尔·莫兹：《事实真实、法律真实与历史真实：事实、法律和历史》，徐卉译，载王敏远主编：《公法》（第 4 卷），法律出版社 2003 年版，第 132 页。

④ 陈瑞华：《刑事证明标准中主客观要素的关系》，载《中国法学》2014 年第 3 期。

晰。例如,2008 年发生在上海的杨某袭警案,杨某在光天化日闯入公安局刺死警察和保安多人的事实在一开始就是确定的。有的案件虽然在一开始扑朔迷离,但是经过缜密的侦查,也能达到确定性,最终真相大白。例如,2013 年发生在浙江的张某、张某平叔侄冤案,在宣告叔侄二人无罪后,公安机关通过对遗留在死者指甲上的DNA 进行鉴定,查明了案件的真凶。结论确定、唯一在司法实践中不仅能够达到,也应该达到。因为我国对冤假错案作为严防坚守的司法底线,可以说采取了“零容忍”的态度。

应当指出的是,对于修改后的证明标准的关注不能都集中到“排除合理怀疑”上面。2012 年《刑事诉讼法》第 53 条第 2 款的要求是:“证据确实、充分,应当符合以下条件:(一)定罪量刑的事实都有证据证明;(二)据以定案的证据均经法定程序查证属实;(三)综合全案证据,对所认定事实已排除合理怀疑。”因此,我们应当从以上三个方面完整地理解、把握定罪的证明标准,而不能抓住“排除合理怀疑”一点而不计其余。这三个条件中,第一个条件是从证明对象上对证据提出的要求。它意味着当给被告人定罪量刑时,首先应当确定该案定罪量刑的事实是什么,有没有相关证据加以证明。如果在一个案件中,应该作为定罪量刑的事实没有纳入证据考量范围,或者虽然已列入考量的范围,但没有相关证据加以证明,那么,就不符合第一个条件的要求,当然也没有达到证明标准的要求。可以看出,第一个条件实际上是对定罪量刑证据“数量”的要求。第二个条件是从证据客观性上提出的要求。在一个案件中,即使案内证据在第一个条件上没有问题,已经符合“数量”上的要求,还要看这些证据是不是客观真实,所以要求每一个证据“均经法定程序查证属实”,才能作为定案的证据。这实际上是对定罪量刑的每一个证据提出的“质量”要求。第三个条件的含义是,即使案内证据已经符合前两个条件的要求,还不能给被告人定罪量刑,还必须把所有证据联系起来、综合起来,考察把它们结合在一起作为认定案件犯罪事实的证据,是否已经排除合理怀疑,并能得出唯一的、排他的结论。只有达到“是”的程度,才能给被告人定罪量刑;反之,则不能给被告人定罪量刑。应该说,第三个条件既是对全案证据“数量”的要求,也是对全案证据“质量”的要求,也就是“证据确实、充分”的证明标准的要求。

应该说,较2012年《刑事诉讼法》修改以前,以上三个条件的规定对于判断一个案件的证据是否达到“证据确实、充分”的证明标准的要求,提供了具有操作性、可验证的直接依据。它对于检察机关提起公诉、对于法院判决有罪、对于辩护律师从证明标准上确定、提出辩护意见,都有非常重要的意义。这一规定可以大大减少控辩审三方在证明标准上的认识分歧,或者至少可以把大家引导到正确的思路和轨道上讨论问题,形成共识。特别是在以审判为中心、庭审实质化改革的背景下,更是能够把三方注意力凝聚、集中到关注经过庭审程序和庭审证据实质化审查的全案证据上,以确定是否达到证明标准的要求。只有达到证明标准才能给被告人定罪量刑;反之,则不能定罪量刑。如此长期坚持,冤假错案势必大大减少。

二、坚守“疑罪从无”原则,杜绝“留有余地”的判决

在刑事诉讼中,强调证明标准的根本意义在于,只有达到证明标准的案件,才能给被告人定罪量刑。否则,不能定罪量刑。这里必然包含了那些确有有罪证据但又不能达到证明标准的案件,也就是所谓的“疑罪案件”或“疑案”。对于这类案件如何处理?我国1996年修改《刑事诉讼法》时确立了疑罪从无原则,体现在两个方面:其一,1996年《刑事诉讼法》第200条规定,“证据不足,不能认定被告人有罪的,应当作出证据不足、指控的犯罪不能成立的无罪判决”;其二,1996年《刑事诉讼法》第175条规定,“对于两次补充侦查的案件,人民检察院仍然认为证据不足,不符合起诉条件的,应当作出不起诉决定”。然而,在司法实践中,尤其是死刑案件中,由于担心放纵犯罪,或迫于被害人和社会舆论压力等因素,法院在对案件的证明未达到刑事证明标准的情况下不敢作出无罪判决,而是认定被告人有罪,但留有余地地在量刑上从轻处罚。这种做法与现代法治理念背道而驰,也是导致冤案错案发生的重要原因。例如赵某海案,“当时合议庭合议后认为,这起案件尚存疑点,本着‘疑罪

从轻’的原则，并没有判决死刑，而是判了死刑缓期执行”。[①] 司法实践证明，“留有余地”的做法只能防止错杀，却不能防止错判。因此，必须彻底摒弃“有罪推定”“疑罪从有”的错误观念，在罪与非罪存疑时坚定不移地贯彻疑罪从无原则，坚决依法作出证据不足的无罪判决。这是坚守证明标准，防止冤错案件的必然选择。

从理论上和立法上讲，1996 年《刑事诉讼法》修改后，“疑罪从无”的原则和规定是明确的，但为什么在司法实践中仍然难以得到切实贯彻，一个重要的原因是，完全从事实层面看，“疑罪”被告人并不等于是事实上确实无罪的人。有的被告人可能就是犯罪人，但是由于各种原因，没有收集到足够的证据，以致没有达到法定证明标准。如果对这类案件的被告人判决无罪，势必放纵了罪犯。客观而论，不排除根据疑罪从无原则判决无罪的案件可能会放纵确实有罪的人，但同时也有可能冤枉无辜的人。这就意味着对“疑罪”案件，如果判决有罪，可能会冤枉无辜；如果判决无罪，可能会放纵虽然证据不足但确实有罪的人。这对司法机关似乎是一个两难选择。其实不然。对“疑罪”案件判决有罪，一旦冤枉了无辜，则造成两个司法错误：一个是冤枉无辜的错误，另一个是由于冤枉无辜实际上放纵真凶的错误。赵某海案件就是如此，由于冤判赵某海有罪，导致真凶逍遥法外十多年。赵某海冤案被平反后，才抓住了真凶。相反，对“疑罪”案件判决无罪，即使让确实有罪的人逃脱法律追究，但因为没有冤枉无辜，也只是犯了一个司法错误。显然，在面对可能犯两个司法错误和可能犯一个司法错误的选择上，当然两害相权取其轻，应该选择犯一个错误的情形。这是完全从事实层面所作的分析、权衡和选择。但是，放在法律的层面上看，对即使确实有罪但证据不足的被告人判决无罪，并没有犯错误。因为定罪必须达到证明标准，这既是证据裁判原则的要求，也是定罪证明标准存在的价值所在。如果明明知道证据不足而只是凭内心的感觉或者为了防止真凶漏网而给被告人定罪，那就严重破坏了证据裁判原则和定罪

---

① 邓红阳：《赵作海案再曝“留有余地”潜规则》，载《法制日报》2010 年 5 月 13 日，第 4 版。

证明标准。如此一来,冤假错案势必不断发生,司法公正将荡然无存,后果不堪设想!因此,对于"疑罪"案件,不存在所谓"两难"选择的问题。判决被告人无罪,是唯一正确的选择。

值得注意的是,随着一些重大冤错案件的发现和平反,实务部门越来越重视贯彻疑罪从无原则对于防范冤错案件发生的重要性。如最高人民法院《防范刑事冤假错案意见》第6条明确规定:"定罪证据不足的案件,应当坚持疑罪从无原则,依法宣告被告人无罪,不得降格作出'留有余地'的判决。"该规定不但对于法院定罪,而且对于辩护律师从证明标准上提出"疑罪从无"的辩护也具有重要意义。

三、强化判决说理制度

前已指出,强化判决的说理是约束法官自由裁量权的重要手段。要求法律文书具有说理性,即法律文书包括判决书应当全面阐释处理案件的过程和案件实体处理结果的理由等,特别是如果法院不采纳辩护律师提出的"证据不足"的辩护意见,而判决被告人有罪的案件,必须针对律师的辩护意见,充分说明为什么不采纳律师辩护意见的理由、根据。从司法实践来看,目前法院对判决书主要内容的叙述过于公式化,导致"现在的裁判文书千篇一面,缺乏认证断理的过程,看不出裁判结果的形成过程,缺乏说服力。"①这使人民群众无法了解决定作出的依据,不利于公正裁判的形成。为了增进当事人和社会公众对司法机关处理决定的理解和认同,应当加强法律文书的说理性,在文书中针对案件的争议焦点,阐明处理决定作出所依据的事实和法律。这也是贯彻党的十八届四中全会决定关于"加强法律文书释法说理,建立生效法律文书统一上网和公开查询制度"的要求。

需要指出的是,我国司法机关也开始注意到增强判决说理的重要性,最高人民法院于2010年12月6日颁布《法官行为规范》。

---

① 最高人民法院前院长肖扬语。转引自任玉峰、胡军辉:《浅谈民商事裁判文书的制作误区与改革》,载法律博客网,http://blog.chinacourt.org/wp-profile1.php?p=62211,最后访问日期:2010年12月20日。

《法官行为规范》不仅对裁判文书的制作提出总体要求，即“内容全面、说理透彻、逻辑严密、用语规范、文字精炼”，[①]还对裁判文书中事实认定及案件定性和审理结果的分析论证方面作出了具体要求，即应当进行准确、客观、简练的说理。[②] 由此可以看出，刑事判决说理制度的雏形业已在我国确立。但是，从法律效力的角度看，上述要求还只是规定在司法解释上，其效力位阶与强制性程度无法与正式立法相提并论。为此，在适当时候应当在刑事诉讼法上增加相应规定。笔者认为，刑事判决说理要求的制度化、立法化，不仅是保障定罪证明标准正确适用的重要举措，也是增强刑事判决的可接受性，树立司法公信力的必然要求。

当然，要真正做到裁判文书充分说理，特别是针对律师“证据不足”的辩护意见进行说理，需要广大律师提高自己的专业水平。就“证据不足”的辩护而言，目前在司法实践中被不少律师所运用，但是大多数都比较空洞、抽象，并没有指出“证据不足”的具体问题、具体表现是什么。这种辩护不仅理由不够充分，难以被法院重视和采纳，而且也会使法院的说理缺乏针对性，空洞化。而要对具体案件提出有根有据、有针对性的“证据不足”的辩护意见，律师必须精通刑事诉讼法关于“证据确实、充分”所要求的三个条件的含义，并把它们具体运用到所办的案件中，从具体事实、具体证据、具体问题上提出并论证在哪一个具体条件上存在“证据不足”的问题。

---

① 现行《法官行为规范》第46条关于文书制作的基本要求规定为“基本要求：……（二）普通程序案件的裁判文书应当内容全面、说理透彻、逻辑严密、用语规范、文字精炼”。

② 现行《法官行为规范》第51条规定：“普通程序案件的裁判文书对事实认定部分的叙述：（一）表述客观，逻辑严密，用词准确，避免使用明显的褒贬词汇；（二）准确分析说明各方当事人提交证据采信与否的理由以及被采信的证据能够证明的事实；（三）对证明责任、证据的证明力以及证明标准等问题应当进行合理解释。”第52条规定：“对普通程序案件定性及审理结果的分析论证：（一）应当进行准确、客观、简练的说理，对答辩意见、辩护意见、代理意见等是否采纳要阐述理由；（二）审理刑事案件，应当根据法律、司法解释的有关规定并结合案件具体事实做出有罪或者无罪的判决，确定有罪的，对法定、酌定的从重、从轻、减轻、免除处罚情节等进行分析认定……”

第十章　认罪认罚从宽制度与刑事辩护

党的十八届四中全会决定在刑事诉讼制度的改革上,提出了“推进以审判为中心的诉讼制度改革”和“完善认罪认罚从宽制度”两项重大任务。如前所述,在笔者看来,这两项重大改革不仅是前者是“中心”后者是“配套”的关系,还是刑事诉讼中“应然要求”与“实然需要”的关系,即一方面任何犯罪嫌疑人、被告人都有权要求对其以充分体现公正审判权为内容的庭审实质化的审判方式进行审判,这对国家来说是“应然要求”;另一方面,这既然是犯罪嫌疑人、被告人的“权利”,那么,他们自然可以放弃这一“权利”,自愿认罪认罚并争取获得从宽而不需要庭审实质化的审判。在此情形下,就应当尊重他们的选择,这对于当事人来说就是“实然需要”。但是,对于当事人来说,放弃庭审实质化的审判要求,不等于放弃辩护权包括放弃获得律师为其辩护的权利。从国家的角度来讲,也不能因为当事人放弃庭审实质化的要求,而忽视对他们辩护权的保障,因为维护社会公平正义是法治国家必然的要求。当然,认罪认罚案件的特点决定了对此类案件的辩护不同于对犯罪嫌疑人、被告人不认罪等其他有关案件的辩护,故本章专门讨论这一问题。

第一节 “完善认罪认罚从宽制度”的含义

一、认罪认罚从宽制度的概念

党的十八届四中全会决定提出“完善认罪认罚从宽制度”，而不是“建立认罪认罚从宽制度”。从词义上分析，这表明认罪认罚从宽制度并不是一项新制度，而是以往已经有的制度，但其中存在问题或不足，需要进一步完善。因此，要理解“完善认罪认罚从宽制度”首先要了解什么是认罪认罚从宽制度，为什么需要对其进行完善。

抽象地讲，任何国家、任何刑事诉讼制度对于犯罪后能够自愿认罪认罚都应当是欢迎、鼓励的，进而不同程度地给予从宽处理或处罚。我国也是如此，长期奉行宽严相济、坦白从宽、抗拒从严的刑事政策，鼓励犯罪人员实施犯罪后能够认罪认罚，并对其给予从宽处罚。但目前在法律上和理论上对于什么是认罪认罚从宽制度还缺乏明确的概念和基本的共识。传统上，认罪认罚从宽主要体现在刑事实体法上。例如，自首制度就属于典型的认罪认罚从宽制度。一个人犯了罪还没有被公安机关发现，主动到公安机关投案，如实供述犯罪事实，并且表示愿意接受审判，对此刑法明确规定可以从轻或者减轻处罚，其中犯罪较轻的，还可以免除处罚。这就是典型的认罪认罚从宽制度。又如，“坦白”也体现了认罪认罚从宽的精神。《刑法》第67条第3款规定，“犯罪嫌疑人虽不具有前两款规定的自首情节，但是如实供述自己罪行的，可以从轻处罚；因其如实供述自己罪行，避免特别严重后果发生的，可以减轻处罚”。

但是，自首、坦白等都属于刑事实体法上体现认罪认罚从宽精神的刑法制度。在刑事诉讼法上以往在这些方面明显不足。近些年来，开始重视在刑事诉讼程序上构建体现认罪认罚从宽精神的有关程序制度。比如，2012年《刑事诉讼法》修改就增加一个特别程序即“当事人和解的公诉案件诉讼程序”，对于一定范围的公诉案件,“犯罪嫌疑人、被告人真诚悔罪,通过向被害人赔偿损失、赔礼道歉等方式获得被害人谅解,被害人自愿和解的”,“公安机关可以向人民检察院提出从宽处理的建议。人民检察院可以向人民法院提出从宽处罚的建议;对于犯罪情节轻微,不需要判处刑罚的,可以作出不起诉决定。人民法院可以依法对被告人从宽处罚”。

综上所述,在笔者看来,从广义上讲,认罪认罚从宽制度应该是指,在刑事诉讼中,从实体上和程序上鼓励、引导、保障确实有罪的犯罪嫌疑人、被告人自愿认罪认罚,并予以从宽处理或处罚的,由一系列具体的实体和程序制度组成的综合性、复合性的法律制度的总称。这项制度应当具有以下特征:

其一,复合性,即认罪认罚从宽制度不是单一或单项的法律制度,而是一系列具体的、刑事实体法和程序法制度的总称,包括自首、坦白、公诉案件当事人和解等刑法或刑事诉讼法制度。

其二,确实有罪性,即认罪认罚的人必须是在事实上和法律上确实有罪,并且自愿认罪认罚的犯罪嫌疑人、被告人,而不是任何自愿认罪认罚的犯罪嫌疑人、被告人。这是认罪认罚从宽制度具有正当性的基础,它意味着我们并不能张开双臂欢迎任何哪怕是自愿认罪认罚的人,而是欢迎那些确实有罪并自愿认罪认罚的人。如果没有这样一个坚实的基础,认罪认罚从宽制度就失去了正当性,就会为一些司法人员滥用司法权迫使或诱使他人认罪认罚提供便利和条件,也会成为一些本来确实无罪的犯罪嫌疑人、被告人出于这样那样的原因而“自愿认罪认罚”的重要机会。这些一旦成为现实,司法公正将会受到严重损害,司法公信力也将受到严重破坏!

其三,鼓励、引导、保障性,即对于确实有罪并且愿意认罪认罚的犯罪嫌疑人、被告人来说,认罪认罚从宽制度具有鼓励、引导、保障的目的和作用。“鼓励”,是指认罪认罚从宽制度的存在具有宣示意义,对于那些确实有罪并且在认罪认罚态度上还处于挣扎、纠结的犯罪嫌疑人、被告人来说,它能起到鼓励的作用,使他们放下包袱,解除顾虑,勇敢地迈出认罪认罚并争取获得从宽处理或处罚的脚步。“引导”,是指通过制定、实施不同的具体制度,使每一个确实有罪的犯罪嫌疑人、被告人根据自己案件的具体情况,选择对自己最有利的具体法律制度进行认罪认罚,以最大限度地获得从宽处理或处罚。“保障”,是指认罪认罚从宽制度对每个确实有罪并且愿意认罪认罚的犯罪嫌疑人、被告人心理上提供一个保障,即公安、司法机关说话是算数的,原则上对于确实有罪并自愿认罪认罚的犯罪嫌疑人、被告人应当给予从宽处理或处罚,而不能说一套做一套。犯罪嫌疑人、被告人相信公安司法机关及办案人员,如实坦白所犯罪行,自愿认罪认罚,但办案机关及办案人员不兑现从宽承诺,“翻脸不认人”,失信于犯罪嫌疑人、被告人。果真如此的话,认罪认罚从宽制度存在的根基势必受到破坏。

应当指出,以上是从应然角度提出的认罪认罚从宽制度应当具备的基本特征。但从实然的角度看,我国以往已经存在的广义的认罪认罚从宽制度实际上还有不少问题,最突出的问题就是在程序法上缺乏对于认罪认罚者的引导、鼓励、保障机制,以致一些犯罪嫌疑人、被告人即使想认罪认罚,但在程序上找不到“门”,在程序法上得不到“定心丸”,于是,不敢或不愿主动认罪认罚。这意味着国家应当对这种广义的认罪认罚从宽制度进行“完善”,具体方向主要是在刑事程序法上建立认罪认罚从宽的引导、鼓励、保障机制,建立狭义的认罪认罚从宽制度。

总之,对于什么是认罪认罚从宽制度要有深刻、全面、准确的认识,它不仅关系到认罪认罚从宽制度本身的建构和完善,而且还影响到认罪认罚从宽制度的运行和效能。

二、认罪认罚从宽制度的完善

如前所述,从广义上讲我国认罪认罚从宽制度由来已久,所以十八届四中全会决定提出的是“完善认罪认罚从宽制度”而不是“建立认罪认罚从宽制度”。但是,为什么要“完善”,“完善”什么,就成为如何对认罪认罚从宽制度进行完善的关键所在。回首我国以往事实上存在的认罪认罚从宽制度,可以发现其有以下几点明显不足:

其一,以往虽然存在体现认罪认罚从宽精神的具体制度或规定,如自首、坦白,但并没有一个高度概括、内涵丰富、外延清晰的认罪认罚从宽制度的概念,并以此为核心指导刑事立法的完善和刑事司法的实践。正因如此,现行法律制度中虽不乏体现认罪认罚从宽精神的具体制度或具体规定,但相互之间缺乏清晰、内在的逻辑关系和总体构架及其分工。也因如此,在认罪认罚从宽制度的概念提出之后的讨论中,出现了诸多认识分歧和认识偏差。

其二,现行法律中已有的体现认罪认罚从宽精神的具体制度或具体规定呈现“重实体轻程序”的偏向。在传统观念上,“认罪认罚从宽”属于实体法范畴,似乎与程序法无涉。因此,在实体法上体现得比较多,包括自首、坦白、缓刑、减刑、假释等,而在程序法上规定得比较少,主要体现在近年来才有的公诉案件和解程序、简易程序、速裁程序中,而且不够充分。不仅如此,在实体法上,认罪认罚与从宽之间的因果关系直接、明确,并且在刑法修改过程中不断得到完善和强化。例如,在1979年《刑法》上,只有一般自首而没有特别自首的规定。1997年修改《刑法》时增加了“以自首论”的特别自首规定,扩大了自首的范围。在1997年《刑法》上只有自首而没有坦白的规定。2011年2月通过的《刑法修正案(八)》在自首规定之后又增加了虽不构成自首,但如实供述自己的罪行也可以从轻处罚的规定。相比之下,程序法上的有关规定不仅少,而且认罪认罚与从宽的关系也不够明确。例如,适用简易程序要求被告人认罪,但认罪之后是否应当或可以从宽以及如何从宽并未规定。

其三,现行法律制度中对犯罪嫌疑人、被告人认罪认罚自愿性、真实性及从宽处理的保障不够充分。如前所述,无论是实体法上的自首、坦白,还是程序法上的简易程序、公诉案件和解程序,虽然都把犯罪嫌疑人、被告人“认罪”作为适用的重要条件,但在程序上对认罪认罚自愿性及从宽处理的保障不够充分。在司法实践中,犯罪嫌疑人、被告人大部分都是普通人,他们不具有法律知识和诉讼经验,在诉讼中与指控方在案件证据信息掌握程度上极不对称,同时他们中大多数人又得不到律师的帮助。这就使被告人认罪认罚的自愿性、真实性缺乏有效的保障。同时,在获得从宽处理的保障上也很缺乏。一些犯罪嫌疑人、被告人表示,他们在诉讼过程中相信办案人员的政策教育与承诺,如实坦白所犯罪行,有的还交代出办案人员并不掌握的罪行，但是并不能得到办案人员兑现承诺，常常有被骗的感觉，以致在押犯罪嫌疑人、被告人中间流传着“坦白从宽，牢底坐穿；抗拒从严，回家过年”的“经验教训”。这又极大地伤害了司法公信力。

正是基于以往法律上体现认罪认罚从宽制度的规定不够健全，甚至还存在明显的不足或缺陷，党的十八届四中全会决定提出了“完善认罪认罚从宽制度”的重大改革举措。为此，于 2014 年至 2018 年先后在 18 个地方进行“刑事速裁程序”和“认罪认罚从宽制度”的试点。在此基础上，于 2018 年 10 月《刑事诉讼法》修改中正式在程序法上确立了认罪认罚从宽制度。总体来看，它对以往存在的认罪认罚从宽制度的“完善”主要表现在以下几个方面：

其一，在刑事诉讼法上确立了认罪认罚从宽的基本原则。2018 年《刑事诉讼法》第 15 条明确规定：“犯罪嫌疑人、被告人自愿如实供述自己的罪行，承认指控的犯罪事实，愿意接受处罚的，可以依法从宽处理。”这就扭转了以往认罪认罚从宽制度“重实体轻程序”的偏向，从程序法上丰富、发展了认罪认罚从宽制度。

其二，从程序上加强对犯罪嫌疑人、被告人认罪认罚自愿性、真实性、合法性的保障。首先，非常重视认罪认罚案件犯罪嫌疑人、被告人获得律师的帮助。对于有能力聘请律师和符合获得法律援助条件的人，确保为其指派律师提供辩护；对于没有委托辩护人、法律援助机构也没有指派律师为其提供辩护的犯罪嫌疑人、被告人，也应由法律援助机构指派值班律师为他们提供法律帮助，包括提供法律咨询、程序选择建议、申请变更强制措施、对案件处理提出意见等。其次，要求办案机关为犯罪嫌疑人、被告人约见值班律师以及值班律师了解案情提供便利。再次，在审查起诉阶段特别要求检察机关注意听取犯罪嫌疑人、辩护人或者值班律师对以下四个方面事项的意见并记录在案：(1)涉嫌的犯罪事实、罪名及适用的法律规定；(2)从轻、减轻或者免除处罚等从宽处罚的建议；(3)认罪认罚后案件审理适用的程序；(4)其他需要听取意见的事项。最后，明确规定在审判阶段“被告人认罪认罚的，审判长应当告知被告人享有的诉讼权利和认罪认罚的法律规定，审查认罪认罚的自愿性和认罪认罚具结书内容的真实性、合法性”。①

其三，从程序上对于确系有罪并自愿认罪认罚的犯罪嫌疑人、被告人原则上给予从宽处理。为此，要求检察机关对于经过审查确系有罪并自愿认罪的犯罪嫌疑人，通过充分听取其本人以及辩护人或值班律师的意见，双方进行协商后达成量刑建议，并在辩护人或值班律师在场见证下由犯罪嫌疑人签署认罪认罚具结书，把犯罪嫌疑人确实有罪并自愿认罪认罚的事实以及据此达成的量刑建议以书面方式固定下来。不仅如此，还规定“对于认罪认罚案件，人民法院依法作出判决时，一般应当采纳人民检察院指控的罪名和量刑建议”，除非有法律规定的例外情形。

其四，适应犯罪嫌疑人、被告人自愿认罪认罚的需要，建立了刑事速裁程序，“基层人民法院管辖的可能判处三年有期徒刑以下刑罚的案件，案件事实清楚，证据确实、充分，被告人认罪认罚并同意适用速裁程序的，可以适用速裁程序由审判员一人独任审判”。对于速裁案件要求人民法院一般应当在 10 日内审结，可能判处的刑罚超过有期徒刑 1 年以上的，可以延长 15 日。当然，在审理速裁案件中，人民法院仍然应该高度负责，“发现被告人的行为不构成犯罪或者不应当追究刑事责任、被告人违背意愿认罪认罚、被告人否认指控的犯罪事实或者不宜适用速裁程序审理情形的”，应当分别不同情况转为适用普通程序或者简易程序重新审理。

综上所述，从广义上看，以上刑事诉讼法关于认罪认罚从宽制度的规定是对以往就有的认罪认罚从宽制度的“完善”，并且主要体现、落实在刑事诉讼程序上。但从狭义上讲，规定在刑事诉讼法上的以上内容，完全都是全新的，也可以说是狭义的认罪认罚从宽制度。虽然它是一项新的程序制度，但在刑事诉讼活动中涉及的范围会很广。一般认为，司法实践中 80%以上的刑事案件都属于认罪案件，这就使认罪认罚从宽制度的适用范围很广，也因此使认罪认罚从宽制度在我国刑事诉讼制度中的地位和作用非常重要。

---

① 《刑事诉讼法》第 190 条第 2 款。

三、认罪认罚从宽制度的核心价值

为什么要建立乃至完善认罪认罚从宽制度,这是准确理解和正确贯彻认罪认罚从宽制度的核心问题。但是,在这个问题上,还存在一些认识错误和执行偏差。有的人认为设立认罪认罚从宽制度就是为了追求诉讼效率,解决案多人少的突出矛盾,实现繁简分流。在这种认识下,在制度设计和司法实践中,往往把注意力放在如何简化程序、提高效率上,而忽视其背后的核心价值。因此,非常有必要对这个问题展开深入讨论。

在笔者看来,认罪认罚从宽制度正确实施的客观效果应该是能够提高诉讼效率,对解决案多人少矛盾确有积极作用,也能为繁简分流提供重要通道,但它的核心价值并非单纯地追求诉讼效率,节约司法资源。认罪认罚从宽制度的核心价值应当是:

1. 切实贯彻宽严相济、坦白从宽刑事政策,实现最佳刑罚效果

如前所述,宽严相济、坦白从宽①是我国长期奉行的刑事政策。之所以如此,主要是因为一个人犯罪后能够自首、坦白自己所犯罪行,真诚认罪悔罪,愿意接受司法审判,表明其人身危险性大大降低,主动悔过,重新做人积极性大大提升。在此情形下,在法律规定的范围内,予以从宽处理或处罚包括从轻、减轻甚至免除处罚,仍然能够实现最佳的刑罚效果。从特殊预防来讲,由于当事人自首、坦白等积极表现,又给予其从宽处理或处罚,使其感恩戴德,再犯可能性大大降低。再从一般预防来讲,通过对具有自首、坦白等积极表现的犯罪人员给予从宽处理或处罚,势必对其他已经犯罪的人和可能犯罪的人起到积极的示范效应,促使他们走同样的道路,这样对减少犯罪、预防犯罪起到积极作用。而这两个方面正是适用刑罚所追求的最佳效果。

2. 以确保公正为底线,提高诉讼效率,节约司法资源

前已指出,认罪认罚从宽制度不是孤立存在的一项法律制度,

---

① 传统上“坦白从宽”与“抗拒从严”并列在一起作为重要的刑事政策。近十多年来,一般只讲“坦白从宽”,不再提“抗拒从严”。之所以如此,是因为不能以态度如何作为定罪的依据,更不能以此为由迫使当事人自证其罪。

而是在以审判为中心的刑事诉讼制度下，与庭审实质化审判相辅相成，相互依赖的一项法律制度。庭审实质化是一切刑事案件中所有犯罪嫌疑人、被告人的一项应然权利，只要他们需要并提出要求，都应该予以满足，充分保障他们获得公正审判的权利。同时，如果他们不需要庭审实质化的审判，愿意放弃公正审判的权利，则应当尊重他们的选择，满足他们的需要。而认罪认罚从宽制度恰恰就是为了充分尊重犯罪嫌疑人、被告人的意愿而产生和存在的。这本身就体现了公正精神。但是，毕竟犯罪嫌疑人、被告人不是法律专家，不具诉讼经历，没有诉讼经验，这就不能排除他们的选择会发生错误，如本来自己的行为不是犯罪而"自愿认罪认罚"，甚至不能排除有的人出于某种目的或考虑违心地承认自己没有实施的犯罪，或替别人"认罪认罚"。同时，也不能排除公安、司法人员在办案中滥用职权，或者对工作严重不负责任，或者业务能力不足，以致利用职权对当事人施加不当影响，甚至欺骗、威胁并没有实施犯罪或者其行为不构成犯罪的人"自愿认罪认罚"。

认罪认罚从宽制度以确保公正为底线，意味着在制度设计上和实施中，必须坚守公正底线，不能牺牲公正片面追求诉讼效率，节约司法资源，减轻司法人员的工作负担。

正是由于认罪认罚从宽制度的核心价值之一是确保公正底线，我国认罪认罚从宽制度并不是有些人理解的中国式辩诉交易，而是基于中国实际具有中国特色的认罪认罚从宽制度。主要表现在认罪认罚协商仅限于量刑协商，在认罪问题上不允许搞协商。所谓"认罪"必须是在犯罪嫌疑人、被告人的行为确实有罪前提下接受"认罪"，否则，即使"认罪"也不能接受。此外，更不允许像辩诉交易那样，进行罪名的交易和罪数的交易，前者是把重罪"交易"成轻罪，后者是把多罪"交易"成少罪或一罪。当然，我国刑法上复合性罪名的特点不同于美国"碎片化"的罪名。此外，检察机关不仅是公诉机关，还负有法律监督的使命，这些也决定了我国并不具备进行罪名和罪数交易或协商的制度基础。[①]

---

① 参见顾永忠：《关于"完善认罪认罚从宽制度"的几个理论问题》，载《当代法学》2016 年第 6 期。

3. 美国辩诉交易制度诉讼价值的可借鉴之处

虽然我国的认罪认罚从宽制度不同于美国的辩诉交易制度，且美国的辩诉交易制度确实存在不少问题，但是，辩诉交易制度也并非一无是处。事实上，美国的辩诉交易制度在诉讼价值上也有可取之处，值得我们思考和借鉴。

第一，美国辩诉交易制度并没有放弃公正价值。为此，美国采取了多项措施予以保障。其一，充分保障被追诉人选择辩诉交易的自愿性。这主要表现在法律赋予被追诉人享有不被强迫自证其罪的特权和要求陪审团审判的权利。只要被追诉人不认罪并且可能判处监禁刑而要求陪审团对其审判的，都能获得陪审团的审判。而陪审团审判又将充分保障其各项诉讼权利特别是要求普通证人、专家证人（鉴定人）、办案警察出庭作证并对其质证的权利，实现获得公正审判的权利。不仅如此，还允许被追诉人与控方达成辩诉协议后提出反悔。其二，充分保障被追诉人获得律师辩护的权利。如果本人没有能力委托辩护律师，则由政府指派公设辩护人为其辩护。其三，法官对于控辩双方达成的辩诉协议并不是形式审查，“一路绿灯”让其通过，而要进行实质审查。根据美国联邦刑事诉讼规则第11条e款规定，法官对于辩诉协议可以接受，也可以拒绝接受，在拒绝接受并告知被告人可以撤销辩诉协议而其不予撤销的情形下，法官甚至可以作出对被告人不利的判决。①

第二，美国辩诉交易也不是一味追求诉讼效率。客观上美国辩诉交易制度确实促进了诉讼效率，也不能排除美国的立法者、司法者在制定、实施辩诉交易制度时具有追求诉讼效率的主观意图，但也不是一味追求诉讼效率而牺牲公正价值。即使法官审查同意控辩双方辩诉交易的案件，也只是省略了对定罪问题的审理，但量刑问题并不省略，还要专门举行量刑听证，听取控辩双方对量刑的意见后再最终作出量刑裁决。

因此，我们对美国辩诉交易制度应当理性看待、正确认识，其中可取并值得我们借鉴之处，对于我们科学设计、正确实施认罪认罚

---

① 参见《美国联邦刑事诉讼规则和证据规则》第11条，卞建林译，中国政法大学出版社1996年版。

从宽制度不无积极意义。

第二节　认罪认罚从宽制度下的刑事辩护

一、认罪认罚从宽制度对刑事辩护的影响

如果以犯罪嫌疑人、被告人对于办案机关认定或指控其犯罪的态度为标准，可以将刑事案件划分为两大类：一类是认罪案件，另一类是不认罪案件。此种分类无论对于犯罪嫌疑人、被告人的自行辩护还是对于律师为他们进行辩护都有重要的意义。认罪认罚从宽制度的确立，对刑事辩护提出了新的要求，并产生新的变化：

1. 犯罪嫌疑人、被告人认罪与否对辩护方向具有举足轻重的影响

犯罪嫌疑人、被告人不认罪的案件，无论其在事实上和法律上是否确实无罪，辩护的方向应该主要是从无罪的方面来考量，包括在事实上和法律上考量犯罪嫌疑人、被告人被认定涉嫌或指控的行为是否确实发生、是否构成犯罪、是否依法应当追究刑事责任等。而在量刑辩护方面一般不予考虑。因为既然犯罪嫌疑人、被告人不承认犯罪，通常一般不会考虑量刑轻重的问题。同样，律师一旦为犯罪嫌疑人、被告人进行无罪辩护，通常也不会再提出量刑的辩护，以防量刑辩护削弱了无罪辩护的力度。除非在一些特殊案件中，律师既提出无罪辩护意见，同时又提出量刑辩护意见。但是，此种辩护在司法实践中往往受到非议，甚至有的法官不接受，律师一旦提出此种辩护，便要求律师必须明确到底是什么辩护意见，不允许既作无罪辩护又作量刑辩护。国外一些国家在审判程序上把定罪审理程序与量刑审理程序在时间上和空间上完全隔离、分开，淡化了同一律师提出两种辩护意见的直接冲突，为律师进行此种辩护提供了程序上的有利条件。我国在前些年的量刑程序改革中也曾有学者提出把定罪审理程序与量刑审理程序在时空上分开的主张，①其

---

① 参见陈卫东：《量刑程序改革的新路径》，载《法制资讯》2010 年第 12 期。

中一个理由就是便于律师为被告人从定罪和量刑两个方面提出辩护意见,但考虑到我国的实际情况,最高人民法院没有接受这一主张,只是在时间上对定罪审理程序和量刑审理程序作了相对分离的制度安排,即在法庭审理中,先进行定罪问题的审理,其后再进行量刑问题的审理。在此情形下,也允许律师在审理定罪问题时可以先提出无罪辩护,在审理量刑问题时又可以提出量刑辩护。

但是,在认罪认罚从宽制度下,如果犯罪嫌疑人、被告人确实有罪并且自愿承认犯罪,他们关注的往往不再是定罪问题,而是量刑问题,所追求的最大诉讼利益就是希望能够获得从宽处理,包括起诉前能获得不起诉,起诉后能获得轻判,包括从轻处罚、减轻处罚甚至免除处罚。而辩护律师对于此类案件的辩护,则首先要对犯罪嫌疑人、被告人表示的认罪进行专业审查,以确认是否确实有罪。在确认确实有罪的情况下,其辩护的方向同样也是量刑辩护,在有关事实、证据的基础上和法律允许的范围内在量刑方面争取为犯罪嫌疑人、被告人获得最大的利益。

2. 犯罪嫌疑人、被告人认罪与否对辩护的方式也有重要影响

犯罪嫌疑人、被告人不认罪案件,意味着与办案机关的对抗态度,由此决定了不认罪案件的辩护往往也是对抗性的。这种对抗式的辩护主要体现在法庭审理中,控辩双方将围绕被告人的行为是否构成犯罪,充分利用举证、质证、辩论的诉讼权利,展开“真刀实枪”的理性对抗,这类案件往往要求庭审实质化的审判。而在认罪认罚从宽制度下,犯罪嫌疑人、被告人确实有罪又认罪的案件,意味着与办案机关并不存在根本性的冲突,因而辩护方式也不是对抗性的,相反呈现为合作性、协商性的辩护。此外,辩护的方式也将发生很大的变化,由过去主要是在审判阶段进行量刑辩护转变为在审查起诉阶段就开始进行量刑问题的辩护,以影响检察机关对认罪案件起诉时提出对被告人有利的量刑建议。

3. 认罪认罚从宽制度对律师的辩护思维和辩护目标将产生重大影响

传统上,人们把律师辩护主要理解为庭审中的辩护和无罪辩护,对于审前程序中的辩护和有罪辩护往往不予重视。在一些地方

甚至出现了一些“著名的无罪辩护律师”，无论案情是否有条件，法律是否有根据，往往都提出无罪辩护。这种情形当然与律师个人的素质和做人做事的“风格”有关系，但也与我国尚无健康、正常的辩护文化有关系，以致在司法实践中，律师最看重无罪辩护，不少律师甚至排斥有罪辩护，看不起进行有罪辩护的律师。

其实，刑事辩护从来都是既有无罪辩护也有有罪辩护。我国2018年《刑事诉讼法》第37条规定：“辩护人的责任是根据事实和法律，提出犯罪嫌疑人、被告人无罪、罪轻或者减轻、免除刑事责任的材料和意见，维护犯罪嫌疑人、被告人的诉讼权利和其他合法权益。”其中，根据事实和法律提出犯罪嫌疑人、被告人“无罪的材料和意见”就是无罪辩护，而提出“罪轻或者减轻、免除其刑事责任的材料和意见”属于有罪辩护。从数量上看，刑事案件中80%以上的犯罪嫌疑人、被告人都是认罪的，他们希望律师进行的辩护也主要是有罪辩护，即在承认有罪的前提下，从程序上和量刑上提出对他们有利的事实、证据和法律依据，以获得从宽处理包括程序上的不批捕、不起诉，实体上的从轻、减轻、免予处罚，以及能够适用缓刑等。认罪认罚从宽制度在程序法上的确立，对于律师理性转变辩护思维，务实确立辩护目标提供了法律依据和辩护空间。

4. 认罪认罚从宽制度的确立，将促使更多的律师参与到刑事诉讼中，以不同身份、不同方式为犯罪嫌疑人、被告人提供法律服务

2018年《刑事诉讼法》第36条第1款规定：“法律援助机构可以在人民法院、看守所等场所派驻值班律师。犯罪嫌疑人、被告人没有委托辩护人、法律援助机构没有指派律师为其辩护的，由值班律师为犯罪嫌疑人、被告人提供法律咨询、程序选择建议、申请变更强制措施、对案件处理提出意见等法律帮助。”按照这一规定，今后刑事诉讼活动中，为犯罪嫌疑人、被告人提供法律服务的律师将有三支力量：一是由犯罪嫌疑人、被告人委托的辩护律师；二是犯罪嫌疑人、被告人因故没有委托辩护人，但因属于刑事诉讼法规定的应当提供法律援助的对象，由人民法院、人民检察院、公安机关依法通知法律援助机构为其指派的辩护律师；三是当不存在以上两种情形时，由法律援助机构指派的值班律师。这三支力量中，前两支都是

辩护律师,依法为犯罪嫌疑人、被告人提供辩护,但在司法实践中这两类案件占全部刑事案件的比例还不到30%,其余70%以上的刑事案件没有辩护律师,主要靠值班律师提供法律帮助。虽然目前法律上对值班律师的定位在名分上不是“辩护”而是“法律帮助”,但法律赋予值班律师的职责与当事人自己委托的辩护律师和法律援助机构指派的辩护律师在审前程序中的职责实质上并无区别。因此,就目前而言,值班律师担负的职责名为“法律帮助”实为“辩护”,如果值班律师确实能够履行好法律赋予的职责,其实质作用就是辩护。因此,应当高度重视并发挥值班律师在刑事诉讼中的作用,特别是他们在认罪认罚从宽制度中的重要作用。当然,为此也需要解决值班律师定位不准、诉讼权利保障不足的问题。这个问题在第六章已专门论述过,不再赘述。

二、律师在认罪认罚从宽制度中应当发挥的主要作用

认罪案件与不认罪案件的区别、特点已如前述,由此决定了辩护律师及值班律师在认罪认罚从宽制度中应当主要发挥以下作用:

1. 严格“把关”,确保认罪之人确系有罪之人

认罪认罚从宽制度是建立在犯罪嫌疑人、被告人认罪基础之上的,而认罪又必须以确实有罪为基础。如果一个人并没有罪却因某种原因“主动认罪”,而办案机关没有发现或审查不严,以致按认罪认罚案件从宽处理,这样的结果仍然是错案,对于其中无辜的人而言更是冤案。在认罪认罚从宽制度中这是应当高度警惕、严格防范的最大隐患。对此,公安司法机关及其办案人员应当高度负责,犯罪嫌疑人、被告人的辩护律师或值班律师也应当高度负责,甚至应负更大的责任。因为辩护律师或值班律师无论从当事人委托的角度看,还是从法律援助机构指派的角度看,他们的天职就是依法维护当事人的合法权益,其中最大的合法权益就是如果他们本来是无罪的,应当保障他们不能因“认罪”而被定罪。辩护律师或值班律师在认罪认罚案件中的首要责任和最大作用,就是严格“把关”,确保认罪之人确系有罪之人。

为此,辩护律师或值班律师在办案中不能轻信犯罪嫌疑人、被

告人的“认罪”,要从犯罪嫌疑人、被告人没有认罪或不认罪的角度全面、严格履行审查责任,通过认真审阅证据材料,与犯罪嫌疑人、被告人核实细节,深入分析有关证据的相互联系等,“把好事实关”,确认犯罪嫌疑人、被告人是否实施或参与了被认定涉嫌或指控的犯罪。其次,“把好法律关”。即使事实上没有问题,犯罪嫌疑人、被告人确实实施或参与了有关犯罪,也要根据有关法律规定审查其行为是否构成犯罪、是否依法应当追究刑事责任。一旦发现犯罪嫌疑人、被告人的“认罪”在事实上或法律上是无罪的,一方面,辩护律师或值班律师应当与犯罪嫌疑人、被告人进行充分交流,了解其认罪的真实原因,详细说明其行为不构成犯罪的事实或法律依据,说服其坚信法律的公正,撤回“认罪”;另一方面,辩护律师或值班律师应当及时以口头和书面方式向办案机关及办案人员反映其对案件的审查分析意见,特别是犯罪嫌疑人、被告人的行为在事实上或法律上不构成犯罪的理由和根据,提示他们不能仅因犯罪嫌疑人、被告人“认罪”而对其起诉、定罪,要求他们对案件严格审查,依法处理,防止因“认罪”而发生冤假错案。

对于辩护律师或值班律师而言,这项工作实质上也是一种无罪辩护,但又不同于犯罪嫌疑人、被告人不认罪条件下进行的无罪辩护,最大的区别是不能像在不认罪案件中的无罪辩护那样,可以在法庭审理中“真刀实枪”地与控方进行对抗性的辩护,而更多的是在起诉前、庭审外与办案人员充分沟通、交流并说服,使他们相信所办案件犯罪嫌疑人确实是无罪的,当事人的认罪是不可信、不应信的,应当及时纠正办案思路,对案件作出合法、公正、正确的处理。

在司法实践中,如何把好认罪认罚案件确系有罪案件的“关”,对律师工作也是一种挑战,而挑战的对象往往来自当事人自己。以下两个案例在这方面具有典型意义。

黄某某因涉嫌“套路贷”被以诈骗罪立案侦查并采取强制措施。具体案情是,黄某某到一家小额贷款公司打工,跟着“师傅”找债务人催了四次账。每次都是“跟班的”,帮“师傅”提包拿东西,见着债务人也不说话,更不威胁或使用暴力。后该小额贷款公司的老板及从业人员被公安机关以涉嫌诈骗罪立案侦查。黄某某被抓以后在诉讼过程中曾多次想认罪,他认为自己的事情并不重,早一点认罪认罚判不了多重,可能很快就能出去。于是他在拘留后、批捕时、第一次审查起诉阶段,以及退回补充侦查期间甚至被取保候审后,多次想认罪认罚,但是他委托辩护律师了解案情后特别是审查起诉期间阅卷后,认为黄某某的行为不应该构成犯罪,所以反复给黄某某做工作,讲利害关系,让他慎重认罪认罚,黄某某也听了律师的建议。后来其他同案犯都起诉到法院,黄某某没有被起诉,仍处于退回补充侦查的取保候审期间。据了解,其他被告人审判终结后,将对黄某某撤销案件。应该说,黄某某的辩护律师在这个案件中很好地发挥了把关作用。①

另一个案例是内蒙古一个基层人民法院的副院长李某因玩忽职守被定罪免刑的案件。据报道,该案的案件事实是,2011 年 12 月,李某所在法院审理了一起过失致人死亡案。庭审后,承办法官云某某将其起草的判决书文稿报给李某审核,并且云某某在判决书文稿中把本来有工作单位的被告人的职业情况写成了“无业”。但是,李某在审核中没有发现这个问题。该案宣判并生效后,法院没有依法将判决书送达被告人的工作单位,致使该单位多年来一直给被告人发放工资、奖金、福利等待遇达 137 万余元。据此,检察机关指控李某犯有玩忽职守罪,起诉到法院。公诉机关认为,被告人李某作为国家机关工作人员,履行职责不力,对所分管工作未做到严格把关,致使有关单位损失 137 万余元,其行为触犯了《刑法》第 193 条之规定,构成玩忽职守罪。同时,检察机关提出对李某判处拘役,可以适用缓刑或免予刑事处罚的量刑建议。在庭审中,李某表示认罪认罚,其辩护律师也提出被告人自愿认罪认罚,真诚悔罪,希望法院从宽处罚。最后法院判决李某犯玩忽职守罪,免予刑事处罚。②

这个案件在网络上传得很广,不少法律界人士发表了意见,其

---

① 该案参见贺奎奎:《当事人三番五次欲认罪,辩护人力阻终获无罪结果》,载微信公众号“独立辩”2020 年 3 月 16 日,https://mp. weixin. qq. com/s/i - mcwG8KRqIcteqwjXCCfw。

② 内蒙古自治区察哈尔右翼后旗人民法院(2020)内 0928 刑初 1 号刑事判决书。

中不少人认为李某是无罪的。笔者也认为李某应该无罪。但是李某本人在诉讼中表示认罪认罚,他的辩护律师也同意认罪。这是为什么?不少人分析这个案件背后一定有什么隐情或复杂背景。但在笔者看来,无论背景怎么样,隐情如何,评断一个行为是不是有罪,只能依据法律规定。如果笔者担任李某的辩护律师,将依据刑法的有关规定,充分告诉他被指控的行为是无罪的,他不应该认罪认罚。当然最后认不认罪由他自己决定,但辩护律师应当尽到自己的责任。为什么认为李某无罪?首先,李某作为副院长有没有责任审核被告人有无职业的问题?特别是在承办法官工作不负责任,把被告人本来有工作却写成"无业"的时候,李某又如何发现并纠正这一错误?是不是要求法院领导审核到这种程度?如果是这样,法院主管院长审查法律文书的范围和责任值得研究!笔者认为类似被告人的身份信息包括有没有工作的信息,不应该由法院领导审核把关,而应当由承办法官自己负责。否则,让法院领导直接办案就行,何必要由其他法官办理案件?

其次,也是最重要的,那个案件的被告人当初被判了什么刑,目前媒体报道中没有提及。但是,如果他的原单位一直给他发工资,表明很有可能他一直还在上班,因为是过失犯罪,可能判的是缓刑。既然他一直在上班,单位当然应当给他发工资,这与李某没有发现被告人有工作单位而不是"无业"又有什么因果关系?退一步讲,即使那个被告人没有上班,原单位却一直给他发工资,那也是原单位的有关人员玩忽职守,与李某的行为又有什么因果关系?总之,无论何种情况,都不是李某的审核行为造成的,为何给他定罪?

通过该案,参与认罪认罚从宽制度的律师应当充分认识到,在犯罪嫌疑人、被告人不构成犯罪或其他无罪案件中,哪怕犯罪嫌疑人、被告人出于某种原因表示认罪,律师也应当把好关。这不仅是为了维护当事人的合法权益,也是为了维护法律的正确实施和社会公平正义。

2. 切实"保障",确保认罪之人确系自愿认罪

犯罪嫌疑人、被告人的认罪认罚不仅应当建立在犯罪嫌疑人、被告人确实有罪的基础上,而且应当是犯罪嫌疑人、被告人在明知

自己的行为是犯罪，并且明知自己认罪的法律意义和法律后果的情况下，明智地作出主动、自愿认罪的选择，而不是被胁迫、被欺骗后认罪或因其他原因非自愿地认罪。

辩护律师或值班律师对犯罪嫌疑人、被告人认罪自愿性的保障，首先要通过与犯罪嫌疑人、被告人的充分交流并结合审阅案卷材料，特别是犯罪嫌疑人、被告人的口供进行，不仅要掌握其何时在何种情形下开始认罪，认罪之后是否有过反复，还应当重视其对认罪的法律意义和法律后果是否清楚，认罪的动机和原因是什么。一旦发现犯罪嫌疑人、被告人的认罪是不自愿的，应当向其本人充分说明法律对认罪自愿性的要求，以及认罪的法律意义和法律后果，打消其对认罪后果不切实际、不符合法律规定的错误认识和期待。同时，提示其在真正了解认罪的法律意义和法律后果的基础上自愿认罪。其次，辩护律师或值班律师也要及时向办案机关及其办案人员反映犯罪嫌疑人、被告人认罪并非出于真实自愿的有关事实和依据，希望他们重新审查并充分听取犯罪嫌疑人、被告人的意见，确认其确系自愿认罪后才能按照认罪认罚从宽制度处理案件。在这些问题没有解决，不能确认犯罪嫌疑人、被告人的认罪确实出于自愿的情况下，辩护律师或值班律师有权不在办案机关要求犯罪嫌疑人、被告人签署的认罪认罚具结书上签字确认。

3. 充分“协助”，帮助有罪并自愿认罪者在法律范围内获得最大限度的从宽处理

辩护律师或值班律师在确认犯罪嫌疑人、被告人确实有罪并自愿认罪之后，应当在法律允许的范围内为其争取获得最大限度的从宽处理。具体包括以下几个方面：

其一，在强制措施的适用上，为认罪认罚的犯罪嫌疑人、被告人积极争取不适用羁押性的强制措施，或者及时变更羁押性的强制措施为非羁押性的强制措施。2018 年《刑事诉讼法》第 81 条第 2 款规定：“批准或者决定逮捕，应当将犯罪嫌疑人、被告人涉嫌犯罪的性质、情节、认罪认罚情况等，作为是否可能发生社会危险性的考虑因素。”据此，辩护律师或值班律师在办案过程中应当特别注意犯罪嫌疑人、被告人是否具有认罪认罚的情况。特别是在犯罪嫌疑人、

被告人被逮捕之前，如果存在认罪认罚情况，再结合其他有利情节，及时向办案机关提出对当事人不应适用或不必适用逮捕措施的意见。即使在逮捕之后才表示认罪认罚，也可以向检察机关提出进行捕后羁押必要性的审查。

其二，对于符合法定条件的认罪认罚案件，应当及时向办案机关提出撤销案件或不起诉的意见。2018 年《刑事诉讼法》第 182 条第 1 款规定："犯罪嫌疑人自愿如实供述涉嫌犯罪的事实，有重大立功或者案件涉及国家重大利益的，经最高人民检察院核准，公安机关可以撤销案件，人民检察院可以作出不起诉决定。也可以对涉嫌数罪中的一项或者多项不起诉。"这一规定是专门针对认罪认罚案件作出的，辩护律师或值班律师在办案中应当注意所办案件是否符合上述条件，及时向办案机关提出意见。此外，对于符合酌定不起诉条件的案件，律师也要向检察机关及时提出意见。

其三，充分参与检察机关审查起诉活动，依法与办案人员协商，对检察机关量刑建议的形成施加积极影响，在实体上为犯罪嫌疑人争取最有利的从宽处罚。

刑事诉讼法上认罪认罚从宽制度的建立，在诉讼程序上发生了一个重大的变化，就是认罪认罚案件在检察机关向人民法院提起公诉时"应当就主刑、附加刑、是否适用缓刑等提出量刑建议，并随案移送认罪认罚具结书等材料"。同时，除法定情形外，人民法院对于认罪认罚案件依法作出判决时，"一般应当采纳"人民检察院指控的罪名和量刑建议。在此情形下，势必导致以往律师进行量刑辩护主要是在法庭审理中的传统做法发生变化，占刑事案件 80%左右的认罪认罚案件的量刑辩护，实际上被前移到审查起诉中。辩护律师或值班律师要适应这种变化，积极参与到审查起诉活动中，对检察机关针对个案当事人提出量刑建议施加影响。这就要求辩护律师和值班律师应当熟悉和掌握量刑建议的程序规则和法院量刑的实体规范，根据所办案件的具体情况特别是犯罪嫌疑人自愿认罪的积极态度和其有利事实及情节，通过与检察机关及其办案人员充分交流、理性协商，达成对犯罪嫌疑人最有利的量刑建议。

三、当前认罪认罚从宽制度实施中与律师辩护相关的几个问题

2018 年 10 月《刑事诉讼法》修改确立了认罪认罚从宽制度后，从法律上讲该项制度就正式生效，在全国范围开始实施。但由于这是一项新制度，立法规定又比较原则，在实施中面临不少问题和困难。2019 年 10 月“两高三部”制定了《关于适用认罪认罚从宽制度的指导意见》，从指导司法实践的角度，对认罪认罚从宽制度的具体实施，提出了全面、系统的指导性意见，成为该项制度实施的直接法律依据。在此情形下，司法实践中认罪认罚从宽制度的适用率大幅度攀升。据报道，“2019 年 6 月，检察环节认罪认罚从宽制度适用率只有 38.4%，在最高人民检察院强有力的部署推进下，到 2019 年 12 月单月，全国检察机关认罪认罚从宽制度适用率、量刑建议采纳率均超过 80%”。[①] 虽然这里讲的是“检察环节”的适用率，但由于检察机关的起诉与法院审判之间的密切关系，这个数据意味着审判环节认罪认罚从宽制度的适用率也应该大致如此。按照我国近年来审判阶段刑事案件的数量一般在 130 万件上下计算，80%的认罪认罚从宽制度适用率对应的刑事案件数量应该是 100 万件，看起来这是不小的成绩。

但是，在司法实践中围绕认罪认罚从宽制度的适用，无论是对法律规定的理解上，还是对一些具体个案的处理上，在法官、检察官、律师以及学者之间产生了诸多不同意见或不同做法，有的甚至分歧很大，其中也涉及与刑事辩护相关的不少问题。这些问题不解决，将对认罪认罚从宽制度的全面深入实施和良性正确运行造成不利的影响。鉴于此，笔者仅就其中与刑事辩护密切相关的几个问题展开分析讨论。

（一）认罪认罚从宽制度是否改变了诉讼结构

当前，在关于认罪认罚从宽制度的讨论中，有一个具有广泛影响的观点，认为在认罪认罚从宽制度确立之后，我国刑事诉讼结构

---

① 参见《适用率从三成到八成，回望“认罪认罚从宽制度”这一年》，载《检察日报》2020 年 5 月 8 日，第 1 版。

发生了变化。具体而言，就是从过去单一对抗制的诉讼结构变化为对抗制与协商、合作制并存的双轨制的诉讼结构。有人甚至明确讲，认罪认罚从宽制度的建立实质上是法院把一部分审判权让渡给检察机关，或者法院和检察院共同分享认罪认罚案件的审判权。按照这一说法，这部分案件或者说认罪认罚案件占到我国刑事案件总数的80%左右，案件绝对数达到每年100万件上下，这可不是“小部分”，而是“大部分”了。

这种观点如果成立，我国刑事诉讼结构确实发生了变化，对律师在认罪认罚从宽制度中的地位和作用将产生重要影响。因为，诉讼结构涉及诉讼活动的参与者在诉讼中的地位和权利。就辩护者而言，涉及他们在诉讼中是否具有平等的诉讼主体地位和相应的诉讼权利，还涉及他们在诉讼中有没有以及有多大的辩护空间。不仅如此，由于辩护者的诉讼地位及权利与诉讼结构具有不可分割的密切关系，如果我国刑事诉讼结构确实发生了变化，对于我国整个刑事诉讼制度的正常运行以及刑事诉讼法治的发展、进步都会产生重要影响。但在笔者看来，认罪认罚从宽制度的确立并没有改变我国刑事诉讼结构。

什么是诉讼结构？通俗而言，诉讼结构是指诉讼活动由哪些诉讼主体及诉讼职能构成，以及各诉讼主体及诉讼职能相互关系的状况。众所周知，诉讼是由三方构成的，正如中国古代《吕刑》所言：“两造俱备，师听五辞”。如果只有两方就不构成诉讼，两方可以通过协商或暴力解决争议问题，但争议一旦走到诉讼就意味着在两方之间已经解决不了，或者法律不允许两方自行解决了。例如，公诉案件不允许双方私了，必须经由刑事诉讼制度解决。在刑事诉讼中，检察机关承担控诉职能，[①]犯罪嫌疑人、被告人及其辩护人承担辩护职能，审判机关承担审判职能。他们之间按照“控审分离、控辩平等和审判中立”的关系构成，形成了我们通常所说的等腰三角形的诉讼结构，而这种结构本身就体现出程序的公正或正义。

---

① 这是针对公诉案件而言的；在自诉案件中，控诉职能则由自诉人承担和行使，但是自诉案件在刑事诉讼中所占的比例非常有限。

然而,这种诉讼结构在我国能走到今天经历了艰难曲折的过程。在1979年《刑事诉讼法》中,从诉讼结构来看,控审分离的诉讼关系尚未形成。第一,检察机关具有定罪权,可以将一些构成犯罪的案件不向法院起诉,作出免予起诉的定罪处理。第二,法院先确定了被告人有罪之后才决定开庭,理论上将此称为“先定后审”。在“先定后审”时代,法院既是审判机关,也是控诉机关。1997年以前,检察机关派出的公诉人在法庭上宣读起诉书后,举证出示证据,指控犯罪主要由法官负责。所以,在法庭上法官经常对被告人训话甚至威胁对方“坦白从宽,抗击从严”。在这种情形下,控审实际上成为一家。第三,出庭的公诉人可以在庭审过程中对其认为法院审理程序中存在的“程序违法问题”有权当庭以口头方式进行法律监督。试想,在这种监督下,审判权该如何中立、独立行使?更何况在当时法官与公诉人其实就是一家,实际上都在行使控诉职能。因此,在1979年《刑事诉讼法》上控审分离远远没有做到,控审之间走得很近。控审关系既然如此,那么,控辩平等自然也谈不上,更做不到。被告人及其辩护人处于十分孤立和弱小的地位。

1996年3月立法机关对我国刑事诉讼法进行了一次重大修改。就诉讼结构而言,控审分离发生了很大变化。第一,1996年《刑事诉讼法》第12条明确规定“未经人民法院依法判决,对任何人都不得确定有罪”。这一规定来之不易,刚开始很多人认为这就是无罪推定原则。但经过理论界深入研究讨论后发现,这并不是无罪推定原则,但可以说是无罪推定原则的核心要素。它意味着一个人有罪必须由人民法院依法判决才能确定,这就明确了人民法院专属的定罪权。第二,既然法院垄断了定罪权,便废除了检察机关免予起诉的权力。与此同时,建立了不起诉制度,其中包括酌定不起诉制度或曰相对不起诉制度。酌定不起诉制度与免予起诉制度处理的案件范围其实是一致的,两者的根本区别在于:免予起诉是一种定罪处理,即使当事人不被起诉,在法律上仍被视为有罪的人;但是酌定不起诉是一种不定罪处理,一旦当事人被决定不起诉,在法律上则不是有罪的人。第三,彻底废除了法院“未审先定”制度。起诉到法院的案件,只要程序上具备开庭的条件法院就应当开庭审理,并且在庭审时法官应当不偏不倚，居中裁判；指控被告人有罪的责任由出庭的公诉人承担，被告人及其辩护人则针对指控有权进行辩护。在这种局面下，辩方的诉讼地位有所提高，控辩双方可以平等对抗。第四，检察机关对审判活动仍然有权监督，但不可由公诉人个人当庭以口头方式提出监督，如果法庭审理活动确有“程序违法”之处，检察机关应当在庭审结束后以单位的名义并以书面形式提出监督。由于以上变化，1996 年《刑事诉讼法》修改之后，控审分离的局面有了很大的变化，至少在法律规定层面上达到了控审分离。由此也在一定程度上改变了控辩关系和审辩关系。

2012 年《刑事诉讼法》修改后，在诉讼结构上发生了很大的变化，主要表现在辩护制度方面。在 2012 年、2018 年《刑事诉讼法》修改后，犯罪嫌疑人、被告人及其辩护人的诉讼地位、辩护权利得到大大强化。例如，2012 年《刑事诉讼法》明确了侦查阶段的律师就是辩护人的诉讼地位，还基本解决了以往困扰律师辩护的阅卷难、会见难等突出问题。再如，经过总结最高人民法院、最高人民检察院发布的有关司法解释特别是 2010 年“两高三部”共同制定的关于非法证据排除的规定，2012 年《刑事诉讼法》上正式建立了非法证据排除制度，同时还建立了犯罪嫌疑人、被告人及其辩护人有权要求控方证人、鉴定人等出庭对其进行质证的制度。

2018 年《刑事诉讼法》修改中正式建立了值班律师制度。值班律师制度在试点期间只限于认罪认罚案件，但是根据 2018 年《刑事诉讼法》的规定，值班律师不再限于认罪认罚从宽案件，所有的案件犯罪嫌疑人、被告人没有委托辩护人，也不符合法定法律援助条件因而没有指派律师为其辩护的，都要由值班律师为其提供法律帮助。此外，从 2017 年 10 月开始，最高人民法院和司法部共同出台了《关于开展刑事案件律师辩护全覆盖试点工作的办法》，并且从最初只限于八个省市到 2019 年扩大到全国范围进行试点。

上述修改和完善，从诉讼结构上强化了辩方的力量，使我国的刑事诉讼在立法上基本达到了“控审分离，控辩平等，审判中立”的诉讼结构。

通过以上分析，应该说认罪认罚从宽制度并没有改变刑事诉讼结构。那么为何有人认为诉讼结构发生了变化?主要有两个直接原因。第一个原因是,2018年《刑事诉讼法》第201条第1款规定,对于认罪认罚案件,人民法院依法作出判决时,一般应当采纳人民检察院指控的罪名和量刑建议。此处的“一般应当采纳”被认为使控审关系发生了变化。第二个原因是,根据2018年《刑事诉讼法》的有关规定以及“两高三部”《关于适用认罪认罚从宽制度的指导意见》的有关要求,检察机关办理认罪认罚案件时,应当听取犯罪嫌疑人、辩护人或者值班律师对所涉案件定罪量刑、程序适用等方面的意见,还要进行充分的沟通和协商,并就量刑建议“尽量达成一致”。这又使人们认为控辩关系好像也发生了变化。

但是结合以上对我国刑事诉讼结构及其演变的分析论述,不难看出,虽然认罪认罚从宽制度对控审关系和控辩关系作出了一些调整,但是,这都不是实质性、根本性的变化,都没有改变原有的诉讼结构。首先,从诉讼主体和诉讼职能来看,第一,在控诉职能方面,公诉案件仍然由检察机关行使,自诉案件由自诉人行使,任何其他机关或个人都不可以行使控诉职能。第二,辩护职能仍然由犯罪嫌疑人、被告人及其辩护人行使。第三,对刑事案件的审判或者定罪量刑还是由法院独立行使。因此,可以说诉讼结构的本质并没有发生变化。2020年最高人民检察院陈国庆副检察长在答《法制日报》记者问当中专门谈到了控审关系这个问题。他说根据2018年《刑事诉讼法》第12条、第201条的规定,对于认罪认罚案件,人民法院享有定罪量刑的最终决定权。① 也就是说,即使在认罪认罚从宽制度下,定罪量刑的最终决定权还是掌握在法院手中。

从控、辩、审相互关系来看,控审依然分离,虽然检方可以提出量刑建议,但是法院不一定必须采纳,控审之间不可分享或让渡审判权。从控辩关系上看,认罪认罚从宽制度强化了控辩平等。刑事诉讼法明确规定检察机关办理认罪认罚案件应当首先听取辩方的意见,然后才可以正式启动认罪认罚案件的起诉程序。因此,如果

---

① 参见蒋安杰:《认罪认罚从宽制度若干争议问题解析(上)——专访最高人民检察长陈国庆》,载《法制日报》2020年4月29日,第9版。

没有辩护人、值班律师的参与,没有他们参与犯罪嫌疑人签署认罪认罚具结书,这些案件是不可以正式提起公诉的。这实际上是强化了认罪认罚案件中辩方的诉讼地位和作用。陈国庆副检察长在答记者问中也强调,在认罪认罚从宽制度中,控辩双方充分的量刑协商是认罪认罚从宽制度的重要保证。他还表示,鉴于目前控辩协商方面缺乏规范性的机制和制度,最高人民检察院正在着手制定量刑协商程序。① 这意味着在刑事诉讼中控辩平等得到了强化。

再看审判独立、审判中立及其与控、辩的关系,实质上也没有发生改变。即使推行认罪认罚从宽制度,即使刑事诉讼法提出了法院对检察院提出的指控罪名和量刑意见一般应当采纳,但也没有剥夺或限制法院依法独立行使审判权。法院对于法定不应当采纳的五种情况和量刑不当的情况完全有权作出独立的裁判。因此,不应当认为认罪认罚从宽制度将法院的审判权让渡给检察院了。

不仅如此,还有一个需要深入研究的问题,即如何理解“一般应当采纳”?目前多数人的解读是,“一般应当采纳”是原则,“但书”规定的五种情形是例外。只要不存在例外情形,法院就应当采纳检察机关指控的罪名和量刑建议。② 这样理解,意味着“一般应当采纳”就是“应当采纳”之意。笔者认为,这种理解是存在片面性的,值得深入研究,正确认识。这实际上涉及 2018 年《刑事诉讼法》第 201 条第 1 款规定的“一般应当采纳”与“但书”规定的五种例外情形之间是一种什么关系的问题。按照上述观点,二者是非此即彼的关系。但也有人表示:“要注意‘一般应当’不是‘应当’,因此,不能对量刑建议照单全收;同时也要注意‘一般应当’不是‘可以’,因此,斤斤计较式的不采纳要尽量避免。”③笔者也认为,“一般应当采纳”与“但书”规定的例外情形之间的关系,并不是非此即彼的关

① 参见蒋安杰:《认罪认罚从宽制度若干争议问题解析(中)——专访最高检副检察长陈国庆》,载《法制日报》2020 年 5 月 6 日,第 9 版。

② 参见朱孝清:《认罪认罚从宽制度对检察机关和检察制度的影响》,载《检察日报》2019 年 5 月 28 日,第 3 版。

③ 杨立新:《对认罪认罚从宽制度中量刑建议问题的思考》,载《人民司法》2020 年第 1 期。

系,两者之间的关系应当是:其一,在所涉案件具有“但书”所列五种例外情形下,法院是绝对不能采纳也不应当采纳检察机关指控的罪名和量刑建议的;其二,在“但书”所列五种情形之外,“一般应当采纳”也不是一律应当采纳。在“一般应当采纳”中法官仍有裁量的空间。具体而言,在通常情况下,法院应当采纳检察机关指控的罪名和量刑建议,但在特殊情况下,法院也可以不采纳检察机关指控的罪名和量刑建议。

这样理解“一般应当采纳”对不对呢?我们可以与刑事诉讼法条文中类似的规定做一些比较分析。在刑事诉讼法中,不少条文都有“但书”或“除外”的规定。但是,在“但书”之前规定“一般应当如何如何”在刑事诉讼法中几乎没有。相反,在“但书”或“除外”规定之前,通常都是“应当如何如何”的规定。在此情形下,两者之间完全是非此即彼的关系。例如2018年《刑事诉讼法》第11条规定:“人民法院审判案件,除本法另有规定的以外,一律公开进行。”意思是如果法律没有除外规定,人民法院审判案件应当无条件公开进行。这里并没有采用“一般应当公开审判”的规定方式。又如2018年《刑事诉讼法》第19条第1款规定:“刑事案件的侦查由公安机关进行,法律另有规定的除外。”这意味着,除了法律另有规定的情形,刑事案件的侦查都由公安机关负责。同样,这里也没有规定刑事案件的侦查“一般应当由公安机关进行”。再如,2018年《刑事诉讼法》第20条规定:“基层人民法院管辖第一审刑事案件,但是依照本法由上级人民法院管辖的除外。”这里也没有规定为“基层人民法院一般管辖第一审刑事案件”。如此种种都说明,“一般应当如何如何”与“应当如何如何”是不同的。只要不存在“但书”或“除外”情形,“应当如何如何”就是无条件的,而“一般应当如何如何”并非绝对无条件的,而是有一定的回旋余地,大部分情况下“应当如何如何”,少部分情况下则可以“不应当如何如何”,法院具有一定的裁量空间。总之,在2018年《刑事诉讼法》第201条第1款中采用的“一般应当……但是……”的规定方式,明显不同于其他条文所采用的“应当……但是……”的规定方式,由此说明,2018年《刑事诉讼法》第201条规定的“一般应当采纳”是有特殊用意的,否则,为什么不像其他大多数条文那样也规定为“应当如何如何”?

综上所述,应该说认罪认罚从宽制度建立之后我国刑事诉讼结构并没有发生变化。在此情形下,虽然在认罪认罚从宽制度中,辩护的具体形式有所变化,对量刑问题辩护的诉讼阶段也有所提前,但辩护的主体及辩护的职能并没有、也不会发生变化。

还需要指出的是,在讨论认罪认罚从宽制度的过程中,不少人往往把它与美国的辩诉交易联系起来,甚至有人说认罪认罚从宽制度是中国式的辩诉交易。针对此种观点,为了划清界限,现在流行一种影响力很广的看法,即在美国的辩诉交易中法官只是形式审查,不进行实质审查。而我国的认罪认罚从宽制度,法官要进行实质审查。① 笔者认同我国认罪认罚从宽制度不同于美国的辩诉交易,但是不认同美国辩诉交易中法官只是形式审查,不做实质审查的观点,这不符合美国辩诉交易的法律规定和司法实践。

美国联邦刑事诉讼规则第 11 条 e 款规定:“对于辩诉交易,法官在审查后可以做出接受,或者不接受,或者再行处理的决定”;“如果法官拒绝接受辩诉交易,必须在公开法庭(或出于正当理由的不公开法庭上)作出以下事项并记录在案:告知控辩双方法庭拒绝的决定,建议被告人撤销认罪答辩,提醒被告人如果不撤回则作出的判决可能对其不利”。由此可见,控辩双方达成的辩诉交易在法官面前并不是一路绿灯,畅通无阻。

再根据美国联邦量刑规则的规定,法官在接受辩诉协议时应当保证“被保留的指控充分反映了犯罪行为的严重性,并且接受该协议不会削弱法律或量刑规则规定的刑罚目的”。据此,即使法官接受辩诉交易也是有严格的条件限制的。

此外,再看看美国的司法判例。笔者收集到多起美国司法实践中辩诉交易被法官拒绝甚至对被告人判重刑的案例。其中一个案例发生在得克萨斯州,被告人比恩涉嫌盗窃罪和入室盗窃罪。在和检察官达成了辩诉交易后,检察官不再起诉入室盗窃罪。但是辩诉

① 参见杨立新:《对认罪认罚从宽制度中量刑建议问题的思考》,载《人民司法》2020 年第 1 期。

协议提交法官后，法官拒绝接受，最后这个案件经由陪审团审判后两个罪都被定了罪，判处一个5年，一个10年的刑期。被告人不服提出上诉。上诉法官驳回上诉，认为一审法院的判决没有滥用审判权，维持了一审判决。限于篇幅，其他案例不再介绍。

不仅如此，笔者于2019年10月与部分中国学者赴美参加由中国人权发展基金会与美国美中关系协会举办的中美人权研讨会。会议期间，东道主安排中方代表到纽约南区联邦地方法院旁听一个量刑听证的案件。被告人是一位黑人女性，其丈夫被控贩毒罪，案件涉及十几个人，定罪审理程序已经结束，此次旁听的是针对该女性被告人的量刑听证。该被告人的犯罪事实是为帮助其丈夫贩毒，在家私藏毒品。在量刑听证会上，检察官提出的量刑建议是11个月监禁，被告人和其律师则提出因其有小孩需要照顾，请求不要对其判处监禁刑。最后，法官既没有采纳检察官的量刑建议，也没有接受被告人及其律师的请求，裁定处以被告人4个月监禁刑。

以上案例说明即使美国认罪答辩案件包括辩诉交易已经占到全部刑事案件的95%左右，也并没有改变诉讼结构，不但控辩双方仍然各自独立行使控诉权和辩护权，而且法官也仍然独立行使审判权，无论对于控辩双方达成的辩诉协议，还是检察官提出的量刑建议或被告人及其律师发表的量刑意见，法官都要进行实质审查，并非只是形式审查，无条件地接受。我国法官既然对认罪认罚案件中的“认罪认罚具结书”或“量刑建议”也要进行实质审查，并且可以不采纳，那就不能认为认罪认罚从宽制度改变了诉讼结构。在此前提下，犯罪嫌疑人、被告人及其辩护人当然既有辩护的诉讼地位和权利，也有辩护的条件和空间。

（二）律师在认罪认罚从宽制度中是否只是“见证人”

律师在认罪认罚从宽制度中的诉讼地位和诉讼权利是什么，不仅关系到认罪认罚从宽制度本身，而且关系到刑事诉讼制度和刑事辩护制度，特别是律师辩护制度。有人认为，律师在认罪认罚从宽制度中只是“见证人”，其依据是当前司法实践中让认罪认罚的犯罪嫌疑人签署的《认罪认罚具结书》上要求律师签名的一段文字：“本人证明犯罪嫌疑人、被告人已经阅读了《认罪认罚具结书》及

《认罪认罚从宽制度告知书》,根据本人掌握和知晓的情况,犯罪嫌疑人、被告人系自愿签署了上述《认罪认罚具结书》。”据此,不少人认为律师在认罪认罚从宽制度中是“见证人”。如果孤立地从这段文字本身来看,这个结论不能说是错误的。但问题是,能不能仅仅根据这段文字来认定律师在认罪认罚制度中的地位和作用?

仅就审查起诉阶段来看,根据2018年《刑事诉讼法》第173条的规定,检察机关在办理认罪认罚案件时,应当听取犯罪嫌疑人、辩护人或者值班律师等诉讼参与人对下列事项的意见并记录在案:(1)涉嫌的犯罪事实、罪名及适用的法律规定;(2)从轻、减轻或者免除处罚等从宽处罚的建议;(3)认罪认罚后案件审理适用的程序;(4)其他需要听取意见的事项。这个过程辩护律师与值班律师的诉讼地位和诉讼权利上并无二致,实质上都是在履行辩护职责。虽然,从2018年《刑事诉讼法》第36条的规定来看,值班律师只是为犯罪嫌疑人、被告人提供“法律帮助”,似乎不是辩护人,但是从2018年《刑事诉讼法》第173条的规定来看,值班律师的所作所为与辩护律师没有任何区别,那为什么辩护律师就是辩护人而值班律师就不是辩护人?显然,这是立法上存在的一个问题。但从实质上讲,他们向检察机关反映意见、提出建议的行为其实就是在履行辩护职责。

此外,刑事诉讼法还规定辩护律师、值班律师都要为当事人提供法律咨询,就定罪量刑、诉讼程序适用等问题提出意见或建议,还要为当事人申请变更强制措施等,这些同样也是在履行辩护职责。为此,《关于适用认罪认罚从宽制度的指导意见》明确要求保障值班律师的阅卷权和会见权。还提出,在认罪认罚从宽制度的不同诉讼阶段、不同诉讼环节可以指派同一名值班律师办理同一案件。以上所有这些规定,核心内容就是明确辩护律师、值班律师实质上都是在履行辩护职责。因此,不能把律师对《认罪认罚具结书》签署的“见证”行为与其之前的辩护行为割裂开来。事实上,根据2018年《刑事诉讼法》的规定,无论辩护律师还是值班律师,如果认为指控罪名错误、量刑建议不当,或者程序适用不当的,都可以向犯罪嫌疑人提出意见,并且有权拒绝签字并见证。

其实，一些人包括一些律师之所以认为律师在认罪认罚从宽制度中只是“见证人”，是想说明即使律师见证了《认罪认罚具结书》的签署，但律师并不受《认罪认罚具结书》内容的约束，仍然可以依法对认罪认罚案件进行“独立辩护”，包括提出无罪辩护。具体表现为先为《认罪认罚具结书》的签署“见证”签字，然后再以“独立辩护”为由对《认罪认罚具结书》提出不同辩护意见。显然，这是一种出于辩护“策略”的考虑和安排，对此笔者不能认同。律师作为法律职业人，应当对案件事实负责，对法律负责，对自己的行为负责。既然内心不同意《认罪认罚具结书》的内容，从一开始就不应当“见证”并签字，而应当向犯罪嫌疑人讲明情况，说明利害，让其对签署《认罪认罚具结书》慎重对待。特别是对于依据事实和法律不构成犯罪的案件、检察机关认定的罪名错误的案件、提出的量刑建议明显不当的案件，哪怕当事人是“认罪认罚”的，无论辩护律师还是值班律师，都不能迁就当事人或屈从办案人员，见证当事人签署《认罪认罚具结书》。

总之，无论辩护律师还是值班律师在认罪认罚从宽制度中，并不是孤立的“见证人”，而是以履行辩护职责为前提、为基础的“见证人”。

（三）辩护律师可否提出与《认罪认罚具结书》不同的辩护意见

如前所述，在认罪认罚从宽制度的推行中，律师界有人重提“独立辩护权”，以此作为律师不受《认罪认罚具结书》或量刑建议的约束，提出不同辩护意见的依据。什么叫律师的“独立辩护权”？这是近年来大家关注的一个重要问题。笔者认为，律师的“独立辩护权”主要是指律师应当依据事实和法律进行辩护，不受公安司法机关或其他公权力机关的干预，这是“独立”的首要之义。至于律师与当事人之间并不是完全独立或完全不独立的关系，而应当是一种相对独立的关系。一方面，律师不能完全按照当事人的意志进行辩护，也就是不能他让律师怎么辩护律师就应当怎么辩护；另一方面，律师也不能完全不考虑当事人的意见，尤其是提出对当事人不利的辩护意见，或者提出当事人不同意、不认可的辩护意见。

回到认罪认罚从宽制度中，辩护律师可否提出与被告人已经签署并且律师已经见证的《认罪认罚具结书》包括量刑建议不同的辩护意见？这个问题的实质是，其一，被告人自己表示认罪认罚并签署了《认罪认罚具结书》，律师可否提出不同的甚至无罪的辩护意见？其二，律师已经见证被告人签署《认罪认罚具结书》并且在具结书上也签了字，律师可否提出不同的甚至无罪的辩护意见？从诉讼原理、律师与当事人的关系以及认罪认罚从宽制度的有关规定来看，这个问题的答案是“应当可以”。但具体到司法实践中，律师提出与《认罪认罚具结书》包括量刑建议不同的辩护意见，应当区别不同情况，主要包括以下几种情形：

(1)如果审判阶段被告人重新委托了辩护律师，该辩护律师没有参与过审查起诉阶段的工作，那么，辩护律师不受此前《认罪认罚具结书》包括量刑建议的约束，可以提出不同辩护意见。

(2)审判阶段的辩护律师虽然参与过审查起诉阶段的诉讼活动，但辩护律师有正当理由的，如他说在审查起诉阶段办案人员没有按照法律的规定，专门听取律师的意见，据此律师可以提出不同于《认罪认罚具结书》包括量刑建议的辩护意见。

(3)无论是审查起诉阶段就已参与的律师还是在审判阶段才参与的律师，如果发现案件具有 2018 年《刑事诉讼法》第 201 条第 1 款所列五种“除外”情形的，完全可以，甚至应当提出与《认罪认罚具结书》不同的辩护意见包括无罪辩护意见、指控罪名定性错误的辩护意见。

(4)无论是审查起诉阶段就已参与的律师还是在审判阶段才参与的律师，在审判阶段才发现或才发生与量刑有关的新事实、新证据、新规定，足以对检察机关提出的量刑建议形成异议的，律师也可以甚至应当提出不同于量刑建议的辩护意见。

但是，辩护律师在提出与《认罪认罚具结书》包括量刑建议不同的辩护意见时应当处理好以下问题：一是处理好与认罪认罚当事人的关系，依据 2018 年《刑事诉讼法》第 201 条第 1 款所列五项情形进行辩护的，应当征得本人同意。如果本人不同意，律师应当解除与其建立的委托或指派关系，但应当向法院提交书面意见。二是提出不同辩护意见应当有事实、法律有据。下面举例加以说明。

被告人是一位国家工作人员,被指控受贿罪。检察机关认定被告人有主动交代办案机关不掌握的犯罪事实、积极退赃、认罪认罚等有利量刑情节,提出量刑建议是3年至3年6个月有期徒刑,20万~30万元罚金,不适用缓刑。在一审程序中,辩护律师认为,根据2018年《刑事诉讼法》第201条第2款的规定,量刑建议明显不当,据此提出异议。理由是:被告人应当构成自首;积极退赃表现突出;被告人为他人谋利的大部分行为是听从领导的安排,并不是自主行为。一审法院采纳了辩护意见,认定被告人自首成立,全部退赃,认罪认罚,判处有期徒刑2年,罚金20万元。对此,原审检察机关提出抗诉,理由是量刑建议并无明显不当,并且一审法院不采纳量刑建议未通知检方,程序违法等。在二审程序中,辩护律师除了坚持一审辩护意见外,还指出在一审法庭上,其对量刑建议明确提出异议,公诉人是明知的,并非不知情,但其并未调整量刑建议。二审法院调查后也确认,一审法院作出判决前,承办法官曾电话征求过公诉人意见,对方表示不调整量刑建议。最后二审法院裁定驳回抗诉,维持原判。① 这个案例说明,只要有事实和法律依据,辩护律师完全可以提出不同于《认罪认罚具结书》包括量刑建议的辩护意见。

(四)律师如何为确实有罪并认罪认罚的当事人争取最大限度的从宽处理

在确认犯罪嫌疑人、被告人确实有罪并且自愿认罪的前提下,不管辩护律师还是值班律师的工作,就是为当事人争取最大限度的从宽处理。宏观上讲,主要从以下几个方面着手:

第一,对于确实有罪之人,律师应当充分向其告知认罪认罚从宽制度,鼓励其越早认罪越好,占领法律“制高点”。《关于适用认罪认罚从宽制度的指导意见》明确规定,认罪越早,从宽处罚的幅度越大;认罪越彻底,从宽处罚的幅度也越大。

第二,对于确实有罪并拟认罪之人,律师应当引导其正确、理性认识案件事实,如实真诚认罪,防止侥幸认罪,而被认为“不如实认

① 参见侯爱文:《辩护人如何在认罪认罚案件中取得量刑突破?》,载微信公众号“司法兰亭会”2020年4月17日,https://mp.weixin.qq.com/s/OpNrasvkOEThjzdirrD1kw。

罪”，以致丧失法定从宽处罚情节。

例如，北京余某平交通肇事案，检察机关和一审法院都认定被告人具有自首情节，并且检察机关基于被告人的诸多认罪认罚积极表现，提出对其判处3年有期徒刑并缓刑4年的量刑建议。但一审法院没有采纳量刑建议，对被告人判处2年有期徒刑，没有适用缓刑。对此，检察机关提出抗诉、被告人也提出上诉。不料，二审法院审理后，撤销了一审法院对被告人认定的自首，改判被告人3年6个月有期徒刑。[①] 这个案件自媒体披露后，引起法律界法学界强烈关注和热烈讨论，并形成了截然对立的两种不同观点，焦点集中在该案二审判决是否违反了上诉不加刑原则。限于主题，笔者对此不予置评，在此只想提出一个问题，既然余某平在一审程序中被确认成立自首并减轻处罚被判处2年有期徒刑，为何二审法院撤销一审的自首认定并加重处罚，理由何在？二审判决对此专门作了回答和论述，理由主要是认为余某平在一审程序乃至二审程序中，始终没有如实供述自己的罪行，不符合自首的条件。具体事实是，余某平在一审和二审中始终称其当时没有意识到自己驾车撞人，以为只是撞了马路牙子，但是二审法院认为其供述是不客观、不真实的，根据现场诸多证据特别是现场监控录像显示，余某平违章驾车行至人行道上，不仅将被害人撞伤，还致使被害人的身体在空中翻滚，并砸向车子发动机盖上，造成严重损坏，其后才摔倒地上，余某平不可能没有意识到自己撞了人。因此，二审法院以被告人没有“如实供述罪行”为由否定其成立自首，并结合其他情节，判处其3年6个月有期徒刑。

此外，这个案件有一个重要情节不容忽视，无论是一审检察机关还是一审法院都认定余某平“肇事后逃逸”，这是法定的加重处罚情节。而构成“肇事后逃逸”的前提是肇事人已经意识到自己撞了人尔后才逃跑。试想：如果余某平当时没有意识到自己撞了人，造成了交通事故，怎能认定其为“肇事后逃逸”？由此可见，一审检察机关及一审法院对自首的认定与“肇事后逃逸”的认定是自相矛

① 参见北京市第一中级人民法院(2019)京01刑终628号刑事判决书。

盾的。二审法院正是发现并牢牢抓住这一点,否定了自首,加重了被告人的刑罚。

这个案件对于律师辩护具有重要启示意义。这就是律师在办理此类案件中,应当格外关注被追诉人的认罪是不是真诚的、是不是彻底的。以余某平交通肇事案为例,既然余某平表示认罪并且已经认罪,就应当真正彻底的认罪,不要抱侥幸心理。律师是法律专业人员,熟悉法律,具有诉讼经历和经验,一定要做好当事人的工作,鼓励他、帮助他,告诉他认罪就要真诚认罪、彻底认罪,以争取宽大处理。

第三,对于确实有罪并拟认罪之人,在赔偿问题上律师应当帮助其掌握好时机、节奏和尺度,不必过早一次到位,防止诉讼过程中意外生变,导致“赔了夫人又折兵”。

余某平交通肇事案,向被害人亲属赔了 160 万元,本想获得轻判,但最后被判刑 3 年 6 个月有期徒刑。站在余某平的立场上,是不是有点“冤”?不少人认为这个案件法院判错了,但是无论错与不错,判决已经生效,未经审判监督程序改判,这个结果是不可改变的。至于余某平案件启动再审的可能性有多大,那是以后的事情。就当下而言,从辩护及总结经验教训的角度看,该案在侦查阶段一次性支付 160 万元的做法是不是值得思考?如果能统筹考虑和安排是不是更好?比如,在侦查阶段先支付医药费、安葬费及对家属支付一定的抚慰金,进入审查起诉乃至审判阶段后选择时机与被害方协商赔偿事宜,条件可能更成熟,变化可能更少,对案件结果的影响也可能更稳定、更有利。

第四,对于确实有罪并认罪认罚之人,律师办理案件时,不宜把从宽处罚情节一次用完,要为审判阶段留有余地,争取法院在量刑建议之外判处更轻刑罚。在这方面下面这个案例值得参考。

犯罪嫌疑人李某某是收废品的,他与一个工厂签了一份合同,收购这个工厂的生产废品。但他在地磅上作了手脚,被对方发现,向公安机关报案后被以诈骗罪立案。经过公安机关侦查,确定几年来给工厂造成经济损失 93 万元。这个数额达到了诈骗罪“数额特别巨大”的标准,法定刑为 10 年以上有期徒刑。其委托的辩护律师介入后发现，该案事实证据没有问题，从侦查阶段开始就鼓励李某某主动认罪，以便为从宽处罚创造条件。在侦查终结前又动员李某某和家属给工厂赔了93万元，工厂出具了收据和谅解书。案件进入审查起诉后，李某某继续向办案人员表示认罪，其辩护律师则提出李某某的行为不应当构成普通诈骗罪，而应是合同诈骗罪，办案人员表示同意。这样一来，按照合同诈骗罪“数额特别巨大”的标准，就把量刑幅度降低到3年以上10年以下有期徒刑的范围内。此外，律师还以李某某积极赔偿、认罪悔罪为由，并结合处于疫情的特殊时期，向办案机关提出取保候审的申请，也获得办案机关批准。同时，通过帮助犯罪嫌疑人与检察机关协商，签署了《认罪认罚具结书》，检察机关提出判处3年6个月至4年6个月的量刑建议。一审开庭时，辩护律师利用向被告人发问的机会，让李某某当庭表示自愿认罪认罚，并明确表示愿意缴纳罚金。在此基础上，辩护律师向法庭表示，被告人在庭前已经认罪认罚，还赔偿了被害人的损失，获得谅解；开庭后在具结书之外又表示愿意、也有能力缴纳罚金，具有具结书以外的从轻量刑情节。据此，请求法院对被告人适用缓刑，还表示已经与社区联系，社区愿意接受法院缓刑调查。法官当庭征求公诉人意见，公诉人表示不反对适用缓刑。在此背景下，法院一审判处李某某3年有期徒刑，缓刑4年，罚金20万元，该案到此终结。①

从这个案件可以看出，辩护律师在办理案件中充分利用了认罪认罚从宽制度提供的法律“利好”，在每一个诉讼阶段或重要的诉讼节点，都帮助当事人积极创造条件，不仅争取阶段性的“从宽”处理，还最后争取到全案的“从宽”处罚，得到一个判三缓四相当不错的结果。这个案件对其他律师在办理认罪认罚案件中，如何抓住并利用好每一次机会，为当事人争取最大限度的从宽处理不无启示意义。

---

① 参见望之辩：《一个认罪认罚从宽下有效辩护的典型案例：从10年以上到判三缓四》，载微信公众号“庭立方”2020年4月27日，https://mp.weixin.qq.com/s/-eL1a4F9Rkn5F_2tSzdwtg。

附录:本项目研究期间发表的主要论文

以审判为中心背景下的刑事辩护突出问题研究*

顾永忠

内容提要 以审判为中心的诉讼制度的核心是庭审实质化,因此它也是充分保障辩护权的诉讼制度。应当处理好以审判为中心的诉讼制度的应然要求与实然需要的关系。按照应然要求,完善刑事法律援助制度是当务之急;正确理解律师向犯罪嫌疑人、被告人核实证据的权利,落实控方的举证责任非常重要;实行直接言词原则,看似是对庭审活动的要求,但对被告人及其辩护人最迫切、最有利,应当充分保障辩方对控方证人、鉴定人、侦查人员质证的权利;为此还需要完善交叉询问制度,重点适用于被告人不认罪的案件,科学设立交叉询问规则;加强对控辩双方交叉询问技能的培训。

关键词 以审判为中心 辩护 质证 交叉询问

---

* 本文曾发表于《中国法学》2016 年第 2 期。本文系 2015 年度教育部人文社会科学重点研究基地重大项目“以审判为中心的诉讼制度改革与刑事辩护研究”(项目批准号:JJD820016) 的研究成果。

十八届四中全会以来,新一轮司法改革全面展开。前一时期主要是在部分试点地区开展四项基础性改革。[①] 进入 2016 年后,除了在全国范围铺开四项基础性改革外,将把推进以审判为中心的诉讼制度改革作为改革的重点。何为以审判为中心的诉讼制度?又如何进行此项改革?理论界和实务界展开了热烈讨论。迄今虽然尚存在不同的认识,但是在一些基本问题上已达成共识。本文拟在此基础上就推进以审判为中心诉讼制度改革中涉及刑事辩护的几个突出问题进行探讨研究。

一、以审判为中心的诉讼制度是充分保障辩护权的诉讼制度

我国诉讼制度包括刑事、民事、行政三大诉讼制度。目前,在学术上对于以审判为中心的诉讼制度应当是指刑事诉讼制度的认识趋于一致。“因为在民事、行政诉讼中,审判的中心地位不言而喻。”[②]而刑事诉讼制度不仅包含有刑事审判制度,还包括刑事侦查、刑事起诉制度以及贯穿于刑事诉讼全过程的刑事辩护制度,由此势必产生一个以何者为中心的问题。“以审判为中心”正是对这一问题作出的明确回答。

现代刑事诉讼制度表现为职权主义、对抗制和混合式三种模式。[③] 虽然三种模式相互间存在差异,但其共性远大于差异并从根本上区别于以往纠问式的封建制刑事诉讼制度:其一,它们都否定有罪推定原则,奉行无罪推定原则;其二,它们都否定将追诉对象视为诉讼客体,代之以从法律上明确犯罪嫌疑人、被告人的诉讼主体地位,并赋予其广泛的诉讼权利包括获得律师辩护的权利;其三,它们都否定以刑讯等方式获取证据,强调以正当、合法程序获取证据,排除非法证据;其四,它们都否定控审不分,共同纠问被追诉对象,代之以控审分离、控辩平等、审判中立的诉讼构造。正是在此基础

① “四项基础性改革”是指司法责任制、司法人员分类管理、司法职业保障制度、省以下地方法院检察院人财物统一管理改革。

② 龙宗智:《以审判为中心的改革及其限度》,载《中外法学》2015 年第 4 期。

③ 参见陈光中主编:《刑事诉讼法》(第 5 版),北京大学出版社、高等教育出版社 2013 年版,第 21~35 页。

上,“二战”以后在联合国的框架下,形成了国际社会公认的集中体现于《联合国公民权利和政治权利国际公约》及相关司法文件的国际刑事司法准则,成为现代刑事诉讼制度的内核,[①]并外化为以审判为中心的诉讼制度。

我国刑事诉讼制度经过曲折的道路,逐渐走上刑事诉讼法治化、现代化的道路。时至今日我国刑事诉讼制度仅从立法来看,虽然还存在不足,需要加以完善,但在总体性质上仍属于现代刑事诉讼制度的范畴,并具有以审判为中心的基本特征:第一,在诉讼结构上,我国刑事诉讼制度也确立了控审分离,控辩平等,审判中立的诉讼构造;第二,在无罪推定原则上,我国虽然尚未从文字上确立该原则,但无罪推定原则的基本要求已经得以确立,包括未经人民法院依法判决,任何人不得确定有罪;控方应当承担被告人有罪的举证责任;不得强迫任何人证实自己有罪;定罪应当达到证据确实、充分的证明标准,证据不足应当疑罪从无;第三,在追诉对象的诉讼地位上,确立了犯罪嫌疑人、被告人享有诉讼主体的地位,赋予其广泛的诉讼权利包括获得律师帮助及法律援助的权利等;第四,在审判程序上,一方面赋予被告人自愿选择适用简易程序、速裁程序的权利;另一方面又保障对被告人适用普通程序进行审理,控辩双方有权要求符合法定条件的证人、鉴定人、侦查人员出庭作证并接受质证的权利,以及辩方要求排除非法证据的权利。

以上足以表明,我国刑事诉讼制度已具有以审判为中心的诉讼制度的品格,只是还有一些不足。也因如此,十八届四中全会决定提出的是“推进以审判为中心的诉讼制度的改革”而不是“建立以审判为中心的诉讼制度”。不仅如此,实质上是充分保障刑事辩护的制度。尽管理论上关于何为以审判为中心的诉讼制度尚有不同认识,但就已经达成的基本共识来看,完全可以说以审判为中心的诉讼制度实质上是充分保障犯罪嫌疑人、被告人及其辩护律师辩护权的诉讼制度。

---

① 参见顾永忠:《刑事辩护国际标准与中国实践》,北京大学出版社 2012 年版,第 9~53 页。

首先,在关于以审判为中心的诉讼制度的讨论中,无不重视刑事辩护的必要性和重要性,2015年9月中央五家政法机关共同出台了《依法保障律师执业权利的规定》,其中90%以上是关于律师辩护的内容。

其次,在关于以审判为中心的诉讼制度的讨论中,无不强调庭审的实质化,主张法庭审理应当实行直接言词原则。而直接言词原则看似是对法庭审理所涉各方的共同要求,但其最大的受益者则是被告人及其辩护人。一旦实现了直接言词原则,被告人及其辩护人就可以面对面地对控方证人、鉴定人、侦查人员进行言词质证;同时还有利于向法庭提出有利被告的证人、鉴定人等出庭作证。依此原则,控方虽然也有权对辩方证人进行言词质证,但由于辩方在法律上不承担举证责任,实践中能够提供的证据又很少,对其提供的发挥空间是很有限的。

再次,在关于以审判为中心的诉讼制度的讨论中,几乎都关注严格实行非法证据排除问题。而这一问题完全是针对侦控方的,其诉讼意义是既维护了诉讼程序的正当性和合法性,又有利于犯罪嫌疑人、被告人及其辩护人。

最后,在关于以审判为中心的诉讼制度的讨论中,一般都强调法院在定罪量刑中的决定作用,以克服以往侦查中心主义对审判的影响和制约,其结果必然有利于被告人及其律师充分发挥辩护作用,对案件作出公正的判决。

其实以审判为中心的诉讼制度实质上是充分保障辩护权的诉讼制度的看法,也是刑事诉讼制度客观规律的体现。日本学者曾指出,“刑事诉讼的历史就是扩大刑事辩护权的历史”,①是对这一规律的精辟概括。因此,当前我国推进以审判为中心的诉讼制度的改革应当主要是改革现行刑事诉讼制度中不利于刑事辩护的有关内容,本文以下将对目前比较突出的问题进行探讨。

---

① [日]田口守一:《刑事诉讼法》,刘迪、张凌、穆津译,法律出版社2000年版,第89页。

二、以审判为中心的诉讼制度的应然要求与实然需要

在围绕以审判为中心的诉讼制度的讨论中，有一个带有基础性、普遍性的问题受到关注：既然以审判为中心的诉讼制度关注、强调的是庭审实质化，而庭审实质化又主要体现为在庭审中贯彻直接言词原则，那么，难道所有刑事案件包括案情简单、罪行不重、被告人认罪的案件都要实行庭审实质化？这实际上涉及以审判为中心的诉讼制度的适用范围问题。

在现代刑事诉讼制度下，对刑事案件应当采用何种诉讼程序主要取决于以下因素的相互协调和作用：第一，立法者、司法者主观上对诉讼公正追求的程度；第二，案件数量的多少以及案情的复杂疑难程度；第三，当事人认罪与否以及参与诉讼对其造成的客观影响和主观感受如何；第四，国家能够投入的司法资源的多寡。当今世界，没有哪个国家的诉讼程序是适用于所有刑事案件的单一程序，反而都呈现为多元的诉讼程序。最具对抗制代表性的美国，采用陪审团审判程序审理案件占全部刑事案件的比例不超过10%，其余90%以上的案件都采用非正式的审判程序加以解决。传统职权主义诉讼模式的代表德国，有正式审判程序，有从正式审判程序转化的简易程序，还有书面审理的处罚令程序。把对抗制与职权主义混合在一起的日本，也有正式公审程序、简易公审程序、简易程序等不同诉讼程序。

各国呈现多元的诉讼程序，具体到每个个案应适用何种程序仍然是一个重要的问题。考察各国刑事诉讼制度后发现主要取决于前述第3个因素——被告人认罪与否及对程序的选择权。在美国，获得陪审团审判是被告人的一项诉讼权利，除了极轻微案件外，只要被告人不认罪，要求陪审团审判，法院就必须启动陪审团审判。相反，被告人自愿认罪并放弃陪审团审判的权利，案件就不再进行正式审判而通过认罪答辩程序（包括辩诉交易程序）进入法官量刑程序。

德国书面审理的处罚令程序虽然由检察官启动，但是在法官作出处罚令后，被告人“可以在收到刑事处罚令的两个星期内向初级

法院提出异议书并因而进行审判。如果异议书被按时提交,刑事处罚令就失去了法律效力而只能在将要进行的审判中充当起诉书”。[①] 至于由正式审判程序转化而来的简易程序,也称快速审判程序,在法律上不要求征得被告人的同意,只要案件事实简单或者证据没有异议,公诉人就可以提出,法官也予以批准。但由于该程序降低了被告人充分辩护的机会,适用该程序的最高刑罚限制在一年监禁或者吊销被告人的驾驶执照的范围内,并且还要求对可能判处至少6个月监禁而无辩护人的被告人由地方法院为其指定辩护人。即使如此,德国理论界对此提出质疑,认为“只有经过被告人事先同意以及判处的刑罚不涉及实际剥夺人身自由时才应当适用快速审判程序”。[②]

在日本正式公审程序中,如果被告人“对起诉书记载的诉因作出有罪意旨的陈述时,法院听取检察官、被告人及辩护人的意见后,以被告人陈述的有罪部分为限,可以作出依照简易公审程序进行审判的裁定。但相当于死刑、无期惩役或无期监禁以及最低刑期为1年以上的惩役或监禁的案件不在此限”。[③] 至于纯粹的简易程序在公审前由检察官提出请求,法院“以简易命令处以50万元以下的罚金或者罚款。”但是,“检察官在请求简易命令时,应当预先向被疑人说明使其理解简易程序的必要事项,并在告知可以按照通常的规定接受审判的意旨后,对适用简易程序是否有异议予以确认”,“被疑人对适用简易程序没有异议时,应当以书面明确该项意旨”。[④] 即使在已经决定适用简易程序的情况下,“如果认为该案件不能作出简易命令或者作出简易命令不适当时,应当按照通常的规定进行审判”。[⑤]

以上表明,对刑事个案适用什么诉讼程序在法律上和理论上是

---

① [德]托马斯·魏根特:《德国刑事诉讼程序》,岳礼玲、温小洁译,中国政法大学出版社2004年版,第211页。

② 同上书,第209页。

③ 《日本刑事诉讼法》,宋英辉译,中国政法大学出版社2000年版,第291条之二。

④ 同上书,第461条之二。

⑤ 同上书,第461条。

区别应然要求和实然需要的。“应然要求”,是指在法律上应当保障一般刑事案件都可以获得正当程序的审判,通常表现为对被告人诉讼权利保障较为充分,公正程度比较高的正式审判程序。只要不是案情非常简单、轻微的案件,被告人没有提出不同意见时,一般都应当适用正式审判程序。“实然需要”,是指刑事个案究竟适用什么诉讼程序,不仅要考虑案情本身是否重大、复杂、疑难和可能量刑的轻重,更要重视被告人是否认罪及其对程序的选择权。

正是在保证应然要求和重视实然需要的原则下,各国刑事案件大都适用不同的审判程序加以处理。而不同审判程序的区别主要在于对被告人辩护权的保障程度不同。正式审判程序对被告人辩护权的保障程度比较高,一般都赋予并保障其在辩护律师的帮助下,对控方证人、鉴定人、侦查人员等充分质证的权利以及提出有利被告人的证据的权利包括使有利被告人的证人、鉴定人出庭作证的权利,法庭审理以直接言词为原则。此外,还赋予并保障被告人及其辩护律师要求排除非法证据的权利。也因此国家投入的司法资源较多甚至巨大,诉讼经历的时间比较长。诉讼效率相对较低,而正式审判程序以外的其他程序对辩护权的保障程度就比较低,不再实行直接言词原则,一般也不存在排除非法证据的要求。国家投入的司法资源就少,诉讼经历的时间也少,诉讼效率比较高。但即使如此,也要保障被告人最低限度的辩护权。例如,在美国,即使有90%以上的刑事案件不进行正式审判,而是通过认罪答辩程序包括辩诉交易程序加以处理,但仍保证被告人获得律师帮助的权利包括获得法律援助的权利。又如,在德国,当法官考虑同意检察院的处罚令申请,判处第 407 条第二款第二句所称法律处分的时候,要对尚无辩护人的被诉人指定辩护人。① 而第 407 条第二款第二句规定的法律处分,只是在不超过两年的时间内禁止颁发驾驶执照以剥夺驾驶权。②

我国刑事案件的情况与国外大致一样,轻罪案件和被告人认罪

---

① 参见《德国刑事诉讼法典》,李昌珂译,中国政法大学出版社 1995 年版,第 480 条 b。

② 同上书,第 407 条。

案件占绝大部分。以 2013 年为例,在全部刑事案件中,判处 3 年有期徒刑以下刑罚的被告人占 82.04%,判处 3 年以上不满 5 年有期徒刑的占 6.98%,判处 5 年以上有期徒刑、无期徒刑、死刑的占 10.98%。但是其中被告人认罪的案件有多少,目前官方没有专门统计数据,以下两个数据侧面说明所占比例应该不会低:一是在法院生效判决中由于认罪而适用缓刑的被告人达 31.32%,二是因被告人认罪才适用简易程序审理的案件占 53.82%。[①] 据笔者在各地进行的实证调查,在审判阶段被告人认罪的案件一般可达 85%左右,不认罪的案件则是 15%左右。

在以上背景下,显然没有必要对所有刑事案件都适用普通程序进行实质性审判。为此,2012 年刑事诉讼修改扩大了简易程序适用的范围,仅量刑条件从过去适用于可能判处 3 年有期徒刑以下刑罚的案件扩大到基层人民法院管辖的所有案件。为了推动审判程序更加简化快速,2014 年 6 月全国人大常委会作出《关于授权最高人民法院、最高人民检察院在部分地区开展刑事案件速裁程序试点工作的决定》,在部分地区对部分刑事案件试行比现行简易程序更简化的程序。

尽管如此,那种认为以审判为中心的诉讼制度不能适用于所有刑事案件的看法是不对的。如前所述,从应然要求讲,所有刑事案件的被告人都有权要求适用体现庭审实质化的审判程序。目前,刑事诉讼法的规定就体现了这一精神,无论是立法上已经规定的简易程序还是正在试点的速裁程序,都要求被告人认罪并同意才可以适用,这实际上是赋予被告人享有程序选择权。如果被告人不认罪或者不同意适用简易程序或速裁程序,必须适用普通程序审理案件。因此,应当从认识上和法律上处理好以审判为中心的诉讼制度的应然要求与实然需要之间的关系,以应然要求为基础、为保障,以实然需要为依据确定刑事案件适用何种程序。不能以某些案件不需要适用严格的审判程序而否定所有案件都有权要求适用严格的审判

---

① 以上比例根据《中国法律年鉴》(2014 年) 公布的有关数据计算得出,但被告人认罪案件远高于此数据。

程序的应然要求。

质言之,不能把以审判为中心的诉讼制度简单地等同于某种诉讼程序。以审判为中心的诉讼制度应当繁简分流,既有充分体现庭审实质化的诉讼程序,也有简化、快速办理案件的简易程序、速裁程序,前者是核心,后者是基础,共同构成了以审判为中心的诉讼制度。① 如同美国的刑事诉讼制度既有只适用于不到10%的刑事案件的陪审团审判程序,又有适用于90%以上案件的认罪答辩程序包括辩诉交易程序,但并不影响理论界仍将美国的刑事诉讼制度称为对抗制的刑事诉讼制度。

三、律师辩护率低与法律援助制度的完善问题

既然以审判为中心的诉讼制度实质上是充分保障辩护权的诉讼制度,那么推进以审判为中心的诉讼制度改革,首当其冲应当解决律师辩护率低与法律援助的问题。

我国刑事法律援助制度虽然萌芽于20世纪50年代中期,但真正建立则是20世纪90年代以后特别是1996年刑事诉讼法修改后。2003年国务院发布的《法律援助条例》,推动我国法律援助制度包括刑事法律援助制度进入快速发展阶段。② 特别是2012年《刑事诉讼法》修改后,刑事法律援助制度向前迈进了一大步。但是,无论2012年《刑事诉讼法》修改前还是修改后,我国刑事法律援助与现实需要都有较大的差距。

2012年以前,由于法定法律援助的范围有限,并且只限于审判阶段,法律援助介入刑事诉讼的比例是比较低的。在2003年至2011年的9年中,历年全国刑事法律援助的案件占当年一审刑事案件的比例分别是:2003年,10.7%;2004年,12.2%;2005年,15.1%;2006年,15.8%;2007年,16.5%;2008年,16.2%;2009年,

① 以审判为中心的诉讼制度还应当包括对审前程序的要求,限于篇幅和本文的主题,此处只限于审判程序。

② 参见顾永忠、陈效:《中国刑事法律援助制度发展研究报告》(上),载《中国司法》2013年第1期。

15.9%；2010年，14.4%；2011年，13.5%。历年的平均比例为14.5%。[①] 而当事人自己委托律师的辩护率也很低，以致我国刑事诉讼中的律师辩护率整体上也比较低。由于官方没有统计并公布此项数据，研究人员“各显其能”在不同地方进行过局部统计或实证研究。笔者曾主持过有关研究课题，到不同地方对律师辩护率（包括当事人自己委托律师和法律援助律师在内）进行过调研统计。经对黑龙江密山市（县级市）2010—2011年所办刑事案件的档案进行统计，律师辩护率是20.2%；又对九个基层人民法院2012年公布上网的刑事判决书进行统计，律师辩护率分别是：上海市浦东新区27%、浙江省慈溪市9%、四川省眉山市东坡区15%、广东省佛山市顺德区10%、河南省郑州市金水区26.5%、陕西省西安市长安区25%。湖南省长沙市岳麓区29%、广东省深圳市盐田区34%、广西南宁市兴宁区21%。此外，有关学者对北京市某区2005—2009年刑事案件统计后律师辩护率为31%。[②] 可以看出，以上各地律师辩护率参差不齐，平均辩护率为22.5%。但中级人民法院的律师辩护率一般比较高。例如，笔者调查统计过黑龙江省双鸭山市中级人民法院2007—2011年五年的刑事案件档案，平均律师辩护率为88.9%。[③] 这主要是因为，中级人民法院审判的一审案件量刑比较重，当事人及其亲属自己委托律师辩护的内在动力比较强，如果无力委托，一般都会得到法律援助。此外，中级人民法院审判的案件总数要比基层人民法院少得多。这些因素都推高了中级法院刑事案件的律师辩护率。但是，由于全国刑事案件80%以上是由基层人民法院审结的，中级人民法院相对较高的律师辩护率对全国律师辩护率的整体提升还是有限的。一般认为，全国的律师辩护率在30%左右。

2012年《刑事诉讼法》修改，扩大了刑事法律援助的范围，又从审判阶段提前到侦查和审查起诉阶段，起初人们预期2013年《刑事诉讼法》实施后，刑事法律援助的比例会有明显提升，笔者本人曾预

---

① 参见顾永忠、陈效文：《中国刑事法律援助制度发展研究报告》（上），载《中国司法》2013年第1期。。

② 同上。

③ 同上。

测可以提高3倍以上。因为从一个阶段增加为三个阶段，又扩大了法律援助的对象，至少应当提高3倍以上，[①]由此也将推高所有案件的律师辩护率。为此，2013—2014年，笔者对2013年新《刑事诉讼法》施行以后刑事法律援助的变化情况进行了专题研究，结果并不理想。经对八个省市29个法律援助中心的调查统计，2013年较2011—2012年刑事法律援助案件平均只增加60.29%，[②]连1倍都不到。其原因之一是公安、检察机关没有按照刑事诉讼法的要求对符合条件的案件通知法律援助机构指派律师。对16个法律援助中心按照诉讼阶段分别统计后，侦查阶段和审查起诉阶段只占17.53%和18.54%，审判阶段则是63.93%。[③] 当然，进入2014年以后，各地法律援助案件的数量和比例都有所提升。比如，青海省2014年上半年较2013年同期增加38%，河南省南阳市2014年1—8月的办案数已占2013年全年的90.5%。[④] 但是，即使现行法律关于刑事法律援助的规定全部被执行，能够获得刑事法律援助的案件在所有案件中所占的比例仍然是有限的。因为目前法定法律援助的范围只限于五种对象，超出这一范围并不能当然获得法律援助。由此可见，从提高律师辩护率来看，当前刑事法律援助面临两个突出问题需要解决：一是对于法律已经作出的规定应当严格执行，保证符合条件的当事人确实能够获得法律援助；二是继续扩大法律援助的范围，使更多的人能够获得法律援助。

2015年6月29日中共中央办公厅、国务院办公厅印发了《关于完善法律援助制度的意见》（以下简称《意见》），其中“（四）加强刑事法律援助工作”部分对以上两个问题都有所回应。首先，明确要求“落实刑事诉讼法及相关配套法规制度关于法律援助范围的规定，畅通刑事法律援助渠道，加强司法行政机关与法院、检察院、公

---

① 参见顾永忠、陈效：《中国刑事法律援助制度发展研究报告》（下），载《中国司法》2013年第2期。

② 参见顾永忠、杨剑炜：《我国刑事法律援助的实施现状与对策建议》，载《法学杂志》2015年第4期。

③ 同上。

④ 同上。

安机关等办案机关的工作衔接……切实履行侦查、审查起诉和审判阶段法律援助工作职责”。其次,从四个方面扩大刑事法律援助范围:一是“开展试点,逐步开展为不服司法机关生效刑事裁判、决定的经济困难申诉人提供法律援助的工作”;二是“建立法律援助值班律师制度,法律援助机构在法院、看守所派驻法律援助值班律师”;三是“健全法律援助参与刑事速裁程序试点工作机制”;四是“建立法律援助参与刑事和解、死刑复核案件办理工作机制。”

《意见》扩大刑事法律援助范围虽然有限但重点突出:申诉案件是对生效裁判不服向司法机关寻求再审的案件,对律师辩护的需求比一般案件更加迫切;死刑复核案件涉及剥夺被告人的生命,也更需要律师辩护;刑事和解以及速裁程序案件虽然案情简单量刑不重,但涉及犯罪嫌疑人、被告人处分自己的程序权利和实体权利,也需要律师的帮助。此外,在法院派驻法律援助值班律师意义深远。这项制度在美国、加拿大等西方国家已建立多年,比较成熟。由于值班律师一般都是政府的雇员,每天工作于法院,随时可为没有律师的当事人提供法律援助。[①] 我国法律援助资源还不充足,在法院建立法律援助值班律师制度,是一项投入少、队伍稳定、覆盖面广、成效明显的法律援助方式,值得深入研究,重点扶持,全面推广。

此外,在我们尚不能为所有无力聘请律师的犯罪嫌疑人、被告人提供法律援助的情况下,还应当进一步扩大刑事法律援助的范围,这已经成为理论界的共识。但是扩大到多大的范围还有不同认识。有建议应当扩大到可能判处 10 年有期徒刑的,有主张扩大到可能判处 5 年以上有期徒刑的,还有提出扩大到可能判处 3 年以上有期徒刑的。甚至有的地方已经开始实践。浙江省法院系统“已将应当为被告人指派法律援助律师的范围扩大到‘被告人可能被判处三年以上有期徒刑刑罚的’和‘被告人作无罪辩护的情形’”。[②] 笔者认为,如果目前不能扩大太多,应当重点保障以下两类案件:其

① 参见顾永忠主编:《2013 中国刑事法律援助面临的机遇、挑战与对策》,中国政法大学出版社 2015 年版,第 384 页。

② 陈光中:《推进“以审判为中心”改革的几个问题》,载《人民法院报》2015 年 1 月 21 日,第 5 版。

一,一审程序中被告人不认罪的案件。被告人“不认罪”本身就比认罪案件更需要律师辩护。浙江省法院扩大案件范围已体现出这一精神。从近年来披露纠正的冤错案件来看,大多是被告人不认罪的案件。为了防止冤错案件的发生,也更需要提供法律援助。其二,二审案件。其中上诉案件是不服一审判决的案件,无论从上诉人的主观需求讲,还是从推翻原审判决的难度看,上诉案件比一般案件更需要律师帮助。至于抗诉案件,如果是针对有利原审被告人的判决提出的抗诉,检察机关的抗诉力度是很强大的,弱小的原审被告人如果没有律师帮助是很不利的,也非常需要法律援助。据笔者测算,这两类案件在全部刑事案件中所占比例是30%左右,现有司法资源应该是能够提供保障的。

总之,在以审判为中心的诉讼制度下,对律师参与刑事辩护的需求更大,应当进一步扩大法律援助范围,提高律师辩护率。此外还要完善法律援助制度的其他方面,比如提高法律援助案件的质量,这些问题在《意见》中已经受到重视,不再赘述。

四、控方的举证责任与辩护律师核实证据问题

2012年《刑事诉讼法》对原来关于律师会见在押犯罪嫌疑人、被告人的规定作了重大修改,其中之一是“辩护律师会见在押的犯罪嫌疑人、被告人……自案件移送审查起诉之日起,可以向犯罪嫌疑人、被告人核实有关证据”。笔者在修改后不久曾撰文指出:“这是一个全新的规定”,“自案件移送审查起诉之日起包括审判阶段,辩护律师与在押的犯罪嫌疑人、被告人会见时,可以就案件中的有关事实和证据向犯罪嫌疑人、被告人进行核实,包括将案内有关证据的内容,特别是与犯罪嫌疑人、被告人陈述不一致,甚至有较大出入的证据内容告知犯罪嫌疑人、被告人。必要时还可把有关物证、书证的照片或复印件出示给犯罪嫌疑人、被告人让其辩认”。①

但是,对于该规定如何理解在理论界存在着不同认识。有学者

① 顾永忠:《新刑诉法中律师“会见难”“阅卷难”基本解决》,载《检察日报》2012年3月26日,第3版。

认为,"律师向犯罪嫌疑人、被告人核实证据,应以不能告诉案内相关证据为原则,以可以告诉特定证据为例外"。并具体解释道:"除有罪的实物证据律师可以告诉犯罪嫌疑人、被告人外,其他的证据即言词证据和无罪的实物证据都不能告诉。"①

应当如何理解刑事诉讼法的上述规定,是事关刑事诉讼中辩护律师与犯罪嫌疑人、被告人的基本诉讼权利,进而直接影响辩护作用发挥乃至司法公正的重要问题。在推进以审判为中心的诉讼制度改革,客观上要求强化刑事辩护诉讼职能的背景下,讨论、研究这一问题更有着理论上和实务上的特殊意义。基于此,笔者仍然坚持当初的观点,辩护律师核实证据的方式包括将案内有关证据的内容,特别是与犯罪嫌疑人、被告人陈述不一致,甚至有较大出入的证据告知犯罪嫌疑人、被告人,必要时还可把有关物证、书证的照片或复印件出示给犯罪嫌疑人、被告人,让其辩认。

1. 需要明确"核实证据"的时空条件

《刑事诉讼法》第 37 条对此规定得非常明确,"自案件移送审查起诉之日起",显然这里包括了审查起诉和审判两个诉讼阶段,而不包括侦查阶段。为什么该规定将侦查阶段排除在外,这涉及侦查阶段与审查起诉和审判阶段的根本区别。什么是侦查阶段?根据刑事诉讼法的规定,是指侦查机关发现有犯罪事实或者犯罪嫌疑人后,依法立案并进行侦查活动的诉讼阶段。而侦查活动是指侦查机关立案以后,依法"收集、调取犯罪嫌疑人有罪或无罪,罪轻或罪重的证据材料。对现行犯或者重大嫌疑分子可以依法先行拘留,对符合逮捕条件的犯罪嫌疑人,应当依法逮捕"。概括地说,侦查活动就是"收集证据,查获犯罪嫌疑人"的活动。侦查终结的结果有二:一是经过侦查,确认犯罪事实清楚,证据确实、充分,应当追究犯罪嫌疑人刑事责任的,移送检察机关审查起诉;二是发现不应对犯罪嫌疑人追究刑事责任的,应当撤销案件。由此表明,侦查终结后的审查起诉和审判活动不再是或者不主要是收集证据的活动,而是对侦查机关已经收集的证据进行审查和审理的活动,目的是通过审查和

---

① 朱孝清:《刑事诉讼法实施中的若干问题研究》,载《中国法学》2014 年第 3 期。

审理确认侦查机关收集移送的证据是否达到犯罪事实清楚,证据确实充分的法定要求。

侦查阶段是收集证据而不是审查、核实证据的活动,不仅是侦查活动区别于审查起诉和审判活动的重要区别,也是第37条把辩护律师核实证据限定在“自案件移送审查起诉之日起”的根本原因。正是因为侦查活动是收集证据的过程,证据还不稳定,还没有固定,律师在侦查阶段没有阅卷权,因而无从、也不能核实证据。但是,案件进入审查起诉后,“侦查已经终结,证据已经收集并固定,对案件事实和罪名的认定已有了阶段性的结论。此时,辩护律师向犯罪嫌疑人、被告人核实证据从开展辩护的角度看就成为必要”。①

2. 需要明确“核实证据”的含义

“核实”二字是一个普通并且含义比较明确的中文词汇,也是一个中性词汇。根据现代汉语词典的解释,“核”为“仔细地对照考察”,“核实”则为“审核属实”。“仔细地对照考察”表明“核实”的前提是对同一事实存在两种或者两种以上不同的信息,需要通过对不同信息“仔细地对照考察”才能确认不同信息中哪种信息是属实的。据此,“核实证据”应当是指对同一事实存在两种或两种以上内容不同的证据,需要对不同证据进行“对照考察”,以确认哪个证据内容属实。

客观地讲,在刑事诉讼中“核实证据”有一般含义和特定含义之分。一般含义泛指公、检、法三机关办案人员和辩护律师以及代理律师在办案中作为一种工作方法,针对同一事实存在的两种或两种以上内容不同的证据,进行对照考察以确认哪个或哪些证据属实。比如,侦查活动中收集到的针对同一事实的若干证据相互不同,侦查人员就需要进行核实。但这种“核实”还是在“收集证据”的总任务下进行的“核实”。这种“核实”是服务于、服从于“收集证据”的,本质上仍然属于“收集证据”的范畴。特定含义的核实证据则是指侦查活动终结后审查起诉和审判活动中,检察人员、审判人

① 陈光中主编:《〈中华人民共和国刑事诉讼法〉修改条文释义与点评》,人民法院出版社2012年版,第34页。

员、辩护律师依法进行的核实证据活动。

根据《刑事诉讼法》的规定，在审查起诉中，检察人员应当从多方面审查案件，包括审查犯罪事实是否清楚，证据是否确实充分、有无遗漏罪行或其他应当追究刑事责任的人等，为此应当讯问犯罪嫌疑人，听取辩护人、被害人及其诉讼代理人的意见，这些工作都是在侦查机关已经收集、移送的证据基础上展开的，在此过程中检察人员势必要进行核实证据的活动。在审判活动中，《刑事诉讼法》第191条明确规定："法庭审理过程中，合议庭对证据有疑问的，可以宣布休庭，对证据进行调查核实。"不仅如此，无论检察人员还是审判人员在核实证据活动中并不排除直接向犯罪嫌疑人、被告人核实证据包括将案内有关证据告诉犯罪嫌疑人、被告人的情形。例如，案内证据显示，犯罪嫌疑人在侦查阶段供认实施了犯罪。但在审查起诉阶段检察人员讯问该犯罪嫌疑人时，其不再承认实施了犯罪，检察人员势必会以其之前所做的认罪供述追问此前为何认罪。对此，犯罪嫌疑人理应也必须作出回答，或者提出其之前认罪是由于受到刑讯，或者表示其之前所作认罪供述并不是事实，只是为了不被羁押获得取保候审才认罪的，并指出其没有实施犯罪的理由或根据。在此情形下，根据法律的有关规定，检察人员应当警觉并追问犯罪嫌疑人受到刑讯的细节及证据线索，认为可能存在以非法方法收集证据情形的，要求公安机关对收集证据的合法性作出说明或提供证据。获得公安机关的说明或相关证据后，应当告诉犯罪嫌疑人，与其进行核实。对于犯罪嫌疑人提出的其没有实施犯罪的理由或根据，检察人员也应当进行调查核实，如果查明或获得证实犯罪嫌疑人陈述属实的证据，也应当告诉犯罪嫌疑人。

法院调查核实证据也包含将有关证据告诉或提交辩护人、被告人的情形。最高人民法院《关于适用〈刑事诉讼法的解释〉》第220条规定："法庭对证据有疑问的，可以告知公诉人、当事人及其法定代理人、辩护人、诉讼代理人补充证据或者作出说明；必要时，可以宣布休庭，对证据进行调查核实。对公诉人、当事人及其法定代理人、辩护人、诉讼代理人补充的和法庭庭外调查核实取得的证据，应当经过当庭质证才能作为定案的根据。但是，经庭外征求意见，控辩双方没有异议的除外。”在这里无论“当庭质证”还是“庭外征求意见”，前提是都要把相关证据告诉甚至提交有关人员其中包括被告人。

3. 对律师核实证据进行限制缺乏法律依据，也不符合诉讼原理

有学者认为，除有罪的实物证据律师可以告诉犯罪嫌疑人、被告人外，其他的证据即言词证据和无罪的实物证据都不能告诉。这里面既包括对核实方式的限制也包括对核实对象的限制。

首先，如此限制缺乏法律依据。“辩护律师……自案件审查起诉之日起，可以向犯罪嫌疑人、被告人核实有关证据”的规定足以表明它对核实的方式并没有任何限制。笔者认为，律师究竟如何核实或者核实的方式是什么决定于“核实”二字本身和具体个案的需要。如前所述，“核实”是对同一事实存在的两种或两种以上内容不同的证据进行“对照考察”以确认何者属实，那么势必要对两种或两种以上不同的证据信息进行沟通对照。正因如此，检察人员、审判人员在核实证据中都不能排除把相关证据告诉犯罪嫌疑人、被告人。律师核实证据也是如此。如果律师对案件证据事实的掌握与犯罪嫌疑人、被告人提供给他的证据信息是一致的或者基本一致，至少没有影响定罪量刑的冲突或矛盾时，那就没有核实的必要。例如，犯罪嫌疑人涉嫌杀人罪，其向律师陈述的案件事实与案内证据基本一致，自然没有核实证据的必要。反之，如果律师所知的案内证据与犯罪嫌疑人向他陈述的事实不一致，甚至有重大出入，如果律师不把需要核实的证据告诉犯罪嫌疑人，甚至必要时把物证、书证的照片或复印件出示给对方进行辩认，何以进行“核实”？如被告人否认其参加过对其定罪有至关影响的一次会议，但案内有一份记录被告人参加过此次会议并显示有其本人签字确认的会议记录，如果律师不将该证据告诉被告人，也不将该会议记录出示给被告人让其辩认以其名义的签字是否属实，只是反复询问被告人到底是否参加过此次会议，是否在会议记录上签过字，如果被告人始终以“没有参加会议”“没有在会议记录上签字”作答，那么律师到底应当相信会议记录还是应当相信被告人的陈述，进而又如何为被告人进行辩护？

第 37 条的规定对律师核实证据的范围是否有限制，从条文表

述的"可以向犯罪嫌疑人、被告人核实有关证据"来看,其中的"有关证据"给人一种似乎有范围限制的感觉。其实不然,这里的"有关证据"不是从静态上、立法上对哪些证据可以核实,哪些证据不可以核实作出的规定,而是从动态上、司法上对需要核实的证据所作的界定。在具体个案中,凡需要核实的证据就是"有关证据",凡不需要核实的证据就不属于"有关证据"。因此,"有关证据"并不是对律师核实证据范围的限制,而是取决于证据是否需要核实。

其次,如此限制不符合诉讼原理。深究不同意律师核实证据时,除有罪的实物证据外,不能告诉犯罪嫌疑人、被告人其他案内证据的理由,可以发现都是侦查思维的结果,并不符合诉讼原理。律师核实证据发生在审查起诉和审判阶段,总体来讲,它们不是收集证据的诉讼阶段,完全不同于以收集证据为本质特征的侦查阶段。第一,"告诉案内相关证据"并不违反"自由陈述原则"。因为律师核实证据发生于审查起诉和审判阶段,何以受此约束?第二,"告诉案内相关证据"并不违反"证据保密原则"。刑事诉讼中的保密原则,在不同诉讼阶段,对不同的人要求是不同的,侦查阶段保密要求最高,律师虽然还不能阅卷,但也不是对其一概保密。根据《刑事诉讼法》第 36 条的规定,律师可以向侦查机关了解犯罪嫌疑人涉嫌的罪名和案件有关情况,还可以……即使处于侦查阶段的犯罪嫌疑人,侦查机关对其也不是封锁一切证据,根据《刑事诉讼法》第 146 条的规定,侦查机关应当将用作证据的鉴定意见告知犯罪嫌疑人、被害人。如果犯罪嫌疑人、被害人提出申请,可以补充鉴定或者重新鉴定。至于案件到了审查起诉和审判阶段。保密要求比侦查阶段明显降低。辩护律师并不是保密对象,依法可以全面查阅、复制案卷材料。犯罪嫌疑人、被告人也不完全是保密对象,可以在法律允许的范围内和法律保障下了解、掌握案卷材料。其中通过律师向其核实证据了解掌握有关证据就是一种合法渠道。将此视为违反保密原则是缺乏法律依据的。第三,"一切都在法庭上见"有悖于刑事诉讼原理。仅就我国刑事诉讼法的规定来看,在侦查阶段侦查机关就应当将用作证据的鉴定意见告知犯罪嫌疑人,并不是"严格保守己方的秘密"。另外,《刑事诉讼法》第 182 条第 2 款规定:"在开庭以前,审判人员可以召集公诉人、当事人和辩护人、诉讼代理人,对回避、出庭证人名单、非法证据排除等与审判相关的问题,了解情况,听取意见。”最高人民法院《关于适用〈刑事诉讼法〉的解释》第 184 条第 2 款进一步规定,在庭前会议上,“审判人员可以询问控辩双方对证据材料有无异议,对有异议的证据应当在开庭时重点调查;无异议的,庭审时举证、质证可以简化”。试想:如果不让被告人获悉控方证据包括律师与其核实证据时告诉有关证据,控辩双方又如何对证据有无异议发表意见?在司法实践中,这项规定已经普遍适用,特别是重大、疑难、复杂、敏感的案件大多如此,而不是、也不应该是“一切都到法庭上见”。第四,“告诉案内相关证据”是“核实证据”的内在要求。何为“核实证据”?笔者在前面不惜篇幅地进行了讨论,如果律师核实证据只是“存疑于心”,而不将疑是什么、疑在何处与犯罪嫌疑人、被告人进行沟通,而犯罪嫌疑人、被告人对有关事实的陈述又始终不变,对于同一事实下形成的内容不同的证据律师又如何判断何者为真?又根据什么确定“案件事实真相”?

4. 律师核实证据包括把需要核实的证据告诉犯罪嫌疑人、被告人,是控方应当承担举证责任,不得强迫自证其罪原则的应有之义

律师核实证据规定的出台及这项权利的确认,有着充分的法理依据和法律依据。从法理依据来讲,“对于已经侦查终结,移送到检察机关审查起诉和已被检察机关提起公诉的案件来说,让犯罪嫌疑人、被告人了解、掌握办案机关对其认定的犯罪事实、罪名以及相关证据,这是联合国‘两权公约’(《公民权利和政治权利国际公约》和《经济、社会及文化权利国际公约》)关于公正审判的基本要求。从诉讼原理上讲,这也是控方应当承担举证责任的应有之义和犯罪嫌疑人、被告人及其辩护律师进行辩护准备的必要条件”。[①] 其中当然包括了律师核实证据可以告诉犯罪嫌疑人、被告人案内有关证据的信息甚至必要时将有关证据出示给对方辩认的含义。

至于法律依据,在 2012 年修改后的《刑事诉讼法》上是非常明

① 陈光中主编:《〈中华人民共和国刑事诉讼法〉修改条文释义与点评》,人民法院出版社 2012 年版,第 33 页。

确的。第一,《刑事诉讼法》第48条:“公诉案件中被告人有罪的举证责任由人民检察院承担,自诉案件中被告人有罪的举证责任由自诉人承担。”这是我国《刑事诉讼法》第一次明确规定刑事诉讼中被告人有罪的举证责任应当由控方承担,它有着重大的意义。笔者曾就此问题专门撰文讨论,其中提出就公诉案件而言,人民检察院承担的被告人有罪的举证责任包括四项要求:其一,应当首先提出证据的责任;其二,应当提出合法证据的责任;其三,应当是面向被告人和法庭的责任;其四,应当达到定罪证明标准的要求。前三项属于举证责任理论上讲的“行为责任”,第四项则是“结果责任”。其中的第三项“应当是面向被告人和法庭的责任”就包含了控方在庭前应当将其指控被告人有罪的证据让被告人知情并允许、保障其针对指控证据做好辩护的准备。之所以如此,是由控方发动起诉及被告人处于被指控的诉讼地位所决定的,也是由控审分离,控辩平等,审判中立的现代诉讼结构所决定的。[①] 在举证责任应由控方承担的原则之下,辩护律师向被告人核实证据包括告诉案内有关证据当然是其中应有之义了。

第二,《刑事诉讼法》第50条:“不得强迫任何人证实自己有罪”。这也是2012年《刑事诉讼法》中具有突破性的规定,确立了一项国际社会公认的诉讼原则。它的根本含义是除非犯罪嫌疑人、被告人自愿供述认罪,任何人、任何组织、机构包括办案机关、办案人员都不得强迫其认罪。贯彻这一原则,在刑事诉讼中只有能够确保并证明犯罪嫌疑人、被告人是出于自愿而作出的口供才能作为证据使用。至于是否能够作为定案根据,还要进行法庭调查和充分质证。即使是经过法庭调查、质证确认的被告人的认罪供述,根据《刑事诉讼法》第53条的规定,也不是当然可以成为对被告人定罪的根据。“只有被告人供述,没有其他证据的,不能认定被告人有罪和处以刑罚。”相反,即使“没有被告人供述,证据确实、充分的,可以认定被告人有罪和处以刑罚。”这就是被告人口供在法律上的证据地

---

① 参见顾永忠:《论我国公诉案件举证责任的误区、突破及其理论根基》,载《甘肃社会科学》2015年第2期。

位。基于此,诉讼理论上和司法实践中,都强调反对口供中心主义。但是,前述有关学者质疑律师核实证据时告诉犯罪嫌疑人、被告人案内有关证据的种种理由,基本上都是围绕如何获得以及获得以后如何防止影响犯罪嫌疑人、被告人的认罪供述而提出来的,实际上还是侦查思维、口供中心主义的表现。

第三,第182条第2款关于庭前会议的规定和最高人民法院前述司法解释的相关规定。既然庭前会议上可以就回避、出庭证人名单、非法证据排除、对证据材料有无异议了解情况,听取控辩双方的意见,那么,在此之前必须要让被告人及其律师了解、掌握控方证据。在此情形下,辩护人核实证据时告诉被告人案内有关证据又有什么问题?

五、辩方的质证权与有关人员出庭作证问题

前已指出,以审判为中心的诉讼制度的应然要求是庭审实质化。庭审实质化的核心是在法庭审理中贯彻直接言词原则,严格排除非法证据。这就要求案件中的证人、鉴定人、侦查人员应当出庭作证。这一要求看似对控辩双方是相同和对等的,实则不然。首先,在法律上,控方应当承担被告人有罪的举证责任,其向法庭提出有罪证据包括使有关的证人、鉴定人、侦查人员出庭作证以接受辩方的质证是对其履行举证责任的当然要求,而辩方向法庭举证并不是履行举证责任的要求,而是行使辩护权的需要。其次,从司法实务看,法庭审理中真正需要出庭作证的主要是控方的证人、鉴定人、侦查人员,需要辩方出庭的证人、鉴定人等是很有限的。但是,目前我国刑事诉讼法对庭审中证人、鉴定人、侦查人员出庭作证并接受质证的规定还存在一些问题。有的规定本身虽然没有问题,但在执行中存在问题。

1. 如何确定证人、鉴定人、侦查人员出庭作证的范围

客观而论,2012年《刑事诉讼法》第187条就证人、鉴定人、人民警察出庭的条件作了规定,并且因人而异有所区别,这是以前不曾有的。但是,其一,“公诉人、当事人或者辩护人、诉讼代理人对证人证言有异议,且该证人证言对定罪量刑有重大影响,人民法院认

为证人有必要出庭作证的，证人应当出庭作证”的规定，没有体现出促使控方履行举证责任，保障辩方行使质证权的法理精神，似乎控辩双方在这个问题上是“平起平坐”的。更有甚者，证人究竟应否出庭作证，取决于法院是否认为证人“有必要出庭作证”，使辩方对控方证人的质证权形同虚设。其二，在此情况下，第190条又允许“当庭宣读未到庭的证人的证言笔录”，这更使辩方对证人的质证权雪上加霜。其三，对鉴定人出庭范围的规定最终也取决于法院是否认为“鉴定人有必要出庭”，也没有突出辩方的质证权。其四，“人民警察就其执行职务时目击的犯罪情况”出庭作证，并不能满足司法实践中被告人及其辩护律师要求侦查人员出庭作证以对其进行质证的需要。比如，云南杜某武杀人冤案中，控方称从案发现场提取的泥土进行微量元素鉴定后，与提取于杜某武鞋底下泥土中的微量元素是一致的，据此认定杜某武到过案发现场并不是其所称的没有作案时间。针对这一物证的提取过程，杜某武本人及其辩护律师要求有关侦查人员及鉴定人出庭作证以向他们质证，但法庭不予批准。而最后查明的案件真相是杜某武根本没有作案，但未获法院批准。[①] 在司法实践中，需要侦查人员出庭作证，接受辩方质证，以查明侦查人员在案发现场发现、提取、移交、保管证据的事实，防止弄虚作假或人为破坏、毁灭证据的情形并不少见。

基于以上原因，鉴于在刑事诉讼中控方应当承担举证责任，辩方提出的证据很有限，更需要控方证人、鉴定人、侦查人员出庭作证以对其进行质证的情况，应当高度重视、充分保障辩方的质证权。凡辩方要求涉及定罪量刑的控方证人、鉴定人、侦查人员出庭作证的，都应当予以保障。特别是被告人不认罪的案件更应如此。至于辩方提出有利被告人的证据，控方要求证人出庭作证的，也应当予以保障。但这种情况是有限的，并不突出。

2. 应当出庭作证的人员拒不到庭的法律后果

2012年《刑事诉讼法》对此也有规定，经人民法院通知，证人无

---

① 参见王达人、曾粤兴：《正义的诉求——美国辛普森案与中国杜培武案的比较》，北京大学出版社2012年版，第73页。

正当理由不出庭的,可以强制其出庭;鉴定人拒不出庭作证的,鉴定意见不得作为定案的根据。但是,这些规定在司法实践中几乎没用,证人、鉴定人、侦查人员出庭的情形少之又少。这里也是既有立法问题也有执法问题。对此,解决的思路是:第一,明确规定应当出庭作证的证人没有正当理由拒不到庭的,其证言笔录不得作为证据当庭宣读,更不得作为定案的根据。当庭宣读证人证言笔录只限于没有要求出庭作证的证人及虽然应当出庭作证但依法可以不出庭作证的证人,如证人因病住院无法到庭的情形。

第二,对鉴定人出庭要比证人要求更高,拒不出庭的后果更严重。鉴定意见被称为“科学证据”,在司法实践中其证明力比证人证言高得多,一旦错了后果极其严重。此外,鉴定人一般都是职业司法鉴定人员,实际上是一种职业证人,不同于一般证人偶然作证。目前法律规定虽然已体现出这一精神,“鉴定人拒不出庭作证的,鉴定意见不得作为定案的根据”,但还不到位,应当改为“鉴定人拒不出庭作证的,鉴定意见不得作为证据使用”。特别是鉴定意见主要来自控方,辩方几乎没有此类证据。保证鉴定人出庭就是保障辩方的质证权。同时有助于提高鉴定意见的质量。

第三,应当强化人民警察和侦查人员出庭作证的规定。在执行职务时目击犯罪情况的人民警察和参与侦查的侦查人员,都属于公职人员,要求他们出庭作证具有双重身份,一重是普通证人身份,另一重是公职人员身份,对他们出庭应当比普通证人要求更严。凡应当出庭的都应到庭作证。否则,其提供的书面证言或参与办案形成的书证、物证、勘验检查笔录、辩认笔录等不得作为定案的根据。对于侦查人员,应当强调出庭作证是他们履行惩罚打击犯罪的应有职责,并非分外之事,不得以“工作忙”为由推卸责任。

第四,应当修改不能强制被告人的近亲属出庭作证的规定。《刑事诉讼法》第180条一方面规定“经人民法院通知,证人没有正当理由不出庭作证的,人民法院可以强制其到庭”;另一方面又设置例外“但是被告人的配偶、父母、子女除外”。这一规定看似体现了对家庭伦理关系的尊重,但并不是理论上所讲的并被不少国家确认的亲属免证特权或亲属拒证特权。亲属免证特权或亲属拒证特权是基于证人与作证对象之间存在的亲属关系，为了防止因作证而破坏家庭伦理关系赋予具有亲属关系的证人享有免证特权。这种特权不仅免除亲属证人出庭作证的义务，也免除庭前、庭下的一切作证义务。只有这样才能真正维护家庭伦理关系。但是，上述“被告人的配偶、父母、子女除外”的规定，只是排除强制他们到庭，并没有免除他们庭前、庭下的作证义务。这对他们的亲属——被告人更加不利，使其失去了对亲属证人的质证权，也不符合确立亲属免证特权的良苦初衷。这与设置亲属免证特权的初衷，维护家庭伦理关系，排除因亲属证人作证给被告人带来的不利后果是相违背的。对此应当予以修改，思路有二：一是真正确立亲属免证特权，不仅不强迫亲属证人到庭作证，还免除亲属证人在一切场后作证；二是既然不能免除亲属庭前、庭下的作证义务，一旦作了证，被告人就有权对其进行质证，不能将其排除在可以强制到庭的人员之外。笔者更倾向于前者，因为这样才回归了真正的亲属免证特权。

3.“有专门知识的人”出庭辅助质证问题

针对鉴定证据专业性强以及在司法实践中往往被看作证明力强的现实，2012年《刑事诉讼法》针对性地作出了两项修改：一是将“鉴定结论”改为“鉴定意见”，防止因“结论”二字产生当然效力的意味；二是对鉴定意见增加了“有专门知识的人”出庭辅助质证的制度，第192条第2款规定：“公诉人、当事人和辩护人、诉讼代理人可以申请法庭通知有专门知识的人出庭，就鉴定人作出的鉴定意见提出意见。”应该说这一规定打破了以往鉴定证据的神秘面纱，对于审查、运用鉴定证据定案具有重要意义。但是该项制度在诉讼理论和诉讼实践上也存在一些问题需要研究解决。

第一，“有专门知识的人出庭”的定位问题。有一种观点认为，“有专门知识的人出庭作证，可以解答法官、当事人和辩护人、诉讼代理人对鉴定意见的有关困惑，更好地协助法官审查判断证据”。[①] 笔者认为用“出庭作证”界定有专门知识的人出庭行为的性质是不

---

① 陈光中主编：《〈中华人民共和国刑事诉讼法〉修改条文释义与点评》，人民法院出版社2012年版，第275页。

准确的。在诉讼理论中,“出庭作证”是指证人、鉴定人、侦查人员就自己亲身感知的案件事实、亲自对案件中某项事实所作的专业性鉴定活动及结果、亲自参与实施的具体侦查行为依法向法庭作出说明并回答有关各方提出的问题。总之,“出庭作证”应当是广义证人的行为属性,行为人必须是与案件事实本身或与诉讼活动本身有着事实上或法律上的直接关系的证人、鉴定人、侦查人员。而“有专门知识的人”是在诉讼活动中由控辩双方申请法庭通知出庭“就鉴定人作出的鉴定意见提出意见的人”。由此可见,他不是证人、鉴定人、侦查人员,出庭行为也不是“作证”行为,而是“质证”行为。说得更直白一点,他是协助申请他出庭的一方对案内鉴定意见进行质证的人。

第二,控方可否申请有专门知识的人出庭对本方的鉴定意见作出说明。2012 年《刑事诉讼法》实施后,有的检察机关在庭审活动中申请“有专门知识的人”出庭对本方提交的鉴定意见作出说明,进一步阐述本方鉴定意见的正确性。笔者认为,这种做法违背了法律的初衷。首先,“有专门知识的人出庭”是由控辩双方向法庭申请的,由此决定了他是为控辩双方服务的,谁申请他出庭,他就为谁服务。其二,他出庭是为了“就鉴定人作出的鉴定意见提出意见”,仅就此规定本身来看,似乎他对无论谁的鉴定意见都可以提出意见。但深入分析后并非如此。由于他是由控辩双方申请出庭的,他所针对的“鉴定人作出的鉴定意见”应当是对方的鉴定人作出的鉴定意见,唯此才需要他提出意见,也才能实现申请他出庭的控方或辩方的目的。因为控方或辩方不可能也不应该申请“有专门知识的人”对本方的鉴定意见提出意见,这岂不是“拆自己的台”?当然,如果控方认为本方的鉴定意见需要在庭上说明,或者辩方要求控方鉴定人出庭作证以对其质证,那么控方应当安排鉴定人出庭,而不应当申请有专门知识的人出庭作出说明。这样做不仅于法无据,也于理不通。鉴定人是专家,鉴定人出具了鉴定意见不出庭说明,却申请没有参与鉴定的“有专门知识的人”出庭作出说明,岂不是“小看”鉴定人?同时,也不符合法律关于鉴定人应当出庭的规定。

第三,申请“有专门知识的人”出庭就鉴定意见提出意见实质上是一项有利辩方质证的诉讼权利。仅从法条看,这项权利适用于控辩双方,但从《刑事诉讼法》的有关规定和司法活动的实际情况来看,诉讼实践中的鉴定意见几乎都出自控方并且主要是侦查机关和检察机关。辩方由于没有启动、组织司法鉴定的诉讼权利和实施条件,是难以提出本方的鉴定意见的。因此,这项规定实质上是一项辩方独享的诉讼权利,它对于辩方针对控方鉴定意见充分质证具有极其特殊、重要的意义。福建念某案历经 8 年之久,4 次被判处死刑立即执行,最后于 2014 年 8 月被福建省高级法院终审宣判无罪,主要是律师辩护中充分运用了这项权利并得到法院的充分保障。辩方申请出庭的"有专门知识的人"是来自香港的毒物专家,他们出庭时对于案中控方鉴定意见关于该案被害人死于被告人投放的毒物的结论,从毒物的性质、种类、被害人致死的原因等多方面提出了非常专业的质疑,最终促成了法院作出无罪判决。①

充分保障辩方此项诉讼权利应注意以下几点:首先,对于辩方提出此项申请的,法院应当尽可能作出同意的决定。不能对"有专门知识的人"的专业资质提出过于苛刻的要求。虽然《刑事诉讼法》第 192 条第 3 款规定:"有专门知识的人出庭,适用鉴定人的有关规定。"但应当理性理解此规定。鉴定人一般是公安司法机关为了解决案件事实中有关专业问题指派或聘请提供鉴定意见的人,而且鉴定意见是法定证据形式之一,因此,鉴定人当然应当具备法定资质。"有专门知识的人"并不是出庭作证,其发表的意见也不属于证据范畴,只是弥补控辩双方对对方鉴定意见质证能力之不足,从专业角度对对方鉴定意见进行质证,其与公诉人或辩护人对对方鉴定意见发表的质证意见在性质上并无二致,都属于"质证意见"的范畴,因此,不能苛求"有专门知识的人"必须具有司法鉴定人的法定资质。其次,对于辩方提出的"有专门知识的人"出庭的案件,应当要求控方鉴定人出庭作证。这样才能"棋逢对手",真正发挥"有专门知识的人"协助辩方质证的优势,对控方鉴定意见进行科

---

① 参见熊秋红:《以念斌案为标本推动审判中心式诉讼制度改革》,载《中国法律评论》2015 年第 1 期。

学、有效的质证,促使法庭对案件事实作出正确的认定。

六、庭审质证与交叉询问制度问题

在被告人认罪的案件中,案中证据一般是控辩双方共同认可的,证人、鉴定人、侦查人员出庭作证的必要性不大。但在被告人不认罪的案件中,控方证据与辩方证据的分野是很清楚的。控方证据是支持指控立场证明被告人有罪的证据,辩方证据则是支持辩护立场证明被告人无罪的证据。在这种案件中,证人、鉴定人、侦查人员出庭作证的意义非常重大。诉讼制度应当充分保障证人、鉴定人、侦查人员出庭作证,其中特别是应当充分保障辩方所要求的证人、鉴定人、侦查人员出庭。美国的陪审团审判就是针对被告人不认罪的案件。其中最值得关注的是,只要被告人提出陪审团审判的要求,控方就应当无条件地保证其证人、专家证人、侦查人员等出庭作证,一方面通过作证支持控方的诉讼立场和事实主张,另一方面接受辩护律师挑战性的质证。同样,辩方如果拥有证明被告人无罪的证据,也要保证相关的证人、专家证人出庭作证,以支持辩方的诉讼立场和事实主张,也接受控方律师挑战性的质证。控辩双方证人、鉴定人、侦查人员出庭作证的过程,也是控辩双方律师对他们进行交叉询问的过程。这种在交叉询问规则下由控辩双方律师进行的交叉询问活动贯穿于庭审活动的始终,有人称为“人类迄今为止所发明的发现真相的最佳装置”。①

我国虽然不采取陪审团审判方式,但有学者认为,“随着我国刑事庭审制度改革,交叉询问已成为庭审中直接人证调查的主要方式”,并指出我国交叉询问制度具有“范围效力有限、‘多极化’格局、‘和合性’较重、强调技术而非权利、同时技术性发展不足等”特点,并针对性地提出了健全交叉询问制度的建议,包括“设置运行条件、把握对抗限度、采取适当方法、维系合理格局以及创制遵循必要规则等措施”。② 推进以审判为中心的诉讼制度改革,其核心要求

---

① 转引自李昌盛:《论对抗式刑事审判》,中国人民公安大学出版社 2009 年版,第 170 页。

② 龙宗智:《论我国刑事审判中的交叉询问制度》,载《中国法学》2000 年第 4 期。

是庭审实质化，实行直接言词原则。在此背景下探讨完善我国刑事诉讼中的交叉询问制度是非常必要的。

《刑事诉讼法》第189条规定："证人作证，审判人员应当告知他要如实地提供证言和有意作伪证或者隐匿罪证要负的法律责任。公诉人、当事人和辩护人、诉讼代理人经审判长许可，可以对证人、鉴定人发问。审判长认为发问的内容与案件无关的时候，应当制止。审判人员可以询问证人、鉴定人。"最高人民法院《关于适用〈刑事诉讼法〉的解释》对该条作了进一步解释性的规定，第212条："向证人、鉴定人发问，应当先由提请通知的一方进行，发问完毕后，经审判长许可，对方也可以发问。"第113条："向证人发问应当遵循以下规则：(一)发问的内容应当与本案事实有关；(二)不得以诱导方式发问；(三)不得威胁证人；(四)不得损害证人的人格尊严。前款规定适用于对被告人、被害人、附带民事诉讼当事人、鉴定人、有专门知识的人的询问、发问。"第214条："控辩双方的询问、发问方式不当或者内容与本案无关的，对方可以提出异议，申请审判长制止，审判长应当判明情况予以支持或者驳回，对方未提出异议的，审判长也可以根据情况予以制止。"这就是当下我国交叉询问制度的基本内容。从诉讼原理和以审判为中心的诉讼制度改革的要求来看，存在以下问题：

第一，适用范围不明确。前已指出，交叉询问制度最发达的美国，其主要适用于陪审团审判的被告人不认罪的案件。由于被告人不认罪，才最需要证人、专家证人、侦查人员等出庭作证，被告人认罪的案件则不需要证人出庭作证。在此前提下，美国刑事诉讼中，需要证人等出庭作证因而采取陪审团审判的案件在全部刑事案件中不到10%，而不需要证人等出庭作证的案件占90%以上。[①] 我国目前适用交叉询问的案件并无明确的界限，从立法上看似乎按普通程序审理的案件只要有证人、鉴定人出庭都可以适用，但实践中却是几乎没有证人、鉴定人出庭，交叉询问制度名存实亡。

---

① 以往对美国陪审团审判刑事案件的比例一般认为是10%左右。2015年12月笔者随中央司改办考察团赴美考察访问，先后到联邦、地方三级法院考察，访问了法官、检察官、律师和学者，对于目前陪审团审判的刑事案件的比例一般回答为5%甚至不足5%。

第二,询问顺序未体现交叉询问的精髓。“交叉询问”是以“交叉”为特征的。控辩双方律师向对方证人发问,才能体现出“交叉”之意,故称为“交叉询问”。控辩双方律师向本方证人发问不存在“交叉”,故称为“直接询问”或“主询问”。同时,交叉询问是质证性、质疑性的询问,必须以直接询问为前提。据此,在法庭询问中,先由控辩双方律师向本方证人进行直接询问或主询问,然后再向对方证人进行交叉询问或反询问。我国的上述询问顺序则是先由提请通知的一方发问,然后对方再发问,这种询问顺序体现不出“交叉询问”的精神内涵,实际上是一种顺序询问。而诉讼实践中,向法院提请通知证人、鉴定人、侦查人员出庭的主要是被告人及其辩护律师,而被要求出庭的主要是控方的证人、鉴定人、侦查人员。让被告人及其辩护人先向他们发问,似乎也可以称为“交叉询问”,但是交叉询问作为质证性、质疑性的询问,必须以直接询问或主询问在先为前提,没有前面的直接询问或主询问,又如何进行交叉询问?

第三,询问行为的诉讼属性不清楚。在严格的交叉询问制度下,控辩双方律师向本方证人的发问属于作证性质,控方律师与其证人的问答内容都是在支持控方诉讼立场,证明指控事实,辩方律师与其证人的问答内容则是在支持辩方诉讼立场,证明辩护事实。而控辩双方律师向对方证人发问属于质证性质。我国的交叉询问由于询问顺序没有体现交叉询问的特征,控辩双方谁先申请就由谁先发问的安排,无法分清询问行为的诉讼性质。

第四,禁止诱导询问规则不利于交叉询问进行质证。在严格的交叉询问制度下,主询问或直接询问是控辩双方律师向本方证人发问,以证明指控事实或辩护事实,因此禁止诱导式询发问。而交叉询问或反询问是控辩双方律师向对方已经作证的证人发问,质疑其作证内容,自然允许在对方作证内容的基础上或在对方证人身份、经历的客观事实基础上提出诱导式的问题,以达到质疑、质证的目的。而我国的交叉询问制度,不分何方,也不分是作证发问还是质证发问,一律“不得以诱导式发问”,这对于控辩双方通过交叉询问进行质证是不利的。例如,控方证人作证说:案发时他在某种环境条件下看到被告人从案发现场走出来,长什么特征,穿什么衣服,手持什么东西等。辩护律师认为其作证不符合事实,被告人根本没有到过案发现场,其所说的环境条件、被告人的人身特征、身穿衣服、手持东西等有问题,于是采用归谬法,向对方证人提出一系列的问题:"你刚才是不是说……"表面看这都是诱导式问题,但都建立在对方证人作证内容的基础之上,又是为了质疑其真实性,为何不可以诱导式发问?

第五,配套制度缺乏。交叉询问并不是孤立存在的,需要不少配套制度,其中包括对发问者提出很高的技术要求。在英美国家,交叉询问是对控辩律师进行执业技能培训的重要课程。没有训练有素的合格律师,很难进行有效的交叉询问。我国完善交叉询问制度,首先要保证凡需要进行交叉询问的案件被告人都要有律师并且是称职的律师。但是我国目前的律师辩护率还比较低,即使能够做到应当出庭的证人、鉴定人等出庭作证,也不能保证被告人都能获得律师出庭辩护。如果被告人没有律师又如何进行交叉询问?当然除此之外,还有其他的配套制度。

目前应当从以下几方面完善我国交叉询问制度,以适应以审判为中心的诉讼制度对庭审实质化的基本要求。

第一,交叉询问制度应当优先并保证适用于被告人不认罪的案件。此类案件被告人及其辩护律师非常需要控方的证人、鉴定人、侦查人员出庭作证,从而对他进行面对面的言词质证。法院也非常需要案内控辩双方的证人、鉴定人、侦查人员出庭作证,并接受辩方的质证,客观、全面地查明案情,对案件事实作出正确的认定。我国古代法律尚能"五辞听讼",当今没有理由做不到这些。事实上,我国刑事诉讼中被告人不认罪的案件一般认为在10%~15%,针对这部分案件严格作到证人、鉴定人、侦查人员出庭作证,充分保障辩方交叉询问进行质证的权利,既是维护司法公正的迫切需要,也不会产生太大诉讼负担,影响诉讼效率。

第二,在交叉询问制度中应当明确控辩双方证人的分野。出庭的证人、鉴定人、侦查人员无论是谁提出要求,作证时应当先由公诉人对控方证人、鉴定人、侦查人员进行直接询问,履行其举证责任和作证义务,然后再由被告人及辩护律师进行交叉询问,行使质证权。

如果辩方有证人、鉴定人作证，也同样如此。

第三，按照交叉询问的诉讼原理设立科学的交叉询问规则，其中明确规定直接询问一般应当采用开放式问题，不得采用引导式问题，交叉询问则可以采用封闭式问题，也就是引导式问题。所谓引导式问题就是前文提到的诱导式问题，英语表述为 Leading Question，最初引入我国时被译成了诱导式问题。由于“诱”字在中文里具有贬义，如诱惑、诱骗、引诱，诱导式问题也被打上了贬义印记。将其改译为“引导式问题”，既符合原意，又可避免产生误解，应该是一种比较好的选择。

第四，如前所述，完善刑事法律援助制度，优先保证被告人不认罪的案件中如果被告人没有辩护律师应当为其指派法律援助律师，以保证辩方能够有效运用交叉询问制度对控方证人、鉴定人、侦查人员行使质证权。

第五，要对从事公诉工作的检察官和刑事辩护律师重点进行交叉询问制度和交叉询问技能的业务培训，使他们真正懂得交叉询问制度的诉讼原理，也真正能够娴熟地运用交叉询问技能。

“疑罪从无”判决的再审*

顾永忠　胡　婧

内容提要　在司法机关依法判决无罪或纠正的错案中，有一部分案件是根据“疑罪从无”原则判决被告人无罪的。但是此种无罪判决并没有使被告人真正获得清白，其仍然戴着“疑罪”的帽子，甚至会受到重新追诉。对于此类案件，一旦发现真凶或确有证据足以排除被告人的作案嫌疑，即使之前已经获判无罪，也应当启动再审程序，对原审或再审被告人彻底改判无罪，还“疑罪”者以清白。

关键词　疑罪从无　纠正　错案　再审程序

一、问题的提出

近年来，“疑罪从无”原则越来越受到司法机关的重视。无论是在正常的两审终审程序中，还是在审判监督程序中，根据该原则宣判被告人无罪的案件逐渐增多。前者如河南黄某故意杀人案，2003年郑州市中级人民法院在并没有发现真凶的情况下，

---

* 本文曾发表于《法学》2016年第9期。本文系2015年度教育部人文社会科学重点研究基地重大项目“以审判为中心的诉讼制度改革与刑事辩护研究”（项目批准号：15JJD820016）的阶段性研究成果。

根据“疑罪从无”原则判决黄某无罪。① 后者如安徽于某生故意杀人案,安徽省高级人民法院在 2001 年 7 月终审维持原判(无期徒刑)后,于 2013 年 8 月决定对该案再审并根据“疑罪从无”原则判决于某生无罪。② 尽管如此,黄某、于某生并没有真正获得清白,仍然戴着“疑罪”的帽子。但是在他们获判无罪后,以上两案的真凶先后被查获归案。黄某案的真凶于 2008 年在上海意外被发现,经一审、二审司法程序并经最高人民法院核准于 2011 年 11 月被执行死刑。③ 于某生则是在其获判无罪后,公安机关对原案重新启动侦查,真凶武某元于 2013 年 11 月在安徽蚌埠被查获,其供述了 17 年前强奸杀害韩某的犯罪事实。2015 年 5 月,蚌埠市中级人民法院一审判处武某元死刑,经安徽省高级人民法院二审维持原判后,于 2016 年 1 月报请最高人民法院依法核准死刑。④ 其实,呼某案也是如此。2014 年 12 月,内蒙古自治区高级人民法院经审判监督程序,根据“疑罪从无”原则宣告呼某无罪后,呼和浩特市中级人民法院确定在案被告人赵某红为真凶,并判处其死刑立即执行。⑤

上述这些案件的被告人,在原审或再审中均由于“事实不清,证据不足”,被人民法院根据“疑罪从无”原则作出无罪判决。但是,在真凶落网之后,对他们是否应当启动再审程序,纠正之前作出的“疑罪从无”无罪判决?对这一问题,目前我国《刑事诉讼法》尚无直接规定,理论上也未见研究成果。对于应当启动再审程序的主张,可能还会有人提出质疑:“疑罪从无”的判决就是无罪判决,还纠正什么?而且在司法实践中,目前启动再审程序这条路很难行得通。黄某案真凶归案并被执行死刑后,黄某本人曾向法院提出申诉,要求纠正对其作出的“疑罪从无”的无罪判决,彻底改判无罪,

---

① 参见黄某故意杀人案,载《最高人民法院公报》2003 年第 3 期。

② 参见陈兴良:《于英生案的反思与点评》,载《中国法律评论》2014 年第 2 期。

③ 参见《黄新故意杀人案:一审宣告无罪,真凶 10 年后浮出水面》,载鹰击长空的博客,http://blog.sina.com.cn/s/blog_633f84150100gg2q.html,最后访问日期 2016 年 4 月 15 日。

④ 参见《于英生杀妻案》,载百度百科网,http://wapbaike.baidu.com/view/10851390.hotm?fromid=15458014&type=syn&FromTitle,最后访问日期 2016 年 5 月 3 日。

⑤ 参见卢建平:《呼格吉勒图案的历史反思》,载《中国法律评论》2015 年第 5 期。

以使其真正获得清白。但是,法院不予受理。

显然,这已经不是一个孤立的、可以忽视或轻视的问题。它关系到"疑罪从无"无罪判决的基本含义,关系到"疑罪从无"无罪判决的法律后果,关系到《刑事诉讼法》第195条第2和第3项两种无罪判决的关系,还关系到获得此种无罪判决人员的清白荣辱。因此,这是一个非常值得重视和研究的问题。

二、我国"疑罪从无"判决的来历、含义及法律后果

(一)"疑罪从无"原则的确立

"疑罪从无"是无罪推定原则派生出的一项重要司法原则。它是指在刑事诉讼活动中出现既不能排除犯罪嫌疑人无罪、又不能证明其有罪的两难情况下,从法律上推定被告人无罪,它是认定、处理存疑案件的一项重要司法原则。在1996年修改《刑事诉讼法》之前,刑事诉讼法对该原则并无规定;司法实践中则做法各异,有的疑罪从轻,有的疑罪从挂,也有以证据不足为由宣告被告人无罪的做法。1989年11月4日,最高人民法院在《关于一审判决宣告无罪的公诉案件如何适用法律问题的批复》中指出,"对主要事实不清、证据不足,经多次退查后检察院仍未查清起诉书指控的被告人犯罪事实并提供足够证据,法院调查也无法查证清楚,不能认定有罪的被告人,在判决书说明情况后,直接宣告无罪"。这一批复实质上吸收了无罪推定原则中"疑罪从无"的精神。但这只是一个批复,难以上升为一项司法原则。1994年最高人民法院《关于审理刑事案件程序的具体规定》第127条规定:"案件的主要事实不清、证据不充分,而又确实无法查证清楚、不能够证明被告人有罪的,判决宣告被告人无罪。"该规定较之前有很大进步,但也只是以司法解释的方式出现,未法典化。[①] 因此,可以说在1996年修改《刑事诉讼法》之前,我国立法上并未确立"疑罪从无"原则,只是在司法解释文件中存在证据不足的案件可以宣告无罪的要求和做法。

1996年修改后的《刑事诉讼法》,正式确立了疑罪从无原则,体

---

① 参见蔺剑、孙利勃:《疑罪从无研究》,载《中国刑事法杂志》1998年第1期。

现在两处：一处是该法第140条第4项关于证据不足不起诉的规定，[①]另一处是第162条第3项关于证据不足判决无罪的规定。[②]这些规定，首次以法律的形式对于“疑罪从无”原则加以肯定，是我国第一次在刑事诉讼法典中规定“疑罪从无”原则。该原则的确立，弥补了1979年《刑事诉讼法》的空白，进一步完善了我国刑事诉讼制度，对预防和减少刑事冤案，减轻人民法院再审案件的负担，保护被告人合法权益，确保无罪的人不受追究，防止出现有罪推定及充分调动控辩双方的积极性等各个方面都具有十分重要的意义。[③]

（二）“疑罪从无”判决的含义

根据现行《刑事诉讼法》第195条的规定，无罪判决分为两种：其一，该条第2项规定的情形：“依据法律认定被告人无罪的，应当作出无罪判决”。这是指经过法庭审理，案件事实已经查明，确有证据证明被告人无罪；或者“指控事实”本身看似存在，但根据法律规定，被告人的行为不构成犯罪，应当宣告无罪。比如，在杜某武冤案再审程序中，查明案件事实清楚，证据确实、充分，足以证明被害人系被他人杀害，原审被告人杜某武根本不是凶手，依据该项规定就应当判决其无罪。其二，该条第3项规定的情形：“证据不足，不能认定被告人有罪的，应当作出证据不足、指控的犯罪不能成立的无罪判决”。这是指经过法庭审理，虽然有对被告人不利的有罪证据，但是不足以证明被告人实施了被指控行为，达不到“证据确实、充分”的法定证明标准，应当依据该项规定判决被告人无罪。此种无罪判决在法律性质上与前项无罪判决完全相同，在法律效力上也无二致，判决一旦宣告，被告人如果在押应当立即释放。

但是，又不能不看到此种无罪判决与前种无罪判决还是有区别的：前种无罪判决无论在事实上还是在法律上都是彻底的无罪判决，而此种无罪判决则是基于有罪的证据不足，对“疑罪”案件作

① 1996年《刑事诉讼法》第140条第4项规定：“对于补充侦查的案件，人民检察院仍然认为证据不足，不符合起诉条件的，可以作出不起诉的决定。”

② 1996年《刑事诉讼法》第162条第3项规定：“证据不足，不能认定被告人有罪的，应当作出证据不足，指控的犯罪不能成立的无罪判决。”

③ 参见叶青：《浅析疑罪从无原则》，载《法学》1996年第7期。

“从无”处理，实质上是推定无罪的判决。所以，此种无罪判决并不是宣告被告人彻底无罪的判决。被告人即使获得此种无罪判决，事实上仍然戴着一顶“疑罪”的帽子，即虽然没有给被告人定罪，但并没有排除被告人有罪的可能。正因如此，2016 年 2 月，浙江省高级人民法院对因故意杀人罪、放火罪服刑已达 23 年的陈某经再审程序依据“疑罪从无”原则宣判无罪后，其再审辩护律师、清华大学易延友教授表示，“陈满案虽然已经落判，但并非圆满。因为再审判决是根据疑罪从无原则作出的，实际上留下了悬念。再审判决将改判的主要理由集中在供述不真实、其他证据不充分这两方面，对于众多证人证言证实陈满没有作案时间这一问题避而不谈，从而给人一种陈满案仍是‘疑案’的印象”。[①]

总之，彻底无罪的判决不仅意味着被告人在法律上是无罪的而且在事实上也是无罪的。而“疑罪从无”的无罪判决虽然表明被告人在法律上是无罪的，但在事实上则存在两种可能：一种是被告人确实是无罪的，另一种是被告人事实上是有罪的，只是由于证据不足无法、也不能给其定罪。但是，即使是在第一种情况下，确实无罪的被告人虽然获得了无罪判决却仍然戴着一顶“疑罪”的帽子，这对于被告人是不公正的。在第二种情况下，将使确实有罪的人得以逃避法律制裁，客观上产生“放纵罪犯”的后果，但这又是不得已的选择。因为一旦证据不足的被告人可以被定罪，定罪的法定证明标准就将名存实亡，无辜之人被定罪的危险将大大增加。这种权力一旦被滥用职权者和枉法裁判者所掌握，冤假错案将大量发生，司法公正也将荡然无存！正因如此，对于证据不足的案件，理论界提出了“宁可错放，不可错判”的主张。[②]

（三）“疑罪从无”判决的法律后果

前已指出，根据“疑罪从无”原则作出的无罪判决与彻底的无罪判决在法律效力上是一样的，即一旦获判无罪，如果被告人在押

---

① 易延友：《陈满案的罪与责：虽落判但非圆满》，载《法律与生活》2016 年第 5 期。

② 参见沈德咏：《我们应当如何防范冤假错案》，载《人民法院报》2013 年 5 月 6 日，第 2 版。

就应当立即解除，使其重获自由；同时，被告人有权获得国家赔偿。这是积极的、对被告人有利的法律后果。但是，由于“疑罪从无”的无罪判决使被告人仍然戴着“疑罪”的帽子，并且有可能使真正有罪的被告人得以逃避法律制裁，在我国并未确立禁止双重危险原则的现行诉讼制度下，此种无罪判决还伴随以下对被告人不利的消极的法律后果。

1. 依据有关法律规定，一旦发现新事实、新证据可以重新追究被告人的刑事责任

在现行刑事诉讼制度下，被告人获得“疑罪从无”的无罪判决并不是“万事大吉”。法院判决后，如果侦查机关后来又取得了犯罪的证据，可以另行起诉。[①] 最高人民法院《关于执行〈中华人民共和国刑事诉讼法〉的司法解释》第 181 条规定：“人民法院对提起公诉的案件审查后，应当按照下列情形分别处理：……（四）依照《刑事诉讼法》第 195 条第 3 项规定宣告被告人无罪后，人民检察院根据新的事实、证据重新起诉的，应当依法受理。”由此可见，根据“疑罪从无”原则被宣告无罪的人仍然面临重新被追究刑事责任的可能。

2. 依据有关法律规定，有关机关可以限制涉案人出境

《出境入境管理法》第 12 条规定：中国公民有下列情形之一的，不准出境：……（二）被判处刑罚尚未执行完毕或者属于刑事案件被告人、犯罪嫌疑人的……（六）法律、行政法规规定不准出境的其他情形。”“疑罪从无”的无罪判决虽然终止了之前针对被告人已经启动的刑事诉讼程序，但是并不能阻止公安、检察机关重新启动刑事诉讼程序。前述最高人民法院《关于执行〈中华人民共和国刑事诉讼法〉的司法解释第 181 条第 4 项，即“依照《刑事诉讼法》第 195 条第 3 项规定宣告被告人无罪后，人民检察院根据新的事实、证据重新起诉的，应当依法受理”的规定，其中就包含了公安、司法机关可以重启追诉程序的内容，否则不可能发现并“根据新的事实、证据重新起诉”。在此过程中，之前被判决无罪的被告人又可能成为犯

① 参见郎胜主编：《中华人民共和国刑事诉讼法释义》，法律出版社 2012 年版，第 426 页。

罪嫌疑人、被告人,并因此被有关机关依据上述规定不准出境。如福建念某案,历经8年10次开庭,4次被判处死刑,念某终于在2014年8月经福建省高级人民法院依据"疑罪从无"原则终审判决无罪,不久后其又被公安机关启动侦查程序并作为犯罪嫌疑人不准其出境。当然,此种做法引起社会广泛关注,但也有人认为在现行法律制度下"警方的做法并无不妥"。①

三、对依据"疑罪从无"判决无罪者排除嫌疑后应当提起再审还其清白

如前所述,依据"疑罪从无"原则获判无罪者,有的人仍然面临被重新追诉以及限制出境等法律后果,有的人即使不被追诉或限制出境,也仍然戴着"疑罪"的帽子。这对于确实有罪但因证据不足而被判决无罪的被告人而言是"好事",甚至可以说他们"占了法律的便宜"。而对于确实无罪但又没有足够的证据证明无罪的被告人而言,继续戴着这顶"疑罪"的帽子显然不是"好事",却别无选择。但是,对于确实无罪并且已有足够证据证明无罪或者排除有罪的被告人而言,如果让被告人继续戴着这顶"疑罪"的帽子,则是极不公正的。因此,对于依据"疑罪从无"原则判决无罪的人员,一旦发现新证据彻底排除其作案嫌疑的,应当启动再审程序彻底改判无罪,以真正还其清白。

(一)对"疑罪从无"获判无罪者提起再审彻底改判无罪的意义

1. 这是彻底摘掉当事人"疑罪"帽子还其清白的必然要求

根据上文,依据"疑罪从无"获判无罪者仍然戴着"疑罪"的帽子,并未彻底排除犯罪嫌疑获得清白。正因如此,当黄某得知其被错抓、错诉幸被法院依据"疑罪从无"原则宣告无罪案件的真凶落网后,即向法院提出申诉,要求对原案进行再审,以纠正原判还其清白。但未获法院支持。同理,陈某获判无罪后其本人、家属非常欣喜,表示"相信法律,相信正义",但陈某的辩护律师对其所获无罪

---

① 2014年11月26日《大河报》报道:《念斌案警察:当年办案有瑕疵,但坚信他是凶手》。

判决并不满意，公开提出质疑。因此，对于依据“疑罪从无”原则获判无罪的人员，一旦发现新事实、新证据（包括发现了真凶），彻底排除其具有犯罪嫌疑后，就应当对原判决提起再审，对被告人彻底改判无罪。只有这样才能彻底摘掉“疑罪”帽子，还其清白！

2. 这是贯彻“实事求是，有错必纠”方针的必然要求

“实事求是，有错必纠”是我国刑事诉讼始终坚持的方针。即使判决、裁定已经发生法律效力，但一经发现有错误，无论是在认定事实上，还是在适用法律上，也无论是对原审被告人有利的，还是不利的，都要通过审判监督程序重新审理，加以纠正，从而使无辜受罚者得到平反昭雪，轻纵的罪犯受到应得的惩罚。① 当然，理论界有人对我国刑事诉讼制度特别是再审制度贯彻体现“实事求是，有错必纠”方针提出质疑，认为这与禁止双重危险原则是相抵触的，②但是，目前我国《刑事诉讼法》并没有确立禁止双重危险原则，仍然坚持“实事求是，有错必纠”的方针。因此，对于依据“疑罪从无”原则判决无罪者一旦发现新事实、新证据，足以证明其实施犯罪的，人民检察院可以重新起诉追究刑事责任。显然，这是一种对当事人不利的“实事求是，有错必纠”的做法。在此情形下，对于依据“疑罪从无”原则判决无罪者一旦发现新事实、新证据，足以排除其具有犯罪嫌疑的，当然也应当按照“实事求是，有错必纠”的方针，启动再审程序纠正原判，彻底改判当事人无罪。这是一种对当事人有利的“实事求是，有错必纠”！

3. 这也是实现司法公平正义的必然要求

“努力让人民群众在每一个司法案件中感受到公平正义”是司法工作追求的目标。司法活动中的公平正义包括程序上的公平正义和实体上的公平正义两个方面。依据“疑罪从无”原则作出的无罪判决，不仅意味着由于证据不足不能给被告人定罪，同时还意味着真凶尚未查获归案并受到法律制裁。在此情况下，我们只能说“疑罪从无”的无罪判决只是体现了程序上的公平正义，实体上的

---

① 参见陈光中主编：《刑事诉讼法学》，中国政法大学出版社 2013 年版，第 420 页。

② 参见王敏远：《刑事诉讼法学研究的转型——以刑事再审问题为例的分析》，载《法学研究》2011 年第 5 期。

公平正义则远未实现。而要实现实体上的公平正义,不仅要使真凶查获归案受到法律制裁,并且还应当使确实没有实施犯罪却以“疑罪从无”为据获判无罪者摘掉“疑罪”帽子,真正获得清白。为此,一旦真凶查获归案或者发现新证据足以排除被告人“疑罪”嫌疑的,就应当启动再审程序纠正原判,还其清白,进而实现实体上的公平正义。

当然,也许有人提出如果我国确立了禁止双重危险原则,不可以再对依据“疑罪从无”原则获判无罪者重新追诉,这样是不是就没有必要对获得此类无罪判决者,包括已发现新事实、新证据,足以排除其实施犯罪或者排除其具有犯罪嫌疑的被告人启动再审程序?在笔者看来,即使如此,对于已发现新事实、新证据,足以排除其实施犯罪或者排除其具有犯罪嫌疑的被告人启动再审程序仍然是非常必要的。因为即使我国在法律上确立了禁止双重危险原则,删除了目前有关法律和司法解释关于对获判“疑罪从无”判决者进行重新追诉的规定,甚至明令禁止不可以再对依据“疑罪从无”原则获判无罪者重新追诉,也并没有摘掉戴在他们头上“疑罪”的帽子,这对于那些清白之人将是终身污点和阴影!这对他们的打击和影响甚至比对他们重新追诉还要严重。因为如果重新追诉,他们有权为自己辩解,还可以请律师辩护,而终生戴着“疑罪”的帽子则连个说理的地方都没有。当然,在司法实践中此类被告人已获清白的案件被重新追诉的可能性几乎是不存在的。因此,对这部分人启动再审程序的意义,主要不是为了防止被重新追诉,而是为了使他们获得彻底清白,同时还在于彰显司法公正,实现“让人民群众在每一个司法案件中感受到公平正义”的司法工作的目标!

(二)对因“疑罪从无”获判无罪者提起再审的程序

1. 启动再审的法律依据

根据《刑事诉讼法》第242条、第243条的有关规定,启动再审程序有三种情形:其一,当事人及其法定代理人、近亲属依法提出申诉,符合法律规定的情形之一的,人民法院应当重新审判,其中包括“(一)有新的证据证明原判决、裁定认定的事实确有错误,可能影响定罪量刑的”;其二,各级人民法院发现本院作出的生效判决和裁定在认定事实上或适用法律上确有错误,或者最高人民法院发现各级人民法院作出的生效判决和裁定确有错误或上级人民法院发现下级人民法院作出的生效判决和裁定确有错误,应当进行再审;其三,最高人民检察院发现各级人民法院作出的生效判决和裁定确有错误,或者上级人民检察院发现下级人民法院作出的生效判决和裁定确有错误,有权向同级人民法院提起抗诉,接受抗诉的人民法院应当重新审判案件。在以上三种情形中,虽然启动再审的主体有所不同,但是启动再审的根据或理由基本是一致的,主要是已生效的判决和裁定确有错误,包括认定事实上的错误和适用法律上的错误。在此情形下就应当启动再审程序。

基于此,人民法院根据《刑事诉讼法》第 195 条第 3 项规定“证据不足,不能认定被告人有罪的,应当作出证据不足、指控的犯罪不能成立的无罪判决”是否确有错误就成为可否对此类案件提起再审的关键。笔者认为,在没有确实、充分的证据证实被告人有罪,也不能完全排除被告人具有犯罪嫌疑的情况下,作出以上“疑罪从无”的无罪判决当然是于法有据、正确的判决。但是,此种判决作出后,一旦发现新证据确认了真凶或者足以排除被告人具有犯罪嫌疑的,如果仍然维持原判决而不予纠正就是确有错误的,并且属于在认定事实上确有错误。因为既然发现了新证据并确认了真凶或者足以排除被告人具有犯罪嫌疑,那就意味着继续适用《刑事诉讼法》第 195 条第 3 项的规定维持原判的基础不存在了,而应当适用《刑事诉讼法》第 195 条第 2 项的规定,彻底改判被告人无罪。

在此需要强调,以上所述《刑事诉讼法》规定的作为启动再审程序条件的原生效判决和裁定“确有错误”并非仅指作出原判决和裁定的当时就“确有错误”,还包括在当时的条件下作出如此判决和裁定并没有错误,但是在其后出现新情况、发现新证据以致原判决和裁定发生错误的情形。

2. 再审的法院及审理方式

如前所述,启动再审的主体有很多:既可以是法院,也可以是检察院;在法院方面,既可以是地方各级法院,也可以是最高人民法院;在检察院方面,既可以是作出原生效判决和裁定的法院的上级检察院,也可以是最高人民检察院。但是,鉴于此类案件的特点,笔者认为直接审理案件的法院应当是作出原生效判决和裁定的法院,既没有必要由上级法院提审,也不应该指令原审法院的下级法院审理或者由原终审法院发回一审法院重审。因为,此类案件一旦正式启动再审,就意味着原生效判决和裁定确须纠正,并且主要是程序上的审理而不是实体上的审理,这种情况由作出原生效判决和裁定的法院的上级法院提审理论上看似更好,实质上并无必要。反过来如果交由作出原生效判决和裁定的法院的下级法院审理,则需要在程序上耗费不少时间,降低诉讼效率,且不利于在原终审法院的管辖和影响范围内消除对被告人的不利影响。

至于审理方式,如果按照现行《刑事诉讼法》第245条的规定,由原审人民法院审理的,如果原来是第一审案件,应当按一审程序进行审判,就要开庭审理;如果原来是第二审案件,则应当按照二审程序进行审判,根据案件不同情况分别采用开庭审理和不开庭审理方式。对此,笔者曾撰文指出这样设置再审程序没有体现出再审案件的复杂性和特殊性,以致又回到普通程序老路,甚至进入一审、二审程序的循环之中。因此,建议对刑事冤案应当专设再审程序。[①]本文所述再审案件也具有类似特点,可以针对不同情况采取不同审理方式。一般情况下,不需要开庭审理。因为一旦真凶落网获得确认,像黄某案件那样真凶已经归案,再开庭审理案件意义已经不大。从节约司法资源,提高诉讼效率考虑,可以不必开庭审理,采用书面审理方式即可。但对于虽已发现新证据足以排除原审被告人具有犯罪嫌疑,但尚未达到像"死者复生"、真凶归案那样一目了然的程度,同时还有被害人的案件,为了使案件真相大白于天下,使被害人能够接受原审被告人无罪且无辜的结果,则需要开庭审理案件。但是,无论采用何种方式审理案件,都应当公开宣判,向社会公布案情真相,公开宣布原审被告人彻底无罪,恢复名誉,还其清白,以消除

---

① 参见顾永忠:《关于刑事冤案再审程序的几个问题——以刑事冤案应当专设再审程序为研究重点》,载《法学杂志》2016年第1期。

此前“疑罪从无”的无罪判决给其本人及家庭造成的潜在的消极影响。当然鉴于此类案件的特点,无论原审是一审案件还是二审案件都应当采用一审终审。对于以上再审程序的特别安排,建议由最高人民法院发布司法解释统一适用。

关于"完善认罪认罚从宽制度"的几个理论问题*

顾永忠

内容提要 认罪认罚从宽制度，是指在刑事诉讼中，从实体和程序上鼓励、引导、保障确实有罪的犯罪嫌疑人、被告人自愿认罪认罚，并予以从宽处理、处罚的由一系列具体法律制度、诉讼程序组成的集合性法律制度。认罪认罚从宽制度与以审判为中心的诉讼制度之间实质上是刑事诉讼中对办案机关及办案人员办理案件的实然需要与应然要求的关系；认罪认罚从宽不等于辩诉交易，后者只是一项具体的诉讼制度，不可能与我国的认罪认罚从宽制度相提并论；认罪认罚从宽制度同样适用于侦查阶段；认罪认罚从宽制度既适用于简易程序、速裁程序，也适用于普通程序。

关键词 认罪认罚从宽制度　以审判为中心的诉讼制度　辩诉交易　审判程序

根据十八届四中全会《中共中央关于全面推进

---

* 本文曾发表于《当代法学》2016年第6期。本文系2015年度教育部人文社会科学重点研究基地重大项目"以审判为中心的诉讼制度改革与刑事辩护研究"（15 JJD820016）的阶段性研究成果。

依法治国若干重大问题的决定》(以下简称《决定》) 提出的“完善刑事诉讼中认罪认罚从宽制度”的要求和中央深改组第二十六次会议审议通过的《关于认罪认罚从宽制度改革试点方案》的精神,第十二届全国人大常委会第二十二次会议表决通过了《全国人大常委会关于授权最高人民法院、最高人民检察院在18个城市开展刑事案件认罪认罚从宽制度试点工作的决定》(以下简称《授权决定》),为期两年。这是一项应当充分肯定的重大改革举措。同时,也是一项非常值得关注、研究的法律制度。可以预测,理论界和实务界继去年以来开展以审判为中心的诉讼制度改革研究热点之后,将围绕此项改革掀起新的理论研究热点。从目前已经发表的研究成果来看,笔者认为确有不少问题需要深入探讨,形成共识。本文仅对其中若干基本理论问题展开研究,略陈管见。

一、认罪认罚从宽制度内涵之厘清

什么是认罪认罚从宽制度,这是“完善认罪认罚从宽制度”的基本前提。目前权威部门对此尚未提出明确定义,理论界和实务界则不乏各种界定和解读,甚至有人将其看作借鉴国外辩诉交易制度的法律制度。可见,弄清认罪认罚从宽制度的概念非常必要。

认罪认罚从宽制度虽然是十八届四中全会《决定》首次提出。但是,体现认罪认罚从宽制度精神的刑事政策、法律制度、法律实践活动在我国早已有之。例如,我国一贯奉行的“坦白从宽”和“宽严相济”的刑事政策就是认罪认罚从宽制度的政策依据。在1979年的新中国第一部《刑法》中,关于自首制度的规定:“犯罪以后自首的,可以从轻处罚。其中犯罪较轻的,可以减轻或免除处罚;犯罪较重的,如果有立功表现,也可以减轻或免除处罚”,其也是典型的集中体现认罪认罚从宽精神的立法例和具体法律制度。

至于我国现行刑事法律中体现认罪认罚从宽精神的具体制度或具体规定更是不乏其例。在《刑法》中的规定主要有:1. 在原有一般自首概念的基础上,又增加了特别自首:“被采取强制措施的犯罪嫌疑人、被告人和正在服刑的罪犯,如实供述司法机关还未掌握的本人其他罪行的以自首论”(第67条第2款);2. 在总结以往司法实践经验的基础上，把如实供述自己罪行也作为从轻、减轻处罚的法定情节：“犯罪嫌疑人虽不具有前两款认定的自首情节，但是如实供述自己罪行的，可以从轻处罚；因其如实供述自己罪行，避免特别严重后果发生的，可以减轻处罚”（第67条第3款）；3. 在缓刑的适用条件中，要求具备的条件中必须“有悔罪表现”（第72条）；4. 在一般减刑条件中，要求必须具备：“确有悔改表现的，或者立功表现的”（第78条）；5. 在假释条件中也要求“确有悔改表现”（第81条）；6. 经《刑法修正案（九）》修改，《刑法》第383条第3款的规定为：“犯第一款罪，在提起公诉前如实供述自己罪行、真诚悔罪、积极退赃，避免、减少损害结果的发生，有第一项规定情形的，可以从轻、减轻或者免除处罚；有第二项、第三项规定情形的，可以从轻处罚。”

在《刑事诉讼法》中的规定主要有：1. 在适用简易程序的条件中明确要求：“被告人承认所犯罪行，对指控的犯罪事实没有异议的”（第208条）；2. 在适用公诉案件当事人和解的程序条件中，要求必须具备：“犯罪嫌疑人、被告人真诚悔罪，通过向被害人赔偿损失、赔礼道歉等方式获得被害人谅解”，并且双方当事人达成和解协议经办案机关审查确认后，才能对犯罪嫌疑人、被告人予以从宽处理或从宽处罚（第277条、第279条）。此外，2014年6月全国人大常委会《关于授权最高人民法院、最高人民检察院在部分地区开展刑事案件速裁程序试点工作的决定》中也提出开展速裁程序的试点条件之一是：“被告人自愿认罪，当事人对适用法律没有争议”。

正是在以上规定的基础上，十八届四中全会《决定》提出“完善刑事诉讼中认罪认罚从宽制度”的改革任务，而不是“建立认罪认罚从宽制度”。之所以如此，有学者认为，认罪认罚从宽制度的改革探索，高度契合当前我国刑事司法稳健运行的迫切要求。理解该项制度改革的意义和作用，应当以了解制度产生的时代背景为前提：即宽严相济刑事政策的法治路；犯罪轻刑化与犯罪数量的增长；员额制改革的诉讼机制配套。[①] 这是基于我国刑事政策、司法现状、司法改革的宏观背景所作的分析判断。除此之外，笔者认为，还与现

---

① 参见陈卫东：《认罪认罚从宽制度研究》，载《中国法学》2016年第2期。

行刑事法律制度体现认罪认罚从宽理念或精神的规定缺乏系统性和制度化有重要关系，其主要表现是：

第一，以往虽然存在体现认罪认罚从宽精神的具体制度或具体规定，如自首、坦白，但并没有一个高度概括、内涵严谨、外延清晰的认罪认罚从宽制度的总体概念，并以此为核心指导刑事立法的完善和刑事司法的实践。正因如此，现行法律制度中虽不乏体现认罪认罚从宽精神的具体制度或具体规定，但相互之间缺乏清晰、内在的逻辑关系和总体构架及其分工。也因如此，在当下关涉认罪认罚从宽制度的讨论中，出现了诸多认识分歧及认识偏差。

第二，现行法律制度中已有的体现认罪认罚从宽精神的具体制度或具体规定呈现“重实体轻程序”的偏向。在传统观念上，“认罪认罚从宽”属于实体法范畴，似乎与程序法无涉。因此，在实体法上规定的比较多，包括如前所述的自首、坦白、缓刑、减刑、假释等，而在程序法上规定得比较少，主要体现在公诉案件和解程序、简易程序、速裁程序中，而且不够充分。不仅如此，在实体法上，认罪认罚与从宽之间的因果关系直接、明确，并且在《刑法》修改过程中不断得到完善和强化。例如，在 1979 年《刑法》中，只有一般自首而没有特别自首的规定。1997 年修改《刑法》时增加了“以自首论”的特别自首规定，扩大了自首的范围。在 1997 年《刑法》中只有自首而没有坦白的规定，2011 年 2 月通过的《刑法修正案（八）》，在自首规定之后又增加了虽不构成自首，但如实供述罪行也可以从轻处罚的规定。相比之下，程序法上的有关规定不仅少，而且认罪认罚与从宽的关系有的也不够明确。例如，适用简易程序要求被告人认罪，但认罪之后是否应当从宽以及如何从宽并未规定。

第三，现行法律制度中对犯罪嫌疑人、被告人认罪自愿性的程序保障不够充分。如前所述，无论是实体法上的自首、坦白，还是程序法上的简易程序、公诉案件和解程序，虽然都把犯罪嫌疑人、被告人“认罪”作为适用的重要条件，但在程序上对认罪的自愿性保障不够充分。例如，被告人一般都是普通人，不具有法律知识和诉讼经验，在诉讼中与控方在案件证据信息掌握程度上极不对称，而实践中被告人，特别是基层人民法院审判的案件中 70%到 80%以上的被告人都是认罪的，没有律师为其辩护。[1] 这就使被告人认罪的自愿性缺乏有效的保障。

第四，现行法律制度中缺乏重罪案件犯罪嫌疑人、被告人认罪认罚从宽的程序制度。如前所述，目前程序法上体现认罪认罚从宽精神的具体制度主要有公诉案件和解程序、简易程序和速裁程序，而这些都主要适用于轻罪案件，重罪案件犯罪嫌疑人、被告人应当如何认罪认罚并从宽缺乏程序制度。例如，依法应由中级人民法院管辖审判的案件，被告人如何认罪认罚，以及认罪认罚后又如何从宽，现行法律中并无规定。而重罪案件犯罪嫌疑人、被告人认罪认罚从宽程序制度的建立，无论对于确保司法公正、防止冤假错案，还是节约司法资源，提高诉讼效率都有重要意义。

综上所述，可以窥见我国现行法律制度中认罪认罚从宽制度的现状和不足。由此表明，当我们提出并实践“完善认罪认罚从宽制度”的改革任务时，需要先对什么是“认罪认罚从宽制度”提出一个高度概括的并能达成共识的基本概念。基于以上论述，笔者认为，它应当是指在刑事诉讼中，从实体和程序上鼓励、引导、保障确实有罪的犯罪嫌疑人、被告人自愿认罪认罚，并予以从宽处理、处罚的由一系列具体法律制度、诉讼程序组成的法律制度。根据这一定义，认罪认罚从宽制度具有以下基本特征：

首先，认罪认罚从宽制度是一个集合性的法律制度。也就是说，它不是一项单一的法律制度，而是由一系列具体法律制度、诉讼程序组成的集合性的法律制度。就我国目前现状而言，它包括了自首、坦白、缓刑、减刑、假释等项具体制度以及公诉案件和解程序等具体诉讼程序。这一基本特征决定了不能把认罪认罚从宽制度理解为一项单一的法律制度或诉讼程序。

其次，认罪认罚从宽制度是一个集实体与程序于一体的综合性法律制度。如前所述，在传统理论上，认罪认罚从宽制度属于刑事实体法的范畴，但当下所讲的认罪认罚从宽制度实际上已经突破实

① 参见顾永忠、陈效：《中国刑事法律援助发展研究报告》（上），载《中国司法》2013 年第 1 期。

体法范围进入程序法领域。将认罪认罚从宽制度引入程序法领域，其意义在于：一是从程序上确保犯罪嫌疑人、被告人的认罪认罚是自愿的；二是对于犯罪嫌疑人、被告人认罪认罚后的从宽，不仅应当体现在实体法上使其得到从宽处罚，而且还应当体现在程序法上使其获得从宽处理，如不予逮捕、撤销案件、不起诉以及适用简易程序等方面。

最后，认罪认罚从宽制度是一项旨在鼓励、引导、保障确实有罪的犯罪嫌疑人、被告人自愿认罪认罚，因而获得从宽处理和处罚的法律制度，而不是无条件地追求犯罪嫌疑人、被告人认罪认罚的法律制度。这一特征决定了在完善认罪认罚从宽制度中，应当高度重视和特别强调两个方面：一是确保表示认罪的犯罪嫌疑人、被告人是确实有罪的人；二是确保犯罪嫌疑人、被告人的认罪表示完全出于自愿。

二、认罪认罚从宽制度与以审判为中心的诉讼制度的关系

十八届四中全会以来，刑事诉讼法学界在诉讼制度上高度关注和热烈讨论的问题主要有两个：一个是以审判为中心的诉讼制度及其改革的问题，另一个是 2015 年年底以来提出并讨论的认罪认罚从宽制度及其完善的问题。这两个方面是什么关系，在以上讨论过程中已经引起学者与实务部门的重视。有学者尖锐地指出：“‘以审判为中心’，几乎可以等同于‘庭审实质化’、‘防止审判流于形式’，当前最高人民法院正在推动速决程序，期望使案件在审判中分流，实质化审判其中部分案件，对于另一部分案件则简化其庭审过程。这是一种相当自我矛盾的现象。”①

确实如此，就外在形式而言，不容否认的是，以庭审实质化为核心内容的以审判为中心的诉讼制度与认罪认罚从宽制度下简化审判程序和方式之间确实存在不相协调甚至相互冲突、矛盾的问题。如何看待二者的关系，又如何解决其中看似相互矛盾的问题，无论

① 张建伟：《审判中心主义的实质内涵与实现途径》，载《中外法学》2015 年第 4 期。

对于推进以审判为中心的诉讼制度改革，还是对于完善认罪认罚从宽制度都有着非常重要的意义。

笔者认为，以审判为中心的诉讼制度与认罪认罚从宽制度实质上是刑事诉讼中对办案机关及办案人员办理案件的应然要求与实然需要的关系。[①] 所谓对办理案件的应然要求，是指任何被追诉人在刑事诉讼中都有获得公正审判的诉讼权利，而根据联合国《公民权利和政治权利国际公约》第 14 条，公正审判的要义就是庭审实质化的要求。也就是说，任何被追诉人都有权要求以庭审实质化的方式对其进行公正审判。但是，既然公正审判是一项诉讼权利而不是诉讼义务，那么被追诉人根据自己的案情也有权自愿放弃，选择采用简化的诉讼程序和方式对其审判，并在法定范围内获得“好处”，而这就是对办理案件的实然需要。在处理这种应然要求和实然需要的关系上，世界各国的刑事诉讼制度中都设有多元的诉讼程序，以满足、适应不同案件的应然要求和实然需要。例如，当事人主义下对抗制诉讼模式的代表——美国，既有集中体现庭审实质化的陪审团审判，也有不经正式审判即可确认有罪，并加以量刑的认罪答辩程序以及辩诉交易程序；职权主义诉讼模式的代表国家——法国，既有针对重罪、轻罪及违警罪的正式、不同的审判程序，又有基于被告人认罪的作为公诉替代程序的刑事调解程序和庭前认罪答辩程序；混合制诉讼的代表国家——日本，既有正式的公审程序，又有基于被告人认罪并同意适用的简易程序。

值得注意的是，为了确保被告人对诉讼程序的选择权，特别是对于体现公正审判应然要求的正式审判程序的选择权，各国不仅赋予被告人初始的选择权，而且还确保他们在诉讼过程中的重新选择权和简易程序的否决权。在美国，被告人即使与控方达成辩诉交易，放弃陪审团审判而选择认罪答辩程序，但在法官审查确认辩诉协议中他仍然可以改变初衷，放弃已达成的认罪协议而选择陪审团审判。日本在非重大刑事案件中，当被告人对指控的犯罪事实表示

---

① 参见顾永忠：《以审判为中心背景下的刑事辩护突出问题研究》，载《中国法学》2016 年第 2 期。

认罪时,经征求检察官、被告人及其辩护人同意,法院可以决定不采取普通程序,而采取比普通程序简化的简易公审程序进行审理,以致不适用传闻规则,调查方式简略等。但是,如果在审理过程中被告人撤回认罪供述,法院应当撤销简易公审程序而恢复正式公审程序。德国对符合条件的轻微刑事案件不经被告人同意可以径直采用书面审理的处罚令程序。但是,被告人收到法官做出的处罚令后两星期内有权提出异议,从而使处罚令程序终止,并进入正式审判程序中。

综上所述,认罪认罚从宽制度与以审判为中心的诉讼制度并不是天然对立、相互排斥的。而是相辅相成,互相促进的。在以审判为中心的诉讼制度中,实质上包含了认罪认罚从宽制度。前者是对所有案件及被告人获得公正审判的保障,任何人都有获得公正审判的权利,据此要求对其案件进行实质性审判,以保障其依法享有的各项诉讼权利。后者则是被告人自愿选择并对前者自愿放弃的结果。在此情形下,只要确保被告人的选择、放弃确系自愿,对他的案件就可以不必进行实质化审判,而采用简化、简易的程序审判。

据此,我们在完善认罪认罚从宽制度时,不仅要完善认罪认罚从宽制度本身,确保犯罪嫌疑人、被告人的认罪是自愿的,还要完善并确保犯罪嫌疑人、被告人认罪选择是自由的:他可以自始选择认罪认罚,也可以在自始选择认罪认罚后又反悔而撤销,还可以自始就不选择认罪认罚,甚至明确表示不认罪。不仅如此,对于不选择认罪认罚或选择之后又撤销的犯罪嫌疑人、被告人,应当确保其获得以庭审实质化为核心内容的公正审判,包括公正的审理和裁判,而不能以不认罪为由对其“抗拒从严”。被告人“不认罪”既可能是确实有罪而不认罪,也可能是确实无罪而不认罪。无论何种情况,都要充分认识到获得公正审判是被告人的诉讼权利,应当确保以庭审实质化的方式对此类案件进行审理,并作出正确、公正的裁判。据了解,在全国人大常委会通过的《授权决定》中,已经体现了这一精神,即为了确保犯罪嫌疑人、被告人的认罪认罚确实出于自愿和明智,允许在作出认罪认罚表示后提出反悔。反悔以后就进入普通程序审理。甚至在认罪认罚案件判决后,被告人提出自己是在他人错误引导或者自己错误认识下表示认罪认罚的，可以以此为由提出上诉。

三、认罪认罚从宽制度与辩诉交易制度的关系

当前在关于完善认罪认罚从宽制度的讨论中，有相当一些人将其与盛行于美国的辩诉交易制度联系起来，甚至认为完善认罪认罚从宽制度就是在中国建立辩诉交易制度，把两者等同起来。如前所述，笔者认为，认罪认罚从宽制度是由一系列旨在鼓励、引导、保障确实有罪的犯罪嫌疑人、被告人自愿认罪认罚，并予以从宽处理、处罚的具体法律制度和诉讼程序组成的集合性的法律制度。因此，从总体上讲，任何一项单一法律制度或诉讼程序都不可能等同于认罪认罚从宽制度。美国的辩诉交易制度只是检察官准备起诉时，控辩双方基于自身利益和案件证据情况的考量，通过相互交涉，就起诉罪名、罪数、量刑建议达成一致或“交易”，并向法官提出，经法官审查确系自愿、合法后，对案件定罪问题不再审判而只进行量刑的诉讼制度。显然，这只是一项具体的诉讼制度，不可能与我国的认罪认罚从宽制度相提并论。当然，我们不排除我国在完善认罪认罚从宽制度中吸收美国辩诉交易制度的合理成分。这是因为：1. 辩诉交易制度的精神内涵与认罪认罚从宽的理念是契合的，也是与当今世界各国刑罚目的论和适用刑罚的总体趋势相一致的，没有哪个国家的刑事法律制度对认罪认罚者不予从轻；2. 在我国目前已有的体现认罪认罚从宽精神的具体法律制度和诉讼程序中，缺乏一种主要适用于普通程序案件的认罪认罚从宽制度。因为简易程序、速裁程序只适用于基层人民法院审判的一审刑事案件，即使其中有80%以上的案件可适用于简易程序和速裁程序，还有近20%的案件需要适用普通程序。此外，中级以上人民法院管辖的一审刑事案件都要适用普通程序，并且这些案件主要是可能判处无期徒刑、死刑的案件。在对这两部分案件的审判中，当然也需要引入认罪认罚从宽制度。事实上，在以上案件中，也确实存在被告人自始就主动认罪认罚的案件和经过办案人员一定思想工作后自愿认罪认罚的案件。按照现行法律的有关规定，这些案件当然不能适用简易程序和速裁程

序。但如果不加区分、僵化地一律适用正式的体现庭审实质化的普通程序对被告人进行审判,既不利于鼓励确实有罪的被告人自愿认罪,改过自新,又会造成一部分宝贵的司法资源不必要的付出,并且降低诉讼效率。为此,需要在普通审判程序中引入认罪认罚从宽制度。其中包括吸收美国辩诉交易制度的合理因素,建立适合中国实际的认罪认罚协商从宽制度。

既然是“吸收合理因素”,而不是“全面照搬”,就意味着美国的辩诉交易制度并不完全适合我国实际。美国的辩诉交易仅从交易内容上看包括三个方面:罪名交易、罪数交易和量刑交易。由于美国刑法采用了“碎片化”的犯罪构成要件模式和数罪并罚情形下对所判刑罚简单相加的处理原则,以致美国刑事诉讼中常出现一名被告人被判决犯有数个甚至十数个、数十个罪名,并被科以几十年甚至上百年自由刑的情况。同时,如果被告人不认罪,为保障其获得公正审判的诉讼权利,就要采取陪审团审判,而陪审团审判的结果对于控辩双方都是不确定的,充满变数,这就使美国的检察官与被告人及其辩护律师具有了在罪名和罪数上进行交易的现实动机和法律空间,以避免一旦对案件进行正式审判(往往是陪审团审判),对本方产生不利的结果,最终确保自身利益的最大化。因而我国的情况与美国差异甚大。比如,在《刑法》上规定的具体犯罪一般都是集合行为,一种犯罪往往包含了数个或数种具体行为,并且罪名之间的交叉包容关系很少。此外,我国数罪并罚又采取限制加重原则,在所判数罪刑罚都是自由刑的情形下,也不能把数个所判刑罚简单相加起来作为最终执行的刑罚,而是在总数上受到严格限制。① 这就使我国刑事诉讼中进行罪名交易和罪数交易的实体法空间非常少,仅剩下量刑交易还有一定空间。因此,即使我国建立类似辩诉交易的制度,也只限于量刑范围,难以进行罪名交易和罪数交易。

笔者考察后认为,辩诉交易制度中的以下几点颇为值得我们重

---

① 根据《刑法》第69条的规定,在数罪并罚情形下,管制最高不能超过3年,拘役最高不能超过1年,有期徒刑总和刑期不满35年的,最高不能超过20年,总和刑期在35年以上的,最高不能超过25年。

视：一是被告人能够获得律师为其辩护的保障，如果其本人没有能力聘请律师，就由政府出资设立、独立运行并遍及全美各地的公设辩护人办公室为其指派律师提供法律援助；二是控辩双方达成的辩诉协议必须经过法官的严格审查，重点是审查被告人认罪并与检察官达成协议的自愿性、明智性及是否具有认罪的事实基础、是否获得律师的有效帮助。审查之后法官有权拒绝接受辩诉协议，并且即使法官接受辩诉协议，也不是无条件地采纳辩诉协议提出的量刑建议，而是在确认辩诉协议后参考联邦量刑指导进行量刑；三是赋予被告人对于已达成认罪协议的反悔权和辩诉协议经确认并量刑后的上诉权，即在法官对辩诉协议作出确认前，被告人可以撤销认罪，并且其之前所做的认罪表示在此后的审判中不得作为对其不利的证据或推论；对于在确认辩诉协议有效情况下所作出的判决，被告人可以以一审程序错误、律师帮助无效、检察院隐瞒了证据等理由提出上诉；四是切实保障被告人获得公正审判的权利，对于被告人不认罪的案件以及达成认罪协议后又反悔撤销认罪的案件，切实保障被告人获得陪审团审判的权利。在此过程中，检察官应当依法履行其举证责任，包括保证目击者、专家证人、侦查人员等出庭作证，并接受辩护律师以言词方式进行质证；同时，辩方也有权获得法院的保障，使对被告人有利的证人包括目击者、专家证人等出庭为其作证，控辩双方进行平等的交叉询问；五是对于控辩双方自愿、合法、有效的认罪协议，法院对被告人量刑时充分考虑给予优惠，并且认罪越早量刑优惠越大。

当然，即使限定在量刑范围内，鉴于“交易”一词在汉语里容易引起误解，在名称上我国不宜采用辩诉交易的表述。多年前有的学者就提出了“中国控辩协商制度”的表述。[①] 笔者认为，如果参考该提法并考虑到认罪认罚从宽制度的大背景，可以称为“认罪认罚协商从宽制度”，表明它是认罪认罚从宽制度中的一项制度，而不是认罪认罚从宽制度的全部。

---

① 参见冀祥德：《建立中国控辩协商制度研究》，北京大学出版社 2006 年版，第 1 页。

此外，有必要指出，美国辩诉交易制度与认罪答辩制度的区别与关系。辩诉交易的英文表述是“plea bargaining”，其具体含义前已论及。而认罪答辩的英文表述是“plea guilty”或“plea of guilty”，是指被告人对检察官指控的犯罪表示认罪。具体是指在美国刑事审判制度的“罪状认否程序”里，即在正式启动审判程序前，由法官征询每一位被告人对检察官的指控是否认罪时，被告人答辩认罪，即为plea guilty。① 从被告人认罪的角度看，认罪答辩与辩诉交易都表明被告人认罪，但不能将二者完全等同。从二者的内在关系看，辩诉交易是原因，认罪答辩是结果。由于控辩双方达成了辩诉交易，所以在“罪状认否程序”里，被告人作出认罪答辩。需要指出的是，因达成辩诉交易而作出认罪表示的案件并不是作出认罪答辩的全部案件，其中还有一部分属于并未经过辩诉交易，而被告人出于其他原因而表示认罪的案件。据美国专家介绍，在全部认罪答辩案件中，通过辩诉交易而认罪答辩者占70%左右，其他原因认罪答辩者占30%左右。这一事实告诉我们，并非认罪答辩者都是经辩诉交易才认罪的。那种基于美国刑事诉讼中认罪答辩案件占90%以上的事实，就认为美国辩诉交易案件占到全部刑事案件90%以上的说法是不准确的。只能说美国认罪答辩案件占到全部刑事案件的90%以上，其中大部分是因辩诉交易而认罪的案件。

正确认识美国辩诉交易制度与认罪答辩制度的区别与关系对理解我国认罪认罚从宽制度与辩诉交易制度的关系也有重要意义。其一，即使在美国，辩诉交易案件也只是被告人认罪案件的一部分，不是全部；其二，在我国，认罪认罚从宽制度不可能、也不应该等同于辩诉交易制度。

四、认罪认罚从宽制度是否适用于侦查阶段

有学者认为，认罪认罚从宽制度“只能在审查起诉阶段和审判阶段发挥特定优势，不能适用于侦查阶段”，理由是：“第一，认罪认

---

① 在“罪状认否程序”里，被告人可以作出三种答辩：有罪答辩、无罪答辩和不予争辩的答辩。

罚的前提是事实清楚，证据确实、充分，侦查机关只有全面侦查取证，才能够达此目的，因此侦查阶段的主要任务是取证而不是认罪协商。第二，若许可侦查机关促成犯罪嫌疑人认罪协商，则可能导致侦查人员放弃法定查证职责，不去收集能够证明犯罪嫌疑人无罪的各种证据，过分依赖获取犯罪嫌疑人的口供，冤枉无辜。第三，由于侦查机关公权力的天然优势，侦查活动的秘密性等，一旦侦查机关在办案过程中承担此项职能，可能会出于减轻办案压力或者其他目的，而采取威胁、利诱等方式迫使犯罪嫌疑人选择认罪认罚，进而成为造成冤假错案的诱因。”①这是学界讨论认罪认罚从宽制度中一种比较有代表性的观点。

笔者对该观点表示理解，但提出商榷。首先，这种观点实际上是把认罪认罚从宽制度视同于认罪认罚协商从宽制度或辩诉交易制度。如果认罪认罚从宽制度确实等同于认罪认罚协商从宽制度或辩诉交易制度，笔者也完全同意此种观点和上述理由。但问题是，如本文前面强调所述，认罪认罚从宽制度不是一项单一制度，而是包含了实体与程序一系列具体法律制度和诉讼程序的集合性法律制度。认罪认罚协商从宽制度或辩诉交易制度只是其中的一项制度而不是全部制度。

其次，我国现有的当事人和解的公诉案件诉讼程序实际上也是认罪认罚从宽制度中的一项具体制度，它不仅适用于审查起诉和审判阶段，而且也适用于侦查阶段。《刑事诉讼法》第 278 条规定：“双方当事人和解的，公安机关、人民检察院、人民法院应当听取当事人和其他有关人员的意见，对和解的自愿性、合法性进行审查，并主持制作和解协议书。”第 279 条进一步规定：“对于达成和解协议的案件，公安机关可以向人民检察院提出从宽处理的建议。人民检察院可以向人民法院提出从宽处罚的建议；对于犯罪情节轻微，不需要判处刑罚的，可以作出不起诉的决定。人民法院可以依法对被告人从宽处罚。”其中“公安机关可以向人民检察院提出从宽处理的建议”表明，公诉案件当事人和解程序当然是适用于侦查阶段的。

---

① 参见陈卫东：《认罪认罚从宽制度研究》，载《中国法学》2016 年第 2 期。

最后,对何为认罪认罚从宽制度的“适用”也应当有正确的理解。认罪认罚从宽制度就其内容而言,实际上包含了两个方面:一方面是犯罪嫌疑人、被告人作出认罪认罚的表示,而这种表示可以是犯罪嫌疑人、被告人从内心自发产生的动因所致,也可以是犯罪嫌疑人、被告人以外的其他人,包括办案人员对其真诚劝说、讲明利害的产物,甚至可以是办案人员与其平等协商的结果;另一方面是办案机关基于犯罪嫌疑人、被告人的认罪认罚表示,依法对其作出从宽的处理或处罚。而认罪认罚从宽制度的“适用”实际上是指办案机关对于认罪认罚的表示和从宽处理或处罚在法律上何时予以承认或作出确认。对于认罪认罚的表示本身而言,何时作出主要取决于犯罪嫌疑人、被告人自己,而对于从宽处理或处罚来讲,则主要取决于法律的规定,因为从宽处理或处罚必须依法行事。由此可见,认罪认罚从宽制度的适用主要是指犯罪嫌疑人、被告人何时作出的认罪认罚表示才能获得法律的承认或具有法律效力。从法理上讲,只要是自愿、真实的认罪认罚,当然是越早越好。因为越早,犯罪事实发现的就早,挽回或减少犯罪危害后果的机会就大,侦查破案、收集证据的难度、阻力就小。体现这一原理最集中、最典型的就是自首制度。法律鼓励犯罪人“犯罪以后自动投案,如实供述自己的罪行”,对于自首的犯罪分子“可以从轻或者减轻处罚。其中犯罪较轻的,可以免除处罚。”在这里,“自动投案、如实供述自己的罪行”肯定发生于侦查阶段,而“从轻或者减轻处罚”或者“免予处罚”势必发生在侦查阶段之后,并且主要是审判阶段。试想:如果确认认罪认罚从宽制度不适用于侦查阶段,那是否意味着自首制度应该废除?

据了解,《授权决定》并没有限制认罪认罚从宽制度适用的诉讼阶段,最高人民检察院法律政策研究室万春主任答记者提问时明确表示:犯罪嫌疑人或者被告人可以在侦查、审查起诉和审判各个阶段进行认罪认罚。

不仅如此,据了解,《授权决定》还规定:“犯罪嫌疑人自愿如实供述涉嫌犯罪的事实,有重大立功或者案件涉及国家重大利益的,经公安部或者最高人民检察院批准,侦查机关可以撤销案件,人民检察院可以作出不起诉决定,也可以对涉嫌数罪中的一项或者多项提起公诉"。可以看出,此规定的适用条件是非常高的,即"犯罪嫌疑人自愿如实供述涉嫌犯罪的事实,有重大立功或者案件涉及国家重大利益的";适用程序则更加严格,须"经公安部或者最高人民检察院批准"。显然这是一种极特殊的制度安排。鉴于全球一体化的趋势和我国与各国交往越来越密切、相互利益关系越来越复杂多样的现实,作出这种制度安排是必要的。而且这种特殊制度安排在现行《刑法》中实际上也是存在的。例如,《刑法》第 87 条第(四)项规定:"法定最高刑为无期徒刑、死刑的,经过二十年。如果二十年以后认为必须追诉的,须报请最高人民检察院核准。"参照这一规定,并基于检察机关是国家追诉犯罪的专门机关和法律监督机关的性质,笔者认为,如果上述批准权一律"经最高人民检察院批准"则更为严谨。

除上述情形外,笔者认为还有一类案件应当纳入认罪认罚从宽制度之中,允许公安机关在侦查阶段符合条件时撤销案件,这类案件就是本来属于自诉案件,后因某种原因进入公诉领域由公安机关立案侦查的各种自诉案件。例如,被害人甲受到他人轻伤害,因不知何人所为,向公安机关报案。公安机关立案侦查后,查获犯罪嫌疑人是被害人的邻居乙。甲获悉后基于与乙多年的邻居关系和乙本人及其家属向甲真诚道歉、合理赔偿的事实,与乙达成和解,表示原谅乙的行为,希望公安机关撤销案件。此种情况公安机关是否可以撤销案件?笔者认为应当允许公安机关撤销案件。首先,这类案件的性质、后果并不严重,正因如此,法律将其列为自诉案件的范围。实行不告不理,由被害人自行决定是否追究。此种案件虽然由于某种原因进入了公诉领域,但案件的本质属性并没有改变,为什么在当事人双方自愿达成和解后,不能允许公安机关撤销案件?其次,自诉案件特别是轻伤害案件在基层发案率相当高,如果允许公安机关在符合条件时撤销案件,将可以节约大量司法资源,在重大、疑难、复杂案件的侦查中投入更多的司法资源。最后,轻伤害案件一般产生于轻微纠纷,发生于熟人之间,在加害人真诚道歉、合理赔偿,受害人表示谅解,双方自愿和解的前提下,由公安机关撤销案件,有利于化解社会矛盾,建立和谐社会。事实上,前几年在贯彻执行“宽严相济”刑事政策时,不少地方采用此种方式处理轻伤害案件,收到了很好的法律效果和社会效果。因此,将自诉案件纳入认罪认罚从宽制度,允许公安机关在符合条件时撤销案件应该说意义深远。

五、认罪认罚从宽制度与审判程序的关系

我国刑事案件第一审程序在刑事诉讼法上分为公诉案件普通程序、自诉程序以及简易程序,简易程序中又分为由独任法官审判案件和由合议庭审判案件两个分支程序。除此之外,2014 年 6 月,全国人大常委会通过决定授权部分地区开展为期两年的刑事案件速裁程序试点工作。认罪认罚从宽制度与这些程序是何关系也是需要在理论上加以明确的重要问题。一个时期以来,在这一问题上,人们把关注点集中在简易程序和速裁程序上,认为它们是认罪认罚从宽制度在审判程序上的载体或体现,而对其他程序关注不够,似乎它们与认罪认罚从宽制度无缘,这是值得研究的。

认真研究以上审判程序后会发现,法律对于以上审判程序的分类有三个维度:一是从是否公诉案件的维度分为公诉程序和自诉程序;二是从量刑和认罪相结合的维度分为简易程序和速裁程序;三是从不适用简易程序和速裁程序的维度分离出普通程序。这就提出一个问题:以普通程序审判的案件是否适用认罪认罚从宽制度?如基层人民法院根据《刑事诉讼法》第 209 条的规定审判的不适用简易程序审判的案件以及中级法院审判的可能判处无期徒刑、死刑的案件是否适用认罪认罚从宽制度?笔者认为答案应当是肯定的。在这些案件的审判中,只要符合认罪认罚从宽制度的要求,仍然可以适用认罪认罚从宽制度。可以设想:如果不适用,难道《刑事诉讼法》第 209 条出于充分保障诉讼权利的考量而规定的不适用简易程序的被告人是盲、聋、哑人或者是尚未完全丧失辨认或者控制自己行为能力的精神病人的案件,哪怕被告人自愿认罪认罚也不适用从宽?果真如此,岂不是与充分保障他们诉讼权利的立法初衷相对立?更进一步,如果不适用,是否中级法院审判的案件无论被告人

是否自愿认罪认罚,都不可以对其从宽？显然,这在理论上讲不通,在实践中是不能接受的。

因此,虽然简易程序、速裁程序与认罪认罚从宽制度具有天然、显性的密切关系,但不能据此认为普通程序与认罪认罚从宽制度无缘。实际上,无论适用什么程序审判的案件,只要符合认罪认罚从宽制度的条件,都可以适用认罪认罚从宽制度。只有这样才能使这项制度真正发挥鼓励、引导、保障确实有罪的人自愿认罪认罚,既有利于维护司法公正,又有利于提高诉讼效率。其实之所以有的人把普通程序案件排除在认罪认罚从宽制度之外,主要有两个原因:一个是把适用普通程序审判的案件都理解为被告人不认罪的案件以及严重犯罪案件;另一个是把认罪认罚与从宽理解为一种绝对必然的关系,即只要认罪认罚就要从宽。对此,最高人民法院刑一庭庭长沈亮在新闻发布会上作了回应:认罪认罚从宽就跟《刑法》第 67 条所规定的自首从宽一样,是指可以从宽,并不是一律从宽。《刑法》所规定的自首,并没有限定某一类案件可以适用,某一类案件不可以。认罪认罚从宽制度也是一样,没有特定的案件范围的限制。当然,从总体上讲,对认罪认罚案件应当最大限度地体现从宽精神。也就是说绝大多数认罪认罚案件应当体现从宽精神,只有对极少数犯罪性质、后果严重,手段残忍,情节恶劣的被告人可以不予从宽。

此外,即使简易程序、速裁程序在适用认罪认罚从宽制度上也还有不断完善的空间。因此,虽然 2014 年开始的在部分地区开展速裁程序试点的工作已经期满,但现在并没有正式纳入立法,而是由《授权决定》将其纳入此次授权部分地区开展认罪认罚从宽制度的新的试点工作中,与认罪认罚从宽制度紧密配合继续进行试点,以使这两项制度在将来正式纳入立法时更加完善。

“完善认罪认罚从宽制度”的亲历观察与思考、建议

——基于福清市等地刑事速裁程序中认罪认罚从宽制度的调研*

顾永忠　肖沛权

内容提要　根据四中全会《决定》的要求，“认罪认罚从宽制度”的试点即将在全国十八个城市展开。笔者在对之前开展的刑事速裁程序试点的调研中，欣喜地发现福清市在刑事速裁程序中结合认罪认罚从宽制度进行试点，为下一步推进认罪认罚从宽制度的试点积累了经验。由此也引起笔者对认罪认罚从宽制度相关问题的深入思考，包括：以审判为中心的诉讼制度与认罪认罚从宽制度应当是对刑事诉讼的应然要求与实然需要的关系；认罪认罚从宽制度是由诸多具体实体与程序制度组成的综合性的法律制度，其中既有现行法律上已有的制度，也有需要探索建立的认罪认罚协商从宽制度，而后者将是当前试点和将来完善的重点，需要

* 本文曾发表于《法治研究》2017年第1期。本文系2015年度教育部人文社会科学重点研究基地重大项目“以审判为中心的诉讼制度改革与刑事辩护研究”（项目批准号：JJD820016）的阶段性研究成果。

处理好如何启动、如何协商、协商什么等重要问题。基于上述思考，笔者建议认罪认罚从宽制度特别是认罪认罚协商从宽制度应当确保律师参与，确保认罪认罚的自愿性，确保认罪认罚确有事实依据，确保庭审方式简化但不违反诉讼原则。

关键词 认罪认罚 协商从宽审判中心值班律师

2014年10月党的十八届四中全会通过的《关于全面推进依法治国若干重大问题的决定》(以下简称四中全会《决定》)提出要“完善刑事诉讼中认罪认罚从宽制度”。2016年7月中央全面深化改革领导小组第26次会议审议通过《关于认罪认罚从宽制度改革试点方案》，明确指出完善刑事诉讼中认罪认罚从宽制度，涉及侦查、审查起诉、审判等各个诉讼环节，要明确法律依据、适用条件，选择部分地区依法有序稳步推进试点工作。在此背景下，2016年9月3日，第十二届全国人民代表大会常务委员会第二十二次会议通过了《关于授权最高人民法院、最高人民检察院在部分地区开展刑事案件认罪认罚从宽制度试点工作的决定》(以下简称《试点决定》)，正式授权最高人民法院、最高人民检察院在北京、天津、上海等18个城市开展刑事案件认罪认罚从宽制度试点工作，为期两年。据了解，最高人民法院、最高人民检察院已经制定出试点实施办法并将在试点地区推开试点。

以上表明，“完善认罪认罚从宽制度”与“推进以审判为中心的诉讼制度改革”一样，是对我国刑事诉讼制度的深刻变革，应当慎重决策，稳步推进。通过试点，摸索规律，积累经验，总结得失，最终才能在立法上正式确立。笔者还注意到，此次认罪认罚从宽制度的试点还将之前已经进行了两年的刑事速裁程序纳入其中，一并继续进行试点。这表明刑事速裁程序与认罪认罚从宽制度具有重要联系，并将在认罪认罚从宽制度中发挥不可忽视的作用。因此，可以预见，厘清二者的关系，探索速裁程序在认罪认罚从宽制度中的地位、作用，将是本次试点的重要内容。

基于以上背景和认识，笔者于2016年9月至10月到广州市越秀区、海珠区和福州市福清市、台江区四个地方的基层司法机关就开展刑事速裁程序的试点工作进行考察调研。[①] 在考察调研中，我们欣喜地发现，刑事速裁程序与认罪认罚从宽制度具有天然的契合性，不仅它的设立目的渗透着强烈的认罪认罚从宽制度的精神，而且试点过程本身体现出认罪认罚从宽制度的缩影，不但对于即将开展的认罪认罚从宽制度试点具有重要的参考价值，而且对于未来建立认罪认罚协商从宽制度提供了雏形。为此，本文首先就考察中所见活生生的认罪认罚协商从宽制度的雏形加以客观介绍。在此基础上对由此产生的几个相关问题进行分析思考。最后，对如何完善认罪认罚从宽制度提出建议。

一、亲历观察：福清市刑事速裁程序中认罪认罚从宽制度的缩影

（一）认罪认罚从宽制度与认罪认罚协商从宽制度的概念与关系

从概念法学的经验逻辑来看，概念的界定、范畴的厘清是展开相关研究的基础。因此，在对考察中的所见所闻介绍之前，有必要对上文提到的两个基本概念——认罪认罚从宽制度与认罪认罚协商从宽制度的含义及其相互关系加以说明。

在笔者看来，认罪认罚从宽制度是指在刑事诉讼中从实体上和程序上鼓励、引导、保障确实有罪的犯罪嫌疑人、被告人自愿认罪认罚并予以从宽处理、处罚的由一系列具体法律制度、诉讼程序组成的法律制度的总称。[②] 质言之，认罪认罚从宽制度并不是一个单一或单项法律制度，而是集实体与程序多种具体法律制度于一体的综合性法律制度。例如，《刑法》规定的自首、坦白、缓刑、减刑、假释等，《刑事诉讼法》规定的简易程序、公诉案件的和解程序以及已试点两年的速裁程序等都属于认罪认罚从宽制度的范畴。以往只是在法律上和法律文件上没有使用“认罪认罚从宽制度”的提法或表述，但它的实质精神已经体现在上述多种法律制度中。正因如此，四中全会《决定》提出的是“完善认罪认罚从宽制度”而不是“建立

---

① 该四个地方的法院、检察院都是最高人民法院、最高人民检察院确定的刑事速裁程序的试点单位，并且试点工作开展得好，取得明显成效，受到有关方面积极评价。

② 顾永忠：《关于“完善认罪认罚从宽制度”的几个理论问题》，载《当代法学》2016年第6期。

认罪认罚从宽制度"。

而认罪认罚协商从宽制度是指犯罪嫌疑人、被告人自愿承认所犯罪行且表示愿意接受处罚,并就量刑问题与控方协商达成协议,以获得从宽处理、处罚的制度。比较分析两个概念可以看出,"认罪认罚协商从宽制度"与"认罪认罚从宽制度"虽只有两字之差,却有明显的不同:首先,如前所述,"认罪认罚从宽制度"是由一系列具体法律制度、诉讼程序组成的集合性的法律制度。凡是犯罪嫌疑人、被告人自愿认罪认罚并予以从宽处理、处罚的法律制度,都属于认罪认罚从宽制度的范畴,具有更宽广的涵盖性。而"认罪认罚协商从宽制度"是强调犯罪嫌疑人、被告人在认罪认罚的前提下就量刑问题与控方进行协商从而获得从宽处理或处罚的制度。如同自首、简易程序一样,它也是认罪认罚从宽制度中的一项具体制度。其次,认罪认罚协商从宽制度强调在程序上赋予犯罪嫌疑人、被告人与控方平等协商的权利,因而属于程序法上认罪认罚从宽制度的范畴,不同于自首、坦白属于实体法上认罪认罚从宽制度的范畴。

与其他实体上和程序上的认罪认罚从宽制度相比,认罪认罚协商从宽制度是一项以往没有的新型制度。这项制度的建立,可以弥补以往认罪认罚从宽制度在整体上偏重实体轻视程序,以致缺乏程序和保障机制,体系化、完整性明显不足的缺陷。从这个意义上讲,它是完善认罪认罚从宽制度的重点,也将是开展认罪认罚从宽制度试点的重点。正因如此,笔者在考察调研中发现,福清市法院、检察院、公安局、司法局结合认罪认罚从宽制度开展速裁程序试点的做法,①应该是创新之举,值得肯定,对未来建立认罪认罚协商从宽制度无疑具有积极意义。

(二)福清市认罪认罚协商从宽制度所见所闻

笔者于 2016 年 10 月中下旬在福清市进行了为期一周的考察调研。目睹了 4 个刑事案件从检察机关启动速裁程序和认罪认罚

① 福清市法院、检察院、公安局、司法局于 2015 年 9 月联合制定《关于刑事案件速裁程序认罪认罚协商制度及值班律师强制法律援助制度试行办法》作为开展此项试点的依据。

从宽制度试点，到律师介入其中为犯罪嫌疑人提供法律援助，对其自愿认罪进行审查把关，并协助犯罪嫌疑人与检察官平等协商量刑建议，到最后由独任法官对被告人按照速裁程序进行审理并当庭作出判决的全过程，深感耳目一新，值得关注。

场景一：检察官启动程序，值班律师介入案件

2016年10月16日，正在福清市看守所法律援助工作站值班的律师，接到福清市检察院专门负责速裁案件审查起诉的检察官的电话通知：经对公安机关移送的刑事案件进行审查，认为有4起案件符合刑事速裁程序的适用条件，通知值班律师尽快到检察院查阅案卷材料。值班律师当天下午即前往检察院，了解案情，并复制了有关证据材料进行研究。

福清市在开展速裁程序试点中，根据最高人民法院、最高人民检察院、公安部、司法部《关于在部分地区开展刑事案件速裁程序试点工作的办法》的要求，由市法律援助中心选任12名律师组成值班律师库，轮流到法律援助中心驻看守所和法院工作站值班，并根据犯罪嫌疑人申请或检察院、法院的通知随时介入速裁程序，为犯罪嫌疑人、被告人提供法律援助。

场景二：值班律师会见犯罪嫌疑人核实案情，征求意见

10月17日，值班律师在阅卷并研究证据材料之后，先到看守所分别会见4起案件中在押的两名犯罪嫌疑人。在会见过程中，律师首先告知犯罪嫌疑人其本人律师身份和来历，征求对方是否同意为其提供法律援助。在征得犯罪嫌疑人同意后，值班律师开始向犯罪嫌疑人了解案情，核实证据，重点询问犯罪嫌疑人是否实施了被指控的行为，对检察机关指控的事实和证据是否存在异议，是否受到刑讯逼供，认罪是否自愿等问题。在犯罪嫌疑人表示对检察机关指控的事实和证据没有异议并愿意认罪的前提下，值班律师向犯罪嫌疑人告知并解释刑事速裁程序，征求其是否同意对其案件适用刑事速裁程序，其中特别说明如果同意适用速裁程序，可以与检察官协商量刑建议，法院在量刑时可以减少基准刑的10%~30%。不仅如此，值班律师还明确告知其对犯罪嫌疑人在该案中可能判处刑罚的个人判断。听完律师的解释说明后，犯罪嫌疑人表示同意适用刑事

速裁程序。值班律师还了解了犯罪嫌疑人的家庭情况包括经济收入等,并告诉犯罪嫌疑人其后检察官将会来见其本人,律师也会陪同犯罪嫌疑人与检察官见面,并且会向检察官全面反映犯罪嫌疑人的家庭经济情况,与犯罪嫌疑人一起对检察官提出的量刑建议进行协商,争取使犯罪嫌疑人获得宽大处理。最后,在再次确认犯罪嫌疑人同意之后,要求犯罪嫌疑人签署有关诉讼文书,包括《福清市法律援助中心刑事案件速裁程序试点工作记录》、律师与犯罪嫌疑人《会见笔录》等。

结束看守所会见后,值班律师又赶回本律师事务所,会见已经在律师事务所等候的另外两名取保候审的犯罪嫌疑人。会见过程和内容与在看守所的会见大致相同,两名犯罪嫌疑人都同意对其案件适用速裁程序。

场景三:检察官与犯罪嫌疑人及值班律师协商量刑建议

10 月 18 日,检察官就该 4 起案件与犯罪嫌疑人及值班律师进行量刑协商。与在押的两名犯罪嫌疑人的量刑协商在看守所进行。检察官在值班律师在场的情况下提审犯罪嫌疑人,首先向犯罪嫌疑人告知相关诉讼权利,通过讯问犯罪嫌疑人是否实施所涉嫌的犯罪行为及对认定的事实、证据和罪名是否有异议等。当嫌疑人对所问的问题表示没有异议后,检察官又向犯罪嫌疑人征询是否自愿认罪,是否同意适用速裁程序,是否得到值班律师的帮助等问题。在确认犯罪嫌疑人自愿认罪并同意适用速裁程序之后,检察官提出了具体量刑建议并征求犯罪嫌疑人和律师的意见。此时,值班律师提出请检察官暂时回避,其后律师与犯罪嫌疑人就是否接受检察官的量刑建议进行单独沟通。沟通结束后由律师代表犯罪嫌疑人就检察官的量刑建议作出反馈并希望检察官对其量刑建议稍作调整。检察官稍微思考后也适度调整了量刑建议。最后,控辩双方达成一致,检察官要求犯罪嫌疑人签署了《适用速裁程序告知和征求意见书》,其中包括量刑建议。犯罪嫌疑人签字确认"我对指控的事实及罪名没有意见,同意检察机关量刑建议,同意适用刑事速裁程序进行审理"。值班律师在其后也签名确认。对于取保候审的两名犯罪嫌疑人,检察机关通知他们到检察院协商量刑建议。参加人员和协商过程与在看守所完全一致。

场景四：法院开庭审判

10月19日，检察机关对该4起案件集中起诉至法院并建议适用速裁程序。福清市法院受理4起案件后，经书面审查符合速裁程序条件后，决定对该4起案件适用速裁程序进行审理。在开庭审理前，法院向被告人集中送达起诉书，并告知适用速裁程序的条件及法律后果，询问是否需要法律援助，是否申请不公开开庭审理，是否缴纳罚金等。

开庭审理时，由法官一人独任审判，公诉人到庭履行职责。但值班律师没有出庭，也无证人出庭。首先，四名被告人一起到庭，由法官当庭核实被告人基本情况，告知适用速裁程序的条件及法律后果，告知诉讼权利，询问并确认被告人自愿认罪并同意适用速裁程序等。其后，法官对4起案件分别审理，四名被告人分别出庭。在庭审中，法官询问被告人是否实施指控的犯罪并核实相关关键事实和证据；询问其在自愿认罪、同意适用速裁程序、同意检察机关量刑建议的文书上的签字是否属实；其在签署该文书时精神状态是否正常、是否获得律师的帮助等，以核实被告人认罪认罚的自愿性、合法性和有效性。再次，法官询问公诉人对案件以及庭审活动是否有意见。在公诉人表示没有意见后，法官听取了被告人最后陈述。最后，法官就该4起案件分别当庭宣判，并告知被告人享有上诉权等权利并询问被告人是否上诉。两名危险驾驶罪被告人分别被判处拘役2个月，缓刑5个月，并处罚金4000元和拘役2个月，缓刑4个月，并处罚金2500元；两名盗窃罪被告人都被判处拘役5个月，并处罚金2000元。宣判后，被告人一律表示不上诉。

通过上述4个场景，我们可以看出，福清市在刑事速裁程序试点中已经把认罪认罚从宽制度有机地结合在一起，初步形成了一套行之有效的运行机制。

据了解，福清市这套运行机制已经发挥重要作用，不仅有效提高了诉讼效率，还增强了司法裁判的可接受性。以笔者亲历观察的4个案件为例，4名被告人在庭前始终表示认罪，同意适用速裁程序并在值班律师的帮助下与检察官进行了量刑协商。庭审中他们平静地回答了法官提出的各种审查性、核实性的问题，确认自愿认罪认罚并希望法院从宽处罚。当他们听到法官宣判后，表现出明显的接受认可态度，向法官、检察官道谢。根据福清市人民法院的统计数据，截至2016年8月26日，福清市法院共审结刑事速裁案件501件，占同期审结的刑事案件总数的17.9%，平均审理期限3.7个工作日，当庭宣判率100%，服判息诉率97.2%，扣除为留看守所服刑而提出上诉的因素，真实上诉率仅为0.2%，实行认罪认罚协商后，真实上诉率为0。①

通过亲历观察，笔者认为福清市在刑事速裁程序试点中实行的认罪认罚协商从宽制度以下几点值得重视：一是犯罪嫌疑人、被告人能够获得律师为其辩护的保障，适用刑事速裁程序的案件均实行值班律师强制法律援助制度；二是值班律师提供法律援助的实质性，即值班律师不只是提供法律咨询服务，而是通过会见犯罪嫌疑人核实案情、核实证据、确认认罪的自愿性，协助犯罪嫌疑人与检察官进行量刑协商，帮助犯罪嫌疑人、被告人进行程序选择；三是控辩双方进行量刑协商具有详细的《量刑指导意见》作为依据，大大提高了量刑协商的空间范围和协商效率，提高了刑罚的可预测性，且增加了犯罪嫌疑人、被告人对刑罚的可接受度；四是控辩双方协商达成的结果必须经过法官的严格把关，重点审查被告人认罪认罚的事实基础、自愿性、合法性和有效性，经审查确认无疑后法官在控辩双方达成的量刑建议范围内作出判决，自然被控辩双方所接受；五是切实保障被告人获得公正审判的权利，在法庭审理中法官就有关事项反复向被告人征询意见并保障其最后陈述权。这些做法为构建认罪认罚协商从宽制度提供了有益经验。

二、深入思考：关于认罪认罚从宽制度的几个问题

（一）认罪认罚从宽制度与以审判为中心诉讼制度是何关系

四中全会《决定》在刑事诉讼制度改革方面除要求"完善认罪

① 福清市人民法院内部资料：《福清市法院刑事速裁程序及认罪认罚从宽机制试点工作介绍》。

认罚从宽制度”外，还提出“推进以审判为中心的诉讼制度改革”。其后，两者成为新一轮司法改革特别是刑事诉讼制度改革的重点和热点问题。在围绕以上两项刑事诉讼制度改革的讨论和研究中，一个基础性的问题应运而生：以审判为中心的诉讼制度要求以庭审为中心，强调庭审实质化，那么，是否所有的刑事案件不分案情简单或复杂、罪行轻重以及被告人认罪与否等一律实行庭审实质化，这是否涉及认罪认罚从宽制度与以审判为中心的诉讼制度的基本关系，在理论上如何理解这一问题，在实践中又如何处理刑事案件？对于这些问题学术界认识并不一致。对于以审判为中心诉讼制度的含义，大部分学者认为其核心是庭审实质化。在此前提下，有学者认为，最高人民法院正在推动的刑事速裁程序与以审判为中心诉讼制度的改革是“自我矛盾”的。①

那么，认罪认罚从宽制度是否与以审判为中心的诉讼制度相互矛盾、冲突呢？诚然，从外在表现形式来看，认罪认罚从宽制度似乎与以审判为中心的诉讼制度存在不相协调甚至冲突的地方，因为认罪认罚从宽制度要求审判程序和方式的简化，这与以审判为中心的诉讼制度的核心内容——庭审实质化——必然相互冲突。然而对两者关系不能如此简单地作表面解读。探寻认罪认罚从宽制度与以审判为中心的诉讼制度之间的关系，必须回到这两个概念本身的含义和四中全会《决定》提出该两项重大改革的主旨上。

就两个概念的含义来看，目前学术界尚未形成能够凝聚大家共识的定义。笔者不揣冒昧，抛砖引玉，曾提出过自己的想法。如前文所述，笔者认为，认罪认罚从宽制度是指在刑事诉讼中从实体上和程序上鼓励、引导、保障确实有罪的犯罪嫌疑人、被告人自愿认罪认罚并予以从宽处理、处罚的由一系列具体法律制度、诉讼程序组成的法律制度的总称。这一制度的基础是犯罪嫌疑人、被告人自愿认罪认罚，也可以说这是认罪认罚从宽制度的本质特征。没有犯罪嫌疑人、被告人自愿认罪认罚就不会有认罪认罚从宽制度。那么如

---

① 参见张建伟：《审判中心主义的实质内涵与实现途径》，载《中外法学》2015 年第 4 期。

何才能保障犯罪嫌疑人、被告人自愿认罪认罚就成为这一制度的生存基础。由此从逻辑上就产生了对以审判为中心的诉讼制度的现实需求。也就是说,当犯罪嫌疑人、被告人不承认自己犯罪,根本不会自愿认罪认罚的时候,诉讼制度上的出路在哪里?如果没有出路,只有认罪认罚从宽制度一种选择,那就不可能保障认罪认罚的自愿性,更不可能保障认罪认罚的客观性!以审判为中心的诉讼制度就是为不承认自己犯罪,不会自愿认罪认罚的犯罪嫌疑人、被告人在诉讼制度上提供的一条出路。对于追求法治现代化的国家而言,以审判为中心的诉讼制度则是保障认罪认罚的自愿性和客观性,维护司法公正,防范冤假错案的不可缺少的重要装置。

笔者认为,以审判为中心的诉讼制度是指,刑事诉讼制度应当以确保被追诉人能够获得公正审判权的审判活动为中心,侦查、起诉、辩护、执行等诉讼活动都应当服务、服从于审判活动。这是因为按照刑事诉讼的客观规律,公正审判权的各项要求如程序公开、向不利证人质证等被追诉人的诉讼权利不可能在侦查、起诉、辩护、执行中获得保障和实现,却能在、也应该在审判活动中获得保障和实现。由此可见,该制度的核心是确保被追诉人能够获得公正审判权,具体内容集中体现在联合国《公民权利和政治权利国际公约》第14条确立的公正审判权的最低要求上。目前,世界上有160多个国家是该公约的成员。我国早在1998年10月就签署了该公约,虽然迄今尚未经全国人大正式批准加入成为成员,但是公约对公正审判权最低限度的要求,近十余年来大部分在我国刑事诉讼法修改中得以吸收或被司法改革的文件所肯定。比如,体现无罪推定原则精神的控方应当承担被告人有罪的举证责任、不得强迫任何人自证其罪、疑罪从无等相关要求以及被追诉人有权获得律师辩护包括法律援助、有权对控方证人当面质证等各项诉讼权利在现行立法上都得以确立。因此,完全可以说我国现行刑事诉讼法以及中央有关部门发布的以审判为中心的诉讼制度的改革意见①已经体现出确保被

① 参见2016年10月10日最高人民法院、最高人民检察院、公安部、国家安全部、司法部联合印发的《关于推进以审判为中心的刑事诉讼制度改革的意见》。

追诉人获得公正审判权的明确导向和内容。

由此可见,以审判为中心的诉讼制度与认罪认罚从宽制度并不是天然对立、相互排斥的,而是相辅相成,互相促进的。以审判为中心的诉讼制度是对所有案件及被告人获得公正审判的基础和保障,任何人都有获得公正审判的权利,据此要求司法机关对其案件进行实质性的审判,以维护其合法权益,维护司法公正,维护社会公平正义。但是,公正审判权既然是赋予被追诉人的诉讼权利,那么,作为权利主体,被追诉人可以放弃或减少相关的诉讼权利,自愿认罪认罚并借此获得从宽处理或处罚。认罪认罚从宽制度恰恰迎合了这一实际需要,成为被追诉人自愿放弃和自愿选择的结果。在此情形下,只要确保被追诉人是确实有罪的人并且放弃与选择确系自愿,就可以对所涉案件不必进行实质化审判,而采用简化、简易的程序并对其从宽处理或处罚。显然,以审判为中心的诉讼制度与认罪认罚从宽制度都是以公正审判权为核心的诉讼制度,前者是主张并行使公正审判权的产物,后者是放弃或减少公正审判权的结果,两者之间呈现为应然要求与实然需要的关系。

至于四中全会《决定》之所以提出以上两项重要的改革任务,主要是基于我国现行刑事诉讼制度存在的问题和刑事案件的现状。“推进以审判为中心的诉讼制度改革”,主要是针对我国现行刑事诉讼制度存在的问题,旨在扭转过去司法实践中存在的“侦查中心主义”倾向,使审判成为刑事诉讼的中心,真正发挥其在程序上体现司法公正实体上保障司法公正,以防止发生冤假错案的重要作用。通过改革,一旦真正确立了以审判为中心的诉讼制度,任何被追诉人都有权要求获得公正的审判,就可以最大限度地体现和保障司法公正。但是,刑事案件的现状并非一律都要求以审判为中心的诉讼制度处理案件。相反,大量的刑事案件属于轻罪案件。据统计,2012 年,全国法院判处 3 年有期徒刑以下刑罚 900,021 人,占生效判决人数的 76.65%;2013 年 934,011 人,占 80.61%;2014 年 980,004 件,占 82.73%。判处拘役以下刑罚的人数也逐年增长,2012 年占生效判决的 42.96%(504,447 人),2013 年占 45.66%

(528,979 人),2014 年占 46.37%(54,934 人)。[①] 同时,大部分被追诉人在诉讼中都是认罪的,他们不希望诉讼活动拖延时间太长,也不要求诉讼程序过于复杂烦琐,他们最期待的是能够比较快地审结案件,能够获得较轻的处理或处罚。

与上述问题和现状相伴随的是刑事案件的数量与司法资源的矛盾日渐突出,由此也导致公正与效率的关系日趋紧张,难以平衡。在此背景下,四中全会《决定》既提出"推进以审判为中心的诉讼制度改革",又要求"完善认罪认罚从宽制度",为我国刑事诉讼制度的改革指明了方向,应该说确系审时度势、高瞻远瞩的重大决策,对于解决长期困扰我国刑事司法的一系列问题、难题,无疑具有战略意义。

其实从世界各国刑事诉讼制度中多元诉讼程序的设置也可以看出认罪认罚从宽制度与以审判为中心的诉讼制度并非天然对立的关系。在美国,体现庭审实质化的审判方式为陪审团审判,被称之为正式审判并写入宪法,但由陪审团审判的刑事案件在全部刑事案件中不到 10%,其余 90%以上的刑事案件都是不经正式审判而是经认罪答辩程序包括辩诉交易程序加以处理。在德国,刑事诉讼法除了规定有针对重罪、轻罪或者案情复杂程度不同的普通程序外,还有书面审理方式的处罚令程序、保安处分程序、快速审理程序。不仅如此,还在 2009 年正式把以被告人认罪为基础的辩诉交易制度写入了刑事诉讼法典。[②] 而在意大利,刑事诉讼法中既有精细而复杂的正式庭审程序,也有基于被告人认罪的依当事人要求适用刑罚的程序(意大利式辩诉交易程序)、处罚令程序、立即审判程序和快速审判程序等。世界各国在刑事诉讼制度中设置多元的诉讼程序,正是为了满足、适应不同案件的应然要求和实然需要的体现。我国的认罪认罚从宽制度与以审判为中心诉讼制度有着异曲同工之效。

---

① 参见袁定波:《刑事速裁试点过半,"简"程序不"减"权利》,载《中国审判》2015 年第 17 期。

② 参见《德国刑事诉讼法典》,岳礼玲、林静译,中国检察出版社 2016 年版,"引言"第 12 页。

需要指出的是,正确认识和处理认罪认罚从宽制度与以审判为中心诉讼制度的关系,还必须明确一点:应当允许并保障被追诉人在两种诉讼制度之间自由选择,这里不仅包括初始的自由选择,还包括初始选择之后的反悔和重新选择。这是由任何被告人享有公正审判权的应然要求所决定的。放眼域外,现代法治国家大都如此,不仅赋予被追诉人初始的选择权,还确保其在诉讼过程中的重新选择权和简易程序的否决权。最为典型的是美国。在刑事诉讼中,被追诉人即使与控方达成辩诉交易,放弃陪审团审判而选择认罪答辩程序,但在法官审查确认辩诉协议时其仍然可以改变初衷,放弃已达成的认罪协议而选择陪审团审判。而其一旦选择陪审团审判,司法机关就要充分保障其获得公正审判的各项权利。只有这样,才能切实保障被追诉人的公正审判权,而且也有利于防止有人滥用职权,威胁、引诱、欺骗他人虚假认罪、违心认罪,搞乱司法秩序,损害司法公正。

令人欣喜的是,这一精神在全国人大常委会不久前通过的《试点决定》中已得到体现。根据全国人大常委会第22次会议新闻发布会的介绍,为了确保犯罪嫌疑人、被告人的认罪认罚确实出于自愿和明智,允许其在作出认罪认罚表示后提出反悔,且反悔以后就进入普通程序审理。此外,在认罪认罚案件判决后,如果被告人提出是在他人错误引导或者自己错误认识下表示认罪认罚的,可以以此为由提出上诉。①

(二)认罪认罚从宽制度如何启动

认罪认罚从宽制度的真正完善,有赖于建立一整套制度体系,以保证其具有可操作性,其中有认罪认罚从宽制度的启动问题,并且主要包括认罪认罚从宽制度的适用阶段与启动方式两个问题。

关于认罪认罚从宽制度的适用阶段问题,西方国家与我国认罪认罚从宽制度具有相似之处的辩诉交易制度主要适用于审查起诉阶段和审判阶段。如美国作为辩诉交易制度的发源地,是检察官在

---

① 全国人大常委会第22次会议新闻发布会,载人民网2016年9月3日,http://npc.people.com.cn/GB/28320/406880/406882/。

对案件审查起诉过程中与被告人及其辩护律师开始谈判协商并达成协议，尔后在审判阶段提交法官，经法官审查确认后据此作出裁判。我国认罪认罚从宽制度是一种综合性的多元法律制度，其中除认罪认罚协商从宽制度以外，还包括实体上的自首、坦白，程序上的当事人和解、简易程序、速裁程序等一系列具体法律制度和诉讼程序。因此，不能一概而论提出并确定认罪认罚从宽制度的适用阶段，更不能简单地认为我国认罪认罚从宽制度只能适用于审查起诉阶段和审判阶段，排除侦查阶段可以适用认罪认罚从宽制度。以作为认罪认罚从宽制度组成部分的公诉案件当事人和解制度为例，其不仅适用于审查起诉和审判阶段，也适用于侦查阶段。根据《刑事诉讼法》第 278 条、第 279 条的规定，双方当事人在侦查阶段和解的，公安机关应当听取当事人和其他有关人员的意见，对和解的自愿性、合法性进行审查，并主持制作和解协议书。对于达成和解协议的案件，公安机关可以向人民检察院提出从宽处理的建议。实际上，在全国人大常委会召开的新闻发布会上，最高人民检察院有关部门负责人就认罪认罚从宽制度试点工作答记者问时也明确表示：犯罪嫌疑人或者被告人，可以在侦查、审查起诉和审判各个阶段进行认罪认罚。[①] 因此，笼统地讲，认罪认罚从宽制度可以适用于侦查、审查起诉、审判等刑事诉讼全过程。但是具体而言，则要具体制度具体分析，各种制度之间是有自身特点和相互区别的。以认罪认罚协商从宽制度为例，就不能适用于侦查阶段，需要进入审查起诉阶段才能启动。因为只有到了审查起诉阶段，侦查已经终结，案情已经明朗，犯罪嫌疑人及其辩护人才能通过律师阅卷了解案情和证据材料，从而为是否认罪并进行量刑协商奠定基础。与此相适应，也只有到了审查起诉阶段，检察机关及其检察人员才有条件和权力与犯罪嫌疑人及其辩护人就认罪和量刑问题进行协商，从而对后续审判程序及审判方式产生影响。而这一切在侦查阶段是不具备条件的。

---

① 全国人大常委会第 22 次会议新闻发布会，载人民网 2016 年 9 月 3 日，http://npc.people.com.cn/GB/28320/406880/406882/。

至于认罪认罚从宽制度的启动方式问题，笔者认为，尽管存在各种不同、具体的认罪认罚从宽制度，但启动方式则主要有两种：由当事人依诉讼权利自愿启动；办案机关及其办案人员依相关职权依法启动。自首、坦白、刑事和解都属于当事人自愿启动的范围。犯罪嫌疑人、被告人在刑事诉讼的任何阶段并在法律允许的范围内，都可以提出自首、表示坦白、与对方当事人进行和解协商。这些认罪认罚制度启动越早，对诉讼活动的顺利进行，对司法资源的投入多少，对社会的和谐稳定，影响越积极，效果越明显。因此，应当积极地鼓励、引导、保障当事人尽早、自愿启动这一类认罪认罚从宽制度。第二种启动方式则要由办案机关及其办案人员在相关职权范围内依法启动。如速裁程序的适用，根据有关试点文件的规定，公安机关就可以启动。又如认罪认罚协商从宽制度，则由检察机关依职权启动。在审查起诉阶段，检察官审查案件时发现有关案件的犯罪嫌疑人自愿表示认罪时，就可以考虑启动认罪认罚协商从宽制度，通过讯问犯罪嫌疑人核实案情、证据，核实其认罪是否出于自愿，向其充分说明认罪认罚的法律后果并征求犯罪嫌疑人意见后就量刑问题与其进行协商。当然在以上两种启动方式中，启动主体的另一方可以对启动主体施加影响但不能强迫对方。比如在侦查阶段，侦查人员可以向犯罪嫌疑人宣传解释有关法律规定，动员、鼓励犯罪嫌疑人对所犯罪行主动自首、坦白，争取从宽处理或处罚，但不得强迫、威胁、欺骗、引诱对方。同样，在审查起诉阶段，犯罪嫌疑人可以自愿认罪并向检察官表示，希望与检察官进行量刑协商。但是，是否启动认罪认罚协商从宽制度还是取决于检察机关。

（三）认罪认罚协商从宽制度如何协商

前已论述，认罪认罚从宽制度是由一系列具体法律制度和诉讼程序组成的集合性法律制度。其中有些具体制度、具体程序在现行刑法和刑事诉讼法上已经存在，但认罪认罚协商从宽制度是一项将要建立的具体制度，并且是本次试点的重点。因此，以下着重就认罪认罚协商从宽制度的核心——协商问题予以探讨。

第一，协商主体问题。明确参与协商的主体范围是构建认罪认罚协商从宽制度的前提。如前所述，认罪认罚协商从宽制度是在审查起诉阶段启动适用。在审查起诉阶段,作为控方代表的检察官认为案件符合认罪认罚协商从宽的条件,就可与犯罪嫌疑人进行协商。据此,检察官与犯罪嫌疑人作为协商主体的地位自不待言。

然而,需要进一步追问的是,认罪认罚协商过程是否需要律师的参与?答案是肯定的。从理论层面来看,控辩双方平等对抗是现代法治国家刑事诉讼中的理念与基本精神,控辩双方在认罪认罚协商过程中理应保持平等地位。然而犯罪嫌疑人、被告人作为被公安司法机关追究刑事责任的对象处于天然的弱势地位,在选择认罪认罚争取从宽处理的过程中很难与控方处于平等的地位。从现实层面来看,犯罪嫌疑人、被告人文化程度不高,往往又缺乏法律知识和诉讼经历、经验,容易出现对认罪认罚从宽制度理解上的偏差,其能否与控方展开有效协商很大程度上依赖于律师的帮助。在此情形下,律师的参与对于保持控辩双方平等地位至关重要。福清市法院一项关于刑事速裁程序案件中被告人的文化程度的统计也表明了律师参与认罪认罚协商过程的必要性。据统计数据显示,在福清市法院受理的刑事速裁程序案件中,文盲被告人占 5. 19%,小学文化占 40. 26%,中学文化占 53. 25%,大专以上文化占 1. 3%。[①] 在被告人文化程度普遍不高的情况下,如果没有律师的帮助,被告人很难判断认罪认罚从宽制度对其利益的得失影响,更重要的是,很难以平等的心态、熟知的案情和证据、心中有数的法律空间与检察官进行协商。正如美国学者所指出的,虽然被追诉人名义上享有认罪或不认罪的绝对权利,但是他们经常会发现,在没有辩护人的情况下自己根本不享有任何保护。[②] 因此,认罪认罚协商从宽制度中律师的参与不可或缺。我国在构建认罪认罚协商从宽制度时,必须明确规定律师是认罪认罚协商的主体。

第二,协商内容问题。协商内容是指检察官与犯罪嫌疑人、被告人及其律师展开协商时可就什么问题进行协商的范围。从域外

---

① 参见郑敏、陈玉官、方俊民:《刑事速裁程序量刑协商制度若干问题研究——基于福建省福清市人民法院试点观察》,载《法律适用》2016 年第 4 期。

② 参见[美]乔治·费希尔:《辩诉交易的胜利——美国辩诉交易史》,郭志媛译,中国政法大学出版社 2012 年版,“序言”第 6 页。

经验来看,美国的辩诉交易制度有着广泛的交易范围,包括罪名、罪数和量刑三个方面均可进行交易。美国辩诉交易的范围之所以如此广泛,与美国刑法的犯罪构成要件模式以及数罪并罚的处理原则有密切关系。在美国,犯罪构成要件采取“碎片化”的构成模式,单个行为或多个行为构成的罪名有所不同,且数罪并罚的处理原则是将所判刑罚简单相加,这为罪名交易和罪数交易提供了现实可能性。与美国刑法的犯罪构成要件模式与数罪并罚的处理原则不同,我国刑法规定的犯罪构成一般都是集合行为模式,一种犯罪往往包含了数个或数种具体行为,并且罪名之间的交叉包容关系很少。此外,我国数罪并罚采取限制加重原则,即在所判数罪刑罚都是自由刑的情形下,并非把所判数个刑罚简单相加起来作为最终执行的刑罚,而是在总数上受到严格限制,故称为“限制加重原则”。例如,某甲犯有 5 个罪名,分别被判处有期徒刑。如果按照美国的制度,把所判 5 个有期徒刑加起来就是对被告人最后执行的刑罚。但在我国限制加重原则下,5 个有期徒刑的刑期加起来,如果总和刑期不满 35 年的,最后执行的刑期不得超过 20 年;总和刑期在 35 年以上的,最后执行的刑期不得超过 25 年。因此,在我国认罪认罚协商从宽制度中的协商无法就罪名和罪数进行协商,而协商只限于量刑范围。当然,这与我国检察机关的性质和检察官的职权也有重要关系。我国检察机关不只是公诉机关,还是法律监督机关,因此,无论检察机关还是检察官,都不能从罪名和罪数上与犯罪嫌疑人、被告人及其律师进行协商。最后只能在被告人自愿认罪的前提下就量刑问题进行协商。而且即使控辩双方通过协商在量刑问题上达成一致,仍然要经过法官的实质性审查。

(四)认罪认罚与从宽是何关系

从概念构造上来说,认罪认罚从宽制度由两个概念范畴构成,即“认罪认罚”与“从宽”。要正确理解认罪认罚从宽制度,必须对“认罪认罚”与“从宽”这两个概念以及两者的关系予以厘清。整体上而言,“认罪认罚”与“从宽”的内涵较易厘清,而两者的关系则较为复杂而须谨慎处之。

认罪认罚包括认罪与认罚,“认罪”指承认犯罪,“认罚”亦即表示愿意接受惩罚。犯罪嫌疑人、被告人作出认罪认罚的表示,可以是其从内心自发产生的动因所致,也可以是其他人包括办案人员对其真诚劝说、晓以利害后的产物,甚至可以是办案人员与其平等协商的结果。从宽,简言之,即对认罪认罚者从宽处理或处罚。这种从宽处理或处罚在刑事诉讼中包括程序上的从宽处理以及实体上的从宽处罚两个方面。其中,程序上的从宽处理体现在变更、解除强制措施、不予逮捕、酌定不起诉、未成年人附条件不起诉、适用简易程序、适用当事人和解程序以及适用速裁程序等。而实体上的从宽处罚则体现在从轻处罚、减轻处罚、适用缓刑、适用减刑或假释、依法在法定刑以下量刑等内容。

认罪认罚从宽意旨在犯罪嫌疑人、被告人自愿作出认罪认罚的表示之后,办案机关和办案人员对其在程序上从宽处理或在实体上从宽处罚。由于认罪认罚从宽制度贯穿于刑事诉讼全过程,因此犯罪嫌疑人、被告人在侦查阶段、审查起诉阶段或审判阶段均可作出认罪认罚的表示。至于何时作出取决于犯罪嫌疑人、被告人本人的意愿。毋庸置疑,从有利于查明案件事实以及减少犯罪危害后果的角度来看,应当鼓励犯罪嫌疑人、被告人尽早认罪认罚。一般而言,犯罪嫌疑人、被告人越早认罪认罚,其应得到的从宽幅度就越大。譬如犯罪嫌疑人在侦查阶段认罪认罚,那么其所获得从宽的幅度就应当比在审查起诉或审判阶段认罪认罚获得的从宽幅度更大。然而问题在于,对于犯罪嫌疑人在此一阶段认罪认罚,可否在彼一阶段从宽处理或处罚?换言之,认罪认罚与从宽在诉讼阶段上可不可以分离?答案应当是肯定的。因为如何从宽并非由办案机关或办案人员随心所欲,而必须依法从宽。这就决定了对认罪认罚者的从宽可以发生在同一诉讼阶段,也可能体现在不同诉讼阶段。以自首为例,按照《刑法》第 67 条的规定,犯罪人"犯罪以后自动投案,如实供述自己的罪行",对其"可以从轻或者减轻处罚。其中犯罪较轻的,可以免除处罚"。众所周知,"自动投案、如实供述自己的罪行"往往发生在侦查阶段,而"从轻或者减轻处罚"或者"免予处罚"势必主要发生在审判阶段。由此观之,认罪认罚与从宽在诉讼阶段上是可以分离的,且不同诉讼阶段,从宽的侧重点有所不同。在侦查阶段,从宽主要是程序上从宽,比如不予逮捕、撤销案件。在审查起诉阶段,从宽可以为程序上与实体上并行,如将羁押性强制措施变更为非羁押性强制措施或者作出不起诉决定。在审判阶段,则主要是实体从宽,表现为依法从轻、减轻、免除处罚等。

值得注意的是,此次《试点决定》赋予了侦查机关在特定条件下直接撤销案件的权力,即犯罪嫌疑人自愿如实供述涉嫌犯罪的事实,有重大立功或者案件涉及国家重大利益的,经公安部批准,侦查机关可以撤销案件。从性质上来看,侦查机关的这种撤销案件权实际上是一种对符合追诉条件的犯罪嫌疑人免除追诉的权力。应否赋予侦查机关此种撤销案件权,这是一个值得研究的问题。根据《试点决定》的规定,此种撤销案件权的适用条件为“有重大立功或者案件涉及国家重大利益”,这显然突破了现行《刑事诉讼法》第15条关于侦查机关有权撤销案件范围之规定。[①] 而且允许侦查机关对符合追诉条件的犯罪嫌疑人作出实体处理,存在架空检察机关和法院之嫌,导致职能上的混乱,与正在推进的以审判为中心的诉讼制度改革不相符合。放眼域外,无论是英美法系的辩诉交易还是大陆法系的认罪协商制度,实体上从宽处理一般都由法官根据被告人的有罪答辩作出。当然,目前对此种做法规定了严格的控制程序,须经公安部批准。但即使如此仍属于公安机关系统内部。因此,笔者认为应当对《试点决定》中的这种特殊制度安排慎重对待,建议将不追究刑事责任的决定赋予检察机关或者法院。

正确处理“认罪认罚”与“从宽”的关系,还须进一步明确的是,认罪认罚与从宽并非一种绝对必然的关系。也就是说,认罪认罚并不当然导致从宽的效果。时下,理论界和实务界有观点认为认罪认罚与从宽是一种绝对必然的关系,只要认罪认罚就应当从宽处理。如有法官指出犯罪嫌疑人、被告人的认罪情节在客观上必然带来量

① 我国2018年《刑事诉讼法》第15条规定:“有下列情形之一的,不追究刑事责任,已经追究的,应当撤销案件,或者不起诉,或者终止审理,或者宣告无罪:(一)情节显著轻微、危害不大,不认为是犯罪的;(二)犯罪已过追诉时效期限的;(三)经特赦令免除刑罚的;(四)依照刑法告诉才处理的犯罪,没有告诉或者撤回告诉的;(五)犯罪嫌疑人、被告人死亡的;(六)其他法律规定免予追究刑事责任的。”

刑从宽的效果。[1] 这种观点很大程度上是以鼓励犯罪嫌疑人、被告人认罪认罚为出发点的。诚如该法官指出的,"量刑激励机制发挥作用要求犯罪嫌疑人、被告人对量刑结果有合理预期,其自愿认罪认罚能够获得量刑减让,并在庭前就量刑与控方有一定的协商空间"。[2] 毋庸置疑,只要认罪认罚就一律从宽可以提高犯罪嫌疑人、被告人对量刑结果的合理预期,吸引其尽早选择认罪认罚,然而,这种刚性要求有违背刑法量刑基本原则之虞。根据刑法的基本原理,法院对被告人量刑主要考虑犯罪事实、犯罪性质、情节和社会危害程度等因素。虽然认罪认罚可作为量刑中予以考虑的悔罪情节,但是否从宽处罚仍然要结合犯罪事实、犯罪性质和社会危害程度等进行综合考虑。因此,应当认为认罪认罚只是"可以"从宽,而非"应当"从宽。这种解读也符合《试点决定》的精神。根据《试点决定》的要求,对犯罪嫌疑人、刑事被告人自愿如实供述自己的罪行,对指控的犯罪事实没有异议,同意人民检察院量刑建议并签署具结书的案件,可以依法从宽处理。当然,从总体上来说,对认罪认罚案件应当最大限度地体现从宽精神。也就是说,原则上认罪认罚者均应得到从宽,只有对极少数犯罪性质恶劣、犯罪手段残忍、犯罪危害结果极其严重的犯罪分子,才可以不予从宽。

三、理性建议:如何完善认罪认罚协商从宽制度

前已指出,认罪认罚从宽制度并非单一制度,也并非全新制度,而是一项综合性的既有原有基础又有创新内容的法律制度,其中建立认罪认罚协商从宽制度是重点,也将是本次试点的主要内容。以下仅就如何建立认罪认罚协商从宽制度提出几点建议。

(一)应当确保律师参与认罪认罚协商从宽制度

如前所述,认罪认罚协商从宽制度中律师的有效参与对于保障犯罪嫌疑人、被告人合法权益,防止虚假、违心认罪不可或缺。但

---

① 参见喻丹、李清:《关于刑事案件认罪认罚从宽制度的几点思考》,载《人民法院报》2016年11月2日,第6版。

② 同上。

是，在我国律师参与刑事诉讼的状况并不理想。笔者前几年曾就律师参与刑事诉讼的辩护率进行过调研统计。根据各地法院官网发布的判决文书统计显示，2012 年上海市浦东新区律师辩护率为 27%，浙江省慈溪市为 9%，四川省眉山市东坡区为 15%，广东省佛山市顺德区为 10%，河南省郑州市金水区为 26.5%，陕西省西安市长安区为 25%，湖南省长沙市岳麓区为 29%，广东省深圳市盐田区为 34%，广西壮族自治区南宁市兴宁区为 21%。总体上，平均律师辩护率为 22.5%。[①] 近期，笔者又指导研究生对最高人民法院裁判文书网上发布的 4 个省份 2013—2014 年的刑事判决书进行统计，以基层法院为例，北京的律师辩护率是 25.5%，江苏是 20.5%，湖南是 15%，新疆是 19.7%，4 省份的平均辩护率是 20.17%。[②] 可以看出，律师辩护率在 2012 年刑事诉讼法修改以后与前几年相比没有什么变化。这种情况无论对于“推进以审判为中心的诉讼制度改革”还是“完善认罪认罚从宽制度”都是不利的。因为刑事诉讼制度的上述改革，都需要更多、更负责任、更有能力的律师参与其中。

从域外经验来看，在保障被追诉人自己聘请律师为其辩护的前提下，赋予认罪案件中的被追诉人获得法律援助的权利是现代法治国家的普遍做法。例如，在美国，被告人在辩诉交易中能够获得律师为其辩护的保障，如果其本人没有能力聘请律师，就由政府出资设立并独立运行、遍及全美各地的公设辩护人办公室为其指派律师提供法律援助。[③] 在德国，被告人在认罪协商程序中有权获得免费的律师辩护已经被写入刑事诉讼法典。《德国刑事诉讼法》第 418 条第 4 项明确规定：“预计判处自由刑至少六个月的，对尚无辩护人

---

① 参见顾永忠：《以审判为中心背景下的刑事辩护突出问题研究》，载《中国法学》2016 年第 2 期。

② 参见蒋宏敏、田娜西、刘遥、王达：《刑事案件律师辩护率及辩护意见采纳情况实证研究》，载《中国律师》2016 年第 11 期。

③ 2015 年 12 月，笔者之一随同中央司改办代表团考察美国司法制度，了解到不仅陪审团审判的被告人不认罪的案件，而且即使被告人认罪的辩诉交易案件的被告人也有权获得法律援助。

的犯罪嫌疑人,就初级法院快速审理程序对其指定辩护人。”①

应该说,我国2012年《刑事诉讼法》修改时,顺应辩护制度发展的时代潮流,不仅扩大了刑事法律援助的范围,而且将法律援助的适用阶段提前到侦查和审查起诉阶段,这是值得肯定的。但是,现行规定仍无法涵盖适用认罪认罚从宽制度的所有案件。这一问题实际上已受到中央司法机关的重视。早在2014年8月最高人民法院、最高人民检察院、公安部、国家安全部、司法部联合发布的《关于在部分地区开展刑事案件速裁程序试点工作的办法》(以下简称《试点办法》)中就要求在试点中“建立法律援助值班律师制度,法律援助机构在人民法院、看守所派驻法律援助值班律师。犯罪嫌疑人、被告人申请提供法律援助的,应当为其指派法律援助值班律师”。应该说这是有突破意义的,同时又有局限性。“突破”是指《试点办法》为了适应速裁程序的特殊需要,明确要求“法律援助机构在人民法院、看守所派驻法律援助值班律师”。这是我国官方文件上第一次提出“建立法律援助值班律师制度”。“局限性”则是指犯罪嫌疑人、被告人并不是可以当然获得值班律师,还需要“申请提供法律援助”。而一旦“申请”就需要多花时间,还要办理申请手续和其他相关程序。这种制度安排不太符“速裁程序”的特点。也因如此,我们在调研中发现,在速裁程序的试点中“法律援助值班律师制度”的建立以及值班律师在速裁程序中发挥的作用是不平衡的。有的值班律师工作站虽然设在看守所,但律师并不能会见到被告人。原因是有的地方没有把值班律师制度纳入刑事法律援助制度中,不能给值班律师提供到看守所会见所用的“法律援助公函”,造成值班律师无法进入看守所。有的地方在法院设立了值班律师工作站,但值班律师也不能提前见到被告人,只能在法院开庭前匆匆会见被告人几分钟。

笔者认为,将要开展的认罪认罚从宽制度的试点在广度和深度上都要超过之前开展的单纯速裁程序的试点。这里面不仅有认罪

---

① 参见《德国刑事诉讼法典》,岳礼玲、林静译,中国检察出版社2016年版,第154页。

认罚协商从宽制度的试点，还有将速裁程序的案件适用范围扩大的趋势。[①] 这就使律师参与的客观要求更加迫切。因此，笔者建议，应当在认罪认罚从宽制度试点中尝试建立值班律师强制法律援助制度，以适应形势的变化和客观的需要。

有学者担心在简单轻微刑事案件处理过程中设置强制法律援助辩护存在违反诉讼经济原则之虞。[②] 笔者认为，此种担心有一定的合理性，但失之偏颇。诉讼经济原则固然要考虑，但主要是在诉讼程序上简化不必要的环节，对于当事人诉讼权利和实体权益的维护则不能简化，特别是在涉及认罪认罚的问题上不能忽视律师对当事人的法律帮助。当然，在提供法律援助的方式上可以与其他案件有所不同。事实上，值班律师制度就是针对此类案件的特点提出来的。经过前两年速裁程序中值班律师的试点，可以总结经验和不足，在后两年认罪认罚从宽制度的试点中加以完善。建立值班律师强制法律援助制度就是加以完善的重要举措。

事实上，如前所述，在这方面福清市在速裁程序试点中已经取得了成功的经验。当地公安司法机关早在 2015 年 9 月就出台了《关于刑事案件速裁程序认罪认罚协商制度及值班律师强制法律援助制度试行办法》。经过一段实践后于 2016 年 6 月对该文件又进行了修订。正是根据此办法进行试点，我们才在本文第一部分看到值班律师在速裁程序中参与认罪认罚协商过程的 4 个场景。从笔者亲历观察并感受到的效果来看，福清市实行值班律师强制法律援助制度，不仅保障了犯罪嫌疑人、被告人的合法权益，也促使了犯罪嫌疑人、被告人与检察官平等沟通，提高了控辩双方协商的效率。

确保律师参与认罪认罚协商从宽制度，还需要明确律师在认罪认罚协商过程中的职责。笔者认为，律师参与认罪认罚协商从宽制度的职责概而言之就是高度负责，审查把关。具体而言：首先，律师须向犯罪嫌疑人、被告人提供有关认罪认罚协商从宽制度的法律咨询，向其解释认罪认罚协商从宽制度的内涵；其次，律师须通过阅

---

① 据了解，速裁程序的案件范围将从可能判处 1 年有期徒刑以下刑罚扩大到可能判处 3 年有期徒刑以下的刑罚。

② 参见陈卫东：《认罪认罚从宽制度研究》，载《中国法学》2016 年第 2 期。

卷、会见犯罪嫌疑人、被告人等方式认真审查案件事实、证据及定性；再次，根据案情向犯罪嫌疑人、被告人客观说明选择认罪认罚的利弊得失，协助犯罪嫌疑人、被告人自主作出选择；最后，在确认犯罪嫌疑人、被告人自愿选择认罪认罚协商从宽程序后，帮助犯罪嫌疑人、被告人与检察官进行量刑协商，并最大限度地为其争取从宽结果。

另一个值得关注和研究的问题是，参与认罪认罚协商从宽制度的律师包括值班律师在案件庭审时是否需要出庭为被告人辩护？在笔者考察的速裁程序试点中，我们注意到值班律师都没有出庭。据了解，其原因一方面是因为此类案件都是轻罪案件，被告人又已经认罪，律师出庭辩护没有必要；另一方面是有关方面没有把值班律师纳入法律援助及辩护范围。其实，即使在速裁程序试点中，《试点办法》就明确规定“人民法院适用速裁程序审理案件，应当当庭询问被告人对被指控的犯罪事实、量刑建议及适用速裁程序的意见，听取公诉人、辩护人、被害人及其诉讼代理人的意见”。这里的“辩护人”是不应把值班律师排除出去的。值班律师只是介入案件的一种方式，“值班”的意思是随时等候办案机关通知而介入诉讼之中。一旦介入诉讼后，其法律地位或诉讼地位就是“辩护人”，不可能有其他身份。因此，对上述规定理解为值班律师也好，社会律师也好，都应当以“辩护人”名义出庭为被告人辩护。当然，由于此类案件被告人已经认罪认罚，出庭辩护与不认罪案件的辩护截然不同。但不能认为值班律师不应当出庭或不必要出庭。在认罪认罚协商从宽制度的试点中，应当坚持和明确这一点。当然，也可以尝试在一定量刑限度内，经被告人同意值班律师可以不出庭。

（二）应当确保犯罪嫌疑人、被告人认罪认罚的自愿性

认罪认罚协商从宽制度是建立在犯罪嫌疑人、被告人自愿认罪认罚的基础之上的。倘若犯罪嫌疑人、被告人的认罪认罚是在非自愿，甚至是受到胁迫的情况下作出的，那么越是适用认罪认罚从宽制度，就越是容易造成冤案错案，不仅严重侵犯犯罪嫌疑人、被告人的诉讼权利，而且玷污司法公正的“源泉”，使司法权威受到严重冲击。因此，在完善认罪认罚协商从宽制度中，应当采取有效措施确

保犯罪嫌疑人、被告人的认罪认罚表示确实出于自愿。

虽然认罪认罚从宽制度可适用于刑事诉讼全过程,但不同诉讼阶段确保犯罪嫌疑人、被告人认罪认罚自愿性的方式策略有所不同。在侦查阶段,由于主要任务是收集证据和查获犯罪嫌疑人,侦查活动具有比刑事诉讼中其他专门机关的诉讼活动更为突出的强制力,因而犯罪嫌疑人在此阶段容易受到胁迫而作出非自愿的认罪表示。司法实践证明,刑讯逼供、暴力取证等导致犯罪嫌疑人非自愿认罪的行为往往发生在侦查阶段。所以,要在侦查阶段确保犯罪嫌疑人认罪认罚的自愿性,应当采取有效措施遏制刑讯逼供、暴力取证。在遏制刑讯逼供、暴力取证的应对措施上,2012 年《刑事诉讼法》用多个条文构成一个“组合拳”,包括保证犯罪嫌疑人被送交看守所以后,讯问犯罪嫌疑人应当在看守所进行;对严重刑事案件和职务犯罪案件的讯问采取全程同步录音录像制度以及确立了非法证据排除规则等。这些措施在遏制刑讯逼供,确保犯罪嫌疑人自愿认罪方面确实发挥了重要作用。此次《试点决定》也强调要求检察机关加强对侦查过程中是否自愿认罪,取证过程是否合法,有没有刑讯逼供这类违法行为进行法律监督,将之作为重点审查的内容。

案件进入审查起诉阶段后,检察机关及检察人员主导案件进程,并且检察机关肩负着指控犯罪,实现国家刑罚权的职能。从工作角度讲,更愿意、更希望犯罪嫌疑人能够认罪认罚。但是,检察机关不仅是公诉机关,还是法律监督机关。因此,不能离开案件事实、证据和法律,片面追求起诉率、定罪率。而应当严格履行客观义务,全面、深入审查案件事实和证据,依法把好起诉关,决不把依法不应当起诉的案件起诉到法院。

案件起诉到法院后,法官应当针对被告人认罪认罚案件的特点建立相适应的庭审把关机制。首先要重点审查被告人认罪认罚是否确实出于自愿?是否明知认罪认罚的法律意义及法律后果?其次,应当赋予被告人反悔权,允许被告人推翻认罪认罚协议。赋予被告人对于已达成认罪协议的反悔权是打消被告人认罪认罚顾虑,确保被告人认罪认罚自愿性的重要措施。各国在认罪案件中都强调被告人的反悔权。在美国,法官对辩诉协议作出确认前允许被告人撤销认罪,并且不能把其所做的认罪表示在此后的审判中作为对其不利的证据或推论。在德国,虽然存在对符合条件的轻微刑事案件不经被告人同意可以径直采用书面审理的处罚令程序。但是,当法官作出处罚令被告人收到后两星期内有权提出异议,从而使处罚令程序终止并进入正式审判程序中。日本同样如此,非重大刑事案件的被告人在认罪之后适用简易公审程序审理过程中,如果被告人撤回认罪供述,法院应当撤销简易公审程序而恢复正式公审程序。[①]因此,我国在完善认罪认罚协商从宽制度时,应当赋予被告人对于之前认罪认罚协议的反悔权。令人欣喜的是,此次认罪认罚从宽制度的《试点决定》已经体现了这一精神,即为了确保犯罪嫌疑人、被告人的认罪认罚确实出于自愿和明智,允许其在作出认罪认罚表示后提出反悔。需要指出的是,赋予被告人反悔权的同时,还应当规定不得因为被告人推翻之前的认罪认罚协议而对其产生不利后果。唯有如此,才能真正保证被告人的认罪认罚是自愿的,也才能有效地防止外部因素包括不正当因素对被告人对认罪认罚自由选择的干扰。

不仅要赋予被告人反悔权,更要解决好被告人反悔后获得公正审判权,也就是按照前面所讲,对被告人的案件以庭审实质化的要求进行审判,充分保障其获得公正审判的各项权利。这也是如前所述以审判为中心的诉讼制度与认罪认罚从宽制度之间应然要求与实然需要相互关系的必然结果。

(三)应当确保被告人认罪认罚确有事实依据

我国完善认罪认罚从宽制度,建立认罪认罚协商从宽制度,并不是为了追求任何被告人认罪认罚,哪怕是自愿的。我们希望的是确实有罪的被告人自愿认罪认罚。同时,也要防止并没有实施犯罪或者依法不应当追究刑事责任的人由于某种原因或出于某种考虑而虚假认罪。这就要求保证被告人认罪认罚确有事实依据。

---

① 参见顾永忠:《关于"完善认罪认罚从宽制度"的几个理论问题》,载《当代法学》2016年第6期。

如何保证被告人认罪认罚确有事实依据，涉及一个重要问题：对被告人自愿认罪认罚的案件是否应当降低定罪的证明标准。目前，理论界在此问题上形成了泾渭分明的两种观点：一是证明标准降低说，认为被告人认罪认罚案件的有罪证明标准可适当低于普通程序所要求的"事实清楚，证据确实、充分"。[①] 二是证明标准同等说，认为认罪认罚从宽制度应坚持"事实清楚，证据确实、充分"的证明标准。[②] 在速裁程序试点中，有的试点法院提出放宽证明标准的主张。[③] 笔者认为，我国《刑事诉讼法》第195条第1项规定的"案件事实清楚，证据确实、充分，依据法律认定被告人有罪的，应当作出有罪判决"并没有区分认罪案件与不认罪案件，而是针对所有刑事案件而言，应当统一适用。如果降低认罪认罚案件的证明标准，势必导致事实认定容易出现错误，大大增加冤错案件发生的风险。此外，应当注意认罪认罚从宽制度不只是适用于速裁程序试点的轻罪案件，还可适用于重罪案件包括死刑案件。因此，绝不应该对认罪认罚案件降低定罪的证明标准。

当然，认罪认罚案件虽然不能降低证明标准，但并非意味着在证明规则上与不认罪案件完全一致。实际上，由于认罪案件与不认罪案件在证据基础上和被告人诉讼权利要求上存在明显不同，势必导致对认罪认罚案件不需要像不认罪案件那样进行严格、全面的证明。比如，认罪认罚案件一般不需要证人、鉴定人、侦查人员等出庭作证，直接言词原则可以不必坚持，非法证据排除一般也不会发生，审判人员对现有证据是否达到定罪证明标准比较好判断好认定。而不认罪案件则不然，即使能够做到庭审实质化审理，审判人员对现有证据是否达到定罪证明标准也不好判断难以认定。

（四）应当确保认罪认罚案件庭审方式简化但不违反诉讼原则

美国学者贝勒斯在论述程序法原则时曾指出："法院对案件和

---

① 参见苗生明：《认罪认罚案件对公诉人举证、质证等工作的新要求》，载《人民检察》2016年第2期。

② 参见陈光中、马康：《认罪认罚从宽制度若干重要问题探讨》，载《法学》2016年第8期。

③ 参见2015年7月全国法院刑事案件速裁程序研修班会议材料，第48～49、52页。

争执作出判决,意味着审判的目的之一是解决争执。倘若司法判决的用意不在于解决争执,而只是向某一方表示声援,那么打官司就无甚必要了。"①一般而言,刑事案件中定罪与量刑问题通常是控辩双方的争执焦点所在,因而保证控辩双方围绕争议点充分发表意见,是程序公正的应有之义。然而,就认罪认罚案件而言,被告人已经对控方指控的罪行表示认罪及愿意接受惩罚,加之控辩双方已就量刑达成了协议,可以说,其后两者对定罪或量刑问题并无争执,庭审的目的旨在通过审查确保案件事实的真实性以及被告人认罪认罚的自愿性,实际上并无就检察机关指控的犯罪事实和罪名组织法庭调查和法庭辩论之必要。即使组织法庭调查和法庭辩论,一般也没有实质意义。相反,对此类案件适用较之普通程序更加灵活、简化的庭审方式不仅能够促进案件繁简分流,优化司法资源配置,而且也是对认罪认罚的被告人在程序上从宽的重要体现。实际上,最高人民法院于 2016 年 9 月 13 日公布的《关于进一步推进案件繁简分流优化司法资源配置的若干意见》也明确要求:"探索刑事庭审方式改革,简化被告人认罪认罚案件的庭审。"在速裁程序的试点中,庭审活动一般都省略了法庭调查和法庭辩论,但不省略被告人的最后陈述。这种做法原则上应当适用于认罪认罚协商从宽案件。

在司法实践中,有的试点法院为了进一步提高速裁案件的诉讼效率,积极探索简化的庭审方式,对速裁案件采用远程开庭方式,即在看守所建立刑事速裁法庭,被告人不用到法院就在看守所设置的特定场所受审,法官在法院的法庭上通过视频方式远程审理案件。毋庸置疑,远程开庭方式可以降低审判成本,节约司法资源,还可以大大提高审判效率。但是,由于远程开庭存在空间隔离,法官难以像当庭"面对面"审判那样及时、准确地观察到被告人的神情、临场反应等,难免在审查被告人认罪的自愿性等方面发生误判。因此,对于远程开庭方式应当慎重使用。一般只限于量刑较低的案件。同时,应当以被告人同意为条件。如果被告人不同意,还是应当在

---

① [美]迈克尔·D. 贝勒斯:《法律的原则——一个规范的分析》,张文显等译,中国大百科全书出版社 1996 年版,第 21 页。

法院“面对面”开庭审理案件。

此外,远程开庭也应当遵守审判公开原则。审判公开原则要求法院对案件的审判向社会公开,允许群众旁听庭审活动。但在目前远程庭审中,法庭一般都设在看守所监区内,旁听群众无法进入看守所内。被告人的亲属希望在庭审时能亲眼看望亲人的愿望也无法实现,最多只能坐在法院的法庭上冷冰冰地旁听案件。因此,笔者建议,即使保留远程法庭也不应设在看守所监区内,而应设在看守所监区外群众可以进入的场所。这样既提高了审判效率,也遵守了审判公开原则。

庭审实质化与交叉询问制度

——以《人民法院办理刑事案件第一审普通程序法庭调查规程(试行)》为视角*

顾永忠

内容提要 推进以审判为中心的刑事诉讼制度改革的核心要义是庭审实质化。庭审实质化体现了确保被告人获得公正审判的应然要求,但从实然层面上讲,并非每个被告人都要求对其采用庭审实质化的审判,特别是自愿认罪并确实有罪的被告人。庭审实质化的前提是确保证人(广义)出庭,载体是交叉询问制度。我国尚未确立交叉询问制度,《法庭调查规程》对庭审询问制度作出了突破性的规定,已经基本体现出交叉询问制度的轮廓或者框架。应当吸收英美交叉询问制度的精髓,建立符合我国实际的交叉询问制度。

关键词 庭审实质化 证人出庭 交叉询问

2014年10月党的十八届四中全会决定提出

* 本文曾发表于《法律适用》2018年第1期。本文系教育部人文社会科学重点研究基地重大项目“以审判为中心的诉讼制度改革与刑事辩护研究”(15JJD820016)的阶段性研究成果。

“推进以审判为中心的诉讼制度改革”。2016年6月,经中央深改组审议通过,最高人民法院、最高人民检察院、公安部、国家安全部、司法部共同发布《关于推进以审判为中心的刑事诉讼制度改革的意见》,把这项改革从中央的决策贯彻到刑事诉讼实践活动中。鉴于这项改革的核心是刑事审判制度的改革,最高人民法院于2017年6月下发了《关于在全国部分法院开展“三项规程”试点的通知》,将以审判为中心的刑事诉讼制度改革的任务进一步落实到审判活动中。其中,《人民法院办理刑事案件第一审普通程序法庭调查规程(试行)》(以下简称《法庭调查规程》),充分体现了庭审实质化的精神,为下一步在全国范围审判活动中全面贯彻落实以审判为中心的刑事诉讼制度改革的任务,奠定了基础,开创了新路。本文拟以《法庭调查规程》为视角,就庭审实质化与交叉询问规则的问题展开讨论。

一、庭审实质化的提出及其含义

刑事审判是刑事诉讼中最重要的诉讼阶段,在此阶段对于被告人是否犯有指控的犯罪以及如何量刑的问题由法院作出裁判,一旦生效就将执行判决。对于被判决有罪的人来说,将被剥夺财产、自由甚至生命,而一旦错判就将发生不可挽回的严重后果。同时,从诉讼程序上讲,刑事审判是在侦查已经终结,证据已经固定,犯罪嫌疑人已被查获归案,并且经检察机关严格审查后才发生的诉讼阶段,已不存在对侦查活动的干扰和影响,完全有条件在诉讼程序上进行公正的审判。因此,在有160多个国家参加的《联合国公民权利和政治权利公约》上,对被告人赋予了获得公正审判的权利,明确提出各成员在刑事诉讼中应当确保对被告人实行最低限度公正审判的各项要求,这些要求包括应当确保被告人享有获知被控事项的权利;享有不被强迫自证其罪的权利;享有获得律师辩护的权利包括获得政府无偿提供的法律援助的权利;享有当面向不利的证人对质的权利和使有利自己的证人出庭作证的权利;享有上诉救济的权利,等等。[①] 这些权利表明刑事庭审活动必须实质化而不能形式主义、走过场。只有这样,庭审活动才能彰显诉讼程序的正当性和公正性。也只有这样,才能最大限度地确保诉讼结果的公正性,最大限度地防止冤假错案。

我国政府于1998年10月签署了《联合国公民权利和政治权利国际公约》。虽然迄今尚未正式批准该公约,但是近20年来,刑事诉讼法的修改、刑事诉讼制度的改革一直是朝着这一方向迈进的。特别是2012年《刑事诉讼法》的修改,在诸多方面确立了被告人获得公正审判的权利,如确立了不得强迫自证其罪的权利,扩大了犯罪嫌疑人、被告人获得辩护包括获得法律援助的权利,明确了证人、鉴定人以及侦查人员出庭的条件和程序等。但是,立法上的修改完善在司法实践中还没有得到切实贯彻执行,刑事诉讼程序特别是庭审活动基本上是围绕书面化的证据材料展开"审理",很少有证人、鉴定人、侦查人员出庭作证并接受质证;此外,70%左右的被告人没有律师为其辩护,即使有律师为被告人出庭辩护,其诉讼权利也难以获得切实保障。由此造成庭审活动基本上是走过场,既不能体现诉讼程序的正当性和公正性,也不能确保诉讼结果的正确性。严重侵犯了公民的合法权益,也严重损害了司法公信力。正是在此背景下,四中全会决定提出了推进以审判为中心的刑事诉讼制度改革,其中明确提出,"要完善证人、鉴定人出庭制度,保证庭审在查明事实、认定证据、保护诉权、公正裁判中发挥决定性作用。"其核心要义就是庭审实质化。[②]

需要指出的是,庭审实质化是为了确保被告人获得公正审判提出的应然要求。但从实然层面讲,并非每一个被告人都要求对其采用庭审实质化的审判,特别是自愿认罪的被告人通常是不会要求证人、鉴定人、侦查人员出庭作证并对其进行质证的。从司法实践来看,基层人民法院审理的一审刑事案件,大约有85%的被告人是认罪的。对他们不需要采用庭审实质化的审判,而对于被告人不认罪

① 参见《联合国公民权利和政治权利国际公约》第14条。

② 参见沈德咏:《庭审实质化的六项具体改革措施》,载《法制日报》2016年2月3日,第9版。

的案件则需要充分保障被告人获得公正审判的权利，其中包括确保证人、鉴定人、侦查人员出庭作证并接受质证。应该说这些精神在《法庭调查规程》中已得到充分体现。《法庭调查规程》第4条明确规定：“为依法维护被告人质证权，准确查明案件事实，必要时应当通知证人、被害人、鉴定人、侦查人员或者有关人员出庭。”何为“必要时”？《法庭调查规程》虽然没有直接解答，但从两个方面可以得到体现：其一，在宏观方面，把刑事案件划分为被告人不认罪案件和被告人当庭认罪案件两大类，对前者要求“对与定罪和量刑有关的事实、证据应当分别进行调查”，对后者则提出“法庭调查可以主要围绕量刑和其他有争议的问题进行”；其二，在微观方面，《法庭调查规程》明确规定了在审理个案中要求证人、鉴定人、侦查人员、有专门知识的人以及被害人出庭作证并接受质证的具体条件和程序。这些规定为庭审实质化创造了条件。

二、庭审实质化的前提：确保证人出庭

庭审实质化既然是以证人[①]出庭作证并接受质证为核心内容，那么，确保证人出庭就成为庭审实质化的重要前提。但是，我国司法实践中证人出庭难一直是一个突出的问题。究其原因，既有社会、文化、传统的原因，也有立法不当和对证人出庭原理认识偏差的问题。本文仅就后者有关问题展开分析。

（一）证人出庭的条件和范围

在狭义证人出庭的条件上，《刑事诉讼法》第187条规定的条件有三：其一，“公诉人、当事人或者辩护人、诉讼代理人对证人证言有异议”；其二，“且证人证言对案件定罪量刑有重大影响”；其三，“人民法院认为证人有必要出庭作证的，证人应当出庭作证”。应该说，从证人出庭的必要性上看，前两个条件是符合证人出庭诉讼原理和司法实践需要的。但是，第三个条件则存在问题：它与前两个条件

① “证人”有广义与狭义之分。狭义证人是指在案件发生过程中当事人以外的了解案件事实有关情况的人。我国刑事诉讼法上的证人即为狭义证人。广义证人则是对除狭义证人外，还包括其他需要出庭作证或说明情况的人员的统称，包括被害人、鉴定人、侦查人员等。本文以下除明确为狭义证人外，“证人”一词为对广义证人的统称。

是何关系？从文义上看，三个条件应当是并列、递进关系，缺一不可。但问题是，如果符合前两个条件，法院又依据什么考量证人是否有必要出庭作证？再进一步追问：如果控辩双方为了反驳对方对本方证人证言的质疑，并且该质疑对定罪量刑确有重大影响，因而申请本方证人出庭作证，难道法院可以以证人没有出庭必要而予以拒绝？

其实，这个问题在 2011 年 9 月立法机关向全社会公布的《刑事诉讼法修正案草案》中规定得很清楚："证人证言对案件定罪量刑有重大影响，并且公诉人、当事人或者辩护人、诉讼代理人有异议的，或者人民法院认为证人有必要出庭作证的，证人应当出庭作证。"按该规定，证人出庭作证有两种情形：前两个条件是一种情形，第三个条件是另一种情形。应该说这样规定既符合诉讼原理，也符合司法实践的需要。但是，在 2012 年 3 月立法机关正式通过的文本中，这一条文变成了现在的规定。由此不仅在立法上给证人出庭设置了新的条件，也无助于解决司法实践中长期以来存在的证人出庭难的突出问题，还把"难"的责任引向了法院。也因如此，在证人出庭问题上广大辩护律师对法院提出普遍质疑。

但是，《法庭调查规程》第 13 条在此问题上作出了突破性规定："控辩双方对证人证言、被害人陈述有异议，申请证人、被害人出庭，人民法院经审查认为证人证言、被害人陈述对案件定罪量刑有重大影响的，应当通知证人、被害人出庭。"该规定的突破有二：一是法院对证人出庭必要性的审查并不是独立于《刑事诉讼法》第 187 条第 1 款前两个条件之外的第三个条件，而是对前两个条件本身的审查，只要符合前两个条件，就应当通知证人出庭。这样规定把《刑事诉讼法》第 187 条第 1 款规定的三个条件的关系理顺了，既符合证人出庭的诉讼原理，又符合司法实践的客观需要，特别是有利于辩方依法申请证人出庭。二是在证人出庭之外，增加了被害人出庭的规定，这是非常重要和必要的。被害人在我国刑事诉讼法上的地位是比较复杂的，一方面属于当事人，另一方面又属于广义的证人，是侦查询问的对象和作为证据种类之一的被害人陈述的来源。无论在理论上还是在司法实践中，被害人陈述都可能发生错误，以致酿成冤假错案。美国俄亥俄州原检察总长在其所著《冤案何以发生》一书中,将包括被害人在内的“目击者的错误证词”视为造成冤案的八大原因之一并且是首要原因。[①] 因此,为了查明案件事实,防止冤假错案,必要时让被害人出庭非常有必要。现行刑事诉讼法没有对此作出具体规定,《法庭调查规程》弥补了这一不足。

(二)侦查人员出庭的范围

现行《刑事诉讼法》涉及侦查人员出庭的规定有两个条文:其一,第57条第2款的规定:“现有证据材料不能证明证据收集的合法性的,人民检察院可以提请人民法院通知有关侦查人员[②]或者其他人员出庭说明情况,人民法院可以通知侦查人员或者其他人员出庭说明情况。有关侦查人员或者其他人员也可以要求出庭说明情况。经人民法院通知,有关人员应当出庭。”其二,第187条第3款的规定:“人民警察就其执行职务时目击的犯罪情况作为证人出庭作证,适用前款规定。”这两种情形并没有包括侦查人员对侦查活动有关情况出庭作证的情形。而在司法实践中,为了查明侦查活动的客观性和所获证据的真实性,往往也需要有关侦查人员出庭作证,以防侦查人员徇私舞弊或严重过失,收集,提供不实证据。例如,在云南杜某武故意杀人冤案中,杜某武根本没有到过杀人现场,也没有作案时间。检察机关却称从杀人现场提取到的泥土及射击残留物与杜某武鞋底的泥土和衣服上的射击残留物经微量元素鉴定是一致的。被告人及其辩护人对案发现场提取物的来源持严重质疑,要求有关侦查人员出庭对其质证但未获批准。[③] 不仅如此,这些所谓客观性的实物证据又披上所谓科学证据的外衣后,大大强化了审判人员的心证,虽经一审、二审两次开庭审理,两次都认定杜某武实施了杀人行为,对其科处死刑及死刑缓期二年执行。不料,杜某武服刑期间意外发现真凶,才终获清白之身。其实不止杜某武冤案如

① 参见[美]吉姆·佩特罗、南希·佩特罗:《冤案何以发生》,苑宁宁、陈效等译,北京大学出版社2012年版,第186页。

② 此处的侦查人员除公安人员外还应当包括检察人员,但由于检察机关侦查人员将转隶到其他部门,故本部分所称侦查人员不再包括检察人员。

③ 参见王达人、曾粤兴:《正义的诉求》,北京大学出版社2012年版,第66~97页。

此,凡是冤假错案无一不存在侦查错误。这些血的教训足以说明,为了查明案件事实,防止冤假错案,必要时要求侦查人员对其侦查活动收集证据的来源及真实性出庭作证非常重要。遗憾的是,现行刑事诉讼法对此没有明确规定。

《法庭调查规程》则完善了这一问题,第 13 条第 3 款规定:"控辩双方对侦破经过、证据来源、证据真实性或者证据收集合法性等有异议,申请侦查人员或有关人员出庭,人民法院经审查认为有必要的,应当通知侦查人员或者有关人员出庭。"相信这一规定一旦获得切实执行,不仅有利于查明个案案件事实,防止冤假错案,保障被告人及其辩护人的诉讼权利,而且有利于从整体上督促侦查人员严格依法办案,认真负责办案,提高办案质量,使有罪的人及时受到法律惩罚,使无罪的人免受刑事追究。

（三）如何确保证人出庭

证人出庭不仅应解决出庭的条件和范围,还应解决如何确保证人出庭的问题。在这个问题上,现行刑事诉讼法已有相关规定,对于狭义证人应当出庭没有理由不出庭的,人民法院可以强制其到庭,对于没有正当理由拒绝出庭或者出庭后拒绝作证的,人民法院可以分别不同情况,予以训诫、拘留。但是,司法实践中这些规定并没有得以贯彻执行,应当出庭的证人拒不出庭仍然比较普遍。如何解决这一问题?首先应当是人民法院敢于亮剑,对于符合上述规定情形的,依法强制证人到位,或依法对其予以训诫、拘留。其次应当重视发挥控辩双方的责任和作用。《法庭调查规程》在这方面迈出了重要的一步,第 13 条第 3 款规定:"人民法院通知证人、被害人、鉴定人、侦查人员、有专门知识的人等出庭后,控辩双方负责协助对本方诉讼主张有利的有关人员到庭。"这实际上把协助本方证人出庭的责任分配到控辩双方身上了。从诉讼原理上讲,控辩双方提出的诉讼主张如果是以有关证据为依据的,当诉讼中需要有关证据包括言词证据和实物证据的提供者出庭作证时,诉讼主张的提出一方就有责任安排相关证据的提供者,包括证人、被害人、鉴定人、侦查人员等出庭作证,否则,其提出的诉讼主张就难以成立。特别是控方指控被告人有罪,负有证明被告人有罪的举证责任,其中当然包括了当庭审中需要时控方负有应当使支持或有利控诉主张的证人、被害人、鉴定人、侦查人员等出庭作证的责任。至于辩方虽不承担证明被告人有罪的举证责任,但是当辩护主张是建立在其提出的某种事实基础之上时,如当辩护人提出被告人在指控的犯罪发生时不在案发城市而是在另一城市时,就需要提出相关的证据加以证明,其中也包括让有关证人出庭作证的责任。《法庭调查规程》的上述规定是符合这一诉讼原理的,对于解决司法实践中证人出庭难的问题具有非常积极的意义。

(四)证人出庭的范围及功能

如前所述,从应然的角度讲,证人都应当出庭,但从实然的角度看,并非所有案件的所有证人都需要出庭。只有庭审中需要出庭的证人才应当出庭。而证人是否“需要出庭”主要取决于控辩双方。控辩双方的诉讼主张以相关证据为依据却受到对方质疑时,主张方就有责任使本方证人出庭为本方作证,以支持自己的诉讼主张。同时也产生了要接受对方质证的义务。因此,证人出庭应当有两项基本功能:其一,为依据所提供的证据提出控诉或辩护主张的一方作证,以支持控诉主张或辩护主张的成立;其二,接受诉讼另一方对证人作证内容及有关问题的质证,以质疑、动摇、推翻出庭证人作证所证明的案件事实,进而达到使控方或辩方据此提出的诉讼主张不能成立的目的。从作证与质证的关系上讲,在时间上应当先有作证后有质证,质证以作证为前提,没有作证也就没有质证;在内容上,作证是试图确立某种案件事实,质证则是质疑、动摇甚至否定作证方试图确立的某种案件事实。两者针锋相对,不可调和,谁是谁非,最终由裁判者定夺。通过这一过程体现出“事实证据调查在法庭,定罪量刑辩论在法庭,裁判结果形成于法庭”的庭审实质化的要求。

三、庭审实质化的载体:交叉询问制度

如前所述,证人出庭有两项基本功能——作证和接受质证。那么,在庭审活动中如何作证和接受质证才能实现庭审实质化的要求就成为一个值得研究的问题。我国 1996 年对《刑事诉讼法》进行修改,在庭审模式上引进了当事人主义诉讼模式的一些合理因素,其

中包括对证人出庭和对证人询问规则的规定。后经最高人民法院发布司法解释对此作了进一步丰富和发展。于是,一些学者认为,我国已建立交叉询问制度。[①] 但也有学者认为"将我国目前由控辩双方在法庭上进行人证调查的方式不加具体限制地称作交叉询问并不适当",同时建议以"控辩询问"定位我国的庭审询问证人模式。[②] 笔者同意我国现行刑事庭审制度中尚未建立真正意义上的交叉询问制度的观点。同时认为,应当结合我国实际构建具有中国特色的交叉询问制度。因为庭审实质化不仅以证人出庭为前提条件,更要以对出庭证人的实质询问、实质调查为核心,以便能最大限度地查明案件事实,防止证人虚假作证,防止冤假错案的发生。而只有交叉询问制度才能承载庭审实质化的这一要求。在交叉询问制度下,控辩双方一方面通过直接询问本方证人,使其为本方充分作证,支持本方的诉讼立场和事实主张;另一方面又通过交叉询问,对对方证人发起挑战,如果其证言虚假不实,则可以及时发现和揭露。正是在这种你来我往的相互博弈下,证人证言孰真孰假,案件事实何以认定,审判人员才能作出正确的判断和定夺。因此,交叉询问制度在对抗制诉讼模式下被称为"发现案件真相的最伟大的法律装置"。

交叉询问制度是以控辩双方的对立和平等为基础的。同时,也是以控辩双方在诉讼中对自己的事实主张负有举证责任和享有质证权利为核心内容的。在此情形下,证人分属控辩双方两大阵营。控辩双方中任何一方对支持本方事实主张的证人进行询问,称作直接询问或主询问。由于直接询问的目的是为本方作证,由此决定了对实质性问题的询问,应当采用开放式的问题,而不能采用封闭式

① 交叉询问有广义与狭义之说。广义交叉询问是指控辩双方在庭审中分别对本方证人和对方证人按照一定询问规则进行发问的活动。狭义交叉询问则仅指控辩双方对对方证人按照一定询问规则进行发问的活动。本文中交叉询问主要是从狭义上使用此概念的。

② 参见龙宗智:《我国刑事庭审中人证调查的几个问题——以"交叉询问"问题为中心》,载《政法论坛》2008 年第 5 期。

的问题，[①]否则，会给裁判者造成诱导证人作证的印象或嫌疑，不利于本方事实主张的确立。相反，控辩双方任何一方对对方证人的询问是以质疑对方证人的作证内容为前提的，称其为交叉询问或反询问。因此，所提出的问题势必以对方证人作证的内容为基础，通过从对方作证内容中引出具有选择性答案的封闭式问题让其回答，使其一步步走向被动，以揭露其虚假不实之处，达到使裁判者不相信、不采纳对方证人作证内容的目的。

对照交叉询问制度的诉讼原理和运行机制，不难看出，我国现行刑事诉讼制度上确实尚未建立交叉询问制度。其一，我国庭审询问制度没有明确适用范围，似乎一审普通程序都应当或都需要适用庭审询问制度，以致没有体现出建立交叉询问制度的特殊需要。其二，我国对出庭证人并没有区分为控方证人与辩方证人两大阵营，以致控辩双方的发问无法划分为直接询问或主询问与交叉询问或反询问。其三，我国对出庭证人发问顺序的设计是明显错位的。最高人民法院《关于适用〈刑事诉讼法〉的解释》第212条规定：“向证人、鉴定人发问，应当先由提请通知的一方进行；发问完毕后，经审判长准许，对方也可以发问”。在司法实践中，控方向法庭提请证人、鉴定人出庭非常少，主要是辩方向法庭提请证人、鉴定人出庭比较多，并且由于辩方不承担证明被告人有罪的举证责任，加上收集、获取证据的能力也比较弱，其向法庭提请出庭的证人、鉴定人往往是支持控诉立场和控诉主张的。他们之所以提请法庭通知这些证人、鉴定人出庭，主要是因为对证人书面证言及鉴定人书面鉴定意见持有异议，要求他们出庭是为了向他们质证。在此情形下，按照前述司法解释的规定，这些证人、鉴定人出庭首先要由辩方发问，发问完毕后，经审判长准许，控方也可以发问。如此发问顺序，岂不造成质证与作证的错位？质证以作证为前提，控方证人、鉴定人还没有当庭作证，辩方何以质证？其四，我国的询问规则不加区别地一

① 开放式问题是指该问题的答案有许多甚至无数，从问题本身中无法选择答案。封闭式问题则是指该问题的答案已经含在问题本身之中，只能从中选择一种答案，此类问题实质上表现为“是不是”的句式，答案只能是“是”或“不是”。

律禁止诱导式发问,违背了质证的发问原理,埋没了交叉询问制度的精髓,并会造成质证与作证的相互脱节或相互重复。更重要的是使质证难以有效发挥其发现、揭露虚假不实作证的特殊作用。

基于以上问题,《法庭调查规则》对庭审询问制度作出了突破性的设计,已经基本体现出交叉询问制度的轮廓或框架。首先,对一审普通程序适用案件的范围及审理方式区分为被告人不认罪的案件和被告人当庭认罪的案件两大类,从而为交叉询问制度的适用提供了"用武之地"。对于被告人不认罪案件的审理,"对与定罪量刑有关的事实、证据应当分别进行调查"。此类案件由于被告人不认罪,法庭审理的重点应当是定罪事实。在审理方式上就会迫切需要证人出庭,进行实质化的审理,从而为交叉询问制度提供了"用武之地"。对于被告人当庭认罪的案件,"法庭调查可以主要围绕量刑和其他争议的问题进行"。此类案件由于被告人是认罪的,对定罪事实一般不持异议,在审理方式上需要证人出庭因而进行实质化审理的必要性不会太大,交叉询问制度也不会大有"用武之地"。

其次,由于庭审实质化的审理主要适用于被告人不认罪的案件,由此势必把案内证人包括狭义证人、被害人、鉴定人、侦查人员以及其他有关人员从作证的内容上区分为控方证人和辩方证人两大阵营,为交叉询问制度的适用奠定了组织基础。

最后,对于出庭证人的发问顺序,《法庭调查规程》没有沿袭原来司法解释关于"向证人、鉴定人发问,应当先由提请通知的一方进行;发问完毕后,经审判长准许,对方也可以发问"的规定,而是创新性地规定"证人出庭后,先由对本方诉讼主张有利的控辩一方发问;发问完毕后,经审判长准许,对方也可以发问"。这样规定发问顺序就使作证与质证的关系回到正确的轨道,与交叉询问制度的适用形成了天然的契合。在此情形下,作证发问应当采用直接询问或主询问,质证发问则可以采用交叉询问或反询问。并且在一轮发问完毕后,如果还有问题,经审判长准许,控辩双方还可以再行发问,表现为再主询问,再反询问等询问过程。

当然,坦率地讲,《法庭调查规程》关于庭审询问的规定也有遗憾之处。在发问规则上,第 20 条仍然沿袭了原来司法解释的规定——“不得采用诱导方式发问”。如前所述，笔者认为这是违背交叉询问诉讼原理的，也是违背作证与质证内在的逻辑关系的。在真正的交叉询问制度下，对于直接询问和交叉询问的发问方式有着严格的要求和区别：“在直接询问中，不应当使用诱导性问题，除非为展开证人证言所必需。在下列情况下，法院通常应当允许提出诱导性问题：1. 交叉询问时；以及 2. 一方传唤敌意证人、对方当事人或者与对方当事人认同之证人时”。[①] 交叉询问之所以允许提出诱导性问题，是因为“交叉询问不应当超越直接询问主题及影响证人可信性之事项”，而且“法院可以允许像在直接询问中那样对额外事项进行查问”。[②]

我国庭审询问规则为什么不加区别地一律禁止提出诱导性问题。笔者分析可能与“诱导”一词中的“诱”字有关。其实“诱导”一词的英语原文是“leading question”，按其本意应该是“引导性问题”，是一个中性词，是指提问本身包含了可选择答案的发问句式。在交叉询问制度中，由于交叉询问不应当超越直接询问的主题范围，并且发问者是以质疑的态度进行发问，势必会从对方证人对直接发问的回答内容中提出包含有可选择答案的引导性问题，这样提问一方面以对方证人的回答内容为基础，另一方面又可以控制对方证人的回答，最终将对方证人引向其意想不到的被动局面，从而达到揭露其虚假作证的目的。因此，笔者认为不应该不加区别地一律禁止诱导性提问。希望在《法庭调查规程》正式出台时对此能够加以修正。

需要说明的是，笔者主张的是构建交叉询问制度，其中当然包括吸收英美交叉询问制度精髓的含义，但不是简单地照搬英美国家的交叉询问制度。例如，在美国交叉询问制度中，只有控辩双方提请证人出庭并对其进行作证发问或质证发问，而法官完全处于消极中立的地位，并不依职权通知证人出庭，也不对控辩双方提请出庭的证人进行发问。这与美国实行彻底的当事人主义对抗制诉讼模

① 参见王进喜：《美国〈联邦证据规则〉（2011 年重塑版条解）》，中国法制出版社 2012 年版，第 184～185 页。

② 同上。

式，高度重视并确保控辩双方“平等武装”，充分对抗有直接关系。为了确保被告人足以与控方对抗，在诸多方面充分保障辩方进行交叉询问的权利和能力。比如，在法律上被告人享有沉默权，如果其本人不同意，审前程序不可对其询问，也有权不在法庭上作证或接受交叉询问。当被告人没有能力聘请律师时，政府无偿为其提供公设辩护人出庭辩护。此外，辩方要求控方出庭的证人包括侦查人员都必须出庭作证并接受质证。如此等等。当然，这种对抗制诉讼模式的适用范围是有限的，主要适用于被告人不认罪、为了获得公正审判而要求陪审团对其进行审判的案件。这类案件在美国全部刑事案件中一般只占5%左右。①

显然，我国与美国情况不同，不可能也不应该照搬美国的做法。《法庭调查规程》第19条前两款对控辩双方庭审中向证人发问做了充分规定后，第3款保留了以往的规定“审判人员认为必要时，可以询问证人。经审判长准许，被告人可以向证人发问”。对于这种制度安排，有学者认为“这种多询问主体的设置，打破了交叉询问的二元制格局”。② 但笔者认为，这样规定并不会改变交叉询问的性质和在我国构建交叉询问制度的必要性。从理论上讲，交叉询问的本质特征是控辩双方有权向对方证人进行当庭言词质证。从司法实务看，在刑事诉讼中需要出庭作证并对其进行质证的证人主要是控方证人，辩方即使有证人也比控方证人少。因此，交叉询问看似是控辩双方共享的制度，实际上主要是辩方行使辩护权而控方履行举证责任的制度。它对于实现庭审实质化意义重大。至于审判人员的发问是在控辩双方庭审询问之后确有“必要时”才提出，完全是补充性的，并不是交叉询问的主体和主流。

综上所述，在深入推进以审判为中心的刑事诉讼制度改革的进

---

① 过去一般认为在美国由陪审团审判的案件占全部刑事案件的10%左右。2015年12月，笔者随中国司法改革代表团访问考察美国刑事诉讼制度，广泛接触了美国联邦法院系统和州法院系统，了解到目前陪审团审判的案件一般只占全部刑事案件的5%左右。

② 龙宗智：《我国刑事庭审中人证调查的几个问题——以“交叉询问”问题为中心》，载《政法论坛》2008年第5期。

程中，对被告人不认罪等少部分案件进行庭审实质化，一方面确保被告人及其辩护人的辩护权，另一方面切实查明案件事实，是非常必要的。而庭审实质化集中体现为证人出庭作证并接受质证，交叉询问制度则能够为控辩双方提供公平、充分的作证发问和质证发问的平台。因此，我国应当构建交叉询问制度。最高人民法院《法庭调查规程》在此方面已经迈出可喜、重要的一步。希望认真总结规程试行中的经验和不足进行修改完善，将来全面推行《庭审调查规程》时，能够正式建立既体现交叉询问的精髓，又符合我国实际的交叉询问制度。

图书在版编目(CIP)数据

"以审判为中心"与刑事辩护研究 / 顾永忠, 肖沛权著. -- 北京：法律出版社, 2021
ISBN 978-7-5197-5760-1

Ⅰ. ①以… Ⅱ. ①顾… ②肖… Ⅲ. ①诉讼－司法制度－体制改革－研究－中国②刑事诉讼－辩护－研究－中国 Ⅳ. ①D925.04②D925.210.4

中国版本图书馆CIP数据核字(2021)第142004号

"以审判为中心"与刑事辩护研究
"YI SHENPAN WEI ZHONGXIN" YU XINGSHI BIANHU YANJIU
顾永忠 肖沛权 著

责任编辑 黄倩倩
装帧设计 李 瞻

出版发行 法律出版社
编辑统筹 学术·对外出版分社
责任校对 杨锦华 王沁陶
责任印制 陶 松
经 销 新华书店

开本 710毫米×1000毫米 1/16
印张 22.75 **字数** 311千
版本 2021年9月第1版
印次 2021年9月第1次印刷
印刷 北京建宏印刷有限公司

地址：北京市丰台区莲花池西里7号(100073)
网址：www.lawpress.com.cn
投稿邮箱：info@lawpress.com.cn
举报盗版邮箱：jbwq@lawpress.com.cn
销售电话：010-83938349
客服电话：010-83938350
咨询电话：010-63939796

书号： ISBN 978-7-5197-5760-1 **定价：** 118.00元
凡购买本社图书，如有印装错误，我社负责退换。电话：010-83938349